Manfred Fuhrmann
Rom in der Spätantike

Manfred Fuhrmann

Rom in der Spätantike

Porträt einer Epoche

Artemis & Winkler

Sodalibus Basiliensibus
qui me haec ut capita conscriberem
magnopere hortati sunt

Die Deutsche Bibliothek – CIP-Einheitsaufnahme

Fuhrmann, Manfred:
Rom in der Spätantike : Porträt einer Epoche
Manfred Fuhrmann.
3. Aufl. – Düsseldorf ; Zürich : Artemis und Winkler, 1998
ISBN 3-7608-1088-8

3. Auflage 1998

Printed in Germany

Inhalt

Vorwort

Die Spätantike steht trotz Ernst Robert Curtius – «Europäische Literatur und lateinisches Mittelalter» – und trotz all dessen, was in den letzten Jahrzehnten zu ihrer Erforschung getan worden ist, noch immer im Schatten einstiger Ausgrenzungen. Sie gehörte nicht zum Kanon der teils vom Humanismus, teils von der Romantik und dem nationalen Denken geprägten bürgerlichen Bildung, und so ist sie wohl nach wie vor die am wenigsten bekannte Epoche der europäischen Geschichte.

An Spezialuntersuchungen ist kein Mangel. Es fehlt auch nicht an vorzüglichen Darstellungen der allgemeinen Geschichte oder einzelner Gebiete des Geisteslebens, etwa der Kirchenväterliteratur. Es fehlt indes an einer Überschau über das Ganze der Literatur-, Bildungs- und Geistesgeschichte der Spätantike, an einer Überschau, die der christlichen Komponente ebenso gerecht zu werden versucht wie der heidnischen.

Diesem Mangel möchte das vorliegende Buch abhelfen. Die lateinische Literatur aus der Zeit vom Ende des 3. Jahrhunderts bis zum Ende des 7. Jahrhunderts steht im Mittelpunkt. Gleichwohl ist keine ‹Literaturgeschichte› im konventionellen Sinne beabsichtigt, keine zeitlich geordnete, einigermaßen vollständige Galerie von Autoren und deren Werken. Angestrebt ist vielmehr das geistige Porträt einer Epoche. Zusammenhänge werden vorgeführt, aus denen sich trotz der verwirrenden Vielfalt der Details ein einleuchtendes und einprägsames Gesamttableau ergeben soll.

Bestimmt ist das Buch für Leser, welche die Größe und Vergänglichkeit der Werke des Menschengeistes gerade dann beeindruckt, wenn in einer möglichst schlichten und distanzierten Schreibart davon gehandelt wird.

Zusammenhänge entstehen, wenn den Kategorien der literarischen Gattung und der geschichtlichen Epoche gebührende Beachtung geschenkt wird. Allerdings macht die Unvereinbarkeit von Gattung und Epoche bisweilen Trennungen unvermeidlich. So ist z. B. das Werk des Boethius Teil des Kapitels «Philosophie in Rom»; es fehlt daher bei der Würdigung der Literatur im ostgotischen Italien.

Die lateinische Literatur der Spätantike beruht darüber hinaus – als etwas, was ungewöhnlich wenig aus sich selbst verständlich ist – auf besonderen Voraussetzungen: auf den Gattungen, Ausdrucksmitteln und Themen der griechischen Literatur, auf der Ausbreitung des Christentums und der Entfaltung der christlichen Theologie sowie schließlich auf den allgemeinen geschichtlichen Prozessen, insbesondere dem Untergang des weströmischen Reiches. Die Darstellung bemüht sich, diese Voraussetzungen überall dort, wo es angezeigt schien, zu vergegenwärtigen.

Das vorliegende Buch enthält noch eine dritte Art von verbindenden Klammern; man könnte sie Leitmotive nennen. Hierzu gehören etwa das spannungsreiche und fruchtbare Verhältnis von antiker Kultur und christlicher Religion oder die Rolle, welche die Aristokratie im Geistesleben der Spätantike gespielt hat; hierzu gehören weiterhin die Frage nach der Kontinuität der überkommenen rhetorisch-literarischen Bildung sowie das Phänomen des ‹Spiritualismus› als einer nicht nur bei den Christen begegnenden Möglichkeit der Weltüberwindung. Das Geschichtliche endlich ist stets in seinen beiden Hauptformen anwesend: als allgemeiner Prozeß und als biographisch bezeugtes Einzelschicksal.

Ein Historiker hat unlängst die Spätantike als eine Epoche zweifachen Scheiterns charakterisiert: Rom habe die Eindringlinge nicht abzuwehren vermocht; die Eindringlinge seien nicht imstande gewesen, sich in die Kultur, die sie vorfanden, einzugliedern. Beide Prinzipien, das des Behaltenwollens und das des Habenwollens, seien zuschanden geworden: die Römer verloren, was sie hatten, die Germanen gewannen nicht, was sie suchten. Aus der Perspektive des Historikers, für den das römische Reich im Mittelpunkt steht, ist ein derartiges Urteil gewiß berechtigt. Die vorliegende Darstellung möchte indes für eine etwas andere Betrachtungsweise plädieren: daß die Spätantike nicht nur das leidvolle Ende der antiken, sondern auch der verheißungsvolle Anfang der europäischen Kultur gewesen ist.

1

Das spätrömische Reich: Staat, Gesellschaft, Wirtschaft

Der Begriff ‹Spätantike›

Die Epochenbezeichnung ‹Spätantike› ist jetzt nicht viel älter als etwa ein Jahrhundert. Sie wurde von dem österreichischen Kunsthistoriker Alois Riegl aufgebracht; sie avancierte im Laufe des 20. Jahrhunderts zu einer unentbehrlichen Deutungskategorie aller historisch orientierten Kulturwissenschaften.

Sie hat ein verbreitetes Schema zur Voraussetzung, die noch stets maßgebliche Dreiteilung der antik-europäischen Geschichte in die Perioden Antike – Mittelalter – Neuzeit. Diese Dreiteilung geht auf die italienischen Humanisten zurück, auf die Bestimmung, die sie ihrem eigenen Standort gaben: sie glaubten und lehrten, daß das von ihnen so genannte Mittelalter eine Zeit des Verfalls gewesen sei und daß es gelte, über dieses etwa tausendjährige Intervall der Barbarei hinweg an die Antike, an die griechische Kultur nicht weniger als an die römische, anzuknüpfen und so eine neue Epoche herbeizuführen, die an die Antike heranreiche oder sie, wenn möglich, übertreffe. Aus dem erfolgreichen Bestreben der Humanisten, die lateinische Sprache und Literatur und schließlich sämtliche Künste und Wissenschaften der Antike zu erneuern, ergab sich wie von selbst jener Dreischritt, der allen Reformen und Renaissancen zugrunde liegt: der Dreischritt ‹einstige Größe – Niedergang – Wiederherstellung der einstigen Größe›. Dieses Schema, das auf die Antike und die Gegenwart möglichst viel Licht und auf die Zwischenphase möglichst viel Dunkel zu sammeln suchte, schien so überzeugend, daß es allmählich zur allgemein verbindlichen Einteilung der europäischen Geschichte aufrückte. Es verdrängte so die älteren, die bis dahin maßgeblichen universalhistorischen Periodisierungen der christlichen Tradition, insbesondere die Lehre von den vier Weltmonarchien, und es nahm hierbei selber den Charakter eines neutralen, von der ursprünglichen Parteilichkeit mehr oder minder befreiten Epochensystems an. Es war offensichtlich deshalb so erfolgreich, weil sich im Jahrhundert seiner Entstehung die welthistorischen Wendepunkte häuften, nicht nur die von seinen Urhebern, den Humanisten, selbst herbeigeführten, sondern auch andere, außerhalb von deren Wirken liegende.

Mit dem Geschichtsbild der Humanisten war die Frage nach dem Ende der Antike, dem Untergang des römischen Reiches und dessen Ursachen unmittelbar gegeben. Zunächst herrschten scharfe Abgrenzungen vor. Man glaubte, den Übergang von der Antike zum Mittelalter exakt bestimmen zu können, und berief sich gern auf Epochenjahre: auf den Beginn der Alleinherrschaft Kaiser Konstantins (325), auf die Schlacht bei Adrianopel als das die ‹Völkerwanderung› eröffnende Ereignis (378), auf das durch den Tod des Kaisers Theodosius I. bewirkte faktische Ende der Reichseinheit (395) oder auf die Absetzung des Romulus Augustulus, des letzten weströmischen Kaisers (476). Alle diese Bestimmungen beruhten auf der Annahme, daß sich der Übergang sehr rasch, nach Art einer Katastrophe, vollzogen habe, unabhängig davon, ob man als Ursachen der Katastrophe vor allem Einwirkungen von außen, das Eindringen der Germanen und anderer Völkerschaften, oder vor allem innere Prozesse, den kulturellen und wirtschaftlichen Abstieg, die Hinwendung zum Christentum und anderes, namhaft machte.

Im 19. Jahrhundert gab man sich mit der Vorstellung eines abrupten Periodenwechsels je länger desto weniger zufrieden. Man erkannte, daß die durch die Epochenjahre umschriebenen Ereignisse Symptome eines allmählichen Wandels waren, der sich seinerseits auf dem Sockel weiterwirkender Tradition – auf dem Sockel von Kontinuität – vollzog. Bei dieser Diskussion verschob sich die Grenze des Übergangs von der Antike zum Mittelalter erheblich in spätere Zeiten. So meinte z. B. der Historiker Alfred von

Gutschmid im Jahre 1863, man solle sein Augenmerk vor allem auf den Langobardeneinfall in Italien (568), auf Papst Gregor den Großen (590–604) sowie auf den oströmischen Kaiser Heraklius (610–641) richten; erst die letzten Jahrzehnte des sechsten und der Beginn des 7. Jahrhunderts hätten die entscheidende Kluft zwischen den beiden Epochen mit sich gebracht. Diese Auffassung, die mancherlei Nachfolge fand, wurde schließlich von dem belgischen Wirtschaftshistoriker Henri Pirenne beträchtlich überboten: sein Buch «Mahomet et Charlemagne» (1937) verfocht die These, daß erst der Islam, das Vordringen der Araber in Afrika und Spanien, die welthistorische Wende herbeigeführt habe.

Mit der Annahme eines allmählichen, Jahrhunderte währenden Übergangs und der Verschiebung der Epochengrenze ging die Einsicht Hand in Hand, daß die herkömmliche Dreiteilung der europäischen Geschichte einer Korrektur oder jedenfalls einer Ergänzung bedürfe. Es stellte sich deutlicher denn je heraus, daß diese Dreiteilung nicht nur gegliedert, d. h. tatsächlich vorhandene Zäsuren hervorgehoben, daß sie vielmehr auch Zusammenhängendes getrennt hatte; insbesondere schien sie, indem sie den Übergang von der Antike zum Mittelalter auf ein bloßes Scharnier reduzierte, eine ganze Periode unter deren Anrainer aufgeteilt und so zum Verschwinden gebracht zu haben. Diesem unbefriedigenden Zustand suchte, wie erwähnt, schon Riegl dadurch abzuhelfen, daß er das von der Antike zum Mittelalter überleitende Zeitalter des näheren bestimmte und ihm den Namen Spätantike gab. Sein Material, vornehmlich kunstindustrielle Erzeugnisse, veranlaßte ihn, die Dauer der neuen Epoche in kühnem Vorgriff ähnlich großzügig festzulegen wie vier Dezennien später Pirenne: er wollte die Spätantike, die durch ihr spezifisches Kunstwollen als Einheit erkennbar sei, durch das Mailänder Toleranzedikt (313) einerseits und den Regierungsantritt Karls des Großen (768) andererseits begrenzt wissen.

Die neue Kategorie erwies sich als allseits verwendbar: in der allgemeinen, in der Kirchen-, Kultur-, Wirtschafts- und Rechtsgeschichte. Die Klassische Philologie hielt allerdings noch lange an Bezeichnungen, die dem überkommenen Dekadenzdenken – wie «Niedergang», «Greisenalter», «Nachblüte» usw. – verpflichtet waren, fest; sie hat sich ziemlich an letzter Stelle dazu bereit gefunden, der Zeit vom 3. bis zum 7. Jahrhundert durch einen einigermaßen wertfreien Terminus ein gewisses Eigenrecht einzuräumen. Sie war offenbar, seit sie existierte, seit der Goethezeit, in besonderem Maße durch dogmatische Vorgaben humanistischer Provenienz belastet. Sie hatte schon Mühe, die Autoren der frühen Kaiserzeit, insbesondere die sogenannte Silberne Latinität, einen Seneca, Lucan usw., ohne ästhetische Vorbehalte zu würdigen, und vollends wurde von ihr bis vor kurzem nahezu alles, was die späteren Jahrhunderte hervorgebracht hatten, als unzulänglich verworfen und dieser Einschätzung gemäß vernachlässigt.

Der neue Terminus hatte die von den italienischen Humanisten inaugurierte Dreiteilung der europäischen Geschichte aufgelokkert; er hatte insbesondere den einen Übergang von der Antike zum Mittelalter, mit dem man zuvor zu rechnen pflegte, durch zwei Zäsuren ersetzt. Nunmehr fragte sich, welchem dieser beiden Einschnitte man das größere Gewicht beimessen solle: dem Übergang von der Antike zur Spätantike oder dem von der Spätantike zum Mittelalter? Riegl hatte hierüber offenbar schon durch die Wahl des Terminus befunden: die Bezeichnung ‹Spätantike› deutet an, daß es sich bei der früheren Epochenschwelle um die minder tiefe Zäsur handele, daß das die frühere Kaiserzeit mit der späteren Verbindende wichtiger sei als das Trennende. Hierüber hat man indes, dem Wortsinn des Ausdrucks entgegen, auch anders geurteilt. Alfred Heuss z. B. schreibt in seiner «Römischen Geschichte»:

«Die Spätantike ist eine Epoche, welche sich nahezu vollständig von den Grundlagen der römischen Geschichte, wie sie in der vorausgehenden Zeit noch immer bestimmend gewesen waren, gelöst hat. Die Spätantike hat sich mehr ihre eigenen Voraussetzungen geschaffen als dieselben von der Vergangenheit übernommen. Infolgedessen sind auch die Beziehungen, welche sie mit der Folgezeit verknüpfen, inniger als diejenigen, welche rückwärts weisen.»

Diese Auffassung ist indes nicht unumstritten, und es fragt sich in der Tat, ob auch für die allgemeine Geschichte gilt, daß die Spätantike in höherem Maße eine Vorstufe oder gar die Grundlage des Mittelalters gewesen sei als die Endphase der Antike. Im Bereich der Literatur- und Geistesgeschichte spricht allerdings manches für die Richtigkeit der Akzentuierung, wie Heuss sie erwägt. Die Spätantike hat die Gegebenheiten hervorgebracht und durchgesetzt, welche die europäische Kultur bis zur Renaissance, ja bis zum Barock geprägt haben: die christliche Kirche und das christliche Weltbild, die christliche Kunst und Literatur sowie – im Westen – das Lateinische als übernationales Verständigungsmittel aller Gebildeten. Angesichts dieser Gegebenheiten ist es möglicherweise angemessener, die Spätantike als Fundament des Mittelalters zu betrachten denn als – was sie zweifellos in nicht geringem Umfange ebenfalls gewesen ist – Fortsetzung der Antike. In jedem Falle aber hat die Spätantike Anspruch darauf, als Epoche eigenen Rechts und ziemlich gleichen Ranges neben der Antike und dem Mittelalter gewürdigt zu werden.

Die literatur- und geistesgeschichtliche Perspektive legt nicht nur die soeben angedeutete Zuordnung der Spätantike, sondern auch eine bestimmte zeitliche Begrenzung nahe, eine Begrenzung, die sich allerdings für die westliche, lateinisch sprechende Reichshälfte auffälliger hervortut als für den griechischen Osten. Es empfiehlt sich nämlich, wie noch des näheren gezeigt und begründet werden soll, die Literatur- und Geistesgeschichte der lateinischen Spätantike mit dem Regierungsantritt Kaiser Diokletians (284) anfangen zu lassen. Mit diesem Ereignis ging ein halbes Jahrhundert schwerer innerer Wirren, das von einer tabula-rasa-artigen geistigen Öde begleitet war, zu Ende; mit der Rekonsolidierung des Staatswesens begannen sich auch wieder geistige Kräfte zu regen. Die hier angenommene literaturhistorische Zäsur erweist sich somit als Teilaspekt der von der Antike zur Spätantike überleitenden Epochenschwelle, wie sie jetzt nach ziemlich einhelliger Meinung für die römische Geschichte im ganzen gilt. Das Ende der Spätantike läßt sich aus literarhistorischer Sicht nicht so eindeutig fixieren wie der Anfang; die Antwort auf diese Frage wird vor allem durch die Tatsache erschwert, daß die Entwicklung in den einzelnen Regionen des sich auflösenden Westreiches einen recht unterschiedlichen Verlauf nahm. Immerhin ist die abermalige geistige Öde, die sich während des 7. Jahrhunderts auf dem ganzen europäischen Kontinent ausbreitete, ein unmißverständliches Indiz für einen Epocheneinschnitt. Die emsige Tätigkeit der iroschottischen und angelsächsischen Klöster, auf der die Wahrung der geistigen Kontinuität während des der Karolingerzeit vorausgehenden Jahrhunderts beruhte, hat die Funktion einer zum frühen Mittelalter führenden Brücke; als fixes Datum innerhalb dieser transitorischen Phase empfiehlt sich am ehesten das Todesjahr des großen englischen Gelehrten Beda (735).

Die Verwandlung der Mittelmeerwelt

Zu Beginn der Spätantike war die Kulturwelt des Mittelmeerraums noch durch das römische Reich zu einer staatlichen, kulturellen und wirtschaftlichen Einheit zusammengefaßt; am Ende dieser Zeit, knapp fünfhundert Jahre später, hatte ein gänzlich anderer Zustand sich durchgesetzt und verfestigt: die einstige Einheit war zu einer Dreiheit geworden. Es existierten nunmehr die islamisch-arabischen Staaten im Süden und Südwesten (in Persien, Armenien, Arabien, Ägypten, Afrika und Spanien), das fränkische Reich der Karolinger (in Gallien, Germanien und Norditalien) und das oströmische, das byzantinische Reich (in Kleinasien, Griechenland und Süditalien). Man pflegt der Epoche, in der sich diese Entwicklung vollzogen hat, den Charakter einer Übergangszeit zuzuerkennen. Wenn man einzig auf den geschichtlichen Wandel als solchen, auf Entwicklungsprozesse beliebiger Art blicken wollte, dann könnte man wohl auch manche andere Periode so bezeichnen; bei der Spätantike scheint indes die Tatsache den Ausschlag zu geben, daß sie vornehmlich eine Epoche der staatlichen Desintegration, verbunden mit einem erheblichen zivilisatorischen Rückgang, gewesen ist. Man sollte indes den überleitenden Charakter der Spätantike nicht allzu sehr betonen; das Zeitalter hat auch viel Grundlegendes hervorgebracht, das den Einschnitt des 7. Jahrhunderts überdauerte, und vor allem: die antike Hochkultur blieb in ihm bewahrt, wenn auch zu großen Teilen nur latent, in Büchern, die erst von den Humanisten wieder benutzt und in die Praxis umgesetzt wurden.

Die drei Kulturkreise – der Islam, das Abendland und Byzanz –, welche den Entwicklungen des Mittelalters die Bahn vorgezeichnet haben, sind nicht unmittelbar aus dem Imperium Romanum hervorgegangen. Sie sind somit auch nicht das unmittelbare Produkt der Verbindung der einstigen Reichsbewohner mit den Völkern, die von Norden, Osten und Süden her in das römische Territorium eingedrungen waren; sie haben sich vielmehr erst im Laufe der Jahrhunderte aus einer viel radikaleren Desintegration in gegenläufigen Bewegungen entwickelt. Der Prozeß der Auflösung und Zerstörung hatte die größere Gewalt; er wurde indes schließlich aufgefangen und in eine Richtung gelenkt, welche die Stabilisierung der drei Kulturkreise ermöglichte.

Schauplatz jener radikaleren Desintegration war vor allem das westliche Mittelmeergebiet, die einstige Westhälfte des römischen Reiches. Dort prallten die verschiedensten Kräfte aufeinander; dorthin strebten und dort endeten sowohl die germanisch-awarisch-slawischen als auch die arabischen Raub- und Eroberungszüge. Dort etablierten sich auch die sogenannten Germanenreiche, die es allesamt nur zu kurzer Lebensdauer brachten, die Reiche der Westgoten und Vandalen, der Ostgoten und Langobarden, und dort vor allem setzten sich die Araber fest, in Nordafrika für immer, in Spanien für viele Jahrhunderte. Dorthin vor allem zielten schließlich auch die Restaurationsbestrebungen, die – insbesondere unter Justinian – vom oströmischen Reich ausgingen, Bestrebungen, die im ganzen zum Scheitern verurteilt waren.

Die Hauptursache des gigantischen Zerstörungswerks (aus dem sodann in einem Rekonsolidierungsprozeß die genannten drei Machtbereiche hervorgingen) war ein in der Geschichte der Menschheit typischer Vorgang, waren Wanderbewegungen aus sogenannten Völkerkammern in Kulturlandschaften. Dergleichen hatte sich im Zeitalter der potamischen Kulturen, vom 4. bis zum 1. Jahrtausend v. Chr., vom Hoangho bis zum Nil, zu wiederholten Malen zugetragen, und nunmehr wurde auch die Kultur des Mittelmeerraums, die ihrerseits aus indokeltischen Wanderungen während des 2. vorchristlichen Jahrtausends hervorgegangen war, von diesem Schicksal ereilt: kriegerische, volkreiche Scharen fielen in immer neuen Wellen über eine des Kämpfens entwöhnte Zivilisation her, die bessere Lebensbedingungen versprach. Allerdings unterschied sich die Kultur des Imperium Romanum durch ihre Höhe, Vielfalt und Intensität von allem Bisherigen; demgemäß ging das Werk der Auflösung und Zerstörung verhältnismäßig langsam vonstatten, und es führte um so weniger zu einem völligen Untergang, als es von Anfang an durch einen gegenläufigen Prozeß der Kulturübernahme auf seiten der Eindringlinge gehemmt und modifiziert wurde, mit der Konsequenz, daß nicht alle Fäden der Kontinuität rissen und das Mittelalter die Antike nicht nur ablöste, sondern auch fortsetzte.

Die Wanderbewegungen der Spätantike gingen von zwei Völkerkammern aus: von der asiatisch-osteuropäischen Steppe und von Arabien. Die arabische Landnahme an der Südseite des Mittelmeers war ein überaus gradliniger, in sich geschlossener Vorgang: er hat sich innerhalb eines Jahrhunderts, in der Zeit von Mohammeds Tod (632) bis zum Siege Karl Martells bei Poitiers (732), vollzogen. Die vorausgehende asiatisch-europäische Völkerverschiebung, die ‹Völkerwanderung› schlechthin, hatte ein erheblich komplizierteres Aussehen. Sie setzte nicht erst in der Spätantike ein: keltische und später germanische Verbände waren seit dem 4. Jahrhundert v. Chr. des öfteren tief in den Mittelmeerraum vorgedrungen. Der Unterschied bestand darin, daß die Römer bis zum 3. Jahrhundert n. Chr. imstande waren, die Eindringlinge zu überwältigen oder bereits an der Grenze abzuwehren.

An der asiatisch-europäischen Wanderbewegung der Spätantike hatten germanische, mongolische, awarische und slawische Völkerschaften Anteil; ihr Vordringen bis an die Westgrenzen Europas vollzog sich hauptsächlich in drei Wellen. Die erste Welle wurde durch ein mongolisches Reitervolk, die Hunnen, in Gang gebracht. Die Hunnen, seit dem 1. Jahrhundert n. Chr. von Sibirien, der Mongolei und Turkestan her immer weiter westwärts ziehend, waren im letzten Drittel des 4. Jahrhunderts in den Wolgaraum gelangt; sie bedrängten die dort hausenden Ostgoten, und diese wiederum gaben den Stoß an ihre Nachbarn, an die Westgoten, die sich zwischen Dnjestr und Donau aufhielten, weiter. Die Westgoten endlich überschritten die Reichsgrenze, brachten den Römern bei Adrianopel eine vernichtende Niederlage bei (378) und erzwangen hierdurch einen Vertrag, der ihnen zugestand, als geschlossener Verband und unter eigenen Befehlshabern auf römischem Territorium zu siedeln, mit der Verpflichtung, gegen Sold Militärdienst zu leisten. Diese von ihnen zum ersten Male durchgesetzte Rechtsfigur, die Aufnahme von sogenannten Bundesgenossen *(foederati)* in corpore, hat alsbald Schule gemacht: sie gab das Schema ab, nach dem im 5. Jahrhundert eine Reihe von Germanenstämmen ihr Verhältnis zum römischen Staat regulierte.

Die zweite Welle wurde bald darauf, um das Jahr 400, dadurch verursacht, daß hunnische Scharen in den Donauraum eindrangen. Daraufhin stießen germanische Haufen bis nach Oberitalien vor, wo sie der römische Heermeister Stilicho zu schlagen vermochte (405/406). Doch andere Verbände überschritten die durch Stilicho von Truppen entblößte Rheingrenze; sie überfluteten Gallien und Spanien. Der Zusammenbruch der Rheinlinie war für die westliche Reichshälfte der Anfang vom Ende: er hatte die innerhalb davon gelegenen Gebiete auf immer dem Zuzug der fremden Scharen preisgegeben.

Die dritte und letzte der die westliche Reichshälfte ergreifenden Wellen ging ebenfalls über den Raum der mittleren Donau hinweg: dorthin waren Awaren, wie die Hunnen ein mongolisches Volk, vorgestoßen, und die dortselbst ansässigen germanischen Langobarden zogen daraufhin nach Oberitalien, in die heutige Lombardei (568). Hiermit fand die Wanderzeit in West- und Südeuropa ein Ende. Der Balkan hingegen geriet noch einmal in schwere Bedrängnis: die Slawen, mit vorübergehenden Raubzügen nicht mehr zufrieden, begannen, sich im ausgehenden 6. Jahrhundert in den Gebieten, in die sie eingedrungen waren, anzusiedeln, so daß um die Wende vom 6. zum 7. Jahrhundert außer Thessalonike und einigen Städten an der Adria kein Platz mehr fest in der Hand der alten römisch-griechischen Reichsbevölkerung war. Hiermit hatte sich das Szenarium des Mittelalters einigermaßen vervollständigt; spätere Vorstöße aus dem Osten, von Seiten der Awaren und Ungarn, konnten von Karl dem Großen und Otto dem Großen als den Repräsentanten einer neuen, starken Staatsgewalt abgewehrt werden.

Ein herausragendes Merkmal der griechisch-römischen Antike war die Polisverfassung: das Gemeinschaftsleben entfaltete sich im Rahmen kleiner Territorien, in Stadtstaaten, die nach außen hin unabhängig waren und im Inneren die Macht, die hoheitlichen Obliegenheiten auf viele verteilten, auf eine Schicht von Adligen oder auf alle erwachsenen männlichen Bürger. Diese Polisverfassung zeichnete sich vor allen Staatsformen, welche die Menschheit bis dahin erprobt hatte, dadurch aus, daß sie jedem, der an ihr partizipierte, auf der Grundlage des Rechtsfriedens und der Gleichheit vor dem Gesetz ein möglichst großes Maß an Freiheit zugestand. Die Bürger genossen im Rahmen der vom Staat verbürgten Sicherheit volle Privatautonomie; sie waren angewiesen, selber, auf Grund ihrer eigenen Initiative, für ihr Fortkommen zu sorgen, und Wirtschaft und Handel entwickelten sich, ohne daß sich die Obrigkeit mit dirigistischen Maßnahmen eingemischt hätte. Grundrechte, Palladien, die das staatliche Handeln dem Individuum gegenüber einschränkten, sind in ihrer heutigen Ausdrücklichkeit eine Errungenschaft des amerikanischen Unabhängigkeitskrieges und der Französischen Revolution; die Sache indes – Unversehrtheit, Freiheit, Eigentum u. a. – wurde im wesentlichen bereits vom griechisch-römischen Stadtstaat respektiert. An diesen Prinzipien änderte sich auch nichts, als das römische Reich unter Augustus eine monarchische Spitze erhielt: das Reich war nach wie vor kein zentralistisch regierter, in gleichartige Verwaltungsbezirke aufgeteilter Flächenstaat, sondern ein Konglomerat autonomer Gebiete, deren Rechtsverhältnis zur Vormacht Rom differierte, in denen jedoch im übrigen die freie Initiative der Bewohner das kulturelle und wirtschaftliche Leben in Schwung hielt und die der Opferbereitschaft der reichsten und angesehensten Bürger eine Fülle gemeinnütziger Einrichtungen zu danken hatten.

Die beiden ersten Jahrhunderte der Kaiserzeit erfreuten sich nicht nur eines ununterbrochenen Friedens, einer redlichen, tüchtigen Verwaltung und einer gedeihenden Wirtschaft; sie brachten auch mit sich, daß die Unterschiede zwischen den herrschenden, die Reichspolitik bestimmenden Römern und der Bevölkerung der

Provinzen mehr und mehr verblaßten. Das römische Bürgerrecht breitete sich schrittweise über das ganze Imperium aus, wobei das Heer und die in schönstem Flor stehenden Städte die Haupteinfallstore großzügiger Verleihungen waren; Caracalla zog im Jahre 212 mit der *Constitutio Antoniniana*, einem Gesetz, das alle freien Reichsbewohner zu Römern machte, den Schlußstrich unter diese Entwicklung. Den äußeren Geschehnissen entsprach die innere Einstellung: die Ressentiments gegen die einstigen Sieger und Eroberer schwanden dahin, und es verbreitete sich allenthalben eine romfreundliche Reichsgesinnung, die stärker war als das Gefühl der Zugehörigkeit zu einer bestimmten Region oder Nation. Die Provinzialen stiegen überdies in zunehmendem Maße in die für die Ausübung der Staatsgewalt verantwortlichen Schichten auf; sie gewannen Anteil am Offizierskorps, an der Beamtenschaft und am Senat. Selbst die Kaiser rekrutierten sich mehr und mehr aus Gebieten weitab von Rom: Trajan und Hadrian waren spanischer Herkunft und Septimius Severus ein dunkelhäutiger Afrikaner; mit Maximinus Thrax (235–238) begann die Reihe der Herrscher, die aus den Donauprovinzen stammten.

Diese Welt des Wohlstands und des sozialen Ausgleichs brach vor der Mitte des 3. Jahrhunderts katastrophenartig zusammen. Die Grenzen vermochten dem Druck der Germanen im Norden und der Perser im Osten (wie er längst herrschte, ehe die für das Westreich verhängnisvollen Wanderbewegungen des 4. bis 6. Jahrhunderts einsetzten) nicht mehr standzuhalten, und so durchzogen Alamannen und Franken, deren Namen damals zum ersten Male genannt wurden, sowie Goten und Perser plündernd und brandschatzend das Reich. Die Horden gelangten nach Gallien und Spanien und bis an die nordafrikanische Küste; sie suchten Oberitalien heim, verwüsteten die Donauprovinzen und Griechenland und stießen mit ihren Flotten in die Ägäis und nach Kleinasien vor. Rom selbst blieb damals, im 3. Jahrhundert, noch verschont; immerhin sah sich Kaiser Aurelian (270–275) wegen der unsicheren Zeitläufte veranlaßt, die Stadt, die jahrhundertelang unbefestigt gewesen war, mit dem gewaltigen Mauerring zu umgeben, der, im wesentlichen heute noch erhalten, seinen Namen trägt.

Es kam hinzu, daß die römischen Truppen je später, desto mehr aus der Landbevölkerung, und zwar vor allem aus den noch nicht oder nur unzulänglich romanisierten Grenzgebieten rekrutiert wurden: diese von jeglichem Staatsethos unberührten und in den Wirren der Zeit oft nicht einmal mehr an die Person des Kaisers gebundenen Söldner waren des Gedankens entwöhnt, daß sie zum Schutze der waffenscheuen Zivilbevölkerung bestellt seien, und so richteten ihre Requisitionen, die zu Plünderungen ausarteten, nicht geringere Schäden an als die Beutezüge der über die Grenzen einbrechenden Horden. Nicht genug, daß weite Gebiete des Reiches sowohl den auswärtigen Feinden als auch den eigenen Truppen zur Verwüstung anheimgegeben waren: das Kaisertum regierte seit der Mitte des 3. Jahrhunderts nicht mehr im Einklang mit dem römischen Senat und den führenden Schichten des Reiches; es stützte sich vielmehr allein auf den einzigen Machtfaktor, der noch zählte, auf das Heer. Dem Heer aber ging jede Kompetenz zur Schaffung einer stabilen, kontinuierlichen Staatsgewalt ab. Die einzelnen, räumlich weit voneinander entfernten Einheiten ließen sich vielmehr lediglich von ihrem kurzsichtigen Egoismus leiten: eine jede suchte ihren Anführer als Kaiser zu etablieren, und so mündeten die ungezügelten Schilderhebungen von seiten des Militärs in Bürgerkrieg und Anarchie. Man hat errechnet, daß in dem halben Jahrhundert von der Ermordung des Severus Alexander (235) bis zur Ermordung des Carinus (285) insgesamt siebzig Kaiser regiert haben oder zu regieren versuchten, darunter 41 Usurpatoren, denen es nicht gelang, sich durchzusetzen. Eine zentrale Instanz von einiger Dauer, die Reichspolitik hätte treiben und dem Allgemeinwohl dienende Ziele hätte verfolgen können, vermochte sich in dem brodelnden Chaos der schweren Krise nicht zu etablieren; immerhin gelangen einzelnen Kaisern, die sich mehrere Jahre zu halten wußten, etwa Gallien (260–268) oder Aurelian (270–275) erste Schritte in Richtung auf eine neue, einigermaßen stabile Staatsform, wie sie dann zu Ende des 3. und zu Anfang des 4. Jahrhunderts von Diokletian und Konstantin eingerichtet worden ist.

Der Staat der Spätantike, wie Diokletian (284–305) und Konstantin (306–337) ihn zusammengeschweißt haben, war im wesentlichen eine Reorganisation der noch vorhandenen Kräfte des ausgebluteten und wirtschaftlich schwer angeschlagenen Reiches. Diese beiden Kaiser und ihre Helfer vermochten zu systematisieren, was die Not während der fünf Jahrzehnte der Anarchie hervorgebracht hatte; sie erhoben, was als Improvisation aufgekommen war, zum Prinzip. Der augenfälligste Verfassungsgedanke Diokletians war der Regierungspluralismus, gleichsam die Legalisierung des Wettstreits mehrerer Throninhaber. Das System von je zwei Augusti und Caesares, von Ober- und Unterkaisern, die zugleich, aber in verschiedenen Regionen des Reiches herrschten, die sogenannte Tetrarchie, entsprach offenbar dem Gebot der Notwendigkeit. Ein einzelner Kaiser war, wie die Erfahrung gelehrt hatte, nicht mehr in der Lage, die Aufgaben zu bewältigen, welche die Verteidigung der Grenzen und die innere Verwaltung stellten. Zwar vermochte auch dieses System Prätendentenkämpfe nicht gänzlich zu verhindern. Immerhin war der Herrschaftspluralismus und mit ihm – jedenfalls seit Konstantin – die Legalität des gemeinsamen Regiments von Angehörigen *einer* Dynastie bis ins 5. Jahrhundert ein anerkannter Grundsatz der Verfassung, und wenn gelegentlich für kurze Zeit nur *ein* Kaiser an der Spitze des Reiches stand, so kam diesem Faktum keinerlei rechtliche Bedeutung zu.

Außerdem regulierten und vervollständigten Diokletian und Konstantin den von der Reichszentrale gelenkten, streng hierarchisch gegliederten Beamtenapparat, wie ihn die Nöte der Zeit, insbesondere das Versagen der von der Anarchie weithin gelähmten kommunalen Selbstverwaltung, erforderlich gemacht hatten. Die zivilen und militärischen Kompetenzen wurden nunmehr gänzlich und auf immer voneinander getrennt, womit man sich von einem der ältesten Grundsätze der römischen Staatsordnung, der Verbindung dieser beiden Zweige hoheitlicher Gewalt, lossagte. Auf dem zivilen Sektor waltete eine alles durchdringende Bürokratie, die aus einer Anzahl sorgsam ineinandergeschachtelter Instanzen bestand. Die niedrigste Stufe des oberen Behördenzuges hieß Provinz. Sie teilte indes mit der Provinz der Republik und der frühen Kaiserzeit, mit dem Sprengel eines ziemlich souverän schaltenden Statthalters, nur noch den Namen. Die Provinzen der Diokletianisch-Konstantinischen Reorganisation waren viel kleiner; das Reich zählte ihrer statt der überkommenen fünfzig zu Beginn des 4. Jahrhunderts 95 und später schließlich 120. Die einst bestehenden Unterschiede im rechtlichen Status wurden beseitigt; selbst Italien verlor sein Privileg der Grundsteuerfreiheit und gliederte sich nunmehr in einen nördlichen und einen südlichen Bezirk. Die Provinzen waren hinfort überall nichts als administrative Einheiten ohne eigenes Profil und eigene Initiative; das Reich hatte nunmehr das Aussehen eines von einem Netz gleichförmiger Distrikte überzogenen Flächenstaates. Mehrere Provinzen bildeten jeweils eine Diözese, die von einem *vicarius*, dem Stellvertreter eines Prätorianerpräfekten, verwaltet wurde. Die Diözesen dienten vornehmlich als Zwischen- und Kontrollinstanz, wie denn überhaupt, da es weithin an einem zulänglichen Beamtenethos fehlte, der Überwachung und Bespitzelung im spätantiken Staat großes Gewicht zukam. Je mehrere Diözesen (es gab deren zwölf) waren einer Prätorianerpräfektur unterstellt, die nunmehr trotz ihres von der kaiserlichen Garde abgeleiteten Namens als reine Zivilbehörde fungierte. Das spätantike Reich bestand gewöhnlich aus vier Präfekturen mit den Sprengelnamen Gallien, Italien, Illyricum, Orient.

Die Prätorianerpräfekturen endlich empfingen ihre Weisungen vom kaiserlichen Hof. Dort amtierte das *consistorium*, der Rat des Kaisers, dem als gewichtigste Mitglieder – neben dem Prätorianerpräfekten und zwei Heermeistern – vier *comites*, «Gefolgsleute» oder Hofminister, angehörten. Sie galten als die höchsten Hofbeamten, als *viri illustres* oder *illustrissimi* gemäß der strengen Rangordnung, die für alle Personen senatorischen oder ritterlichen Standes eingeführt worden war. Sie trugen klangvolle Titel: dem *magister officiorum*, dem Oberhofmarschall oder Personalchef, unterstanden insbesondere die kaiserliche Leibwache sowie die gefürchteten Reichsinspektoren, die *agentes in rebus;* der *quaestor sacri palatii*, der Justizminister, fertigte die kaiserlichen Erlasse aus, und die beiden *comites* mit den Zusätzen *sacrarum largitionum* («kaiserlicher Spenden») und *rerum privatarum* («des kaiserlichen Vermögens») fungierten als Spitzen der Finanzverwaltung. Das in absolutistischen Formen regierende spätantike Kaisertum war von einem starren Zeremoniell umgeben, dessen Wurzeln allerdings großenteils in frühere Jahrhunderte zurückreichten. Der sakrale Nimbus, der dem Inhaber des Weltherrscheramtes seit jeher anhaftete, wurde unter Konstantin in ein christliches Gottesgnadentum umgedeutet: wie der Logos Jesus die Welt lenke, erklärte der Hofbischof Eusebios von Caesarea in seiner Rede zum Jubiläum der dreißigjährigen Regierung, so herrsche Konstantin als sein Stellvertreter auf Erden über das römische Reich.

Die Residenzen der Kaiser wechselten, vornehmlich mit Rücksicht auf die Verteidigung der Grenzen. Im Westen dienten hauptsächlich Mailand und Trier, mitunter auch Paris und im 5. Jahrhundert zuallererst Ravenna als Aufenthaltsorte der Kaiserhöfe; im Osten hatten Nikomedien am Marmarameer und vom Jahre 330 an das neugegründete Konstantinopel sowie im Donauraum vornehmlich Thessalonike und Sirmium diese Funktion. Rom blieb zwar der Idee nach das hochangesehene, ja inbrünstig verehrte *caput mundi* («Haupt der Welt»); in Wirklichkeit aber war es kaum mehr als das gewaltige museale Überbleibsel vergangener Zeiten, worin der Senat, einst souveräne Reichsregierung oder, seit Augustus, wenigstens Legitimationsinstanz des Kaisertums, nur noch die Rolle eines respektheischenden, politisch jedoch fast bedeutungslosen Hortes der Tradition spielte.

Das Heerwesen der Spätantike war von erheblich anderer Beschaffenheit als das der vorausgehenden Kaiserzeit. Der Schutz der Grenzen erforderte mehr Truppen als zuvor; die Gesamtstärke mag sich auf etwa 500 000 Mann, d. h. auf knapp das Doppelte der seit Augustus üblichen Zahl belaufen haben. Die alte Unterscheidung von römischen Legionen und aus Nichtrömern bestehenden Hilfstruppen erübrigte sich, nachdem Caracalla allen Reichsbewohnern das Bürgerrecht verliehen hatte. Statt dessen hatten taktische Notwendigkeiten eine andere Zweiteilung mit sich gebracht: es gab einerseits ein mobiles Feldheer, zum Kampf gegen Feinde bestimmt, die bereits in das Reich eingefallen waren, und andererseits Grenztruppen zur Verteidigung des Limes. Die Republik und die frühe Kaiserzeit hatten eine horizontale Gliederung gekannt: eine niedere Laufbahn – vom einfachen Soldaten bis zum Centurio – stand allen Bürgern offen; die höhere Laufbahn, die Offiziersränge waren den Angehörigen der Aristokratie vorbehalten. In der Spätantike hingegen hatten die Senatoren im allgemeinen keinen Zugang zu den Offiziersstellen; das Heer war vertikal von der Zivilverwaltung geschieden und ergänzte sich bis in die höchsten Ränge aus sich selbst. An der Spitze der Armee standen bei jedem Kaiser die beiden am Hofe weilenden Heermeister, der *magister militum* für die Fußtruppen und der *magister equitum* für die Reiterei.

Die Reichsbevölkerung verabscheute den Militärdienst, so daß Aushebungen trotz des Fortbestehens der allgemeinen Wehrpflicht zu unbefriedigenden Ergebnissen führten. Die Regierung sah sich daher auf Anwerbungen verwiesen, und so drangen mehr und mehr Bewohner aus den wenig romanisierten Randgebieten sowie Nichtrömer, insbesondere Germanen, in die Reichsarmee ein; seit der Mitte des 4. Jahrhunderts stellten die germanischen Söldner das Gros nicht nur der übrigen Offiziere, sondern auch der Heermeister. In früheren Zeiten waren die Truppen das vornehmste Instrument der Assimilation von Fremden, des Ausgleichs von kulturellen Unterschieden zwischen Römern und Nichtrömern gewesen. Dieser Funktion konnte das Heer der Spätantike nicht mehr hinlänglich genügen, und zwar um so weniger, als es infolge der vertikalen Trennung kein Hin und Her zwischen Militärdienst und Zivilverwaltung mehr gab. Die wehrscheuen Reichsbewohner und die auf das Kriegshandwerk spezialisierten ‹barbarischen› Truppen standen einander entfremdet gegenüber.

Ein Zeitgenosse Diokletians, der Kirchenvater Laktanz, entwirft von dem Staat, den der ihm verhaßte Herrscher geschaffen hatte, folgendes düstere Bild:

«Er hat den Erdkreis zugrunde gerichtet, durch seine Habgier und seine Furchtsamkeit. Er berief drei Mitregenten, indem er die Welt in Viertel teilte und die Truppen vervielfachte: ein jeder Regent bemühte sich, über eine weit größere Zahl zu verfügen als die früheren, während sie noch allein den Staat lenkten. Die Zahl der

Empfangenden hatte um so viel größer zu sein begonnen als die der Gebenden, daß, da die ungeheuren Steuern die Kräfte der Bauern aufgezehrt hatten, das Land verödete und sich die Äcker in Wälder verwandelten. Und damit alles von Schrecken erfüllt sei, wurden die Provinzen in Stücke geschnitten; viele Statthalter und noch mehr Behörden bedrängen die einzelnen Gebiete und beinahe schon jede Stadt, ferner zahlreiche Rechnungs- und Steuerbeamte sowie die Stellvertreter von Präfekten. Sie alle befassen sich überaus selten mit Zivilangelegenheiten: sie sind nur auf Verurteilungen aus und auf ständiges Beschlagnahmen.»

Laktanz ist dem grausamen Christenverfolger Diokletian gegenüber nichts weniger als objektiv, und seine von krassen Übertreibungen nicht freie Schilderung (sie geht noch weiter und nimmt sich insbesondere auch der wirtschaftspolitischen Maßnahmen Diokletians an) gibt ein allzu einseitiges Bild. Immerhin sind dort die Struktur und die Prinzipien des spätantiken Staates treffend auf Begriffe gebracht, und auch dessen Schwächen treten sachgerecht hervor: Laktanzens Kritik hat prophetisch vieles von dem vorweggenommen, was später, vom Ende des 4. Jahrhunderts an, tatsächlich eingetreten ist.

Im absolutistischen System der Spätantike standen einander, wie Laktanz sich ausdrückte, Empfangende und Gebende schroff gegenüber: die kaiserlichen Höfe, der Beamtenapparat und das Heer lebten von den Steuern, welche die Bevölkerung in den Städten und auf dem Lande erarbeitete. Schon im 2. Jahrhundert waren gelegentlich einzelne Kommunen in finanzielle Schwierigkeiten geraten, so daß sie sich außerstande sahen, die ihnen auferlegten Abgaben voll zu entrichten, und in der Anarchie des 3. Jahrhunderts nahm die Zahl derartiger Fälle rapide zu. Da andererseits die Anforderungen des Staates mit der Zunahme der Beamtenschaft und der Truppen erheblich wuchsen, waren die Städte einem steigenden Steuerdruck ausgesetzt. Dort bildeten von Hause aus die wohlhabenden Honoratioren die maßgebliche Schicht; aus ihnen pflegte sich der Stadtrat, die *curia*, zu rekrutieren, und sie wurden hiernach *curiales* oder *decuriones* genannt. Die Würde eines Kurialen erlangte man gewöhnlich durch die Bekleidung eines städtischen Amtes; man behielt sie zeit seines Lebens und genoß allerlei Vorrechte. Der Stadtrat steuerte in der Zeit vor der großen Krise das gesamte wirtschaftliche und kulturelle Leben der in ihrem Inneren autonomen Gemeinden; in ihm manifestierte sich zuallererst jene liberale Polisverfassung, die bis zum 3. Jahrhundert n. Chr. ein hervorstechendes Merkmal der griechisch-römischen Stadtkultur gewesen ist.

Mit dem wirtschaftlichen Niedergang, den die Zeit der Anarchie zur Folge hatte, änderten sich diese Verhältnisse von Grund auf. Die Zugehörigkeit zum Stadtrat, die Stellung eines Kurialen, die früher überaus begehrt war, wurde nunmehr zu einer Last: die Kurialen hafteten für sämtliche Steuern und sonstige Zwangsleistungen; es kam vor, daß sie gepeitscht wurden, bis sie von ihrem eigenen Vermögen drangaben. Das mit einem unveräußerlichen Grundbesitz gekoppelte Amt des Kurialen wurde erblich, und der Stadtrat verwandelte sich in ein Zwangskollektiv. Nicht wenige Kurialen vermochten sich diesen Pressionen dadurch zu entziehen, daß sie in den hiervon befreiten Verwaltungs- und Heeresdienst drängten; andere suchten Schutz, indem sie sich in die Stellung eines abhängigen Bauern begaben. Die staatliche Verwaltung hat sich mit keinem Problem so hartnäckig herumgeschlagen wie mit der Flucht vor den Lasten der Kurialen; der Titel *De decurionibus* des *Codex Theodosianus*, einer großen Sammlung von Kaisergesetzen (12, 1), bekundet mit seinen 192 Erlassen, daß alle Versuche, dem Übel zu begegnen, vergeblich waren. Die permanenten Forderungen und Zwangsmaßnahmen des Staates vergifteten das Klima des gesamten öffentlichen Lebens: der Druck, den die Reichsgewalt auf die Kurialen ausübte, wurde von diesen verschärft an die übrige steuerpflichtige Bevölkerung weitergegeben.

Seit republikanischer Zeit hatten sich Handwerker und Händler zur Verfolgung gemeinsamer Ziele zu Zünften zusammengetan. Als nun die Wirtschaft nach dem schweren Kollaps im 3. Jahrhundert den Bedürfnissen der Städte und des Staates, insbesondere des Heeres, nicht mehr vollauf zu genügen vermochte, begann die Regierung, in die ökonomischen Prozesse, die bislang gänzlich auf privater Initiative beruht hatten, durch lenkende Maßnahmen einzugreifen. Sie verfuhr bei den geringere Qualifikationen erfordernden Berufen ähnlich wie bei den Kurien: sie machte die

Zünfte, um dem Mangel an Ausübenden abzuhelfen, zu erblichen Zwangskollektiven, z. B. bei den Bäckern, den Fleischern und den Gewerben des Transportwesens. Es gab auch andere Maßnahmen, etwa Steuerbefreiungen für die gehobenen Handwerke und die akademischen Berufe, und überdies ließ der Staat für seinen eigenen Bedarf in von ihm betriebenen Fabriken Kleider und Waffen herstellen. Doch die Einschränkung der freien Berufswahl, die Fixierung des Sohnes auf das vom Vater ausgeübte Gewerbe mit all den gesetzlichen Repressalien, die den Versuch bedrohten, sich diesem Zwang zu entziehen, waren, aufs Ganze gesehen, das auffälligste Merkmal des spätantiken Wirtschaftsdirigismus. Gewiß haben noch mancherlei Freiräume bestanden, in denen sich Produktion und Handel nach Maßgabe des Willens der beteiligten Privatpersonen entfalten konnten; welche Einschränkungen indes das Prinzip der rechtsgeschäftlichen Privatautonomie erlitten hat, läßt sich nicht zuletzt daran ablesen, daß die auf diesem Prinzip beruhende Ziviljurisprudenz, die bis zum Beginn der großen Krise in höchster Blüte gestanden hatte, plötzlich zusammengebrochen und auf immer untergegangen war.

Die Kluft zwischen Arm und Reich war in der Spätantike allenthalben extrem groß. Besonders deutlich bekundete sich dies in dem wichtigsten Zweig der römischen Ökonomie, in der Landwirtschaft. Es hat zwar auch damals noch kleine Freibauern gegeben. Die vorherrschende Rechtsform war indes der Großgrundbesitz. Er befand sich in den Händen der Kaiser, des senatorischen Reichsadels und der vermögenden Kurialen. Der Adel, der auf seinen Gütern einen aufwendigen Lebensstil entfaltete, der indes seine Muße auch zu fruchtbaren literarischen, historiographischen und philosophischen Studien benutzte, stand in keinem erweislichen Zusammenhang mit der Aristokratie der Republik und der frühen Kaiserzeit, wenn er sich auch mit klangvollen alten Namen zu schmücken suchte. Er war offenbar in den Wirren des 3. Jahrhunderts aufgestiegen; vielleicht hatte er sich einstige Staatsdomänen anzueignen gewußt. Die spätantiken Latifundien mit ihren ausgedehnten Monokulturen wurden teils durch Verwalter, durch Prokuratoren, teils durch Pächter bewirtschaftet. Die weitaus häufigste und wichtigste Pachtform war der Kolonat (von *colonus*,

«Siedler, Ackerbauer»). Die Kolonen standen in einem vererblichen, unkündbaren Rechtsverhältnis zum Grundeigentümer. Ihre Freizügigkeit wurde im Laufe der Zeit, in der einen Region früher, in der anderen später, eingeschränkt: die von der kaiserlichen Gesetzgebung geförderte Schollenbindung sollte vor allem den regelmäßigen Eingang der Abgaben sichern. Die in einer der mittelalterlichen Hörigkeit ähnlichen Stellung lebenden Pächter suchten sich dem Steuerdruck durch die Flucht oder durch den Eintritt in den Truppendienst zu entziehen; die Regierung wiederum war bestrebt, diese Auswege zu verschließen. Immerhin konnten die Kolonen nicht von ihren Herren vertrieben werden, ja sie fanden in ihnen einigen Schutz gegen die Pressionen staatlicher Behörden. Dieser Aspekt veranlaßte sogar zahlreiche freie Bauern, sich aus eigenem Antrieb in die Obhut, das *patrocinium* der adligen Großgrundbesitzer zu begeben, wobei sie sich entweder zu regelmäßigen Abgaben an ihren Patron verpflichteten oder ihm ihr Land übereigneten. Die Patroziniumsbewegung, ein eingreifender Prozeß sozialer Umschichtung, trug wesentlich dazu bei, daß dem Grundbesitz hoheitliche Befugnisse und Aufgaben zuwuchsen, daß er sich in Grundherrschaft verwandelte: die Großagrarier erhoben Steuern, übten Gerichtsbarkeit aus und stellten Schutztruppen gegen Räuber und Eindringlinge auf. Wohl in keinem anderen Bereich leiteten die Formen, die sich in der Spätantike ausbildeten, so kontinuierlich in die mittelalterlichen Zustände über.

Die Kaiser, von göttlichem Nimbus umstrahlt und in ein strenges Zeremoniell gepreßt, der Beamtenapparat, zu kompliziert und schwerfällig und weithin korrupt, die Soldaten, habgierig, mühsam im Zaume gehalten und oft wenig kampftüchtig, die Untertanen in den Städten und auf dem Lande, die produzieren und für den Lebensunterhalt aller aufkommen mußten, und schließlich die Aristokratie, die in ihren Villen auf dem Lande lebte und ihren Besitz je länger, desto mehr den auf den städtischen Territorien lastenden Verpflichtungen zu entziehen wußte: dieses wenig sympathische Gebilde pflegt von der modernen Geschichtswissenschaft mit Recht als ‹Zwangsstaat› charakterisiert zu werden (die Kritik, die sich unlängst dagegen erhoben hat, war offensichtlich nicht hinlänglich fundiert); andererseits läßt sich nicht leugnen, daß das von Diokletian und Konstantin geschaffene System die allgemeinen Verhältnisse, wie sie sich während der großen Krise entwickelt hatten, erheblich verbessert und – jedenfalls zunächst, für den größten Teil des 4. Jahrhunderts – einen beträchtlichen wirtschaftlichen Aufschwung herbeigeführt hat. Mit diesem System kehrten hinlänglich geordnete Zustände, ein gewisses Maß an Rechtssicherheit, an Kalkulierbarkeit des staatlichen Handelns und überhaupt an innerem Frieden zurück; demgegenüber mochten die hohen steuerlichen Lasten und selbst die Einbußen an individueller Freiheit, die Beschränkungen, denen die Kurialen, die Gewerbetreibenden und die Bauern unterworfen wurden, als die geringeren Übel erscheinen. Im 4. Jahrhundert hat wohl überhaupt noch weithin einiger Wohlstand geherrscht. Doch auch im 5. Jahrhundert, als, in den besonders gefährdeten Grenzgebieten einsetzend und von dorther immer weiter ins Reichsinnere vordringend, der Niedergang der Städte und die Verödung des Landes bedrohliche Ausmaße annahmen, war die in Auflösung befindliche römische Staatlichkeit den vorstaatlichen Zuständen ringsum offensichtlich noch stets überlegen; sonst wäre kaum verständlich, daß das römische Territorium eine so starke Anziehungskraft auf immer neue Scharen von Reichsfremden ausübte.

Die Germanenreiche auf römischem Boden

Auf das verhältnismäßig stabile 4. Jahrhundert, die wirtschaftliche und kulturelle Blütezeit der Spätantike, folgten das 5. und 6. Jahrhundert, die Periode des Niedergangs und Zerfalls. Die Germanenhorden, die augenfälligste und wohl auch wichtigste Ursache dieses Prozesses, waren damals weit gefährlicher als zuvor. Schon im 3. Jahrhundert hatten nicht mehr die kleineren Stämme, wie sie noch zur Zeit Kaiser Mark Aurels in Erscheinung zu treten pflegten, sondern größere Verbände, die Alamannen, Franken und andere, das Reich heimgesucht. Jetzt, etwa anderthalb Jahrhunderte später, zeigte sich, daß die Germanen zumal auf militärischem Gebiet viel von den Römern gelernt hatten; sie waren den Reichstruppen (die ja ebenfalls mehr und mehr aus Germanen bestanden) in der Ausrüstung und Kampftaktik ebenbürtig und hatten es sogar in der Belagerungstechnik so weit gebracht, daß sie schließlich auch sehr gut befestigte Städte zu erobern vermochten. Diese um einen Heerführer gescharten Verbände erhielten, sobald sie die Reichsgrenze überschritten hatten, noch reichlich Zuzug von allen denen, die der spätantike Staat besonders kraß benachteiligte, von Sklaven, Deserteuren und flüchtigen Kolonen. Sie forderten Land, mitsamt den dortselbst ansässigen Arbeitskräften: sie wollten Krieger bleiben und lehnten jede Art friedlichen Erwerbs ab. In politischer Hinsicht waren sie nach wie vor unmündig: das römische Reich repräsentierte auch für sie die Staatlichkeit schlechthin, zu der es keinerlei Alternative gab. Daher bemühten sie sich, ihrer Anwesenheit auf römischem Boden den erwähnten Rechtstitel von Bundesgenossen *(foederati)* zu verschaffen, wofür sie sich mehr oder minder bindend zu Hilfeleistungen im Kriegsfalle verpflichteten. Als der Niedergang des Reichsregiments fortschritt, sahen sie allerdings mitunter auch hiervon ab; sie gebärdeten sich nunmehr unverhüllt als Eroberer.

Der römische Staat hat trotzdem noch lange recht und schlecht weiterexistiert, jedenfalls auf der Verwaltungsebene der Provinzen. Auch das System der Kommunen mit seinen Steuern und Diensten ging erst unter, wenn keine hinlänglichen Überbleibsel der Reichsbevölkerung mehr vorhanden waren. Zunächst verschwanden also lediglich die überregionalen Instanzen des Reichsregiments; es folgte ein allmählicher Prozeß des Städtesterbens und des Rückgangs der Zivilisation. Der auf seinen autarken Gütern residierende Adel vermochte sich im allgemeinen trotz der Abgaben von Land und Leuten, welche die Eindringlinge verlangten, recht gut zu behaupten; er repräsentierte unter der Herrschaft der Germanen die *Romanitas*, die römische Bildung: zumal die Aristokratie Galliens hat damals, in der sich verdunkelnden Zeit des Übergangs zum Mittelalter, einen erheblichen Beitrag zur Fortdauer der kulturellen Tradition geleistet. Schließlich hat die christliche Kirche den Stürmen der Zeit zu trotzen vermocht; sie war, so sehr sie in weiten Teilen Europas am allgemeinen Kulturschwund des 7. Jahrhunderts partizipiert hatte, das stärkste Fundament der karolingischen Reformen.

Zum äußeren Ablauf des Geschehens braucht hier nur noch einiges wenige nachgetragen zu werden. Es sei an die drei Wellen erinnert, in die sich die großen Wanderbewegungen der Spätantike gliedern lassen. Die erste Welle hatte gleichsam wegbereitende Funktion: die Westgoten erreichten, nachdem sie sich durch ihren Sieg bei Adrianopel den Zugang auf römisches Territorium gebahnt hatten, daß ein ganzer Volksstamm unter eigener Führung den Status der Bundesgenossenschaft erhielt. Die zweite, nur wenige Dezennien später einsetzende Welle brachte sodann, wie sich zeigen sollte, irreparable Substanzverluste mit sich, ja sie besiegelte in ihren Auswirkungen das Schicksal der westlichen Reichshälfte. Stilicho hatte seine Erfolge in Oberitalien mit einer erheblichen Schwächung der Rheinfront erkaufen müssen, und so ergossen sich vom Jahre 406 an Vandalen, Sweben und Alanen über Gallien, und die Burgunder rückten in das Gebiet von Worms vor. Schon drei Jahre darauf gelangten die plündernden Horden auf die Iberische Halbinsel, und im Jahre 410 fand das Ereignis statt, welches die Zeitgenossen erschütterte wie kein anderes: Alarichs Westgoten eroberten Rom; sie zogen drei Tage später mit immenser Beute und zahlreichen Gefangenen wieder ab. Das Entsetzen war allgemein und gleich groß bei Heiden und Christen; das Unglück hatte die Wirkung eines Menetekels, ähnlich dem Fall Konstantinopels im Jahre 1453. Britannien mußte damals, zu Beginn des 5. Jahrhunderts, für immer aufgegeben werden; von den Schicksalen, denen die Insel bis gegen Ende des 6. Jahrhunderts ausgesetzt war, hat sich kaum Kunde erhalten.

Um das Jahr 420 zeigte die Landkarte auf dem Boden Galliens und Spaniens die folgenden Siedlungsgebiete:

1. das der Burgunder am linken Rheinufer, in der Gegend von Worms;

2. das der Westgoten zwischen Loire und Garonne, mit Toulouse als Hauptstadt;

3. das der Sweben in der Provinz Gallaecia, im Nordwesten von Spanien;

4. das der Vandalen im südlichen Spanien, in dem nach ihnen benannten Andalusien.

Einige Dezennien später, um die Mitte des 5. Jahrhunderts,

hatte sich dieses Bild schon wieder erheblich verändert. Die Burgunder saßen damals in Savoyen; die Westgoten hatten sich über ganz Südgallien und die Sweben über ganz West- und Südwestspanien verbreitet. Die Vandalen waren nämlich schon im Jahre 429 unter der Führung ihres tatendurstigen Königs Geiserich nach Afrika gelangt, auf Schiffen, welche die römische Regierung ihnen zur Verfügung gestellt hatte. Ihre Invasion in die Kornkammer Roms und die unbarmherzige Herrschaft, die sie dort etwas mehr als ein Jahrhundert lang ausübten, zählt zu den besonders schlimmen Episoden der an Katastrophen überreichen Epoche. Und schließlich hatten sich damals, um das Jahr 450, die Franken ganz Nordgalliens – Belgiens sowie der Mosel- und Rheinlande – bemächtigt. Im ersten Drittel des 6. Jahrhunderts schrumpfte die Zahl dieser germanischen Machtgebilde auf zwei oder drei zusammen. Die Franken dehnten ihre Herrschaft über ganz Gallien – Burgund eingeschlossen – aus, und das Westgotenreich verlagerte sich nach Spanien, wo sich allerdings die Sweben im Nordwesten noch behaupten konnten. Das rüde Regime der Vandalen endlich wurde durch Justinians Reconquista zerschlagen (534/535).

Mit Theodosius I. hatte zum letzten Male ein fähiger, seiner schwierigen Aufgabe im ganzen gewachsener Herrscher über das Gesamtreich geboten; nach seinem Tode (395) verkümmerte zumal das westliche Kaisertum zur Marionette. Die tatsächliche Gewalt wurde in der westlichen Reichshälfte von Heermeistern, in der östlichen von Höflingen und hohen Zivilbeamten ausgeübt. Männer wie der Vandale Stilicho oder der Donaurömer Aetius, der im Jahre 451 auf den Katalaunischen Feldern dem Vordringen der Hunnen unter Attila Einhalt gebot, nahmen in manchem das Hausmeiertum der Merowinger vorweg. Nach verbreiteter Meinung erlosch das weströmische Schattenkaisertum mit der Absetzung des Knaben Romulus Augustulus (476); genau genommen geschah dies erst, als einige Zeit darauf der von Ostrom eingesetzte Kaiser Julius Nepos starb. In Italien führte um die Jahrhundertmitte der Swebe Ricimer als Heermeister, dann Odoaker, Sohn eines Thüringers und einer Skirin, das Regiment; Odoaker wiederum wurde – wozu es eines mehrjährigen Krieges mit langer Belagerung Ravennas bedurfte – durch den Ostgoten Theoderich abgelöst, den Ostrom beauftragt hatte, als kaiserlicher Statthalter, als *patricius*, wie die auf Konstantin zurückgehende Würde eines obersten Heermeisters betitelt war, in Italien die Herrschaft auszuüben. Diese neue Form der Legalisierung der Germanenherrschaft zeigt, daß man dem Erlöschen des westlichen Kaisertums nicht allzu viel Gewicht beimessen darf.

Im Jahre 534 begannen die Rückeroberungskriege Justinians, Teil des gigantischen Planes, das Reich und die Kirche im Inneren wie nach außen hin in ihrem einstigen, durch Konstantin begründeten Glanze wiederherzustellen. Der Feldherr Belisar vernichtete mit einem Schlag die Vandalenherrschaft; die Eroberung des Ostgotenreiches in Italien hingegen gelang erst nach schweren und wechselvollen Kämpfen unter Belisars Nachfolger Narses. Von Spanien endlich, dem Machtbereich der Westgoten, brachten Justinians Truppen lediglich die Südostecke einschließlich Cordubas und der Meerenge zwischen Europa und Afrika (heute Gibraltar) in ihre Gewalt. Der großangelegte Restaurationsversuch, gleichsam ein retardierendes Moment vor dem völligen Untergang der weströmischen Reichsherrlichkeit, blieb Stückwerk und wurde durch die weiteren Geschehnisse alsbald als Anachronismus entlarvt: unmittelbar nach dem Tode des Kaisers (565) brandete die dritte Welle der Wanderbewegungen gen Westen, und der größte Teil Italiens wurde nach und nach von den Langobarden in Besitz genommen. Auch die spanischen Eroberungen gingen wieder verloren; einzig in Afrika vermochte Ostrom, wenn auch ständig in zermürbende Kämpfe mit den Berbern verwickelt, sein Regiment längere Zeit aufrechtzuerhalten; hier brachte erst die arabische Invasion der Jahre 697/698 das Ende.

2

Die literarische Hinterlassenschaft der spätrömischen Zeit: Ein Überblick

Die Perioden der lateinischen Literatur

Die Philologie widmet sich mit guten Gründen vorzüglich dem je Besonderen: der einzelne Autor, das einzelne Werk, die einzelne Partie innerhalb eines Werkes, ja die einzelne Formulierung, wenn deren Verständnis Schwierigkeiten bereitet oder ihre Überlieferung als fragwürdig erscheint, pflegen im Mittelpunkt der Betrachtung zu stehen. Darüber dürfen indes die allgemeinen, die ordnenden, übergreifenden und zusammenfassenden Gesichtspunkte nicht zu kurz kommen, über welche die Philologie ebenso gebietet wie alle Disziplinen, die ihre Gegenstände sowohl systematisch als auch historisch betrachten können. Die maßgebliche systematische Kategorie der Philologie ist die Gattung, die maßgebliche historische die Periode oder Epoche. Sie haben beide in diesem Buche, das es sich vor allem zur Aufgabe macht, eine orientierende Überschau über Roms spätantike Literatur, einen großen, auf den ersten Blick verwirrenden Stoff, zu geben, einen wichtigen Platz: die folgenden Kapitel sind im allgemeinen teils nach Gattungen und Sachbereichen, teils nach Perioden oder Phasen davon gegliedert.

Man findet in den «Gesammelten Erzählungen» des amerikanischen Satirikers James Thurber die Geschichte von einer Dame, die Shakespeares «Macbeth» in der Annahme liest, daß es sich um ein Kriminalstück handele; sie kennt die Spielregeln dieser Gattung und wendet sie auf einen ungeeigneten Gegenstand an: «Wer ist der Täter?» und: «Durch diese Finte lasse ich mich nicht täuschen.» Die von Thurber inszenierte Störung zeigt, was die Gattung im Normalfall leistet: sie dient als Kommunikationsbasis von Autor und Publikum; sie gibt als eine Art Code, den sowohl der Autor als auch das Publikum kennen, die Richtung vor, in der die Deutung des eine bestimmte Gattung repräsentierenden Werkes gesucht werden soll. Demgemäß pflegt auch die Philologie der Gattungszugehörigkeit aller überlieferten Literaturwerke und darüber hinaus dem Verhältnis der Gattungen zueinander größte Aufmerksamkeit zu schenken. Hierbei ist es allerdings kaum möglich, nach Art des Linnéschen Systems der Tiere und Pflanzen eine in sich geschlossene, auf unanfechtbaren Zuweisungen beruhende Pyramide von Gattungen, Arten, Unterarten usw. herzustellen: die literarische Produktion entspringt zu verschiedenen Bedürfnissen, soll zu verschiedenen Zwecken Genüge tun und hat ein zu verschiedenes Aussehen, als daß sie sich in ein einheitliches, nach einem einzigen Einteilungskriterium eingerichtetes Schema pressen ließe.

Der Begriff der Periode oder Epoche kann die ihm innewohnende deutende und ordnende Kraft nur dann zur Geltung bringen, wenn er seinem Material, einer Fülle von Literaturwerken, die in einem bestimmten Zeitabschnitt entstanden sind, nicht von außen aufgepfropft, sondern durch sorgfältiges induktives Schließen abgewonnen wird. Jahrhunderte der christlichen Ära oder die Regierungsdaten von Herrschern sind meist nichts als äußerliche Etiketten und keine Perioden der Literaturgeschichte. Es gilt, nach Typizitäten innerhalb eines Textcorpus einer bestimmten Zeit zu fragen: nach verbreiteten Stilnormen oder häufig begegnenden Motiven oder einer vorherrschenden Welthaltung usw. Eine Periode ist ein Inbegriff je gegebener Verhältnisse und Regeln, dessen Beginn, Blüte und Ende beschrieben und von andersartigen Inbegriffen der vorausgehenden und der folgenden Zeit abgegrenzt werden kann: Perioden sind weithin relative Größen, die sich wechselseitig durch den Kontrast der je verschiedenen Merkmale Relief verleihen.

Zu den zeitlichen Grenzen der literaturgeschichtlichen Perioden hat einst von Wilamowitz-Moellendorff lapidar festgestellt, daß sie «sich von selbst durch die großen geschichtlichen Ereignisse» sonderten. Dies trifft oft, aber durchaus nicht immer zu: literarische Erzeugnisse sind in ihrer Beschaffenheit bald stärker von äußeren – von politischen, religiösen, sozialen usw. – Bedingungen abhängig, bald folgen sie stärker Gesetzen, die ihnen immanent sind, und in dem letzteren Falle ist es nicht sachgemäß, die großen Einschnitte der allgemeinen Geschichte auch für die Literatur und überhaupt für das Geistesleben maßgeblich sein zu lassen. Eigenartigerweise pflegt ein Kriterium wenig beachtet zu werden, das in der Antike und im Mittelalter Anwendung finden kann und gerade für die Abgrenzung der Spätantike Bedeutung hat: das starke Erlahmen oder gar völlige Versiegen jeglicher literarischer Produktion. Die Zeit, die auf ein derartiges Intervall folgt, ist stets das Ergebnis großer Veränderungen und setzt daher auch im Bereich der Literatur nicht einfach fort, was einst unterbrochen worden war.

Ein heikles Thema sind die Epochenbezeichnungen; oft läßt sich schon an ihnen ablesen, welches Maß an Aufmerksamkeit die Frage der zeitlichen Gliederung in einer literaturgeschichtlichen Darstellung gefunden hat. Die Literaturgeschichte verfügt als verhältnismäßig junge Disziplin kaum über eigene Termini für ihre Perioden; am ehesten könnte eine Kategorie wie ‹Romantik› dafür gelten. Das meiste ist der Kunstgeschichte oder der allgemeinen Geschichte entlehnt: von dort stammen Begriffe wie Archaik oder Klassik, von hier die Rubriken Republik, Kaiserzeit u. a. Während die Übernahmen aus der nahe verwandten Kunstgeschichte kaum Anlaß zu Kritik geben, bergen die Kategorien, die auf die allgemeine Geschichte verweisen, das Risiko, daß sie die Literatur in einem ihr nicht zukommenden Maße als von den staatlich-gesellschaftlichen Verhältnissen abhängig erscheinen lassen.

Die vorhandenen Darstellungen der römischen oder lateinischen Literaturgeschichte bekunden bei der zeitlichen Gliederung ihres Gegenstandes große Uneinheitlichkeit: fast jedes Werk wartet mit einer anderen Periodisierung auf, fast jedes Werk endet zu einem anderen Zeitpunkt. Nicht einmal in der Frage des Namens herrscht Klarheit; eine anspruchsvolle Literaturgeschichte trägt z. B. den Titel «Die Literatur der Römer bis zur Karolingerzeit»: sie suggeriert, daß noch im 8. und 9. Jahrhundert ‹Römer› die Urheber der Literatur gewesen seien. Es empfiehlt sich also, zu diesen Fragen einige Überlegungen vorauszuschicken.

Die Römer selbst haben für ihre Sprache und Literatur zwei Bezeichnungen verwendet: teils leiteten sie deren Namen von dem ursprünglichen Sprachraum Latium, teils von der führenden Stadt Rom ab. Auch die Nachwelt pflegt beide Ausdrücke zu verwenden; in den deutschsprachigen Ländern wird das Idiom als ‹lateinisch› bezeichnet, die Literatur hingegen meist als ‹römisch›. Dieser Name insistiert darauf, daß Rom, also eine politische, weniger eine ethnische Gegebenheit, die Literatur, die dort entstand, bedingt oder jedenfalls maßgeblich geprägt hat; er betont eine politisch-kulturelle Komponente. Hieraus folgt aber, daß nur die Literatur als ‹römisch› deklariert werden sollte, die sich auch wirklich auf das politische Gebilde Rom bezog und von dorther ihre Impulse empfing. Dies trifft indes lediglich auf die lateinische Literatur der Antike zu, auf die Literatur, die in dem halben Jahrtausend von etwa 250 v. Chr. bis 250 n. Chr. entstanden ist. In lateinischer Sprache verfaßte Werke hingegen, die der Spätantike, dem Mittelalter oder der Neuzeit entstammen, sollten im ganzen als Bestandteile der ‹lateinischen› Literatur gelten. Denn schon in der Spätantike ist nicht mehr Rom, der römische Staats- und Rechtsgedanke das alles belebende Zentrum oder auch nur der wichtigste Faktor der Kultur und des Geisteslebens gewesen, im Unterschied zur Republik und zur frühen Kaiserzeit. Es hat allerdings damals noch einzelne Autoren gegeben, die verehrungsvoll zu Rom, wie es einmal existiert hatte, aufblickten und die ihre politischen Vorstellungen mit diesem Namen verbanden: ihr an der Vergangenheit sich orientierendes Werk kann immerhin in einem besonderen Sinn als ‹römisch› gelten.

Der Ausdruck ‹lateinische Literatur› möge also alles in lateinischer Sprache Geschriebene umfassen, was den Anspruch erheben darf, ‹Literatur› – im weitesten Sinne, mit Einschluß der Fachschriftstellerei – zu sein; als ‹römische Literatur› hingegen sei nur deren erste Phase bezeichnet, die Literatur der Zeit von den Punischen Kriegen bis zu den Soldatenkaisern. Weder bei der im strengen Sinne römischen Literatur noch bei der lateinischen Literatur der Spätantike empfiehlt sich eine Periodisierung, die ihre

Kategorien von der allgemeinen Geschichte borgt, da hierdurch Unzusammenhängendes ineins gefügt und Zusammenhängendes getrennt würde. Die römische Literatur läßt sich zwanglos in drei Hauptepochen gliedern: in die vorklassische (archaische) Zeit, in die Klassik und die Nachklassik; so hat es bereits Eduard Norden gehalten, dessen vorzüglicher Überblick nach diesen Kriterien eingeteilt ist. Für die römische Literatur hat also gerade die Epochengrenze keine grundlegende Bedeutung, die sonst als die wichtigste der römischen Geschichte gilt: der Übergang von der Republik zur Monarchie. Denn die Zeit Ciceros und die Zeit des Augustus bilden, literarhistorisch gesehen, eine Einheit; beiden Abschnitten kommt gleichermaßen das Prädikat ‹klassisch› zu. Die drei Perioden der römischen Literatur lassen sich am leichtesten durch das je verschiedene Verhältnis zum griechischen Vorbild voneinander abgrenzen. Die Autoren der Vorklassik sind noch weithin unselbständig; sie übersetzen oder bearbeiten griechische Muster. Die Autoren der Klassik hingegen suchen im Wettbewerb mit den griechischen Vorbildern selbständige Werke römischen Charakters hervorzubringen, während für die Autoren der Nachklassik nicht mehr die griechischen, sondern die Vorgänger in der eigenen Literatur maßgebliche Bedeutung haben.

Die römische Nachklassik und das Erlöschen der römischen Literatur

Die große Geschichte der römischen Literatur von Schanz und Hosius, noch stets ein unentbehrliches Nachschlagewerk, behandelt in ihrem 3. Bande, wie schon aus dem Titelblatt ersichtlich ist, «die Zeit von Hadrian 117 bis auf Constantin 324», d. h. sie bringt nicht nur ein Beispiel für eine Periodisierung, welche die Literaturgeschichte ohne Rücksicht auf ihr immanente Kriterien äußeren Daten der allgemeinen Geschichte unterwirft, sie überspielt vielmehr auch die große Krise des 3. Jahrhunderts, die Grenze zwischen der Antike und der Spätantike: ein sonderbarer horror vacui läßt sie mit Stillschweigen über die ein halbes Jahrhundert währende Zeit hinweggehen, aus der – von einigen Schriften christlichen Inhalts abgesehen – Werke in lateinischer Sprache weder überliefert noch bekannt sind. Da es sich hierbei nicht um einen Einzelfall handelt, scheint es angebracht, zunächst die Zäsur zwischen den beiden Perioden und somit auch das ihr vorangehende Abebben der literarischen Produktion kurz zu schildern.

Die nachklassische Epoche der römischen Literatur läßt mehrere Phasen erkennen: auf einen vorwärts, in ästhetisches Neuland strebenden, ‹modernen› Stilwillen folgten mehrere Rückgriffe auf Vergangenes, zunächst auf die Klassiker Vergil und Cicero, dann auf die vorklassische Periode, weshalb man von einer klassizistischen und einer archaistischen Zeit zu sprechen pflegt. Mit dem Archaismus, mit dessen Hauptvertretern Fronto und Gellius (2. Jahrhundert n. Chr.), war eine Art Krebsgang der römischen Literatur vollendet; einen neuen Stil, eine neue allgemeine Richtung hat Rom danach nicht mehr hervorgebracht. Im Konzert der Gattungen fiel eine Stimme nach der anderen aus. Die großen Formen der Dichtung, das Drama und das Epos, wurden nicht mehr gepflegt, und nur etwas Lyrik, die affektierten Spielereien der *poetae novelli*, der «jungen Dichter», wagte sich noch hervor. Einsam ragt die Gestalt des Apuleius heraus; sein «Goldener Esel» ist der einzige Beitrag, den Rom im 2. Jahrhundert der Weltliteratur geschenkt hat. Zu Beginn des 3. Jahrhunderts, ehe die Wirren das Reich heimsuchten, war die römische Literatur in sanfter Agonie dahingeschwunden: Rom scheint ziemlich genau zu der Zeit, da Caracalla allen Bewohnern des Reichs das römische Bürgerrecht verlieh, jedwede zu schöpferischem Hervorbringen antreibende Kraft eingebüßt zu haben.

Dieser Schein trügt ein wenig; immerhin dauerte damals, in den ersten Dezennien des 3. Jahrhunderts, die höchste Blüte und Entfaltung der römischen Jurisprudenz nahezu unvermindert an. Dies aber war nicht, wie der heutige Betrachter vielleicht anzunehmen geneigt ist, etwas Partikulares, Abseitiges, irgendeine fachwissenschaftliche Spezialität: die schriftstellerische Tätigkeit der Juristen war vielmehr eine wichtige Stütze des Staates, die staatserhaltende Kraft schlechthin. Denn nicht die Gesetzgebung, sondern die Fallentscheidungen, die schriftlich festgehalten und in Sammlungen verbreitet wurden, garantierten den inneren, den Rechtsfrieden.

Um das Jahr 240 brach indes mit dem römischen Staat auch die römische Jurisprudenz, die Kunst der methodisch gesicherten und sachgerechten Fallentscheidung zusammen, um in dieser Form nie wieder zu erstehen: eine Tradition riß ab, die sich vom 2. Jahrhundert v. Chr. an einer auch durch den Übergang von der Republik zur Monarchie nicht ernstlich gestörten Kontinuität erfreut hatte. Ein seltsamer und doch nicht unbegreiflicher Zufall hat es gefügt, daß die beiden letzten genauen Daten einerseits der allgemeinen, andererseits der juristischen Literaturgeschichte Roms fast völlig übereinstimmen: im Jahre 238 verfaßte ein Schulmeister namens Censorinus das Büchlein *De die natali*, das, wie der Titel andeutet, ironischerweise allerlei mit dem Geburtstag zusammenhängende Fragen behandelt; das Jahr 239 wiederum gilt als der letzte zeitliche Terminus, der sich für das Wirken eines vor dem Ausbruch der Reichskrise lebenden Juristen – des Modestinus, eines Schülers von Ulpian – ausfindig machen läßt.

Wegen der Blüte der rechtswissenschaftlichen Literatur, auf die im Zusammenhang mit dem Corpus Iuris Justinians noch zurückzukommen sein wird, wäre es anfechtbar zu behaupten, daß das Jahrhundert von Hadrian bis zu den Severern schlechtweg als die Verfallszeit der römischen Literatur angesehen werden müsse: man könnte sie auch als eine Phase zunehmender Spezialisierung, der nahezu totalen Konzentration auf einen einzigen Literaturzweig charakterisieren. Allerdings läßt sich kaum leugnen, daß diese Spezialisierung zu einer erheblichen Verarmung in den Formen und Inhalten führte. Jedenfalls aber hat die römische Literatur nicht nur ein genaues Anfangsdatum, das Jahr 240 v. Chr. mit der ersten Aufführung eines lateinischen Dramas, sondern auch ein ebenso genaues Datum ihres Endes: nach dem Jahre 239 n. Chr. läßt sich kein einziges literarisches Ereignis mehr dingfest machen, kein Autor, der mit Sicherheit in den Dezennien der Krise gelebt hätte, kein Werk, das mit Sicherheit damals entstanden wäre. Es ist möglich, daß dieses oder jenes erhaltene, nicht datierbare Gedicht der dunklen Zeit entstammt, die der Herrschaft Diokletians vorausging – beweisen läßt sich jedoch nichts. Man darf vermuten, daß manche Grammatiker- und Rhetorenschule auch im Chaos der Anarchie hat fortbestehen können. Sonst hätte sich wohl die lateinische Sprache stärker verändert: während des längeren und radikaleren Intervalls im 7. Jahrhundert sind aus dem Lateinischen die romanischen Sprachen hervorgegangen.

Die bisherigen Darlegungen haben von den Anfängen der christlichen Literatur in lateinischer Sprache abgesehen, die sich weit über das Epochenjahr 239 hinaus in das sonst literaturlose Intervall der Reichskrise erstreckten: zu Recht, da mit ihnen eine neue, der römischen Tradition fremde Entwicklung begonnen hat und da nicht das, was unverändert weitergeht, sondern nur das, was abbricht oder sich verändert, als Kriterium einer Epochengrenze dienen kann. Das Christentum hatte sich lange Zeit einzig im Medium des Griechischen entfaltet; auch in den Gemeinden des Westens haben sich der Gottesdienst, die Predigt, die Katechese und die Schriftstellerei zunächst strikt an diese Praxis gehalten. Gläubige, die des Griechischen unkundig waren, verlangten, daß man auf sie Rücksicht nahm: so drang allmählich das Lateinische ein, zuerst erkennbar an sporadisch bezeugten Übersetzungen einzelner Partien der Bibel. Um die Wende vom 2. zum 3. Jahrhundert begann mit den Afrikanern Tertullian und Minucius Felix die christliche lateinische Literatur; in Rom hat sich allerdings noch Hippolytos († 235) des Griechischen bedient. Was Tertullian in Gang gebracht hatte, setzte sich bis zum Tode Cyprians (258) ohne Einschnitt fort. Dann allerdings klafft auch in der Chronologie der christlichen Schriften eine Lücke von etwa vier Jahrzehnten, bis zu den Autoren Victorinus von Pettau, Arnobius und Laktanz, die sämtlich in diokletianisch-konstantinischer Zeit gewirkt haben. Dieser Hiat hat indes schwerlich dieselbe grundsätzliche Bedeutung wie der Kollaps der römischen Literatur: die Entwicklung ging nach ihm ungebrochen weiter, in denselben Gattungen und Argumentationsformen. Überdies war und blieb Afrika die Hochburg der christlich-lateinischen Schriftstellerei: von dort stammten wie Cyprian so auch Arnobius und Laktanz.

Die Anfänge der lateinischen Literatur der Spätantike (283–350)

Als Diokletian (284–305) der schweren Krise des Reiches ein Ende machte, fand auch die literarische Wüstenei ihre Grenze: von derselben Zeit an sind wieder Werke erhalten, deren Entstehung sich genau datieren läßt. Während die römische Literatur mit Betrachtungen über den Geburtstag versiegt war, debütierte die Literatur der neuen Epoche mit einem Lehrgedicht über die Jagd, mit den fragmentarisch überlieferten *Cynegetica* des Nemesianus aus Karthago, die zwischen dem Dezember 283 und dem September 284 entstanden sein müssen. Man könnte auch dieses wohl eher zufällige Faktum symbolisch nehmen und es als Indiz dafür deuten, daß sich mit der diokletianisch-konstantinischen Zeit die Adelskultur des Mittelalters geltend zu machen beginne. Von Nemesian sind auch vier Hirtengedichte erhalten; ihre Entstehungszeit läßt sich indes nicht näher bestimmen. Von nun an blieb kein Dezennium mehr ohne datierbare Werke: auf Nemesians *Cynegetica* folgten in den Jahren 289 und 291 die ältesten Stücke der Sammlung Panegyrici Latini, zwei Festansprachen, die ein unbekannter Redner – wohl in Trier – auf Kaiser Maximian, den Amtskollegen Diokletians, gehalten hat. Den Jahren 291 und 295 entstammen sodann zwei zwar nicht erhaltene, jedoch weithin rekonstruierbare Sammlungen von Kaisergesetzen, der *Codex Gregorianus* und der *Codex Hermogenianus*, und so ging es fort, in sich verdichtender Folge.

Während das Anfangsdatum der spätantiken Literatur unbezweifelbar feststeht (es markiert ja den Wiederbeginn literarischen Lebens nach langer Agonie und fällt mit einer wichtigen Epochengrenze der allgemeinen Geschichte Roms zusammen), läßt sich über das Weitere streiten. Hier wird angenommen, daß man gut daran tut, auch das Geistesleben der Spätantike in drei Abschnitte zu gliedern: in eine Phase der Restauration und Regeneration, in eine Phase der Blüte und eine Phase des Epigonentums. Als Trennlinie zwischen der Vorbereitungs- und der Blütezeit soll die Mitte des 4. Jahrhunderts gelten; die zweite Phase stimmt dann ziemlich genau mit den Lebensdaten Augustins (354–430) überein, und herausragende Autoren wie der Grammatiker Donat, der Geschichtsschreiber Aurelius Victor und der Dichter Ausonius lassen sich unter dieser Voraussetzung der Blütezeit zuordnen.

Auf heidnischer Seite hat die Periode von 283 bis 350 kein einziges bedeutendes Literaturwerk gezeitigt, jedenfalls nach heutigem Urteil nicht. Dichtung kam kaum zum Vorschein, Episches fehlte noch völlig. Die Prosa dominierte, und gerade an ihr werden die intellektuellen Nöte der mühsamen Wiederherstellung des Staates, der Kultur und der Wirtschaft – und somit auch das Ausmaß des Verfalls, der vorausgegangen war – deutlich ablesbar. Für Poesie und Prosa gilt allgemein (ein Merkmal, das der ganzen Spätantike eignet), daß es keine Stileinheit, keine vorherrschende Schreibweise gegeben hat, im Unterschied zur römischen Literatur, bei der jede Periode auch bestimmte Stilprinzipien mit sich gebracht hatte: naive Üppigkeit die vorklassische Zeit, Formstrenge und Dämpfung die Klassik, Manierismus und Schwulst die Nachklassik. Die Perioden der spätantiken Literatur hingegen ermangeln derartiger Inbegriffe von aufeinander abgestimmten Stilmerkmalen: Hohes steht neben Niedrigem, Gefeiltes neben Rohem, Gekünsteltes neben Schlichtem, je nach Belieben des Autors, er sei Heide oder Christ. Man fühlt sich an die Baukunst des 19. Jahrhunderts erinnert: alle Stile der Vergangenheit stehen zur Disposition; der Eklektizismus regiert.

Unter den Dichtern der diokletianisch-konstantinischen Zeit verdient nicht nur der von der Laune des Zufalls zum Inaugurator der Epoche ausersehene Nemesian, sondern auch Optatianus Porfyrius genannt zu werden: von ihm ist eine Sammlung zumeist panegyrischer, Kaiser Konstantin feiernder Gedichte erhalten, die ein Äußerstes an Künstlichkeit wagen. Sie führen allerlei Vers- und Buchstabenspielereien vor: etliche Gedichte haben die Form eines Quadrats, da sie aus so vielen Versen bestehen, wie jeder Vers Buchstaben enthält; sie warten mit Akro-, Meso- und Telestichen auf, und manchmal ergeben auch die Diagonalen, für sich gelesen, einen Sinn; schließlich bilden einige Stücke durch die wechselnde Länge der Verse einen Gegenstand ab: eine Palme, eine Wasserorgel u. a. Diese Tüfteleien brachten es zu erstaunlicher Wirkung. Sie sind ein erstes Beispiel für Schöpfungen der Spätantike, die weit über ihr Zeitalter hinaus als Muster für Werke gleicher Art dienten; die Figurengedichte Optatians haben vor allem das frühe Mittelalter zur Nacheiferung aufgefordert, bis zu Alkuin und Hrabanus Maurus.

Die heidnische Prosa der Restaurationszeit erschöpft sich nicht, wie die Dichtung, in vereinzelten, durch die Initiative einzelner bedingten Erzeugnissen; sie läßt typische Züge erkennen und ist daher in besonderem Maße charakteristisch für die Epoche. Gerade sie zeigt, welche Schäden die Reichskrise hinterlassen hatte; allenthalben waren die Fäden der Tradition gerissen, so daß man versuchen mußte, mühsam das Nötigste von dem wiederherzustellen, was einmal gewesen war. Dieser Zweck ist der elementaren Gebrauchsliteratur an die Stirne geschrieben, welche damals in großer Vielfalt zum Vorschein kam: den schon erwähnten Sammlungen kaiserlicher Gesetze sowie einführenden Kompendien des Zivilrechts, ferner den Kalendarien und ähnlichen Verzeichnissen, die Faktengerüste bereitstellten, schließlich den Itinerarien, d.h. Routenbüchern, die über die Land- und Seewege des Reiches mitsamt allen Stationen und Häfen Auskunft gaben usw. Diesen großenteils anonymen, manchmal auch pseudonymen Erzeugnissen lassen sich grammatische und rhetorische Leitfäden zur Seite stellen, die das herkömmliche Schulwissen wiederauffrischen sollten. Auch auf dem Felde der Geschichte suchte man sich die eigene Tradition ins Gedächtnis zurückzurufen; es entstand, allerdings erst in den sechziger Jahren, eine Reihe von historischen Kompendien, von Überblicken über Roms große Vergangenheit.

Neben dieser im allgemeinen gänzlich kunstlosen Zweckliteratur brachten die ersten Dezennien der Reichserneuerung überaus kunstvolle Reden hervor, Reden der Gattung, die in Zeiten der Monarchie alle übrigen rhetorischen Formen überstrahlte: Enkomien, Lobreden auf Kaiser und sonstige Würdenträger. Die frühesten Stücke der Panegyrici Latini wurden bereits erwähnt; die so betitelte Sammlung enthält zwölf Enkomien, von denen neun der diokletianisch-konstantinischen Zeit entstammen. Einige von ihnen verdienen nicht nur als Muster bravouröser Rhetorik, sondern auch als Dokumente der Kulturgeschichte Beachtung: sie bekunden mit großer Anschaulichkeit, welches Elend die Zeit der

Wirren in manchen Gebieten mit sich gebracht hatte und wie mühsam dort der Wiederaufbau vonstatten ging: die Straßen mußten wiederhergestellt, das Land entsumpft, die Weinberge erneuert werden; da es an Handwerkern fehlte, bemühte man sich, sie aus weniger heimgesuchten Gegenden herbeizuschaffen. Zumal die 9. und die 5. Rede, beide aus Augustodunum in Gallien (heute Autun), sparen nicht mit Details; sie vermitteln trotz mancher Übertreibungen ein eindrucksvolles Bild von den Anstrengungen, deren es bedurfte, aus der ruinierten Region neues Leben erstehen zu lassen.

Außer der Gebrauchs- und Fachliteratur und den hochstilisierten Erzeugnissen der Panegyriker kamen noch ein paar Werke zustande, die schlechtweg für Unterhaltung sorgen wollten. Hierzu gehört vor allem die Übersetzung des griechischen Alexanderromans, die ein gewisser Iulius Valerius Polemius angefertigt hat, ferner der sogenannte *Dictys*, ein «Tagebuch vom Trojanischen Krieg», ebenfalls eine Übersetzung aus dem Griechischen. Im ganzen hinterlassen alle diese Hervorbringungen eines Dreivierteljahrhunderts keinen angenehmen Eindruck; immerhin bezeugen sie gerade durch das bei ihnen vorherrschende Kennzeichen, die Sprödigkeit und Nüchternheit, den ernsthaften Willen zur Wiederherstellung eines Kulturstandards, den es einmal gegeben hatte – was indes meist nur verkürzt, in vereinfachter, vergröberter Form gelang.

Die christliche Literatur hingegen stellt sich schon während der ersten Phase der Spätantike erheblich anders dar. Sie ist zwar von der Vielfalt der Formen und dem Reichtum an Werken noch weit entfernt, welche die zweite Hälfte des 4. Jahrhunderts zu einer Glanzzeit der antik-europäischen Geschichte gemacht haben; immerhin bringt sie schon jetzt einige Literatur im prägnanten Sinne hervor, d. h. Werke, die auch durch ihre Kunstgestalt herausragen. Die Gattungen, die den lateinisch schreibenden Christen bereits in der ersten Hälfte des 3. Jahrhunderts geläufig gewesen waren, die Apologie (die Verteidigung der christlichen Religion gegen heidnische Angriffe), der dogmatisch-antihäretische Traktat sowie die Pastoralschrift (die Abhandlung moralischen Inhalts) wurden weiterhin gepflegt, die Apologie besonders nachdrücklich, und zwar durch Arnobius und Laktanz. Hinzu kam die Exegese biblischer Schriften, der aus der Predigt erwachsene Bibelkommentar; hinzu kamen vor allem die Anfänge der christlichen Dichtung, womit der lateinische Westen eine selbständige, dem Osten in dieser Breite und Fülle unbekannte Leistung vollbringen sollte. Um das Jahr 330 verfaßte Iuvencus das erste Bibelepos, die erste sicher datierbare Versifikation eines biblischen Stoffes; er begründete hiermit eine Gattung, die sich über nahezu anderthalb Jahrtausende hinweg, bis hin zu Milton und Klopstock, in ihrem Wesen gleich geblieben ist. Schließlich muß noch der Märtyrerakten gedacht werden, der Vorstufe der Hagiographie: diese Spezies von Dokumenten kursierte seit dem ausgehenden 2. Jahrhundert auch in lateinischer Sprache; die großen Christenverfolgungen der diokletianischen Zeit riefen noch einmal eine nicht geringe Anzahl derartiger Berichte hervor.

Im Jahre 313 beschlossen Konstantin und Licinius, den Christen dieselbe Religionsfreiheit zu gewähren wie den Verehrern heidnischer Götter. Diese Maßnahme, das sogenannte Mailänder Edikt, zeitigte zunächst keine erkennbaren Folgen für das wechselseitige Verhältnis von christlicher und heidnischer Literatur und Bildung. Das Christentum war vom römischen Staat verfolgt und von den gebildeten Heiden gemeinhin verachtet oder ignoriert worden; es hatte sich im wesentlichen mit der Existenzform einer isolierten Subkultur begnügen müssen. Man suchte sich zwar in einem eigenen Literaturtyp, der apologetischen Schrift, gegen die Vorwürfe und Repressalien der heidnischen Umwelt zu verteidigen, wobei man nicht umhin konnte, literarische Formen und Argumentationsmuster der griechisch-römischen Überlieferung anzuwenden. Eine Auseinandersetzung in der ganzen Breite der jeweiligen Traditionen und Lebensformen fand jedoch nicht statt, und hierbei ist es über das Mailänder Edikt hinaus noch jahrzehntelang im großen und ganzen geblieben. Als Vorgriff auf das Künftige kann das Bibelepos des Iuvencus gelten, das als erstes Besseres an die Stelle des «lügenhaften» Vergil zu setzen suchte; ein derartiger Vorgriff ist gewiß eine Schrift des Firmicus Maternus, mit dem Titel *De errore profanarum religionum*, «Über den Irrtum der heidnischen Religionen», worin die Apologetik zum ersten Male in Aggression umschlug: Firmicus forderte um das Jahr 345 – in Übereinstimmung mit der damaligen Gesetzgebung der Söhne Konstantins – die Unterdrückung und gnadenlose Verfolgung der heidnischen Kulte.

Die Blüte der lateinischen Literatur der Spätantike (350–430)

Der Kirchenvater Hieronymus hat die Weltchronik des Bischofs Eusebios von Caesarea ins Lateinische übertragen und hierbei mit Zusätzen versehen, die zum Teil von großem Belang für die Literaturgeschichte sind. Zum Jahre 353 vermerkte er in dieser Chronik: *Victorinus rhetor et Donatus grammaticus, praeceptor meus, Romae insignes habentur* – «Der Rhetor Victorinus und der Grammatiker Donat, mein Lehrer, genießen in Rom hohes Ansehen.» Diese nüchternen Worte bezeugen den erheblichen Aufschwung, den das überkommene Bildungswesen wie überall im Reich, so besonders in der einstigen Hauptstadt genommen hatte. Sowohl Marius Victorinus, dessen Bedeutung sich nicht in seiner Tätigkeit als Rhetoriklehrer erschöpfte (die theologischen Werke, die er nach seinem Übertritt zum Christentum verfaßte, haben ihm den Titel eines Augustinus ante Augustinum eingebracht), als auch Donat, nach dessen Grammatik das Mittelalter Latein gelernt hat, gaben den wissenschaftlichen und literarischen Studien weitreichende Impulse. Die Restauration der kulturellen Hinterlassenschaft von einst nahm nunmehr Züge an, die den heutigen Betrachter an die Romantiker und deren Bemühungen um die Literatur und Kunst des Mittelalters erinnern. Die Hauptsorge galt den Autoren der Republik und der frühen Kaiserzeit. Man stellte emendierte Textfassungen her, d. h. man suchte die zahlreichen Fehler wieder auszumerzen, die sich durch wiederholtes Abschreiben in die Überlieferung eingeschlichen hatten. Hierbei war von besonderem Gewicht, daß man sich für die neuen Exemplare einer anderen Buchform bediente; man ersetzte die bisher übliche Papyrusrolle durch den Pergamentcodex, durch einen Überlieferungsträger von schier unbegrenzter Dauerhaftigkeit. Diese Revolution erfaßte das ganze Buchwesen, auch die christliche Überlieferung; sie bewirkte, daß die Buchform des Mittelalters an die Stelle der Buchform der Antike trat – sie ist außerhalb des Kreises der Spezialisten wenig bekannt, obwohl sie an Bedeutsamkeit jener Umwälzung kaum nachsteht, die zu Beginn der Neuzeit stattfand, als der Druck mit beweglichen Lettern erfunden wurde. Die heidnische, zumal in Rom beheimatete Bildungsbewegung des ausgehenden 4. und beginnenden 5. Jahrhunderts beließ es nicht bei emendierten Abschriften wichtiger Autoren: man verfaßte mit großem Eifer Kommentare zu den meistgelesenen Literaturwerken; man verfertigte Grammatiken und Rhetoriklehrbücher für den theoretischen Unterricht, zum Teil mit merklich höherem Anspruch als in der ersten Phase der Restaurationsbemühungen. Das Heidentum des theodosianischen Zeitalters brachte so ein Stratum von Texten, Kommentaren und Kompendien hervor, das einerseits die älteren Erzeugnisse dieser Art großenteils dem Untergang anheimgab, andererseits aber den Grund für das mittelalterliche Bildungswesen legen half.

Den Schulmeistern, den Grammatikern und Rhetoren, erwuchsen Bundesgenossen in ihren Schülern, in den Angehörigen der Aristokratie, der stadtrömischen zumal, in den Männern also, die mit den höchsten Ämtern der Zivilverwaltung des Reichs betraut zu werden pflegten. Sie machten die eher harmlos scheinenden Bemühungen der Gelehrten zu einer politischen, ja gleichsam religiösen Angelegenheit. Denn damals ging der Kampf nicht nur um die heidnischen Götter und Kulte, sondern um die gesamte griechisch-römische Bildungstradition, die Philosophie, die Dichtung, die Kunst und vieles andere: all dies wurde vom vordringenden, gegen Ende des 4. Jahrhunderts immer weniger duldsamen Christentum bedroht und befehdet; es wurde andererseits von den Heiden, die an ihrer Kultur hingen, für die sie geradezu in ein mystisches Licht unergründlicher Bedeutsamkeit gehüllt war, energisch und hartnäckig verteidigt. Adel und Schule wetteiferten in dem Bemühen, die Sprache, die Literatur und die geschichtliche Überlieferung Roms unverfälscht zu bewahren, und hierzu gehörte, daß man sich auch der Realien der Vergangenheit annahm und allerlei geographischen, antiquarischen und historischen Studien oblag.

Lokaler Mittelpunkt und zugleich das alle Beteiligten verbindende Symbol des großen Regenerationsversuches war die Stadt Rom, der Ort, in dessen Senat sich länger als anderswo eine starke heidnische Opposition zu behaupten vermochte. Es kam um der heidnischen Kulte willen zu offenen Konflikten mit der Reichsregierung; mit der berühmtesten Episode dieser Art, mit den Bemühungen um die Wiederherstellung des Victoria-Altars in der römischen Kurie, wird sich das folgende Kapitel befassen. Bei den Anstrengungen, die überkommenen Kulte des Polytheismus zu retten, zogen die heidnischen Opponenten inmitten einer immer stärker christianisierten Gesellschaft den kürzeren; im Bereich der Bildung aber legten ihre Regenerationsbestrebungen den Grund für die christlich-heidnische Mischkultur, die vom 5. Jahrhundert an ein herausragendes Merkmal der Spätantike war.

Die von der stadtrömischen Aristokratie ausgehende Erneuerungsbewegung zog auch gebürtige Griechen in ihren Bann, z. B. den Antiochener Ammianus Marcellinus, dessen breit angelegtes, in lateinischer Sprache abgefaßtes historisches Werk die damals übliche Kompendienliteratur weit hinter sich ließ, und den Alexandriner Claudian, den großen Dichter des untergehenden Heidentums. Die panegyrischen Epen Claudians zeigen, daß der Glaube an die Bedeutung Roms, des vergangenen wie des gegenwärtigen, auch dessen Garanten, dem Kaisertum, zugute kommen konnte. Allerdings hatten derlei Berührungen mit dem Reichsregiment für den weiteren Verlauf der Literatur- und Geistesgeschichte keine grundsätzliche Bedeutung mehr. Die überkommene Romidee blühte wieder auf, und selbst die Christen begannen an ihr zu partizipieren. Aber sie hatte nicht mehr den Charakter eines verpflichtenden Programms, weder auf heidnischer noch auf christlicher Seite; sie war eher eine zivilisatorische Wunschvorstellung, die desto mehr im Gegensatz zur Wirklichkeit stand, je mehr das Reich zerfiel. Träger der Erneuerungsbewegung des 4. Jahrhunderts und überhaupt des spätantiken Kulturbewußtseins war nicht das Kaisertum, sondern die Aristokratie, die es verstand, sich je nach Lage der Dinge mit der Reichsregierung, mit der Kirche und – vom 5. Jahrhundert an – mit den germanischen Eindringlingen zu arrangieren. Nur so erklärt sich auch das zunächst befremdende

Faktum, daß die lateinische Literatur und Bildungstradition den Zusammenbruch der Zentralgewalt in der westlichen Reichshälfte um anderthalb bis zwei Jahrhunderte überdauern konnte.

Höhepunkt stand neben Höhepunkt: in derselben Zeit, in der die Kräfte der heidnischen Schule und des heidnischen Adels in fruchtbarem Zusammenwirken die überkommene Bildung erneuerten, entfaltete sich auch die christliche Literatur in lateinischer Sprache zu höchster Blüte. Den Christen gehörte das Zeitalter; sie waren die stärkste geistige Macht, und so erfuhr ihr Schaffen nunmehr eine erhebliche quantitative und qualitative Steigerung, und zwar nicht nur auf den Gebieten, deren sie sich seit dem 3. Jahrhundert anzunehmen pflegten, sondern auch dort, wo bislang allein heidnische Traditionen bestanden hatten. Man suchte jetzt nahezu sämtliche Formen der antiken Literatur mit christlichem Gehalt zu füllen und mit christlicher Gesinnung zu durchdringen: die Christen, die ihrerseits kaum neue Formen hervorbrachten (der Hymnus, das Kirchenlied muß allerdings hiervon ausgenommen werden), verhielten sich ähnlich wie einst in der spätrepublikanischen und augusteischen Zeit die Römer, als sie mit der griechischen Literatur wetteiferten. Die christliche Poesie stellte nunmehr eine große Vielfalt daktylischer, jambischer und lyrischer Gedichttypen in den Dienst ihrer Sache, wobei sich Paulinus von Nola und Prudenz als besonders erfindungsreich hervortaten. Außerdem bemächtigten sich die lateinisch schreibenden Christen jetzt auch, und zwar auf diesem Felde nach dem Vorgang des griechischen Ostens, historiographischer Formen: Hieronymus, Sulpicius Severus und andere verfaßten Chroniken sowie biographische und hagiographische Werke. Vom Brief bis zur Enzyklopädie, vom Epigramm bis zum Epos reichte zu Beginn des 5. Jahrhunderts das Repertoire der christlichen Literatur, wobei das offensichtliche Bestreben Pate stand, alles Heidnische durch Christliches zu ersetzen. In vielen Bereichen überschnitten sich die expansiven Bemühungen der Christen mit der gleichzeitigen Produktion der Heiden: es gab heidnische wie christliche Historiographie und Panegyrik, mythologische und biblische Epen usw. So etwa war die lateinische Literatur der Spätantike beschaffen, als der Weltanschauungskampf zwischen Heiden und Christen voll entbrannt war und es hierbei nicht nur um den Kult und den Glauben, sondern um das Ganze der Kultur ging.

Beharren und Untergang der lateinischen Literatur der Spätantike (430–600/650)

Nach dem Tode Augustins (430) begannen sich die Verbindungen innerhalb des Reiches zu lösen; insbesondere schlugen nunmehr der Osten und der Westen je eigene Wege ein, was sich vor allem daran ablesen läßt, daß im Westen die Kenntnis des Griechischen beträchtlich abnahm. Darüber hinaus machten die einzelnen Gebiete, nämlich Gallien, Spanien, Italien und Afrika, Anstalten, sich voneinander abzusondern; diese Tendenz der Regionalisierung nahm im 6. Jahrhundert deutlich zu. Im 5. Jahrhundert vermochten sich noch alle westlichen Gebiete am geistigen Leben zu beteiligen, und selbst in Konstantinopel sind noch lateinische Literaturwerke entstanden. Die geringsten Beiträge erbrachten damals – wofür sich keine triftigen Gründe ausfindig machen lassen – Spanien und zunächst auch Italien; dort allerdings fand unter der Herrschaft der Ostgoten ein merklicher Aufschwung statt, der zuallererst durch Namen wie Boethius und Cassiodor dokumentiert wird. Während des 6. Jahrhunderts erstarb das Geistesleben in den Gebieten, die von den Rückeroberungskriegen Justinians heimgesucht wurden, zunächst in Afrika, dann auch in Italien außerhalb Roms; in der neuen Hauptstadt, in Konstantinopel, fand sich nach dem Wirken des Grammatikers Priscian und anderer niemand mehr, der noch lateinisch geschrieben hätte. Die südliche Hälfte Galliens hatte sich bis zum Beginn des 6. Jahrhunderts durch große geistige Regsamkeit hervorgetan; einige Generationen später, um die Wende vom 6. zum 7. Jahrhundert, erlosch mit dem Tode des Dichters Venantius Fortunatus und des Geschichtsschreibers Gregor von Tours nahezu jegliche literarische Produktivität. In Spanien endlich machte sich nach nahezu anderthalb Jahrhunderten der Agonie wieder einige – übrigens etwas trockene – Bildungsbeflissenheit bemerkbar; die herausragende Gestalt war dort der Enzyklopädist und Universalgelehrte Isidor von Sevilla († 636).

Die politischen Ereignisse nahmen im 5. und 6. Jahrhundert einen viel stürmischeren Verlauf als während der Krise des 3. Jahrhunderts, und doch haben sie sich auf die kulturelle Kontinuität bei weitem nicht so handgreiflich ausgewirkt. Man braucht nach einer Erklärung nicht lange zu suchen. Die führende Schicht, der Adel und der Klerus, deren Repräsentanten oft identisch waren, hatten sich geistig und wirtschaftlich weithin von Rom und von der Reichsregierung gelöst; so wußten sie, wie schon angedeutet wurde, sich selbst und ihren Lebensstil, ihre Bildung, ihre *Romanitas* inmitten des überaus labilen, ständig sich verändernden Miteinanders von staatlicher Verwaltung, Kirche und Germanenhorden noch lange Zeit zu bewahren. Gewiß haben von außen hereinbrechende Ereignisse, wie z. B. der von Justinian entfesselte Vernichtungskrieg gegen die Ostgoten, manchmal beschleunigend gewirkt, im ganzen aber haben wohl vor allem innere Zermürbung und Erschöpfung der maßgeblichen Schicht das Geistesleben allmählich zum Erliegen gebracht, und die germanischen Adligen waren – trotz einzelner Ausnahmen – offensichtlich noch nicht fähig, von ihren romanischen Standesgenossen zu lernen.

Mit den großen Auseinandersetzungen zwischen den beiden Weltanschauungen war es vom 5. Jahrhundert an für immer vorbei. Ein offizielles Heidentum existierte nicht mehr, und der *orbis Romanus* galt zugleich als *orbis christianus*. Es ist daher nicht sinnvoll, auch in dieser Zeit noch der ‹christlichen› Literatur eine ‹heidnische› entgegenzustellen; die passendere Antithese zu ‹christlich› oder ‹kirchlich› lautet jetzt ‹weltlich›, ‹profan›. Es gab allerdings innerchristliche Konflikte, hervorgerufen durch den asketischen Eifer radikal Denkender, die von der Furcht erfüllt waren, sie selbst oder andere möchten sich allzu sehr auf das *saeculum*, auf die Welt einlassen, wenn sie sich mehr als nötig mit der überkommenen paganen Literatur beschäftigten. Charakteristisch für die letzte Periode der Spätantike war indes vor allem ein Mit- und Ineinander christlicher und heidnischer Kulturelemente. Die bedeutenden Schriftsteller und Dichter der großen Zeit, des 4. Jahrhunderts, erlangten kanonische Geltung; sie avancierten zu ‹Klassikern›, zu Mustern innerhalb einer jeden Gattung, und dies gilt ohne Unterschied sowohl für die christlichen als auch für die heidnischen Autoren, etwa für Claudian auf dem Felde der poetischen Panegyrik. Die Entstehung dieser christlich-heidnischen Mischkultur, einer Erscheinung, die für die gesamte kulturelle Entwicklung Europas von größter Bedeutung gewesen ist, findet wohl nicht zuletzt darin ihre Erklärung, daß die Ausbreitung des Christentums gegen Ende des 4. Jahrhunderts einen allzu raschen Verlauf genommen hatte: zunächst, im Jahre 391, wurde die öffentliche und bald darauf auch die private Ausübung heidnischer Kulte untersagt, und im Jahre 416 erging ein Erlaß, der Nichtchristen vom Staatsdienst ausschloß, eine Maßnahme, die vor allem den Adel traf. Die christliche Religion aber bezahlte ihr zügiges äußeres Vordringen mit einigem Verlust an innerer Geschlossenheit; es gab nunmehr gewiß eine Fülle von Nennchristen, die sich um ihres Fortkommens willen der Taufe unterzogen. Hierdurch wurde dem unerbittlichen Impetus der Zeit Augustins die Spitze abgebrochen; es kam nicht zur totalen Christianisierung des ganzen geistigen Lebens, wie sie den Protagonisten des 4. Jahrhunderts vorgeschwebt hatte. Auf manchem Terrain, z. B. bei den Hilfsmitteln der literarischen Bildung (den Grammatiken usw.) oder bei der Herrscherpanegyrik, setzte sich die antike Tradition sogar stärker durch als die christliche. Als eine besonders erstaunliche Tatsache verdient in diesem Zusammenhang registriert zu werden, daß man sich in bestimmten Gattungen der Literatur und sogar im Schulunterricht dazu verstand, die heidnischen Mythen zu tolerieren. Das 5. und 6. Jahrhundert bekunden eine Geisteskultur der Koexistenz von christlicher Religion und antiker Bildung.

Über das Ende der spätantiken Literatur läßt sich nicht viel sagen. Nachdem in Spanien schon vor dem Eindringen der Araber die letzte Welle gelehrter Bestrebungen verebbt war, herrschte überall auf dem europäischen Kontinent, wo lateinisch gesprochen wurde, eine geistige tabula rasa. Mehr als ein Jahrhundert, über etwa vier Generationen hinweg wurde kaum Literatur produziert, auf weltlichem Gebiet so wenig wie auf kirchlichem. Damals muß auch das Schulwesen, das bis zum Untergang des weströmischen Reiches vor allem von den Kommunen in Gang gehalten worden war, gänzlich zusammengebrochen sein. Man lebte wohl weithin in Schriftlosigkeit; nur so läßt sich erklären, daß in verhältnismäßig kurzer Zeit aus dem Lateinischen die romanischen Sprachen hervorgegangen sind, deren erste Zeugnisse dem 9. Jahrhundert entstammen. Die Wahrung der geistigen Kontinuität hing während des trüben Übergangs von den Merowingern zu den Karolingern fast völlig von der sorgsamen Pflege ab, welche die antike Bildung in den iroschottischen und angelsächsischen Klöstern gefunden hatte: auf sie konnte Karl der Große zurückgreifen, als er sein die lateinische Schrift, die lateinische Sprache und die lateinische Literatur umfassendes Reformprogramm in die Tat umsetzte.

3

Der Streit um den Victoria-Altar

Die Christianisierung Roms und die Vorgeschichte des Streits vom Jahre 384

Gegenstand dieses Kapitels ist eine Episode des Jahres 384, eine Episode in dem großen Weltanschauungskampf des 4. Jahrhunderts, der zum Untergang des Heidentums führte und der christlichen Religion zu ihrem endgültigen Siege im abendländischen Kulturkreis verhalf. Man könnte sich auf andere, spektakulärere Ereignisse aus der Zeit berufen, die den Höhepunkt des Ringens erlebte, z. B. auf die Zerstörung des Serapisheiligtums in Alexandrien, des, wie es hieß, schönsten Bauwerks im ganzen Osten (391). Das kurze, äußerlich geringfügige Geschehen um den Victoria-Altar in Rom hat indes die Besonderheit, daß dort zwei bedeutende Repräsentanten der beiden Lager aufeinander prallten: Symmachus und Ambrosius, der eine Stadtpräfekt von Rom, der andere Bischof in Mailand. Sie waren beide große Redner, und sie kämpften mit vollem Einsatz ihrer Wortgewalt; so gewann die Auseinandersetzung die Kraft eines Symbols für das Ringen der beiden Geistesmächte, der heidnischen Tradition und des christlichen Glaubens. Schon die beiden Orte, die Schauplätze der Ereignisse waren, weisen über sich hinaus: Rom, einst die Kapitale des Weltreichs, jetzt ohnmächtig und nur noch vom Nimbus einer ehrwürdigen Vergangenheit umgeben, und Mailand, eine der neuen Hauptstädte des von Diokletian eingeführten Herrschaftspluralismus.

Objekt des Streites war der Altar der Victoria, der zum Inventar der Kurie, des Versammlungsorts der römischen Senatoren, gehörte. Das Gebäude am Nordrand des Forum Romanum hat die Zeiten ziemlich gut überdauert und ist daher jedem Rombesucher bekannt: ein schlichter, rechteckiger Bau mit einem modernen Dach. Er war von Diokletian errichtet worden (303); das ältere Haus, die Curia Iulia, von Caesar erbaut und von Augustus im Jahre 29 v. Chr. geweiht, war im Jahre 283 einem Brande zum Opfer gefallen. Victoria, der göttlich verehrte Sieg, das römische Pendant zur griechischen Nike, galt als eine sehr alte Gottheit; sie hatte Heiligtümer auf dem Palatin. Der Altar und die Statue in der Kurie gingen auf die Weihung des Augustus zurück; sie waren zur Erinnerung an den entscheidenden Sieg im Kampf gegen Antonius, an die Schlacht bei Actium (31 v. Chr.), dort aufgestellt worden. Die Statue war griechischer Herkunft; sie stammte aus Tarent: eine auf einer Weltkugel stehende Figur, ein Sinnbild der Herrschaft über den Erdkreis.

Zum Verständnis des Vorgangs bedarf es eines Blickes auf die Christianisierung des römischen Reiches, die mit der Schlacht an der Milvischen Brücke bei Rom, dem Siege Konstantins über den Gegenkaiser Maxentius (312), sowie mit dem Mailänder Edikt, der bereits erwähnten Verständigung mit dem Bundesgenossen Licinius, die Duldung des Christentums betreffend (313), ihren Anfang nahm und ein knappes Jahrhundert später unter Theodosius I. mit dem Christentum als der allein erlaubten und verpflichtenden Religion endete. Man vermag wiederum den Ausgangspunkt dieser Entwicklung, die konstantinische Wende – nach den Verfolgungen unter Diokletian, den furchtbarsten, welche die Christenheit je hatte erleiden müssen –, nur zu verstehen, wenn man auch das 3. Jahrhundert, die Zeit der großen Krise des Reichs, einbezieht. Die tüchtigen Kaiser, diejenigen, deren Regierung sich nicht in der Bewältigung von Tagesaufgaben erschöpfte, sahen sich damals vor das Problem gestellt, daß sich eine stabile Staatsgewalt nicht aufrechterhalten läßt, wenn es an einem moralisch-ideologischen Fundament fehlt, an einem Programm, an einem Inbegriff von politischen Werten und Zielen, mit denen sich die Mehrheit des Staatsvolks oder jedenfalls dessen maßgebliche Schicht identifizieren kann. Augustus hatte mit sicherem Blick für das in dieser Hinsicht Erforderliche eine auf die *Pax Romana* sich gründende Ideologie des religiös überhöhten Kaiserregiments geschaffen. Die Substanz dieses der römischen Tradition verpflichteten Staatsgedankens war im 3. Jahrhundert offenbar erschöpft, und von den alten Göttern als den Garanten der Wohlfahrt, der Freiheit und des Rechts ging keine hinlängliche Anziehungskraft mehr aus. So waren denn die verwilderte Soldateska und die hart bedrängte Zivilbevölkerung weithin ohne Staatsidee, ohne ein Band, das sie allesamt auf gemeinsame Ziele verpflichtet hätte, und die Kaiser – die besseren unter ihnen – hielten geradezu verzweifelt nach einem Kitt Ausschau, der geeignet sein könnte, das schier hoffnungslos Zerklüftete wieder zusammenzufügen.

Einige von ihnen suchten gleichwohl noch einmal das alte Rom, die alten römischen Tugenden zu mobilisieren, insbesondere Decius (um 250) und Diokletian. Ihr lederner Konservativismus, der mit grausamen Christenverfolgungen einherging, war zum Scheitern verurteilt; der Zeitgeist war dagegen, er verlangte Zugkräftigeres als Aufrufe zur Erneuerung der einstigen Staatszucht. So schlug denn Gallienus (260–268) als erster einen anderen Weg ein. Er war Philhellene und glaubte, daß im Neuplatonismus, dem großen philosophischen System seiner Zeit, das alte Griechentum wiedererstanden sei. Plotin und dessen Schule erfreuten sich seiner Gunst, und so warb er für ein philosophisch fundiertes Staatsethos. Der Neuplatonismus war zweifellos repräsentativ für die Epoche: er brachte auf Begriffe, was die Gebildeten zumal in den griechischen Teilen des Reiches dachten und empfanden. Doch galt dies eben nur für die Gebildeten; die Massen verlangten nicht nach einem ausgeklügelten philosophischen System, sondern nach handfesten religiösen Stützen. Aurelian, der nächste Kaiser, der sich um eine neue Staatsideologie bemühte (270–275), wußte die Zeichen der Zeit besser zu deuten als Gallien: er stiftete einen Kult, den Kult des *Sol invictus*, der «unbesiegbaren Sonne», einer Schutzmacht von Kaiser und Reich, die eine Vielfalt von damals verbreiteten Vorstellungen zusammenfaßte. Sowohl astrologische als auch kosmische Spekulationen haben sich mit der Verehrung dieser dem Orient entstammenden Wesenheit verbunden; die philosophisch Gebildeten konnten die Sonne als Symbol des die Welt regierenden Vernunftprinzips deuten, und die Anhänger des zumal unter den Truppen verbreiteten Mithraskultes sahen in ihr die Verkörperung ihres Gottes. Die weitere Entwicklung bewies indes, daß es eine lebensmächtigere Strömung gab als die Verehrung der Sonne und des Lichts: Konstantin, der sich zunächst zur Religion Aurelians bekannt hatte, entschied sich im Jahre 312 für den Christengott. Hiermit wurde offensichtlich das Gebot der Zeit befolgt; das römische Reich hatte nunmehr wieder eine Schutzmacht, die von einem hinlänglich großen Teil der Bevölkerung akzeptiert wurde.

Mit Konstantin nahm sodann jene neue, in die Unterdrückung des Heidentums mündende Entwicklung ihren Lauf. Die Kaiser sahen sich jetzt einerseits vor die Aufgabe gestellt, die einigende Kraft der von ihnen bevorzugten christlichen Religion zu erhalten und zu steigern; folglich mußten sie sich um die inneren Schwierigkeiten der Kirche, um die ebenso heftigen wie langwierigen theologischen Debatten kümmern, die immer wieder aus dem Bemühen erwuchsen, allgemein annehmbare Formeln für die begriffliche Festlegung der Glaubensinhalte zu finden. Andererseits aber war die Regierung jetzt mit dem Problem konfrontiert, welche Maßnahmen sie dem überlieferten Staatskult und überhaupt den heidnischen Religionen gegenüber ergreifen solle. Der Sieg des Christentums brachte notwendigerweise Intoleranz mit sich, eine Erscheinung, die der vorchristlichen Antike fremd gewesen war. Der demgemäß einsetzende Prozeß der Zurückdrängung der heidnischen Kulte schritt zunächst langsam voran: den Kaisern lag im allgemeinen nicht daran, ihn allzu sehr zu forcieren. Denn noch bekannte sich ein beträchtlicher Teil der Bevölkerung – insbesondere auf dem Lande – zum paganen Glauben, und überall war man durch vielerlei Fäden mit der heidnischen Vergangenheit verbunden. Die offizielle Religion, selbst der Kaiserkult, in der Zeit der Verfolgungen das größte Ärgernis der Christen, bestanden zunächst noch fort. Ein Zwischenfall beleuchtete schlaglichtartig die Schwierigkeiten, die sich hieraus ergeben konnten. Kaiser Konstantin, noch stets Pontifex maximus, oberster Priester des römischen Staatskultes, wollte im Jahre 326 den zwanzigsten Jahrestag seines Regierungsantritts mit einem pompösen Triumphzug begehen, der in althergebrachter Weise zum Tempel des Jupiter auf dem Kapitol führen sollte. Da wurde ihm der heidnische Charakter des Aktes bewußt – er verzichtete und ließ den Zug auflösen. Vielleicht haben ihn, der sich gegen Ende seines Lebens immer stärker zum Christentum hingezogen fühlte, derartige Peinlichkeiten darin bestärkt, Konstantinopel zu gründen, als ein christliches, durch heidnische Traditionen nicht belastetes Gegenrom.

Die keineswegs gradlinige Entwicklung, die auf das von Konstantin weithin praktizierte Gewährenlassen folgte, läßt vier Phasen erkennen. Die Söhne Konstantins (337–361) schritten zur Offensive: *Cesset superstitio, sacrificiorum aboleatur insania* – «Es weiche der Aberglaube, der Wahnsinn der Opfer werde abgeschafft», verkündete mit etwas hohlem Pathos ein Erlaß des Jahres 341. Die Tempel wurden geschlossen, jegliche Kulthandlungen verboten, und im Osten des Reiches, wo die religiösen Konflikte stets heftigere Formen annahmen als im Westen, begannen fanatische Christen, die alten Heiligtümer zu plündern und zu verwüsten. Doch dann gewann mit Kaiser Julian dem Abtrünnigen, wie er genannt wird, einem Neffen von Konstantius II., die heidnische Reaktion die Oberhand. Julian versuchte, eine Art paganer Gegenkirche zu schaffen, mit Gemeinden und hierarchisch gestuftem Priestertum, mit karitativen Einrichtungen u. a. Jetzt fühlte sich die heidnische Seite zu Exzessen ermuntert: Kirchen wurden zerstört, Christen erschlagen, durchaus gegen den Willen Julians. Die kurze Alleinherrschaft dieses Kaisers (360–363) blieb Episode, und unter den ersten Repräsentanten der pannonischen Dynastie, unter Valentinian I. und Valens (364–378) kehrten weithin dieselben Verhältnisse zurück, wie sie unter Konstantin bestanden hatten: die Heiden konnten ihre Kulte ebenso ungehindert ausüben wie die Christen den ihren. Die Entscheidung fiel mit der vierten Phase: nunmehr, unter der Herrschaft von Gratian, Valentinian II. und Theodosius I., wurde unerbittlich auf die völlige Verdrängung des Heidentums aus dem staatlichen und öffentlichen Leben hingearbeitet, und eine der treibenden Kräfte war hierbei offensichtlich der Mailänder Bischof Ambrosius. Die Würde des Pontifex maximus verschwand jetzt aus der Kaisertitulatur, und unter Androhung schärfster Strafen untersagten Erlasse der Jahre 391 und 392, die nicht den Charakter bloßer Absichtserklärungen hatten, jegliche Ausübung heidnischer Kulte, selbst in der privaten Sphäre.

Jetzt waren auch die künstlerischen Hervorbringungen der alten Religionen, die Götterbilder und die Heiligtümer mit ihrem figürlichen Schmuck, dem Untergang geweiht. Die jüdisch-christliche Tradition hatte seit jeher argumentiert, daß das Heidentum nicht den Schöpfer verehre, sondern Geschaffenes, und ein ständig wiederkehrendes Motiv dieser Polemik besagte, daß die heidnischen Götter mit ihren Kultbildern identisch seien, daß sich ihre Existenz in ihnen erschöpfe. «Jener Götzen aber sind Silber und Gold, von Menschenhänden gemacht», heißt es schon im 115. Psalm, und bei Paulus und den Kirchenvätern fand diese Aussage reiche Resonanz. So sagte Augustin in einer Predigt:

«Wenn ich einen Heiden frage: ‹Wo ist dein Gott?›, dann zeigt er mir seine Götzenbilder. Wenn ich das Götzenbild zerschlage, dann zeigt er mir einen Berg, einen Baum, einen wertlosen Stein aus dem Fluß; denn was er aus vielen Steinen aussucht und an einem ehrwürdigen Orte aufstellt und sich krümmend anbetet, das ist sein Gott.»

Die Erlasse des Theodosius und seiner Nachfolger machten sich diese Betrachtungsweise zu eigen und umschrieben die Götterstatuen mit Wendungen wie *mortali opere facta et aevum passura simulacra* – «in sterblicher Arbeit hergestellte und der Vergänglichkeit ausgesetzte Scheinbilder». Es half nichts, daß sich der Rhetor Libanios um der in den Tempeln befindlichen Kunstwerke willen an den Kaiser wandte: zwar hieß es zunächst noch, daß die Tempel erhalten bleiben sollten; die verhaßten Idole indessen wurden der Zerstörung anheimgegeben. Der Bildersturm, der zumal in der östlichen Reichshälfte wütete, machte jedoch vor den Gebäuden nicht halt, und im Jahre 435 gaben Theodosius II. und Valentinian III. bekannt, alle Tempel, falls noch welche unversehrt geblieben seien, sollten abgerissen und die Stätte durch die Errichtung des Zeichens der ehrwürdigen christlichen Religion entsühnt werden.

Ambrosius (334–397), aus Trier, der erste lateinische Kirchenvater, der als Christ geboren und aufgewachsen ist, erhielt, da er der Sohn eines sehr hohen Staatsbeamten war, eine gründliche, die Kenntnis des Griechischen einschließende Bildung; er schlug auch seinerseits die Beamtenkarriere ein und wurde Statthalter der Provinz Oberitalien, mit dem Amtssitz in Mailand. Bald darauf kam es zu einer Vakanz des dortigen Bischofsstuhls; es gab Streitigkeiten, da sich zahlreiche Mailänder Christen zum Arianismus, zu einer umstrittenen Glaubensformel bekannten, die der Person Christi einen geringeren Grad von Göttlichkeit beimaß (hierauf wird noch zurückzukommen sein). Ambrosius mahnte zu gütlichem Einvernehmen – mit dem Erfolg, daß man das Bischofsamt ihm selber aufdrängte. Ein derartiger Übergang von der weltlichen zur kirchlichen Laufbahn und ein derartiger Sprung an die Spitze der kirchlichen Hierarchie waren in der Spätantike nichts Ungewöhnliches. Als bedeutender Prediger und Schriftsteller und vor allem als der bedeutendste Kirchenpolitiker seiner Zeit wußte sich Ambrosius bei den Kaisern Gratian, Valentinian II. und Theodosius I. eine kanzlerartige Stellung zu verschaffen. Sein Ziel war die Festigung und Wahrung der katholischen Kirche als einziger Glaubens- und Heilsinstitution, auf der Grundlage des Bekenntnisses, welches das von Konstantin einberufene Konzil von Nicaea (325) beschlossen hatte, um die Lehre des Arius abzuweisen. Um dieses Zieles willen kämpfte er resolut und unnachgiebig an drei Fronten: er suchte das Heidentum zu unterdrücken, den Arianismus zu beseitigen und staatliche Eingriffe in die Belange der Kirche zu verhindern.

Gratian (375–383), der Kaiser des Westens, der bald in Trier, bald in Sirmium (Pannonien), bald in Mailand residierte, war ein frommer, in der Dogmatik wohlbewanderter Christ. Zunächst, unter dem Einfluß seines Lehrers, des Dichters Ausonius, erzeigte er sich den Heiden gegenüber milde. Doch dann, als Ambrosius Macht über ihn gewann, änderte sich seine Haltung. Im Jahre 379 entäußerte er sich gemeinsam mit Theodosius I., dem Ostkaiser, der dem bei Adrianopel gefallenen Valens nachgefolgt war, des Titels Pontifex maximus, und drei Jahre darauf führte er den Schlag, der den Konflikt mit Symmachus und mit der heidnischen Senatsaristokratie in Rom hervorrief. Er erließ, von Ambrosius beraten, ein Edikt, das

1. die endgültige Beseitigung des Victoria-Altars aus der römischen Kurie befahl;

2. den heidnischen Kulten in Rom jede finanzielle Unterstützung von Seiten des Staates entzog;

3. die Institutionen der heidnischen Kulte für unfähig erklärte, durch privatrechtliche Verfügungen von Todes wegen Grundstücke zu erwerben.

Der Victoria-Altar war schon einmal entfernt worden: im Jahre 357, als Konstantius II. die ihm bis dahin unbekannte Stadt Rom besichtigte; er war indes bald darauf an seinen angestammten Platz zurückgekehrt, spätestens unter Julian. Gratians Edikt, das viel weiter reichte als jene improvisierte Maßnahme, rief alsbald eine Gesandtschaft der heidnischen Senatsmehrheit auf den Plan, der auch Symmachus angehörte; sie sollte den Widerruf des Edikts erwirken. Die christlichen Senatsmitglieder jedoch hintertrieben das Unternehmen; Ambrosius wurde gewarnt und vermochte sich, wie immer, bei dem jungen Kaiser durchzusetzen – die heidnische Senatsabordnung wurde gar nicht erst vorgelassen.

Die antipagane Politik des Ambrosius erlitt indes nunmehr einen Rückschlag. Im Jahre 383 nämlich, in dem auf die soeben erwähnten Ereignisse folgenden Jahr, erhob sich der spanische General Magnus Maximus gegen die legitimen Kaiser. Gratian wurde gestürzt und ermordet, und im Westen trat zugleich eine katastrophale Mißernte ein. Der Usurpator Maximus ertrotzte die Anerkennung von seiten des Theodosius und Valentinians II., der damals zwölf Jahre alt war. Er beherrschte den Westen, während Valentinian in Mailand regierte, und es gelang Ambrosius, der zweimal nach Trier ging, Maximus von der Eroberung Italiens abzuhalten. Die Heiden führten den Aufruhr und die Mißernte auf den Zorn der durch Gratians Edikt gekränkten Götter zurück; ihr Einfluß am mailändischen Hofe wuchs, und so wurden die beiden wichtigsten Ämter, die Valentinian zu vergeben hatte, zwei Vorkämpfern des Heidentums anvertraut: Vettius Agorius Praetextatus avancierte zum Prätorianerpräfekten von Italien und Afrika, und Symmachus erhielt die stadtrömische Präfektur (384). Auf diesen Voraussetzungen beruhte die zweite Senatsgesandtschaft nach Mailand, welche die Aufhebung des Gratianischen Edikts zu erreichen suchte, und zwar mit Hilfe einer von Symmachus verfaßten Eingabe, der berühmten 3. Relatio.

Quintus Aurelius Symmachus

Die Protagonisten der heidnischen Opposition im stadtrömischen Senat sind der Nachwelt gut bekannt: Symmachus, Praetextatus und ein dritter hoher Würdenträger namens Virius Nicomachus Flavianus. Symmachus hat auch durch seine eigenen Schriften hierfür gesorgt, durch eine umfangreiche Briefsammlung und durch fragmentarisch erhaltene Reden. Außerdem aber sind die drei Genannten die Hauptfiguren in dem großen Dialog des Schriftstellers Macrobius (5. Jahrhundert), in den «Saturnalien». Dieses Werk beruht auf der Fiktion, daß an drei aufeinanderfolgenden Tagen des Saturnalienfestes Gespräche geführt worden seien, wobei Praetextatus, Nicomachus und Symmachus im Wechsel als Gastgeber und neben anderen als Unterredner fungiert hätten. Macrobius vermittelt dort – wobei er das Christentum gänzlich ignoriert – ein anschauliches Bild von der Gesinnung der heidnischen Senatsaristokratie: er führt ein eigenartiges Gemisch vor, das einerseits aus rückwärts gewandter Bewunderung für Roms große Vergangenheit, andererseits aber aus einer neuplatonisch imprägnierten, mystischen, auf kühne religiöse Spekulationen erpichten Haltung besteht.

Quintus Aurelius Symmachus (etwa 345–402) entstammte einem hochadligen römischen Hause – keinem altadligen (trotz des klangvollen Namens Aurelius), da sich, wie schon festgestellt wurde, der ganze Adel der Spätantike kaum mit Sicherheit über die diokletianisch-konstantinische Zeit hinaus zurückverfolgen läßt. Der Großvater scheint den Grund für das Vermögen und das Prestige der Familie gelegt zu haben; er brachte es bis zum Konsulat, einer noch stets recht hohen Ehre. Der Vater, der ebenfalls Karriere in der kaiserlichen Beamtenhierarchie machte, zog sich, nachdem er eine Zeitlang als *praefectus urbi* Rom verwaltet hatte, in seinen stadtrömischen Palast und auf seine Latifundien zurück. Die Inschrift zu einer vergoldeten Statue, die man um seiner Verdienste willen in Rom und ebenso in Konstantinopel aufgestellt hat, ist erhalten: sie gibt Auskunft über die Ämterlaufbahn. Dem Sohn endlich, dem berühmten Symmachus, kam neben seiner Abkunft sein Rednertalent zustatten: rhetorische Leistungen qualifizierten in der Spätantike ebenso wie, ja mehr noch als juristische Kenntnisse für die höchsten Stellen in der Zivilverwaltung. Symmachus wurde als junger Mann nach Gallien geschickt, den fünften Jahrestag des Regierungsantritts von Valentinian I. sowie dessen Sohn Gratian zu feiern; er schloß bei dieser Gelegenheit Freundschaft mit dem Dichter Ausonius. Er betätigte sich sodann einige Jahre als Statthalter der Provinz Afrika und übte nach einem längeren Interim, in dem er sich als Privatier seinen achtzehn Landgütern widmete (er besaß außerdem drei Häuser in Rom und eines in Capua), das Amt des *praefectus urbi* aus.

Als der Prätorianerpräfekt Praetextatus einen kaiserlichen Erlaß erwirkte, der den Stadtpräfekten anwies, die Kunstwerke zu requirieren, die aus öffentlichem in privaten Besitz gelangt waren (eine unverkennbar gegen Plünderer heidnischer Tempel sich richtende Maßnahme), fühlte sich die heidnische Aristokratie zu weiteren Schritten ermutigt, und es kam zur zweiten Gesandtschaft nach Mailand, wo ja nicht mehr Gratian, der Urheber des tief in die religiöse Tradition Roms eingreifenden Ediktes, sondern der junge Valentinian II. regierte. Das Schriftstück des Symmachus verfehlte nicht, großen Eindruck auf das *consistorium*, den Rat des Kaisers (die christlichen Mitglieder eingeschlossen), zu machen. Doch Bischof Ambrosius war auch diesmal auf der Hut; er verfaßte sofort eine vorläufige und, nachdem er eine Abschrift der 3. Relatio erhalten hatte, eine ausführliche Gegeneingabe, die als das 17. und 18. Stück seiner Briefe erhalten sind. Die Gesandtschaft war schon abschlägig beschieden worden, bevor das zweite Schreiben des Ambrosius bei Hofe eintraf. Praetextatus starb noch im Herbst desselben Jahres; Symmachus zog sich im Jahre darauf ins Privatleben zurück. Die Initiative der heidnischen Senatsaristokratie war gescheitert; die Konstellation, die sie hervorgerufen hatte, bestand nicht mehr.

Das Ansehen, das Symmachus als Redner genoß, erlitt hierdurch keine Einbuße. Als die Stadt Mailand einen Rhetorikprofessor suchte und man Symmachus bat, unter den Kandidaten den fähigsten auszusuchen, entschied er sich für keinen anderen als Augustin, womit er unwissentlich der christlichen Kirche einen großen Dienst erwies: Augustin wurde durch Ambrosius, den er während seines Wirkens als Rhetoriklehrer in Mailand kennenlernte, zum christlichen Glauben bekehrt. Auch auf andere Weise spielte der Gang der Ereignisse Symmachus ironisch mit. Der Usurpator Maximus nämlich rückte schließlich doch in Italien ein, und Symmachus verstand sich dazu, ihn in einem panegyrischen Erguß zu feiern (387). Damit setzte er allerdings aufs falsche Pferd: der Sieg, den Theodosius und Valentinian errangen (388), stempelte ihn zum Hochverräter, und er konnte nur durch die Flucht in eine christliche Kirche und durch die Fürbitte eines Bischofs sein Leben retten. Seine Beziehungen zum Hofe haben sich rasch wieder gebessert. Als er jedoch, zum Konsul des Jahres 391 ernannt, die für diese Auszeichnung übliche Dankrede hielt, schätzte er die Lage abermals falsch ein: er wagte, vor Theodosius des Victoria-Altars Erwähnung zu tun. Da ergrimmte der Kaiser, und er ließ ihn noch desselbigen Tages in einem unbedeckten Reisewagen hundert Meilen von Mailand wegschaffen. Dies geschah zu der Zeit, in der den paganen Religionen durch die kompromißlose Schärfe neuer Erlasse jegliche Duldung entzogen wurde.

An der letzten offenen Erhebung des westlichen Heidentums (in den Jahren 392–394) hat sich Symmachus allem Anschein nach nicht mehr maßgeblich beteiligt. Valentinian II. war auf rätselhafte Weise ums Leben gekommen; der Heermeister, ein Franke namens Arbogast – der erste in der Reihe der germanischen Reichsverweser, die anstelle des verkümmernden Kaisertums das Regiment ausübten –, hob den Rhetorikprofessor Eugenius auf den Kaiserthron. Eugenius, wiewohl Christ, verbündete sich mit dem heidnischen Adel in Rom; dort tat sich vor allem Nicomachus hervor, der ein Vetter des Symmachus war. Nicomachus bekleidete damals das Amt eines Prätorianerpräfekten, und sein gleichnamiger Sohn hatte die Stadtpräfektur in Rom inne. In jenen Jahren ist der Victoria-Altar noch einmal auf seinen alten Platz in der Kurie zurückgekehrt, und noch einmal wurden sämtliche heidnische Feste im hergebrachten Pomp gefeiert. Theodosius besiegte den Usurpator und ließ den Besiegten gegenüber Großmut walten. Mit den heidnischen Kulten aber war es nunmehr auf immer vorbei. Symmachus lebte noch etwa ein Dezennium in Zurückgezogenheit auf seinen Gütern; etwa zwei Drittel der von ihm erhaltenen, kunstvoll gedrechselten, meist jedoch inhaltsarmen Briefe sind erst damals entstanden.

Die 3. Relatio des Symmachus

Das Epistel-Corpus des Symmachus besteht aus etwa 900 Privatbriefen und 49 amtlichen Schreiben. Es wurde bald nach dem Tode des Autors von dessen Sohn veröffentlicht; auf diese Ausgabe geht offenbar die überlieferte Einteilung zurück, die der neun Bücher umfassenden Privatkorrespondenz ein zehntes mit den amtlichen Schreiben hat folgen lassen. Hierfür existiert aus früherer Zeit ein ziemlich genaues Analogon: die Korrespondenz des jüngeren Plinius (etwa 61–113), die ebenfalls aus neun Büchern Privatbriefen und einem Buch mit offiziellen Schreiben besteht. Diese Schreiben sind an Kaiser Trajan gerichtet und entstammen größtenteils der Zeit, in der Plinius als dessen Statthalter die Provinz Bithynien und Pontus (in Kleinasien) verwaltete; die Sammlung enthält auch eine Reihe von Antworten des Kaisers. Die berühmtesten Stücke daraus sind eine Anfrage, welche Plinius wegen der strafrechtlichen Behandlung der Christen an den Kaiser richtete, sowie dessen Antwort. Man hat mit gutem Grund vermutet, daß sich der Sohn Symmachus bei der Edition der Briefe seines Vaters von dem Vorbild des Plinius-Corpus hat leiten lassen; hiermit brachte er zugleich zum Ausdruck, welcher Rang diesen Briefen zukomme. Die lateinische Literatur des 4. Jahrhunderts hat des öfteren an Muster der frühen Kaiserzeit angeknüpft. Die schon erwähnte Sammlung Panegyrici Latini, mit insgesamt zwölf Festreden, von denen elf dem ausgehenden 3. und dem 4. Jahrhundert entstammen, beginnt mit einer Lobrede auf Trajan, verfaßt vom jüngeren Plinius: der spätantike Herausgeber wollte sie offenbar als maßgeblich für die Gattung betrachtet wissen. Auch Ammianus Marcellinus, der große Historiker der Symmachuszeit, beanspruchte den Rang eines illustren Vorbildes der frühen Kaiserzeit, indem er seine Darstellung dort einsetzen ließ, wo Tacitus einst aufgehört hatte, mit der Regierung Kaiser Nervas (96–98).

Relatio, von *referre* (im Sinne von «berichten», «vortragen»), ist ein ehrwürdiger publizistischer Terminus; er bezeichnete ursprünglich, in republikanischer Zeit, den Bericht, den ein Magistrat, ein Konsul z. B., vor dem Senat erstattete, um dessen Meinung in einer gegebenen Sache zu erfahren. Das Wort verband also die Bedeutungen «Vortrag» und «Antrag», und hierbei blieb es auch, wenn sich später Beamte mit Gesuchen an den Kaiser wandten. Die Relationes des Symmachus, sämtlich aus der Zeit der Stadtpräfektur (384/385), waren, wie es das strenge Zeremoniell gebot, stets an alle regierenden Kaiser gerichtet; de facto hatten sie lediglich Valentinian II. zum Adressaten. Die Sammlung enthält, im Unterschied zum 10. Buch der Plinius-Briefe, nur Berichte und Gesuche des Beamten; Antworten der kaiserlichen Kanzlei sind nicht darin eingegangen. Die Gegenstände wechseln; Rechtsangelegenheiten (der Stadtpräfekt übte auch die Gerichtsbarkeit aus) dominieren. Der 3. Relatio gehen Danksagungen für das hohe Amt voraus, das die Kaiser Symmachus anvertraut haben, und ihr folgt ein für seine konservative Haltung überaus charakteristisches Stück: er beschwert sich über die offizielle Prunkkutsche, die dem Stadtpräfekten neuerdings zu Diensten stehe; er lehnt sie ab, weil sie sich mit der Schlichtheit Altroms nicht vereinbaren lasse. Ferner geht es um die Vergnügungen des Volkes, aber auch um dessen Versorgung mit Getreide (um *panem et circenses* also); der Stadtpräfekt bedankt sich für ein Geschenk der Kaiser oder bietet ihnen selbst eines dar, oder er teilt wichtige Geschehnisse mit, wie den Tod des Praetextatus.

Die 3. Relatio ist im rhetorischen Prunkstil der Spätantike abgefaßt. Alles wird gedämpft und in behutsamen Umschreibungen vorgetragen, insbesondere Kritik an kaiserlichen Maßnahmen; jede Zeile zeugt von der gemessenen Würde der ältesten Körperschaft des Reiches. Symmachus äußert sich zunächst diplomatisch-andeutend zu den seit der ersten Bittgesandtschaft veränderten Umständen, die den neuerlichen Versuch nahegelegt hätten (1–2): die kaiserliche Einstellung habe sich seit dem Tode Gratians gewandelt, die christliche Opposition im Senate selbst sei anderen Sinnes und somit nicht mehr hinderlich. Doch dann gibt der Bittsteller ohne weitere Umschweife ganz unverhüllt preis, was er begehrt (3): *Repetimus igitur religionum statum, qui rei publicae diu profuit* – «Wir bitten also um die Wiederherstellung der Kultverfassung, die dem Staat lange förderlich gewesen ist.» Der Antrag zielt also, wie sein Wortlaut klar erkennen läßt, auf die hergebrachte staatliche Kultordnung, auf deren öffentliche Geltung; er zielt nicht etwa auf freie Religionsausübung: ein Verbot der privaten Verehrung der heidnischen Götter, ein allgemeiner Zwang, Christ zu sein, stand im Jahre 384 noch nicht zu Debatte. Hierin waren sich damals alle Beteiligten einig; selbst Ambrosius betont dem Kaiser gegenüber: «Ihr zwingt niemanden, gegen seinen Willen etwas zu verehren, was er nicht verehren will.»

Der begründende Zusatz, den Symmachus seinem Gesuch anfügt – «die dem Staat lange förderlich gewesen ist» –, verweist auf die traditionelle Grundlage der römischen Religiosität. Seit jeher waren die Römer davon überzeugt gewesen, daß auch der Verkehr zwischen Göttern und Menschen rechtsgeschäftlichen Charakter habe, daß er nicht anders als gewöhnliche zwischenmenschliche Beziehungen dem Prinzip *do ut des* unterstehe: «Ich gebe (dir), damit du (mir) gibst.» Sie glaubten, den Göttern für Schutz und Hilfe Opfer und andere kultische Leistungen zu schulden, und waren der Meinung, daß sie deshalb eine so erfolgreiche Rolle in der Weltgeschichte spielen konnten, weil sie sich durch peinlich korrekte Erfüllung aller Kultpflichten das Wohlwollen und den Beistand der Götter zu sichern wußten. Symmachus hebt diesen utilitaristischen Grundsatz der römischen Religiosität wiederholt hervor. «Hinzu kommt der Nutzen, der den Menschen am meisten an die Götter bindet», bemerkt er in der wichtigen Partie, die noch des näheren betrachtet werden soll (8), und gegen Ende der Relatio versichert er wortreich, daß er die Kultordnung nicht um ihrer selbst willen verteidige, sondern im Hinblick auf die öffentliche Wohlfahrt (15ff.): *Nemo me putet tueri solam causam religionum* – «Niemand glaube, daß ich einzig für die Sache der Religion eintrete.» Denn aus Untaten wie den jüngst geschehenen, fährt Symmachus fort, seien alle Mißlichkeiten des römischen Volkes erwachsen, und so sei auch die allgemeine Hungersnot, die klägliche Ernte des letzten Jahres dadurch bedingt, daß man den vestalischen Jungfrauen und den Priestern den öffentlichen Unterhalt entzogen habe. Mit dem Kult steht das Schicksal Roms auf dem Spiel: dies war das Grunddogma der heidnisch gesinnten Römer; es hat zumal im Jahre 410, nach der Eroberung Roms durch die Westgoten, den Menschen zu denken gegeben.

Repetimus igitur religionum statum – Symmachus wendet sich daraufhin den einzelnen Bestimmungen des Gratianischen Ediktes zu:

1. der Beseitigung des Victoria-Altars (3–7);

2. und 3. der Aufhebung der Priester-Privilegien sowie den erbrechtlichen Beschränkungen (11–19).

Zwischen die Erörterung des ersten und der beiden folgenden Punkte hat Symmachus einige allgemeine Betrachtungen eingefügt, die wie kaum ein anderes Zeugnis den Blick auf die weltanschaulichen Grundlagen der heidnischen Senatspartei – Grundlagen teils neuplatonischer, teils nationalrömischer Provenienz – freigeben (8–10). Diese Partie verdient besondere Aufmerksamkeit.

Neuplatonische und nationalrömische Gedanken in der 3. Relatio

«Denn ein jeder befolgt seinen Brauch und seine Kultübung; die göttliche Vorsehung hat verschiedene Formen der Götterverehrung zu Wächtern der Städte bestellt; wie den Neugeborenen die Seele, so werden den Völkern schicksalsbestimmende Schutzgeister zugeteilt. Hinzu kommt der Nutzen, der den Menschen am meisten an die Götter bindet. Denn da das Wesen gänzlich verborgen ist, woran kann man die Götter besser erkennen als an der Geschichte und den Beweisen glücklicher Ereignisse? Wenn ferner lange Dauer die Religionen ehrwürdig macht, dann müssen wir so vielen Jahrhunderten die Treue bewahren und unseren Vorfahren folgen, die selbst den ihren zu ihrem Segen gefolgt sind.

Nehmen wir jetzt an, Roma stehe hier und richte folgende Worte an Euch: ‹Erlauchte Kaiser, Väter des Vaterlandes, erweist meinen

Jahren Achtung: zu ihnen hat mich fromme Verehrung der Götter geführt! Ich möchte am überkommenen Kult festhalten, denn ich habe keinen Anlaß zu Reue. Ich möchte nach meinem Brauch leben, weil ich frei bin! Diese Form der Gottesverehrung hat den Erdkreis meinen Gesetzen unterworfen; diese Kultübung vertrieb Hannibal von den Mauern, die Gallier vom Kapitol. Hat man mich also dazu bewahrt, um mich in hohem Alter zu tadeln?

Ich will sehen, was es damit auf sich hat, was man einführen zu sollen glaubt; jedenfalls ist die Erziehung des Alters eine späte, beschämende Maßnahme. So bitten wir um Frieden für die Götter der Väter, für die einheimischen Götter. Es ist billig, daß man für ein und dasselbe hält, was alle verehren. Wir erblicken dieselben Sterne; der Himmel ist uns gemeinsam; dasselbe All umgibt uns: was macht es aus, mit welcher Auffassung ein jeder die Wahrheit sucht? Auf *einem* Wege kann man nicht zu einem so großen Geheimnis gelangen.› Doch hierüber mögen Müßige Erörterungen anstellen; wir tragen jetzt Bitten vor, nicht Streitigkeiten.»

Suus enim cuique mos, suus ritus est – «Denn ein jeder befolgt seinen Brauch und seine Kultübung»: Symmachus beginnt mit der neuplatonischen Komponente seines Glaubens; die römische folgt mit den Worten *Accedit utilitas* – «Hinzu kommt der Nutzen.» Die Feststellung *Suus enim cuique mos* soll nicht nur religiöse Toleranz bekunden; Toleranz kann auch auf Indifferenz gegenüber aller Religion beruhen. Sie leitet vielmehr Aussagen ein, die ein positives Verhältnis zur Vielfalt der Religionen ausdrücken: alle Religionen (so lautet das neuplatonische Dogma, zu dem Symmachus sich bekennt) vermitteln in gleicher Weise den Zugang zum Göttlichen, und zwar durch *mos* und *ritus*, durch den je überlieferten Kult.

Der folgende Satz – *varios custodes urbibus cultus mens divina distribuit*, «die göttliche Vorsehung hat verschiedene Formen der Götterverehrung zu Wächtern der Städte bestellt» – begründet die These von der Gleichwertigkeit der Religionen. Er ist nur verständlich, wenn man sich seine Voraussetzungen, bestimmte Grundannahmen der neuplatonischen Metaphysik, vergegenwärtigt. Plotin, der Platon auslegen, nicht von ihm abweichen wollte (die Erkenntnis, daß er in Wirklichkeit von ihm abwich, hat zu der modernen Bezeichnung für die von ihm gegründete Schule, zum Terminus ‹Neuplatonismus› geführt), übernahm den Dualismus Platons, die Scheidung eines *mundus intelligibilis* von einem *mundus sensibilis*, die Scheidung geistiger von wahrnehmbaren Dingen. Er gliederte indes, hierin über Platon hinausgehend, den *mundus intelligibilis* in eine Stufenfolge von Wesenheiten, für welche sich der Ausdruck ‹neuplatonische Trinität› eingebürgert hat. Als Höchstes galt Plotin das Ἕν, das *Unum*, das Eine, welches zugleich das Gute ist, das jedoch im übrigen keine Eigenschaften hat. Das Eine aber entläßt aus sich nach Plotin die denkende Substanz, den νοῦς, die *mens divina*. Der *mens divina* wiederum folgt als dritte Instanz die Weltseele, die zwischen dem übersinnlichen und dem sinnlichen Bereich vermittelt; sie bringt die Einzelseelen hervor, die Götter aller Religionen, die Menschen. Symmachus stellt nun die *varii cultus*, die mannigfachen Kulte, als Schöpfung der *mens divina*, des νοῦς, hin; sie sind also gottgewollt, und er beruft sich für diese Annahme auf die Analogie der mannigfachen aus der Weltseele hervorgehenden Einzelseelen: *ut animae nascentibus, ita populis fatales genii dividuntur* – «Wie den Neugeborenen die Seele, so werden den Völkern schicksalsbestimmende Schutzgeister zugeteilt.»

Symmachus kommt am Ende seiner allgemeinen Betrachtungen auf die neuplatonische Komponente seines Glaubens zurück. Er führt dort abermals eine Analogie ins Feld, diesmal eine Analogie für die Einheit des Vielerlei: *Eadem spectamus astra*, verlautet in der Rede der Roma, *commune caelum est, idem nos mundus involvit* – «Wir erblicken dieselben Sterne; der Himmel ist uns gemeinsam; dasselbe All umgibt uns.» Also muß man auch das, was jeder auf seine Weise verehrt – dieser Gedanke soll sich dem Leser aufdrängen –, für *eines* halten, und es ist nicht gleichgültig, auf welchem Wege ein jeder die Wahrheit sucht, es ist vielmehr unmöglich, dies auf *einem* Wege zu tun: *Uno itinere non potest perveniri ad tam grande secretum* – «Auf *einem* Wege kann man nicht zu einem so großen Geheimnis gelangen.» Dieses neuplatonische Bekenntnis spiegelt eine damals verbreitete mystische Stimmung, die auch den Christen nicht fremd war. So blieb in der Korrespondenz Augustins ein Brief des arianischen Bischofs Maximus von

Madaura bewahrt, aus der Zeit um 390, worin es heißt: «Es gibt nur einen einzigen höchsten Gott... Wir rufen seine in der Schöpfung verbreiteten Kräfte mit verschiedenen Namen an, weil wir seinen wahren Namen nicht kennen. Der Name Gott ist jedoch allen Religionen gemeinsam. Indem wir so stückweise verschiedene Bitten gleichsam an seine Glieder richten, scheinen wir ihn ganz zu verehren» – *Ita fit, ut, dum eius quasi quaedam membra carptim variis supplicationibus prosequimur, totum colere profecto videamur.* Der heidnische Adel Roms hat der von Symmachus geäußerten Überzeugung gemäß gehandelt. Praetextatus zumal hat, wie eine erhaltene Inschrift bezeugt, eine Fülle teils römischer, teils orientalischer Priesterämter auf sich vereinigt: er war *augur, pontifex Vestae, pontifex Solis, quindecimvir, curialis Herculis, sacratus Libero et Eleusiniis, hierophanta, neocorus, tauroboliatus, pater patrum* – Mitglied der altrömischen Kollegien der Auguren und der Pontifices, Pontifex des von Kaiser Aurelian gestifteten Sonnenkultes, Mitglied des altrömischen Fünfzehnmännerkollegiums für Kulthandlungen, Priester des Herkules, in die Euleusinischen Mysterien Geweihter, Priester der Hekate-Mysterien, Reinigungspriester (irgendwelcher weiterer Mysterien), durch ein Stieropfer zu Ehren der Kybele Geweihter, Bischof im Mithraskult.

Die nationalrömischen Gedanken der 3. Relatio bekunden sich vor allem in der Personifikation der Roma. Symmachus beruft sich zuvor in seinem eigenen Namen auf zweierlei: auf das Utilitätsprinzip sowie auf das für römische Ohren ebenfalls sehr überzeugende Argument, daß man dem Herkommen treu bleiben und den Vorfahren folgen müsse. Die personifizierte Roma tritt als Greisin auf: *reveremini annos meos* – «erweist meinen Jahren Achtung» usw. Dies war für die zeitgenössischen Leser nichts Ungewohntes: schon seit langem pflegte man die Stufen des menschlichen Lebens bildlich auf Rom, auf die römische Geschichte anzuwenden. So hatte z. B. Florus, ein Geschichtsschreiber der Zeit Hadrians, Verfasser eines Kompendiums nach Livius, erklärt, die Königszeit sei die *infantia*, die Kindheit des römischen Volkes gewesen, die Republik die Jugend, und mit der *Pax Augusta* habe die *senectus*, das Greisenalter begonnen. Der christliche Schriftsteller Laktanz folgerte knapp zwei Jahrhunderte später aus dieser Applikation des Lebensalter-Schemas, daß der Untergang Roms bevorstehe; doch war eine derartige deterministische Betrachtungsweise nicht zwangsläufig mit ihm verbunden. Schon Florus hatte versichert, daß unter Trajan das Greisenalter durch eine gleichsam zurückgeschenkte Jugend wiederaufgeblüht sei, und in der Spätantike war das Motiv der sich wieder verjüngenden Greisin Roma wohlbekannt. Der christliche Dichter Prudenz z. B. behauptete in seinem polemischen Poem *Contra Symmachum*, einem Lehrgedicht, das wortreich an die Kontroverse des Jahres 384 anknüpfte, die weißhaarige Roma sei durch die Annahme des Christentums wieder blond geworden. Nichts deutet darauf, daß Symmachus oder sein Widersacher Ambrosius mit dem Bild der Greisin Roma den Gedanken an einen baldigen Untergang verbanden: die Idee der *Roma aeterna* war stärker, auch auf christlicher Seite, jedenfalls bis zum Erscheinen der *Civitas Dei* Augustins, die sich allen Diesseitshoffnungen rigoros entgegenstellte. Symmachus konnte mit dem Bild der Greisin wirkungsvoll die lange Dauer der römischen Geschichte veranschaulichen, und ebenso eine Art von Geschichtstheologie, die sich durch die Realität als richtig erwiesen habe: *Hic cultus in leges meas orbem redegit* etc. – «Diese Form der Gottesverehrung hat den Erdkreis meinen Gesetzen unterworfen; diese Kultübung vertrieb Hannibal von den Mauern, die Gallier vom Kapitol.» Überdies, schreibt Symmachus, sollte man Roma in so ehrwürdigem Alter nicht erziehen, nicht bessern wollen: hiermit zielt die Allegorie auf etwas anderes, weniger auf das römische Reich als auf die stadtrömische heidnische Aristokratie; ihr, in der sich das Alter Roms darstellt, sei gestattet, am Altüberkommenen festzuhalten.

Die Antwort des Ambrosius

Die Erwiderung des Ambrosius, die ausführliche, endgültige, auf der Kenntnis der 3. Relatio beruhende, der 18. Brief, ist ungefähr doppelt so lang wie die 3. Relatio; sie ist ein sorgfältig komponierter Traktat. Ein erster Abschnitt (4–11) befaßt sich mit der allgemeinen Bitte der heidnischen Senatoren, mit der Wiederherstellung der alten römischen Kulte; hier geht Ambrosius auf die beiden fundamentalen Argumente der 3. Relatio, auf das neuplatonische und das nationalrömische, ein. Mit den aus dem Arsenal des Neuplatonismus stammenden Gesichtspunkten macht er nicht viel Federlesens: er stellt der mystischen Gottesauffassung der Neuplatoniker, wonach dem Menschen ein volles Wissen von Gott versagt ist, die christliche, sich auf die Offenbarung stützende Glaubensgewißheit entgegen (8): *Quod vos ignoratis, id nos Dei voce cognovimus. Et quod vos suspicionibus quaeritis, nos ex ipsa sapientia Dei et veritate compertum habemus* – «Was ihr nicht wißt, das haben wir durch Gottes Stimme erfahren. Und was ihr durch Mutmaßungen zu ermitteln sucht, davon haben wir auf Grund der Weisheit und der Wahrheit, die von Gott selbst ausgeht, Gewißheit.»

Auf den nationalrömischen Aspekt geht Ambrosius ausführlich ein (4–7). Die Personifikation der Roma wird von ihm dankbar übernommen: die Worte, die Symmachus ihr in den Mund gelegt hatte, gaben eine vorzügliche Kontrastfolie für seine eigene christliche Auffassung ab. Symmachus hatte seine Roma sagen lassen: «... jedenfalls ist die Erziehung des Alters eine späte, beschämende Maßnahme.» Ambrosius wiederum macht seine Roma zur Christin, und so erklärt sie bei ihm (7): *Poenitet lapsus... Non erubesco cum toto orbe longaeva converti... Nullus pudor est ad meliora transire* – «Ich bereue meinen Fehltritt... Ich erröte nicht, mich in hohem Alter mitsamt dem ganzen Erdkreis zu bekehren... Es ist keine Schande, zu Besserem überzugehen.» Die Roma des Symmachus beruft sich auf das Prinzip der Identitätswahrung: was man immer schon war, das will man bleiben. Ambrosius setzt dem die christliche Möglichkeit der Bekehrung, der Konversion entgegen. Folglich erscheinen bei ihm die Kategorien ‹Reue› und ‹Schande› mit anderem Vorzeichen: seine Roma darf bereuen, und sie zieht sich hiermit keine Schande zu.

Diese Umkehrung des Verhaltens der Roma hat eine Deutung der römischen Geschichte zur Voraussetzung, die von dem traditionellen Selbstverständnis der Römer erheblich abweicht. Ambrosius bestreitet, daß ein Zusammenhang zwischen der alten Kultordnung und den Erfolgen der Römer bestehe: nicht die primitiven Tieropfer und göttlicher Lohn dafür hätten Rom groß gemacht, sondern einzig und allein die Tüchtigkeit, die *virtus* der Römer selbst. Die römische Geschichtstheologie wird also abgewiesen, das römische Geschichtsdenken ideologiekritisch reduziert. Ambrosius gibt den Römern, ihrem eigenen Vermögen, um seiner argumentativen Ziele willen mehr, als sie selbst für sich beansprucht hatten: sie waren stets überzeugt gewesen, daß es nicht nur auf ihre eigenen Fähigkeiten, sondern auch auf die – durch die Wahrung der *religio*, die Beachtung der Kultvorschriften bedingte – Hilfe der Götter ankomme. Ambrosius weiß hierauf zu erwidern (7): *Stravit virtus, quos religio non removit* – «Tapferkeit hat die zur Strecke gebracht, welche die religiöse Haltung nicht zu beseitigen vermochte.» Die Christen konnten in ihrer Polemik gegen das römische Geschichtsbild noch erheblich weitergehen; Orosius z. B., ein spanischer Priester, der sich von der Geschichtsauffassung Augustins hatte anregen lassen, legte in seinen *Historiae adversum paganos*, «Weltgeschichte in antipaganer Sicht», dar, daß die Geschichte der Menschheit schon immer von Mißerfolgen und Katastrophen erfüllt gewesen sei, weshalb man keinerlei Anlaß habe, das Unglück der Gegenwart – Hungersnöte oder Barbareneinfälle oder sonst etwas – auf die Beseitigung der alten Religion zurückzuführen.

Die Christen haben indes, da die Geschicke Roms auch für sie von unmittelbarem Belang waren, deren Sinn nicht nur reduziert oder völlig negiert; sie haben ihnen auch einen neuen, einen, wie sie glaubten, spezifisch christlichen Sinn zu unterlegen versucht. Diese Art von Geschichtstheologie, einer christlich verbrämten, war zuerst im Osten des Reiches aufgekommen. Die Koinzidenz der Herrschaft des Augustus und der Geburt Christi, schrieb z. B. der Theologe Origenes, zeige, daß Gott das römische Reich eingerichtet habe, um die Völker für die christliche Lehre vorzubereiten; die ausgleichende Einheitlichkeit der römischen Herrschaft habe die Kriege beseitigt und eine allgemeine Kommunikation unter den Völkern ermöglicht, so daß die Apostel ihr Missionswerk verrichten konnten. So weit mochte Ambrosius allerdings nicht gehen. Immerhin läßt sein 18. Brief Ansätze zu einer christlichen Sinngebung weltlicher Geschehensabläufe erkennen. Schon die

Vorstellung von der büßenden und sich bekehrenden Roma ist ein solcher Ansatz; dort ist ja von einem «Übergang zu Besserem» *(ad meliora transire)*, also von einem diesseitigen Fortschritt die Rede. Hiermit korrespondiert die Formel *in melius proficere*, «zu Besserem fortschreiten»; sie findet sich in einer Partie, in der sich Ambrosius zum Prinzip zielstrebiger Entwicklungen als zu einem allgemeinen Gesetz der Geschichte, insbesondere bei der Ausbreitung des christlichen Glaubens, bekennt (23).

Zwei Jahrzehnte später, um das Jahr 402, hat Prudenz in dem erwähnten Lehrgedicht *Contra Symmachum* den Fortschrittsgedanken des Ambrosius radikalisiert. Er hat dort das Wagnis unternommen, die gesamte römische Vergangenheit als einen einzigen Zusammenhang zu deuten, indem er Profan- und Kirchengeschichte schier fugenlos ineinander übergehen ließ. Als die Triebfedern des Prozesses gelten ihm einerseits die römische *virtus*, andererseits die Vorsehung Gottes; die Zeit bis zur Herrschaft des Augustus wird als die Phase der Suche nach der richtigen Form des Regiments, des Kaisertums, aufgefaßt, und die Jahrhunderte danach stehen unter dem Zeichen der Suche nach dem richtigen Glauben. Prudenz will überdies das römische Reich nicht nur – wie einst Origenes und andere – als die äußere Voraussetzung der Ausbreitung des christlichen Glaubens verstanden wissen; er behauptet vielmehr, daß Rom mit seinen Gesetzen, seiner Gesittung, seinem Frieden Wesenszüge des Christentums vorweggenommen habe: durch Rom sei die Menschheit für die Religion der Liebe überhaupt erst empfänglich gemacht worden. Mit dieser Deutung Roms als einer Praeparatio evangelica erreichte die Annäherung von Heidnischem und Christlichem, die Verquickung von irdischer Geschichte und christlichem Heilsplan ihren Höhepunkt. Augustin erkannte, daß diese Art von Romglaube zu einem für die christliche Lehre gefährlichen Bündnis von religiöser und politischer Heilserwartung führte. Daher stellte er sich in seiner *Civitas Dei* die Aufgabe, nicht nur die heidnische Auffassung zurückzuweisen, sondern auch die versteckten Positionen heidnischen Immanenzdenkens freizulegen, die sich zahlreicher Christen in christlicher Hülle bemächtigt hatten: Rom wurde rigoros in den profanen Bereich der Vergänglichkeit zurückgestoßen.

4

Schule und Bildung

Das Bildungswesen

Das antike Schulwesen war, nachdem es sich entfaltet und die für alle folgenden Jahrhunderte, die Spätantike eingeschlossen, maßgebliche Gestalt gewonnen hatte, also etwa seit hellenistischer Zeit, dreigeteilt. Der Elementarunterricht beim γραμματιστής/grammatistés oder *ludi magister* («Schulmeister») vermittelte den Kindern – wohl den meisten, obwohl die Einrichtung der allgemeinen Schulpflicht unbekannt war – die Fertigkeiten des Lesens, Schreibens und Rechnens. Dann folgten für Kinder aus gehobenem Milieu mehrjährige Lehrgänge beim γραμματικός, beim *grammaticus* oder Philologen, und hieran schloß sich für eine Elite junger Männer der ebenfalls mehrjährige Rhetorikunterricht an. Diese drei Stufen stimmten bei den Griechen und Römern nach Struktur, Inhalten und Methoden überein, da die Römer das griechische Schulwesen in spätrepublikanischer Zeit übernommen und genauestens kopiert hatten. Der einzige erhebliche Unterschied bestand darin, daß die jungen Griechen alle Belehrung nur in ihrer eigenen Sprache empfingen, während die Römer sowohl lateinischen als auch griechischen Grammatik- und Rhetorikunterricht zu besuchen pflegten: die Angehörigen der führenden Schicht bereiteten sich neben anderem dadurch auf ihre künftigen politischen und administrativen Aufgaben vor, daß sie sich gleichermaßen um die beiden Hauptsprachen des Reiches, um deren mündliche und schriftliche Beherrschung bemühten.

Der Grammatiker oder Philologe ließ sich neben der Einführung in einige grammatische und stilistische Grundbegriffe die intensive Lektüre von Schriftstellern angelegen sein: ein bestimmter, Poesie und Prosa berücksichtigender Kanon von Werken wurde nach sprachlichen, historischen und rhetorisch-ästhetischen Gesichtspunkten erläutert. Das Programm hat in der Spätantike offenbar im wesentlichen dieselben Autoren umfaßt wie zuvor: bei der griechischen Lektüre standen Homer, Euripides, Menander und Demosthenes im Mittelpunkt, und die lateinische Lektüre konzentrierte sich auf das «Viergespann» Vergil, Terenz, Sallust und Cicero. Der Rhetoriklehrer begann mit Aufsatzübungen, den sogenannten Progymnasmata; er führte sodann in die rhetorische Theorie ein, in ein Lehrgebäude, das vor allem Stilregeln und Argumentationstechniken vermittelte, und veranschaulichte diese Vorschriften mit Hilfe der Lektüre klassischer Redner. Den Höhepunkt und Abschluß seines Unterrichts bildeten die Vorträge, welche die Schüler über gegebene Themen anzufertigen hatten, die μελέται/meletai («Übungsreden») oder Deklamationen.

Die schwere Krise des 3. Jahrhunderts, die wirre Übergangszeit zwischen Antike und Spätantike hat im Bildungswesen offensichtlich keinen tiefgreifenden Wandel mit sich gebracht. Die Folgen der Anarchie, die Verwüstung weiter Landstriche und der allgemeine wirtschaftliche Niedergang, bewirkten allerdings, daß der Bildungsstandard sowohl der Breite als auch der Intensität nach erheblich sank, und zwar im Westen deutlicher als im Osten. Diese Einbußen wurden indes durch die zähen Anstrengungen der nachfolgenden Generationen weithin wieder wettgemacht, wobei man sich ganz und gar mit der Restauration dessen begnügte, was zuvor gewesen war. Der Sockel der philologisch-rhetorischen Allgemeinbildung blieb sich also gleich, und der tiefe Wandel, der die Spätantike als Epoche eigener Art konstituierte, vollzog sich außerhalb und oberhalb davon: einerseits im politisch-gesellschaftlichen, andererseits im weltanschaulich-religiösen Bereich.

In *einem* Punkte allerdings gelang es nicht, den einstigen Zustand wiederherzustellen: die Doppelsprachigkeit, das Charakteristikum der maßgeblichen Schicht im Westen, war auf immer dahin; daß jemand, der in der lateinisch sprechenden Sphäre aufwuchs, beide Reichssprachen sicher zu handhaben wußte, wurde vom 3. Jahrhundert an mehr und mehr zur Ausnahme. Da sich die Griechen mit dem Lateinischen seit jeher schwer getan hatten, begannen die beiden Reichshälften schon im 4. Jahrhundert sprachlich und kulturell auseinanderzudriften. Diese Trennung machte sich auch beim philologischen und rhetorischen Schrifttum bemerkbar: die Autoren pflegten sich bei ihrer literarischen Arbeit einzig an die Tradition zu halten, die sie in ihrer eigenen Sprache vorfanden, und wenn einmal ein lateinisch schreibender Rhetor – wie etwa Sulpicius Victor – auf eine griechische Quelle zurückgriff, dann war hiermit nicht die Übernahme neuer Gesichtspunkte bezweckt. Die römischen Philologen der Spätantike fanden dermaßen an ihrer eigenen Überlieferung Genüge, daß sie selbst von der wichtigsten Errungenschaft der kaiserzeitlichen griechischen Grammatik, der Entdeckung der Syntax durch Apollonios Dyskolos (erste Hälfte des 2. Jahrhunderts n. Chr.), keinerlei Notiz nahmen; hiervon machte lediglich der in Konstantinopel lehrende Grammatiker Priscian (6. Jahrhundert) eine rühmliche Ausnahme.

Die überkommene Bildung existierte und wirkte in der Spätantike als ein Ganzes, das – im Prinzip und der Einstellung nach – auch die Philosophie umfaßte. Weltanschaulich gefärbte Debatten zwischen Philosophen und Rhetoren oder auch Richtungskämpfe unter Rhetoren verschiedener stilistischer Observanz (wie einst in ciceronisch-augusteischer Zeit der Streit zwischen ‹Attizisten› und ‹Asianern›, d. h. zwischen Klassizisten und Manieristen) kamen nicht mehr vor. Der Neuplatonismus bezog auch rhetorische und philologische Studien in sein alles umgreifendes System ein. Der weltanschauliche Graben der Spätantike verlief anders: er trennte die heidnische Bildung im Ganzen von der christlichen Religion. Der Gegensatz schien zunächst unversöhnlich; er wurde indes allmählich überwunden, zunächst im Osten, dann, um die Wende vom 4. zum 5. Jahrhundert, auch im Westen, was allerdings nicht ausschloß, daß es immer wieder einzelne gab, die, wie z. B. Hieronymus, schwer an ihm litten. Eine Episode blieb Kaiser Julians Gesetz, das Christen daran zu hindern suchte, über Gegenstände Unterricht zu erteilen, die mit ihrer Religion unvereinbar waren, insbesondere über die alten Dichter mit ihrer heidnischen

Götterwelt: ein Lehrer müsse innerlich von dem überzeugt sein, was er der Jugend vermittle. Das in abstrakten Ausdrücken gehaltene, lediglich mit Hilfe eines erläuternden Briefes verständliche Gesetz geriet zwar in die offiziellen Sammlungen von Kaisererlassen, ist also stets gültig geblieben. Es hat gleichwohl über Julians Tod hinaus keine Wirkung gezeitigt. Die heidnischen Inhalte der überkommenen Literatur wurden im allgemeinen nicht mehr ernst genommen; die antike Bildung lebte als formale Bildung weiter. Organisatorisch nahm dieses konfliktlose Miteinander von heidnischer Tradition und christlichem Glauben, das der Spätantike vom 5. Jahrhundert an die Signatur gab, das Aussehen an, daß die ‹Fächer› der antiken Schule, insbesondere Grammatik und Rhetorik, als unentbehrliche Vorbereitung auf das Bibelstudium im System der *artes liberales*, der profanen Wissenschaften aufgingen; hierbei bewahrten sie ihr heidnisches, auf den antiken Autoren basierendes Gepräge.

Wie alle Gebiete des öffentlichen Lebens, so wurde auch das Schulwesen in zunehmendem Maße von der Reichszentrale reglementiert. Der Unterricht in Grammatik und Rhetorik hatte einst – soweit er nicht privat erteilt wurde – zuallererst als Angelegenheit der Gemeinden gegolten: man erwartete von jeder größeren Stadt, daß sie geeignete Schulen unterhielt und überwachte. Die Kaiser sahen sich indes je später, desto mehr zu Eingriffen veranlaßt; hierbei knüpften sie an Entwicklungen an, die bis ins 1. Jahrhundert n. Chr. zurückreichten. Sie richteten selbst Professuren ein, sie setzten Ernennungen durch, sie gewährten dem Lehrpersonal Privilegien oder schrieben die Höhe von dessen Bezügen vor. Eine im Corpus der Panegyrici Latini bewahrte Rede, verfaßt im Jahre 297 von einem Rhetoriklehrer namens Eumenius, bezeugt, wie sehr die von den Wirren der Reichskrise hinterlassene Notlage kaiserliche Maßnahmen dringlicher gemacht hatte: Augustodunum, das heutige Autun, seit langem ein wichtiges Bildungszentrum Galliens, war völlig verwüstet worden; zum großzügigen Wiederaufbauprogramm des Kaisers Constantius Chlorus gehörten die Wiederherstellung des Schulgebäudes und die Neubesetzung des vakanten Rhetoriklehrstuhls, auf den der Redner selbst berufen worden war. Der zunehmende Protektionismus führte dazu, daß die Kaiser schließlich ein allgemeines Aufsichtsrecht über das Unterrichtswesen beanspruchten; die rechtliche Handhabe hierfür bot das erwähnte Gesetz Julians, das insoweit auch einige praktische Bedeutung behielt. Die kaiserliche Förderung und Kontrolle hatte neben ideellen auch durchaus handfeste Gründe. Die literarisch und rhetorisch orientierte Allgemeinbildung verkörperte nicht nur das heidnische, sondern auch das römische Element in der Kultur der Spätantike, all das, was vom einstigen Staatsethos übrig geblieben war; sie diente zudem der führenden Schicht als geistiges Bollwerk sowohl gegen radikales Christentum als auch gegen Barbarisierung. Die Zivilverwaltung des bürokratischen spätantiken Staates benötigte ein Heer von Beamten: für die allgemeinen Instanzen von den Hofkanzleien bis zu den Provinzialstatthalterschaften sowie für die Gerichts- und Finanzbehörden. Es wurde schon darauf hingewiesen, daß die oberen Stellen in der Zivilverwaltung dem rhetorisch Gebildeten in gleichem Maße zugänglich waren wie dem Rechtskundigen, dem Absolventen einer Rechtsschule oder dem versierten Anwalt: ein hoher Standard im mündlichen und schriftlichen Umgang mit der Amtssprache schien erforderlich, aber auch ausreichend als Voraussetzung für die Ausübung leitender Funktionen.

Die grammatische Literatur, die Editionen

Die griechische Grammatik der Spätantike ruhte fest auf den Fundamenten, welche die frühere Kaiserzeit gelegt hatte; zumal der Grammatiker Apollonios Dyskolos und der Metriker Hephaistion stellten Werke her, die bis zum Beginn der Neuzeit maßgeblich blieben. Die Spätantike selbst erbrachte demgegenüber nur eine magere Ausbeute: man beschränkte sich auf elementare Unterrichtshilfsmittel wie orthographische Traktate und Flexionstabellen, und Georgios Choiroboskos, der wirkungsmächtigste Philologe der Spätantike (6. Jahrhundert), hielt Vorlesungen über Schriften seiner frühkaiserzeitlichen Berufskollegen. An der üppig gedeihenden Tätigkeit des Kommentierens von Literaturwerken nahmen die Schulmänner keinen Anteil: die Philosophen erläuterten nicht nur Ihresgleichen – Platon und Aristoteles –, sondern auch die Dichter, insbesondere Homer, wobei sie dort mit Hilfe von allegorischen Auslegungskünsten verschlüsselte Andeutungen ihrer eigenen Spekulationen zutage förderten. Einzig auf dem Felde der Lexikographie hinterließ die griechische Philologie der Spätantike deutliche und dauerhafte Spuren; hier ragt als die größte einschlägige Unternehmung, die, wenn auch nur in einer einzigen, sehr fehlerhaften Handschrift, auf die Nachwelt gekommen ist, das Werk des Hesychios aus Alexandrien (5./6. Jahrhundert) hervor.

Die lateinische Schwesterdisziplin stellt sich demgegenüber dem Auge des Betrachters ganz anders dar. Dort war es einerseits schon in der früheren Kaiserzeit ziemlich still geworden (von dem wenigen, was erhalten blieb, verdient lediglich der Horaz-Kommentar des Pomponius Porphyrio Erwähnung), und im 3. Jahrhundert scheint die Produktion, wie auf allen Gebieten, gänzlich erstorben zu sein. Andererseits aber traten im Westen, als sich die neu konsolidierte Staatsgewalt allenthalben um die Heilung der durch die große Krise verursachten Schäden bemühte, wieder tüchtige Philologen auf den Plan; dort entfaltete sich nach einer kurzen, an Elementarwerken Genüge findenden Übergangszeit eine reiche und anspruchsvolle, hauptsächlich aus Kommentaren bestehende Literatur.

Die Elementarwerke dienten, wie ähnliche Erzeugnisse der Rhetoren und Juristen, wie die Itinerarien, d. h. die Routenbücher, die über die Straßen und Wasserwege des Reiches Auskunft gaben, und manche andere Gebrauchsliteratur, der Wiederherstellung geordneter Zustände: sie sollten durch Darbietung des Wichtigsten Abhilfe gegen die krasse Unwissenheit schaffen, die sich in der langen Zeit der Wirren überall breit gemacht hatte. Als dies geleistet, als das Verlorene zurückgewonnen und das Gefährdete gesichert war, um die Mitte des 4. Jahrhunderts, änderte sich das Ziel: die lateinische Philologie machte sich nunmehr zur Gehilfin der heidnischen Reaktion gegen das Christentum; sie unterstützte die aristokratischen Zirkel, die sich um die Regeneration der moralischen, historischen und literarischen Überlieferung Roms bemühten. So war die Blütezeit der spätantiken Literatur in lateinischer Sprache zugleich ein Höhepunkt der lateinischen Philologie, aus der Perspektive der Nachwelt sogar ein besonders wichtiger Höhepunkt. Denn, wie schon angedeutet wurde, sind von den Leistungen der späten Republik und der frühen Kaiserzeit, so achtbar sie waren, nur geringe Reste erhalten geblieben: die Bücher 5–10 von Varros Schrift *De lingua Latina*, Teile des Asconius-Kommentars zu den Reden Ciceros sowie Auszüge aus dem großen Lexikon des Verrius Flaccus. Demgegenüber hat von den Grammatiken und Kommentaren der Spätantike ein beträchtliches Quantum die Zeiten überdauert, und hiervon entstammt das meiste der zweiten Hälfte des 4. Jahrhunderts. Man macht sich daher schwerlich einer Übertreibung schuldig, wenn man behauptet, daß die spätantiken Philologen des Westens wesentliche Mittlerdienste zwischen dem antiken Rom und allen späteren Epochen geleistet haben.

Die grammatischen Schriften sind in dem von Keil edierten Corpus der Grammatici Latini versammelt. Sie gliedern sich in Gesamtdarstellungen, meist mit dem Titel *Ars grammatica*, und in Spezialschriften metrischen oder orthographischen Inhalts. Die *Artes* führen ihren Stoff in einer konventionellen, zum ersten Male durch die Abhandlung des griechischen Grammatikers Dionysios Thrax (2. Jahrhundert v. Chr.) dokumentierten Ordnung vor: der Erörterung einiger Grundbegriffe, wie Grammatik, Stimme, Buchstaben, Silben, Wörter, Kasus, Genera usw., folgt die Behandlung der Wortarten, insbesondere der Formenlehre; die Syntax hingegen bleibt im allgemeinen außer Betracht. Dieses Grundgerüst der ‹Schulgrammatiken› wird in den gelehrten Werken erweitert: dort finden sich auch Darlegungen über Stilphänomene, über Prosodie und Metrik sowie über Rechtschreibung. Die aus der Spätantike erhaltenen *Artes* haben in der weiteren Tradition sehr unterschiedliche Wirkungen gezeitigt. Einige dieser Werke sind nur über eine einzige oder sehr wenige Handschriften an die Nachwelt gelangt; bei anderen hingegen geht die Zahl der Codices in die Hunderte oder Tausende – so im Falle der beiden *Artes* Donats und der *Institutio* Priscians.

Als ein erster Markstein in der Entwicklung kann – nach einigen sehr unselbständigen und unausgewogenen Produkten der Anfangsphase – das Werk des Charisius gelten, die umfänglichste lateinische Grammatik vor Priscian, die sich durch reiches Belegmaterial aus zum Teil verlorenen Literaturwerken auszeichnet. Die *Ars* des Diomedes verdient wegen eines Abschnitts *De poematibus*, «Über die Dichtwerke», erwähnt zu werden, der – nach dem 10. Buch der *Institutio oratoria* Quintilians – die ausführlichste Theorie der poetischen Gattungen in lateinischer Sprache enthält. Von Dositheus ist, allerdings verstümmelt, eine Grammatik erhalten, die ihren Stoff sowohl auf lateinisch als auch auf griechisch darbietet; sie war offensichtlich dazu bestimmt, Griechen im Lateinischen zu unterweisen.

Mit dem Wirken des Aelius Donatus in Rom erreichte die lateinische Philologie der Spätantike ihren Kulminationspunkt. Donat verfaßte u. a. eine Grammatik, die konsequent den Gedanken eines zweigeteilten Lehrgangs verwirklichte: auf einen Elementarkurs über die Wortarten, in Frage- und Antwortform, folgt eine eingehendere Behandlung derselben Materie, ergänzt um die grammatischen Grundbegriffe und eine kurzgefaßte Stilistik. Dieses Werk, für dessen Teile sich im Mittelalter die Bezeichnungen *Ars minor* und *Ars maior* einbürgerten, wurde für Jahrhunderte das meistbenutzte Lateinbuch. Sein Erfolg bewirkte wohl, daß nunmehr kaum noch selbständige Grammatiken entstanden. Statt dessen verfaßte man Kommentare zu ihm, wenn man reicheren Stoff vermitteln wollte. Aus der Zeit nach Donat ist nur *eine* von ihm unabhängige Grammatik vollständig erhalten: die monumentale *Institutio grammatica* des Priscianus in 18 Büchern. Sie übertrifft alles Frühere an Ausführlichkeit und zeichnet sich außerdem durch die schon erwähnte Besonderheit aus, daß sie am Schluß die Syntax erörtert, mit Hilfe der Kategorien des Apollonios Dyskolos. Sie war während des ganzen Mittelalters die maßgebliche wissenschaftliche Grammatik des Lateinischen.

Unter den Monographien über einzelne Gebiete machen die Metrik-Lehrbücher eine Hauptgruppe aus. Da es ein metrisches Standardwerk nach Art des griechischen Encheiridion («Handbuch») des Hephaistion in der lateinischen Welt nicht gab, wurde die Materie auch im Mittelalter immer wieder bearbeitet. Dasselbe gilt für die zweite Hauptgruppe monographischer Darstellungen, für die Traktate über Orthographie und Synonymik. Von den Schriften aus der Spätantike, die sich mit diesem Gegenstand befassen, sei hier nur die Abhandlung *De orthographia* genannt, die der zweiundneunzigjährige Cassiodor aus älteren einschlägigen Werken zusammengestellt hat. Die Literatur über die Grammatik des Lateinischen, welche die Spätantike hinterlassen hat, ist mit den *Artes* und den soeben genannten Typen von Spezialschriften noch nicht erschöpft: die Grammatik war ein in der Praxis besonders wichtiger Teil des Systems der *artes liberales*. Sie gehörte daher zum Programm der Enzyklopädien, wie sie Martianus Capella oder Isidor von Sevilla verfaßt haben; auch Cassiodor widmet ihr im zweiten Buch seiner *Institutiones* einen kurzen Überblick.

Die römischen Philologen und im Bunde mit ihnen Angehörige der heidnischen Senatsaristokratie haben offensichtlich eine rege Editionstätigkeit entfaltet, oder, vorsichtiger ausgedrückt, sie sorgten für kritisch gereinigte Abschriften bedeutender Literaturwerke. Ein bekanntes Beispiel ist ein Familienunternehmen, das der berühmte Symmachus mit zwei Nicomachi, seinem Schwiegersohn und seinem Enkel, durchführte: es brachte ein berichtigtes Exemplar der ersten zehn Bücher des Livius, die Darstellung der frühen Geschichte Roms bis zum Beginn des 3. Jahrhunderts v. Chr., hervor. Etliche Subscriptiones, Eintragungen am Ende von Handschriften (sie waren die Vorgänger des neuzeitlichen Titelblatts), haben Kunde davon bewahrt, daß um das Jahr 400 revidierte Exemplare der damals vielgelesenen Autoren Persius, Martial und Juvenal entstanden sind. Die folgende Zeit hat diese Bemühungen fortgesetzt; so sind offensichtlich im 5. oder 6. Jahrhundert u. a. Caesar, Vergil und Horaz einer kritischen Durchsicht gewürdigt worden. Alle diese Abschriften haben, wie schon dargetan, deshalb für die weitere Überlieferung besonderes Gewicht erlangt, weil sie ihre Inhalte aus den bislang üblichen Papyrusrollen in die viel dauerhafteren Pergamentcodices hinüberretteten. Und so entstammen denn derselben Zeit, dem 4. und 5. Jahrhundert, die ältesten vollständig oder fragmentarisch erhaltenen Original-Codices mit lateinischen Literaturwerken: einige Vergilhandschriften; der Ambrosianus des Plautus, ein in Mailand befindlicher Palimpsest (d. h. «wieder abgeschabtes» und dann neu beschriftetes Pergament); der Bembinus des Terenz, benannt nach einem seiner Besitzer, dem Humanisten Bernardo Bembo, u. a.

Ein herausragendes Tätigkeitsfeld der Philologen in Rom war die Erklärung der wichtigsten Autoren. Auch hiervon hat ein stattliches Quantum die Zeiten überdauert, allerdings meist in veränderter Form und oft als Scholien, als anonyme Masse von Erläuterungen. Kommentare galten nämlich weder in der Antike noch im Mittelalter als ‹Texte›, die man unverändert bewahren zu müssen geglaubt hätte: man kürzte, erweiterte und kontaminierte (d. h. man mischte und arbeitete ineinander) je nach Bedarf; man löste selbständig überliefertes Erklärungsmaterial auf, um Glossen daraus zu machen, die man jeweils der zu erläuternden Stelle beifügte; man faßte umgekehrt kommentierende Randbemerkungen zu einem selbständigen Buch zusammen. So erklärt sich, daß nicht einmal das Glanzstück der Gattung, der Terenzkommentar des Donat, ganz unversehrt erhalten ist. Dort fehlen die Erläuterungen zum *Heautontimorumenos*, zum «Selbstquäler», und in den Darlegungen zu den übrigen Stücken finden sich Doppelfassungen, die einander nicht selten widersprechen. Den Löwenanteil beanspruchen die lexikalischen und grammatischen Hinweise; von besonderem Wert sind Bemerkungen zur szenischen Präsentation sowie zu den Eingriffen, die Terenz am Text der griechischen Originale vorgenommen hat.

Zu Vergil, dem römischen Dichter schlechthin, ist ein besonders üppiges Bukett von Erläuterungen erhalten. Von dem wertvollsten, in der Spätantike einflußreichsten Kommentar, dem des Donat, hat allerdings nur der Anfang die Zeiten überdauert: die Biographie des Dichters (nach Sueton) und die Einführung zu den Eklogen. Immerhin liegt der umfängliche Kommentar eines zweiten bedeutenden Philologen vor, der in Rom gelehrt hat, der des Servius, und zwar in zwei Fassungen. Die kürzere Version scheint dem Original nahezustehen; die Zusätze der längeren gehen wohl im wesentlichen auf Donat zurück. Servius bringt die üblichen Erläuterungen zum Sprachgebrauch und zur Grammatik; er vernachlässigt jedoch auch die Realien, Erläuterungsbedürftiges aus der Mythologie, der Geschichte und der Geographie, nicht und ist sehr darauf bedacht, subtilen künstlerischen Absichten Vergils nachzuspüren. Er zollt dem Dichter hohe Achtung und will ihn als profunde Autorität zumal in philosophischen und religiösen Fragen verstanden wissen. Durch dieses spekulative Element, das von ferne an die allegorischen Auslegungskünste in den Homer-Kommentaren griechischer Neuplatoniker erinnert, erweist er sich als vom Geist seiner Zeit geprägt; Macrobius tat also recht daran, ihm in seinen vom gleichen Zeitgeist durchtränkten «Saturnalien» eine Rolle zuzuweisen. Das Plus der längeren Fassung enthält mancherlei Nachrichten über Antiquarisches, über schwer verständliche Besonderheiten aus Roms frühester Geschichte; diese Bemerkungen beruhen auf der Annahme, daß Vergil ein gründlicher Kenner derartiger Dinge, vor allem auf dem Felde der sakralen Einrichtungen, gewesen sei. Von den übrigen Vergilkommentatoren verdient noch ein zweiter Donat genannt zu werden, Tiberius Claudius Donatus: er bemüht sich um die Erläuterung des Gedankenganges, wobei er gern rhetorische Kategorien verwendet. Der Rest besteht aus Scholienmassen.

Die zu den Werken Ciceros erhaltenen Erläuterungsschriften sind von sehr verschiedener Art. Philologisches Gepräge haben nur die Scholien zu Reden. Grillius hingegen, der Verfasser eines Kommentars zu Ciceros Jugendschrift *De inventione*, «Über die Stoffauffindung», möchte vor allem die rhetorische Theorie ins Licht setzen, und den übrigen Erklärungswerken dient, wie schon die Namen der Autoren vermuten lassen, die Kommentarform als Vehikel, philosophische Lehren hauptsächlich neuplatonischer Provenienz vorzuführen. So benutzt Marius Victorinus seinen *De-inventione*-Kommentar zu logischen und metaphysischen Erläuterungen; so nimmt Macrobius den ‹Schlußmythos› der Ciceronischen Schrift «Über den Staat», den Traum Scipios, zum Anlaß, sich über neuplatonische Kosmologie und Verwandtes zu äußern.

Die rhetorische Literatur

Die griechische Rhetorik der Spätantike hat noch entschiedener als die Philologie den Lehrbetrieb der früheren Kaiserzeit fortgesetzt. Auf diesem Felde waren und blieben die Werke des Hermogenes aus Tarsos (etwa 160–235), eines didaktisch versierten Systematikers, richtungweisend: die spätantiken Meister der Beredsamkeit haben sich vor allem darum bemüht, die beiden Hauptschriften des Hermogenes – über die Lehre von den Status, d. h. über Typen von Streitfällen, sowie über den Stil – durch stark vom Scholastizismus der neuplatonischen Philosophie geprägte Kommentare für den Unterricht zuzubereiten. Die Rhetorik des Westens zeigt – anders als die lateinische Philologie – ähnliche Konturen wie die griechische Schwesterdisziplin. Hier hatte die frühere Kaiserzeit das – nach Aristoteles und Cicero – wichtigste Werk zur Theorie und Technik der Beredsamkeit beigesteuert, die breit angelegte, auf die gesamte ältere Tradition Bedacht nehmende *Institutio oratoria* Quintilians (etwa 35–100). In den folgenden Jahrhunderten scheint der Unterrichtsbetrieb auf ausgetretenen Pfaden einhergegangen zu sein; ein bemerkenswerter theoretischer Impuls hat auch während der Spätantike nicht mehr stattgefunden.

Die Rhetorikschule indes, die Anwendung und Verbreitung der Theorie, hatte gewiß ein weniger gleichförmiges Aussehen; sie nahm am Auf und Ab der Zeiten teil und ließ nach den dunklen Dezennien der Reichskrise analog zum allgemeinen Aufstieg seit Diokletian wieder einigen Flor erkennen. Ein überaus anschauliches Dokument hierfür sind die schon mehrfach erwähnten Panegyrici Latini, sind insbesondere die Reden daraus, die Lehrer aus Augustodunum zu Verfassern haben. Auch spiegelt sich die allgemeine Entwicklung in einer Anzahl von Kompendien, von einfachen Hilfsmitteln, mit denen die Rhetoriklehrer ihren Schülern eine erste Orientierung an die Hand zu geben suchten. Für das Gebiet der Sinn- und Wortfiguren scheint ein besonders dringliches Bedürfnis dieser Art bestanden zu haben: aus diokletianisch-konstantinischer Zeit sind zwei hierfür einschlägige Spezialschriften erhalten. Im Laufe des 4. Jahrhunderts sind dann noch einige Leitfäden für die gesamte rhetorische Theorie erschienen. Hierbei galt, wie im griechischen Osten, die Lehre von den Status als besonders wichtig, wofür das von einem Chirius Fortunatianus in Frage-und-Antwort-Form abgefaßte Lehrbuch als Indiz genannt sei.

Im übrigen gingen die Philologie und die Rhetorik getrennte Wege: am Bündnis mit der heidnischen Aristokratie und am Weltanschauungskampf gegen das Christentum haben die Repräsentanten der Beredsamkeit keinerlei Anteil genommen. Der Grund liegt auf der Hand: die Rhetorik war eine formale, von Inhalten gänzlich unabhängige Disziplin; die Philologie hingegen verwaltete das literarische und geistige Erbe der Vorzeit. So verharrte die Rhetorik auf dem Stande, der mit den ‹Klassikern› der Theorie, mit Cicero und Quintilian, mit den neuen Leitfäden sowie mit der als Muster dienenden zeitgenössischen Panegyrik erreicht war. Aufgaben, die über die Aufrechterhaltung der Routine hinausgegangen wären, wurden ihr nicht gestellt; daher blieben ihr Autoren, die es mit einem Donat oder Servius hätten aufnehmen können, versagt. So ist nur noch übrig festzustellen, daß auch sie in die enzyklopädischen Darstellungen der *artes liberales* eingegangen ist: man findet sie bei Martianus Capella, bei Isidor und in aller Kürze im zweiten Buch der *Institutiones* Cassiodors. Schließlich verdient die Skizze *De rhetorica* Erwähnung, die unter dem Namen Augustins – des Rhetoriklehrers, ehe er sich dem Christentum zuwandte – überliefert ist; sie war, ihre Echtheit vorausgesetzt, für eine christliche Enzyklopädie bestimmt, für ein Projekt, das unvollendet liegen blieb.

Die Enzyklopädien

Das Wort ‹Enzyklopädie› stammt von dem Ausdruck Ἐγκύκλιος παιδεία/enkyklios paideia ab, der Bezeichnung für ein seit hellenistischer Zeit verbreitetes Bildungsideal, von einem Begriff, dessen ursprüngliche Bedeutung sich als «stets wiederkehrende, landläufige, allgemein verbreitete Bildung» paraphrasieren läßt. Erst später – zuerst bei den Römern, etwa bei Quintilian, dann wieder bei Augustin – kam die Ansicht auf, daß es sich bei der Ἐγκύκλιος παιδεία um einen «Kreis von Wissenschaften» handele, um einen *orbis doctrinarum*, womit man nicht unpassend die innere Zusammengehörigkeit der beteiligten Disziplinen hervorhob. Die von dem Begriff bezeichnete Sache, ein Ensemble von Fächern, wie

Grammatik, Rhetorik, Logik usw., geht letztlich auf die Sophistik, die griechische Bildungsbewegung des 5. und 4. Jahrhunderts v. Chr., zurück, und außerdem hat wohl Platon mit seinem Erziehungsentwurf im «Staat» auf die Konstituierung des *orbis doctrinarum* eingewirkt. So erklärt sich nämlich zwanglos, daß der von den Sophisten gleichfalls gepflegte antiquarisch-historische Wissensbereich ebensowenig aufgenommen wurde wie die beschreibende Naturkunde: die Ἐγκύκλιος παιδεία hatte von Anfang an und behielt im wesentlichen einen hohen Grad von Abstraktheit und Systematik; sie war – mitsamt den ‹Zahlenwissenschaften› Geometrie, Arithmetik, Musiktheorie und Astronomie – ein Instrument der formalen Geistesschulung, ganz im Sinne Platons, der die mathematischen Disziplinen als Propädeutikum zur Philosophie betrachtete. Diese Auffassung, daß es gelte, den jugendlichen Geist von den sinnlichen Erscheinungen fort und zum reinen Sinn hinzuführen, wurde gerade in christlicher Zeit wieder von vielen geteilt, insbesondere von Augustin. Eine ganz andere Konzeption von Bildung hatte Cicero in seiner Schrift *De oratore* propagiert; auch er verknüpfte sein Ideal, den «vollkommenen Redner» *(orator perfectus)*, mit einem Inbegriff von Kenntnissen, aus Disziplinen allerdings, die ganz im historisch-sozialen Bereich angesiedelt waren, aus der Ethik, dem Recht und der Geschichte.

Die Römer machten sich in spätrepublikanischer Zeit das gesamte hellenistische Schulwesen zu eigen, und mit ihm auch das Ideal der Ἐγκύκλιος παιδεία. Bei ihnen nahm dieser Import die Gestalt an, daß sie ‹Enzyklopädien› in Buchform verfaßten, daß ein und derselbe Autor Sammelwerke publizierte, die Einführungen in eine Reihe von Fachwissenschaften darboten. Dergleichen scheint es in Griechenland nicht gegeben zu haben; dort pflegte sich ein jeder, der Fachliteratur produzierte, nur mit einer oder allenfalls mit mehreren einander nahe verwandten Disziplinen zu befassen. Man zögert, die Regelbücher, die der ältere Cato für seinen Sohn zusammenstellte, als die ‹erste römische Enzyklopädie› zu bezeichnen; jedenfalls aber hat der Polyhistor Varro ein echtes Werk dieser Art zu Papier gebracht: seine *Disciplinarum libri* führten in je einem Buch die sieben *artes liberales* vor, die in der Spätantike kanonisch werden sollten, und außerdem die Medizin und die Baukunst. Sie waren eines der erfolgreichsten Werke des großen Gelehrten und wurden gleichwohl der Erhaltung ebensowenig für wert befunden wie Catos *Libri ad Marcum filium*: sie mußten den spätantiken Enzyklopädien weichen.

Die lateinische Christenheit des Westens fand Varros *Disciplinae* als Inbegriff der heidnischen Bildung vor. Von ihrem Standpunkt aus konnte nun allerdings nicht mehr die Philosophie als Rechtfertigung und Ziel von deren Inhalten dienen, sondern nur noch die Theologie: so hatte die Ἐγκύκλιος παιδεία schon bei Origenes, Basilios und anderen Kirchenvätern des Ostens Anerkennung gefunden. Im Westen unternahm man indes den Versuch, wie bei allen anderen Literaturgattungen, so auch im Falle der Enzyklopädie die heidnische Tradition durch etwas ganz und gar Christliches zu ersetzen – diese Aufgabe stellte sich Augustin, der davon in seinen *Retractationes*, seinem Rechenschaftsbericht über seine literarische Tätigkeit, Kunde gibt. Das Werk blieb jedoch ein Torso; lediglich die Teile, die sich mit der Grammatik und der Musiktheorie befassen, wurden ausgeführt, und nur die Musiktheorie ist vollständig erhalten. So kam es auch im Westen nicht zu einer streng christlichen Enzyklopädie; die heidnische Tradition erwies sich auf diesem Felde als stärker.

Varros *Disciplinae* sind in dem Werk des Martianus Capella aufgegangen, einem Werk, das trotz seiner sonderbar anmutenden Ausstaffierung den Typ der die sieben *artes liberales* darstellenden Enzyklopädie am reinsten verkörpert. Der Verfasser brachte, wie er selbst in dem die Schrift abschließenden Gedicht berichtet, Hundegekläff beim Prokonsul (und zwar bei dem von Karthago) hervor, ehe er in hohem Alter Bienengesumm ertönen ließ, d. h. er verdiente sich seinen Lebensunterhalt als Anwalt und gab sich in seinem Ruhestand literarischer Tätigkeit hin. Das Werk war wohl vollendet, bevor sich der Vandale Geiserich der Heimatstadt des Autors bemächtigte (439). Es kursiert unter dem – so allerdings nicht überlieferten – Titel *De nuptiis Philologiae et Mercurii*, «Philologias Vermählung mit Merkur». Es besteht aus neun Büchern; hiervon dienen die beiden ersten der Herstellung eines mythologischen Rahmens, den Capella offenbar selbst ersonnen hat. Das Thema ist die Hochzeit Merkurs mit der personifizierten Philologie als einem Inbegriff des Erwerbs von vielfältigem Wissen; der Gott schenkt seiner Braut sieben Dienerinnen, die *Artes*, die in den Büchern 3–9 ihre Kenntnisse oder richtiger sich selbst vortragen. Die Phantastik der beiden ersten Teile – die Präliminarien der Hochzeit, die Auffahrt Philologias gen Himmel – kann hier nicht nachgezeichnet werden; die Geschichte, ein Erzeugnis des im späten Heidentum verbreiteten religiösen und philosophischen Synkretismus, soll offenbar die Platonische Lehre versinnbildlichen, daß Gott, der göttliche Logos (repräsentiert durch Merkur) Weisheit besitze, die menschliche Seele hingegen (repräsentiert durch Philologia) nach Weisheit streben müsse. In den Büchern 3–9 tritt die mythologische Szenerie zurück; statt dessen dominiert dort trockener Lehrvortrag. Zunächst treten die von der Schule des Mittelalters als Trivium, «Dreiweg», zusammengefaßten sprachlichen Disziplinen Grammatik, Dialektik und Rhetorik auf; ihnen folgen die Fächer des mathematischen Quadriviums, die Geometrie, die Arithmetik, die Astronomie und die Musiktheorie. Diese Darlegungen enthalten durchweg den üblichen elementaren Stoff; im Arithmetik-Buch gehen dem eigentlichen Gegenstand neuplatonische Zahlenspekulationen voraus.

Zu Beginn des 9. Buches erklärt die Liebesgöttin Venus ein weiteres Säumen mit dem Vollzug der Hochzeit für unerwünscht. Jupiter, der sich daraufhin nach den noch ausstehenden Vorträgen erkundigt, erhält den Bescheid, daß man zwar auf die Medizin und die Baukunst verzichten könne (diese Künste seien nur für Sterbliche da), nicht jedoch auf die Musica. Der Autor erteilt hiermit im Sinne seiner dem Spirituellen zugeneigten Zeit den Konzessionen, die einst Varro den praktischen Bedürfnissen seiner Leser machen zu müssen glaubte, eine unzweideutige Absage. Das Werk enthält Verseinlagen, nach Art der menippeischen Satire (so benannt nach ihrem hellenistischen Schöpfer Menippos von Gadara), einer u. a. von Petron für entsprechende Inhalte verwendeten Form. Die Spätantike hat sie indes auch ernsthaften Gegenständen dienstbar gemacht; außer der Enzyklopädie Capellas ist die *Consolatio Philosophiae* («Trost der Philosophie») des Boethius das markanteste Beispiel. Capella hat mit seinem heutzutage kaum noch beachteten Werk nicht nur seiner eigenen Zeit, sondern auch vielen Jahrhunderten nach ihm Genüge getan: *De nuptiis Philologiae et Mercurii* war im Mittelalter ein verbreitetes Schulbuch der sieben *Artes*, das von Notker Labeo († 1022) einer Übersetzung ins Althochdeutsche gewürdigt wurde.

Nach Martianus Capella haben sich im ostgotischen Italien zwei bedeutende Autoren um die Ἐγκύκλιος παιδεία verdient gemacht: der Philosoph Boethius und der Gelehrte Cassiodor. Boethius bearbeitete, ehe er sich anschickte, sein großes philosophisches Vorhaben, die Übersetzung und Erläuterung sämtlicher Aristotelischer und Platonischer Schriften, zu verwirklichen, die Fächer des mathematischen Quadrivium (bei welcher Gelegenheit er diesen Ausdruck erfunden hat; Trivium ist hiervon eine spätere Analogiebildung). Zwei Teile, die *Institutio arithmetica* und die *Institutio musica*, sind erhalten, das geometrische und das astronomische Lehrbuch hingegen nicht.

Cassiodor, wie Boethius als hoher Zivilbeamter im Ostgotenreich tätig, zog sich während des von Justinian geführten Vernichtungskrieges auf seine Güter in Süditalien, auf das dort von ihm gegründete Kloster Vivarium («Tierpark»), zurück. Er entwarf dort einen Grundriß christlicher Bildung, den er in einem knappen Leitfaden, den aus zwei Büchern bestehenden *Institutiones*, festhielt. Das erste Buch befaßt sich mit den *divinae litterae*, der Bibelwissenschaft; es enthält einen Überblick über die christliche Literatur jener Zeit, der bibliographische Angaben mit einer literarhistorischen Skizze verbindet. Es beschränkt sich auf lateinische Autoren und Übersetzungen aus dem Griechischen: *Latinos scriptores Domino iuvante sectamur... quoniam Italis scribimus* – «Wir stellen hier mit Gottes Hilfe lateinische Schriftsteller zusammen, ... da wir für Italiker schreiben.» Das zweite Buch ist den *saeculares litterae* vorbehalten, den «weltlichen Wissenschaften», einem Abriß der sieben *Artes*, wobei auch die in der Bibliothek des Vivarium zu Gebote stehenden ausführlichen Darstellungen aufgeführt werden. Das kleine Werk, das den im Vivarium lebenden Mönchen als Studienführer dienen sollte, hat das Klosterwesen des Westens stark geprägt. Es avancierte zu einem der wichtigsten Bildungsbücher des Mittelalters, das in ihm ein Leitbild für die unermüdliche Hingabe an die Heilige Schrift sowie für das Studium der Väterliteratur und der als Hilfswissenschaften fungierenden *artes liberales* gefunden hat. Die *Institutiones* bedachten die folgenden Jahrhunderte mit einer Konzeption von Gelehrsamkeit, die auf der Koexistenz von heidnischer und christlicher Wissenschaft beruhte, indem sie die *Artes* als Propädeutikum der theologischen Hermeneutik auswies. Cassiodor hat so auf seine Weise verwirklicht, was Augustin durch radikale Christianisierung – gleichsam von innen her – vergebens versucht hatte.

Mehr als ein halbes Jahrhundert später verfaßte im westgotischen Spanien Isidor von Sevilla sein Hauptwerk, die *Etymologiae*, eine Realenzyklopädie in zwanzig Büchern; der Titel deutet an, daß der Autor im allgemeinen von der Herkunft oder vielmehr von der angeblichen Herkunft der Wörter ausgeht. Das große Unternehmen gehörte neben den einschlägigen Schriften des Martianus Capella, des Boethius, des Cassiodor und des Priscian zu den für die Bildung des Mittelalters grundlegenden Werken. Der Verfasser hat sieben Jahre daran gearbeitet; er starb, ehe es vollendet war; viel scheint allerdings nicht zu fehlen. Die Bücher 1–3 stellen die sieben *Artes* dar, ausführlicher als bei Cassiodor, nicht ganz so ausführlich wie bei Martianus Capella. In den Büchern 4 und 5 folgen zwei praktische Disziplinen, die Medizin und die Jurisprudenz, dann, in den Büchern 6 – 8, die Bibelkunde, die Theologie. Hieran schließen sich, noch in Buch 8, heidnische Materien an, die Philosophie, die Dichtung und die Mythologie. Soweit reicht der im eigentlichen Sinne enzyklopädische Teil, bei dem *Artes*, Wissenschaften, im Mittelpunkt stehen; der Rest des Werkes wartet mit einer systematisch geordneten Darstellung sämtlicher Realien auf. Isidor beschränkt sich hierbei nicht, wie der ältere Plinius in der *Naturalis historia*, auf die Gegenstände der beschreibenden Naturkunde; er behandelt vielmehr auch die gesamte menschliche Zivilisation. Die *Etymologiae* sind die umfassendste Summe aller Gegebenheiten, welche die untergehende Spätantike der Nachwelt hinterlassen hat.

Der Enzyklopädie können Wissensanhäufungen nahestehen, für die sich die Bezeichnung ‹Buntschriftstellerei› eingebürgert hat; diese lockere, unterhaltsame Vorstufe des modernen Konversationslexikons bediente sich gern der Form des Symposions, des

Gelages, bei dem allerlei Gespräche über die verschiedensten Gegenstände stattfinden. Ein herausragender spätantiker Repräsentant dieses Genres ist Ambrosius Macrobius Theodosius mit seinem Hauptwerk, dem schon erwähnten Dialog *Saturnalia*, von dem allerdings nur etwa die Hälfte erhalten blieb. Eine neuere Untersuchung hat gezeigt, daß der Autor nicht um das Jahr 400, wie man bislang vermutet hatte, sondern erst eine Generation später, um das Jahr 430, gelebt hat. Die Entstehungszeit der «Saturnalien» stimmt also nicht mit dem fiktiven Datum des Dialogs – vor dem Jahre 384, weil damals Praetextatus, einer der Hauptunterredner neben Symmachus und Nicomachus, verstorben ist – überein; das Werk spiegelt demgemäß nicht zeitgenössisches Erleben, sondern beschwört in rückwärtsgewandter, idealisierender Darstellung die Hauptgestalten einer Aristokratie herauf, die ein halbes Jahrhundert zuvor gelebt und gewirkt hatte. Der Inhalt kreist vornehmlich um Vergil, dem so etwas wie Allwissenheit auf philosophischem, literarischem und antiquarischem Gebiet zugeschrieben und durch kühne Auslegungskünste abgewonnen wird. Die Kapitel 1, 17–23 suchen im Sinne des Neuplatonismus die prinzipielle Einheit des Göttlichen zu erwiesen; in grandioser Phantastik werden sämtliche Gottheiten zu Helios/Sol in Beziehung gesetzt. Die kühne Synthese ist ein anschauliches Dokument jener mystischen Frömmigkeit, die auch der 3. Relatio des Symmachus zugrunde liegt.

Schuldichtung

Salve, Grammatice, salve, esurientibus unum
praesidium perhibens: «Arma virumque cano!»
(«Heil dir, Grammatik, heil, die du den Darbenden eines
bietest als Bollwerk und Schutz: ‹Waffen besing' ich,
den Mann!›»)

Dieses Distichon trägt die Überschrift *In grammaticos indoctos* – «Wider die ungebildeten Philologen», welche, wie der Autor behauptet, ihren gesamten Unterricht einzig und allein mit der

Aeneis (deren Anfangsworte er zitiert) bestritten. Das Epigramm gehört einer Gedichtsammlung an, die erst im Jahre 1950 in einer Miszellanhandschrift der Vatikanischen Bibliothek zum Vorschein gekommen ist; da diese Handschrift auf einen jetzt verlorenen Codex zurückgeht, der sich im Kloster Bobbio (südlich von Piacenza) befunden hat, kursiert die Sammlung unter dem Titel Epigrammata Bobiensia. Sie besteht aus 71 Stücken; Anfang und Ende fehlen. Sie ist um das Jahr 400 oder etwas später entstanden; Christliches kommt darin nicht vor. In den Gedichten 2–9 meldet sich ein Autor namens Naucellius zu Wort, der in einer an Horaz gemahnenden Weise von seinem heiter-beschaulichen Leben auf dem Lande berichtet. Man wußte schon immer von ihm, und zwar aus einigen Briefen, die Symmachus an ihn gerichtet hat. Er war Mitglied des römischen Senats; er beschäftigte sich mit Literatur, pflegte einen archaisierenden Stil und übersetzte ein griechisches Werk über Staatsverfassungen. Die meisten übrigen Gedichte der Sammlung sind von unsicherer Autorschaft; es fehlt indes nicht an weiteren Indizien, die auf die stadtrömische Aristokratie der Symmachuszeit weisen. Sie variieren vielerlei konventionelle Motive der Epigrammatik, doch ohne die Schroffheit und Schärfe eines Martial: Lebensweisheiten, Erotisches, Scherz und Spott, Beschreibungen von Kunstwerken usw.; zahlreiche Stücke sind griechischen Vorlagen nachgebildet.

Die zierlich-eleganten Epigrammata Bobiensia können als repräsentativ für das Milieu gelten, aus dem sie hervorgegangen sind. Die restaurativen Bestrebungen des untergehenden Heidentums beschränkten sich nicht auf die überkommene Literatur und die enzyklopädische Bildung: sie forderten die Aristokraten und ihre Helfer, die Philologen, auch zu eigener poetischer Produktion heraus, und zwar in der Weise, daß man allenthalben an die Metren, Motive und Wortverbindungen der älteren – der augusteischen und frühkaiserzeitlichen – Dichtung anknüpfte. Die Inhalte waren bunt und disparat und ermangelten meist eines erlebnishaften Antriebs oder einer die Zeit bewegenden Frage. Der *poeta doctus*, der belesene, von den gelesenen Autoren geradezu durchtränkte Poet dominierte, und zwar eher durch epigonenhaftes Nacheifern als durch souveränes Schalten mit den im Gedächtnis angehäuften Vorräten. Man suchte auch auf dem Felde der Poesie zurückzugewinnen, was in langer Agonie außer Übung gekommen war; so erklärt sich, daß ein großer Teil der im 4. Jahrhundert wiedereinsetzenden Produktion im Zusammenhang mit dem Schulbetrieb entstand, daß er aus dem Ambiente der Philologen und ihrer adligen Schüler hervorging. Die Anstrengung, durch Lernen und Ausprobieren einen hohen formalen Standard zurückzugewinnen, erforderte viel Zeit und Geduld; man mied daher das Epos und suchte sich in einer Vielfalt kleiner Formen – hexametrischen, jambischen und lyrischen – zu bewähren. Den fast durchweg an den Leistungen der Vergangenheit orientierten Erzeugnissen, die so zustande kamen, eignete etwas Etüdenhaftes, Artifizielles; sie waren im Verhältnis zu den übrigen Bemühungen des römischen Heidentums, die Hinterlassenschaft einer großen Vergangenheit zu bewahren und weiterzugeben, eher eine Arabeske; ihnen fehlte der ernsthafte Zweck. All dies gilt indes nicht für die christliche Dichtung, und weiterhin muß eine Gattung der profanen Poesie hiervon ausgenommen werden, die sehr wohl eine festumrissene Funktion zu erfüllen hatte: das zeitgeschichtliche Epos, die Panegyrik in Versen. Von beidem, von der christlichen Dichtung, zumal der Bibelepik, und von der poetischen Panegyrik, von Claudian und seinen Nachfolgern, wird in anderen Zusammenhängen die Rede sein.

Die hier zur Erörterung stehende, mit dem Ausdruck ‹Schuldichtung› nur notdürftig gekennzeichnete Symbiose von Bildungstradition und Poesie sowie die hierbei übliche Konzentration auf kleine Formen läßt sich an keinem Autor so deutlich ablesen wie an Ausonius, dem herausragenden Repräsentanten derer, die zuallererst nach Glätte, Eleganz und technischer Vollkommenheit strebten: sowohl sein Leben als auch sein Werk sind aufs engste mit dem Schul- und Bildungsbetrieb des 4. Jahrhunderts verbunden. Sein vollständiger Name lautete Decimus Magnus Ausonius; er erblickte um das Jahr 310 in Burdigala/Bordeaux das Licht der Welt. Er empfing eine sorgfältige Erziehung; unter seinen Lehrern gewann ein Bruder seiner Mutter, ein Rhetor namens Aemilius Magnus Arborius, einigen Einfluß auf ihn. Nach Abschluß seiner Studien übte er in seiner Heimatstadt den Beruf eines

Grammatikers, dann den nach den damaligen Begriffen anspruchsvolleren eines Rhetors aus. Um das Jahr 365 wurde er von Kaiser Valentinian I. mit der Erziehung des Prinzen Gratian betraut; er war nach Verrius Flaccus, Seneca und Quintilian der vierte Literat, der diese verantwortungsvolle Aufgabe wahrnahm. Sein offenbar erfolgreiches Wirken am Hof in Trier verschaffte ihm alsbald hohe Ämter. Erst recht erfreuten sich sowohl er selber als auch seine Angehörigen während der Regierung Gratians größter Gunst, und ein wahrer Segen von herausragenden Posten in der Zivilverwaltung ergoß sich über sie. Nach der Ermordung Gratians (383) zog sich Ausonius auf seine Güter zurück, wo er in Wohlstand und Behagen den Rest seines Lebens (er starb im Jahre 393 oder etwas später) ganz der Poesie widmete.

Sein recht umfangreiches Œuvre hat die Zeiten unvollständig und in arger Zersplitterung überdauert; es besteht aus einer Fülle von Gedichten und Gedichtzyklen mäßigen Umfangs. Nahezu alles, was er hinterlassen hat, ist durch die Sphäre angeregt, in der er lebte, durch die weitverzweigte Familie, durch die Heimatstadt Burdigala, durch den Umgang mit Freunden und vor allem durch den Beruf. Seine Gedichte lassen sich demgemäß im wesentlichen drei Bereichen zuweisen: der privaten Umgebung, der Schule und dem durch die Schul- und Bildungstradition vermittelten Formalismus. Von den Werken, die dem an erster Stelle genannten Bereich zugehören, verdienen vor allem erwähnt zu werden: die *Ephemeris* («Tagebuch»), ein Zyklus, der die Stationen des Tagesablaufs behandelt, und die *Parentalia* («Totenopfer»), dreißig Gedichte auf verstorbene Familienmitglieder, ihrer Stimmung nach zwischen Elegie und Enkomion stehend. Vom Beruf, von der Schule und deren Stoffen legen vornehmlich die folgenden Werke Zeugnis ab: der *Ordo urbium nobilium* («Rangordnung berühmter Städte»), ein Zyklus, der zwanzig Städte des Reiches preist, wobei sich Rom, das den Reigen eröffnet, mit einem Vers begnügen muß, während das am Schluß stehende Burdigala in vierzig Hexametern vorgeführt wird; die *Commemoratio professorum Burdigalensium* («Erinnerung an Lehrer in Burdigala»), zwanzig Gedichte, in denen Ausonius zeitgenössischen Kollegen, die in seiner Heimatstadt wirkten, ein Denkmal setzt; die *Caesares*, eine Galerie von

Merkversen über die römischen Kaiser, ein unvollständig erhaltenes Unterrichtshilfsmittel. Unter den formalen Tüfteleien, zu denen sich Ausonius, der Mode seines Zeitalters gehorchend, verstand, ragen hervor: das *Technopaegnion* («Kunstspiel»), ein Zyklus, der sämtliche Hexameter mit einem einsilbigen Wort enden läßt, in folgender Weise:

Saepe in coniugiis fit noxia, si nimia est, dos
(«Oft in Ehen wird schädlich, wenn sie zu groß ist,
die Mitgift»);

der *Cento nuptialis* («Hochzeitsflickenteppich»), eine aus vergilischen Versen und Versteilen zusammengesetzte Gedichtfolge, die eine Hochzeit nach heidnischem Brauche schildert.

Ein besonderes Wort verdient die *Mosella*, das bekannteste und – mit 483 Hexametern – längste Erzeugnis der Ausonischen Muse, eine Frucht des Aufenthalts in Trier. Das Werk ist weniger ein Lehrgedicht als ein Enkomion: derlei Lobpreisungen auf Städte und andere geographische Gegebenheiten waren in der rückwärts gewandten, sich selbst genießenden Kultur der Spätantike beliebt; ein Traktat eines Rhetoriklehrers namens Menander (wohl 3. Jahrhundert n. Chr.) führt die Regeln vor, die man bei derartigen Produkten beachtet wissen wollte. Ausonius hebt an, als wolle er einen Bericht von einer Reise auf oder längs der Mosel geben:

Transieram celerem nebuloso flumine Navam...
(«Ich hatte die rasche, im Nebeldunst fließende Nahe
überquert...»)

Er zieht auf der Straße von Bingen nach Trier durch den einsamen Hunsrück, bis sich, wie er bei Neumagen aus der Wildnis heraustritt, das Moseltal vor seinen Blicken ausbreitet: die Villen auf den Abhängen, die Rebhügel, der in der Tiefe einhergleitende Fluß. Doch nunmehr endet die persönliche Aussage, und mit dem Gruß, den der Dichter der Mosel entbietet, beginnt der Preis, der nicht etwa den Flußlauf von der Quelle bis zur Mündung schildert, sondern ein nach Rubriken geordnetes Gesamtbild zu geben sucht. Ausonius lobt die Klarheit des Wassers, die jede Pflanze, jeden Kiesel, jeden Fisch erkennen lasse; er widmet sich mit genießerischer Gründlichkeit dem *squamiger grex*, der «schuppentragenden Herde», den Forellen, Äschen, Barben, Salmen, Hechten, Schleien usw. Weitere Partien gelten den Weinbergen, den auf dem Fluß stattfindenden Ruderwettkämpfen, dem Fischfang. Ausführlich kommen sodann die Villen zur Sprache, ihre Architektur, ihre glücklich in die Landschaft sich einfügende Lage. Es folgt noch ein Katalog der Nebenflüsse; wenn die Mosel einen Homer oder einen Vergil fände, meint der Dichter daraufhin, dann müßten vor ihr der trojanische Simois und der italische Tiber weichen, und zwar nicht zuletzt wegen ihrer Anwohner, die es an Kriegstüchtigkeit und Bildung mit Rom aufnehmen könnten. Symmachus hat mit Recht die *dignitas* des Gedichtes gerühmt: die ruhig-fließende, kunstvolle, aber präzise Sprache strahlt einen kühlen, feierlichen Glanz aus. Sentimentale Heimatliebe kommt in der *Mosella* nicht auf ihre Kosten; Genrehaftes verhindert, daß die Verherrlichung des Flusses zu steifem Prunk wird.

Ausonius war Nennchrist; in seinem «Morgengebet», einem recht äußerlichen Bekenntnis, erbittet er sich von Gott im Grunde nichts anderes, als daß es ihm gelingen möge, dem alten heidnischen Vollkommenheitsideal Genüge zu tun. Sein berühmtester Schüler war Paulinus, nachmaliger Bischof von Nola, neben Prudenz der bedeutendste christliche Dichter der Zeit Augustins. Ihn liebte und schätzte Ausonius mit väterlicher Zuneigung, und ihre Freundschaft hielt in ungetrübter Heiterkeit stand, solange sie durch denselben Lebensstil und dessen Frucht, den Austausch zierlicher Gedichte, miteinander verbunden waren. Dann aber vollzog Paulinus dieselbe Wendung zu einer radikal christlichen Existenz wie Augustin und viele andere seiner Zeitgenossen; er entsagte der Welt; er ging zunächst nach Spanien und verkaufte die Güter, die er dort besaß, um den Erlös unter die Armen zu verteilen. Darüber kam es zum Zerwürfnis mit Ausonius und zur Trennung von ihm, und da Lehrer wie Schüler zu dichten verstanden, trugen sie ihren Konflikt in kunstvollen Versepisteln aus. Die Reste hiervon, die unter einer Anzahl metrischer Briefe an Verwandte und Freunde bewahrt geblieben sind, gehören wie die *Mosella* zu den ungewöhnlichen, besonders kostbaren Bestandteilen des Ausonianischen Œuvres. Die Versepisteln huldigen von Hause aus, wie alle Epistolographie der Zeit, dem Prinzip geistvoll-heiterer Konventionalität. Der Freund Axius Paulus z.B. wird aufs Landgut eingeladen, um dort seine Dichtungen vorzutragen, oder er erhält nicht sonderlich ernst gemeinte Belehrungen über Austernarten, oder er wird in einem griechisch-lateinischen Mischgedicht angeblödelt (womit Ausonius immerhin dem sogenannten maccaronischen Latein den Weg gewiesen hat, einem zumal während der Renaissance beliebten Gemengsel aus Latein und einer europäischen Nationalsprache):

Ἑλλαδικῆς μέτοχον μούσης *Latiaeque Camenae*
Ἄξιον Αὐσόνιος *sermone adludo bilingui.*

(«Ich, dem die helladische Muse und die latische Camena zuteil wurde,
Ausonius, scherze mit Axius in zweisprachiger Rede.»)

Mit derartigen Spielereien hatten sich auch Ausonius und Paulinus wechselseitig Vergnügen bereitet, bis die Konversion, die Umkehr Paulins dem Zwiegespräch den neuen, ernsten Inhalt gab. Fünf lange Episteln legen hiervon Zeugnis ab, drei aus der Hand des Lehrers, zwei, in denen der Schüler antwortet. Der heidnisch fühlende Ausonius ist ganz dem Hier und Jetzt, den Ansprüchen und Wünschen der Erdentage verhaftet: er klagt und zürnt, weil Paulinus seine Pflichten vernachlässigt, weil er dem Lehrer nicht schreibt und ihn nicht besucht und weil seine Gedichte ausbleiben. *Vertisti, Pauline, tuos, dulcissime, mores* – «Haben sich, Paulinus, Teuerster, Deine Überzeugungen geändert»: dieser vorwurfsvollen Frage kann der Jüngere die Maximen christlicher Haltung entgegensetzen. Mit den Musen sei es vorbei; Paulin diene einem größeren Gott, der ihm verbiete, Gedanken an nichtige Dinge, an die heidnische Bildung, an Phantasiegebilde und leeren Formelkram zu verschwenden. Das letzte Briefpaar läßt die gegensätzlichen Positionen der beiden Freunde mit ergreifender Deutlichkeit hervortreten. Beide wissen, daß der Abschied endgültig ist, und beide suchen, ein jeder auf seine Weise, die Trennung zu überwinden. Ausonius rettet sich in die Fiktion, in die Illusion; er stellt sich vor, wie man ihm eines Tages von der Rückkehr des Freundes berichten wird, wie der Freund in Burdigala eintrifft und wie er zuallererst seinen alten Lehrer aufsucht. Paulin wiederum ist auf den realen Vollzug der Freundschaft nicht angewiesen; ihm genügt die unumstößliche Gewißheit seiner fortdauernden freundschaftlichen Gesinnung, und als letzten Trost verkündet er die Verheißung des ewigen Lebens und mit ihr die der ewigen Erinnerung.

Der Briefwechsel zwischen Ausonius und Paulinus ähnelt darin der 3. Relatio des Symmachus, daß hier wie dort, durch ein besonderes Ereignis hervorgerufen, Grundsätzliches zum Vorschein kommt, während sonst nur die Oberfläche gezeigt zu werden pflegt, ein glattes Einerlei gespreizter Formen und maskenhafter Konventionen. Wie sich das poetische Werk des Ausonius im ganzen als Erinnerungsliteratur zu erkennen gibt, als Hinwendung vor allem zur bedingenden und prägenden Bildungstradition, so sind auch die übrigen dem Christentum fernstehenden Autoren, wie die von ihnen bevorzugten Formen und Stoffe bekunden, dem scholastischen Milieu verhaftet. So hat ein Poet namens Avianus eine Fabelsammlung von mäßiger Qualität hinterlassen; das Produkt hat im Mittelalter als Schullektüre Karriere gemacht. Sein dem Namen nach sehr ähnlicher Zeitgenosse Avienus (oder Avienius) vollends nahm sich durchweg lehrhafter Gegenstände an, die er in hexametrischen und jambischen Versen darbot. Erhalten sind von ihm Übersetzungen aus dem Griechischen: eine Paraphrase der *Phainomena* («Erscheinungen») des Aratos, einer hellenistischen Sternkunde, ferner ein geographisches Lehrgedicht sowie der Anfang einer Küstenbeschreibung von Britannien bis zum Schwarzen Meer – das Stück, das die Zeiten überdauert hat, reicht bis Massilia/Marseille. Gänzlich verloren sind Versifikationen der Mythen Vergils und der römischen Geschichte nach Livius; man weiß von ihnen, weil sie im Vergilkommentar des Servius erwähnt werden. Das Gesamtwerk des Avien hat, als es vollständig vorlag, wesentliche Teile der überlieferten heidnischen, zumal der römischen Welt dargeboten: Himmel und Erde, Mythos und Geschichte.

Die Schul- und Bildungspoesie war eine Begleiterscheinung der heidnischen Restauration, die in Rom ihren Mittelpunkt hatte; der griechische Osten hingegen blieb auf diesem Felde stumm. Eine Analogie hierzu liegt auf der Hand: auch christliche Dichtung hat sich im wesentlichen nur in der lateinischen Welt hervorgetan. Während im Westen von der Kirche und von der Schule – die jedenfalls während des 4. Jahrhunderts in gewisser Hinsicht als ‹Kirche der Heiden› fungiert hat – kräftige Impulse für poetische Hervorbringungen ausgingen, standen die wenigen Dichtwerke in griechischer Sprache, welche die Spätantike hervorbrachte – vor allem mythologische Dichtung, mit den gigantischen *Dionysiaka* des Nonnos als einsamem Gipfel –, außerhalb dieser Institutionen.

5

Geschichtsschreibung und Panegyrik

Formen der spätantiken Geschichtsschreibung

Die beiden Literaturzweige, die hier betrachtet werden sollen, stehen einander näher, als auf den ersten Blick scheinen mag, obwohl sich die Geschichtsschreibung stets der Prosa, die Panegyrik oft poetischer Formung bedient. Schon Tacitus hatte sich vor das Problem gestellt gesehen, daß es unter den Bedingungen der Monarchie schwierig sei, objektiv von der eigenen Zeit zu berichten. Er ließ daher seinen ursprünglichen Plan, nach der Tyrannei der Vergangenheit, der Herrschaft Domitians, das Glück der Gegenwart darzustellen, fallen und wandte sich statt dessen einer noch ferneren Vergangenheit zu, der Geschichte des julisch-claudischen Hauses vom Tode des Augustus an, die er in seinen Annalen behandelte. Man konnte indes auch minder rigoros sein und aus der Not eine Tugend machen: man konnte den regierenden Herrscher oder das regierende Herrscherhaus mit den unverhohlen preisenden Motiven des Enkomions feiern. Hiermit bot man dann zwar eine mehr oder minder geschönte Wahrheit dar, keineswegs aber blanke Lügen: die festen Konventionen bewirkten, daß alle Welt wußte, was ein Panegyriker dem Gegenstand seines Preises schuldig war, und so hütete man sich, dessen Worte stets für bare Münze zu nehmen.

Hier sei zunächst grob und überblicksartig von den in der Spätantike praktizierten Formen der eigentlichen Geschichtsschreibung gehandelt, von den dort begegnenden Darstellungsweisen und -zielen. Ein kurzes Wort über die Verhältnisse im griechischen Osten möge vorangehen. Dort nahm man sich über die Jahrhunderte hinweg mit Gleichmaß und auf ziemlich hohem Niveau der näheren oder ferneren Vergangenheit an. Zwei Typen herrschten vor: die Darstellung eines bestimmten, nicht allzu weit zurückliegenden Abschnitts (der Zeitgeschichte im weiteren Sinne) und die Chronik, die eine Gesamtschau über den Weltlauf von der Schöpfung bis zur eigenen Gegenwart gab. Die Monographien über bestimmte Epochen waren das seriösere Genre. Man orientierte sich gern an Thukydides und fuhr nach alter Sitte dort fort, wo der Vorgänger aufgehört hatte. So wartet die griechische Literatur der Spätantike mit einer lückenlosen Kette von Zeithistorikern auf: Eunapios, Olympiodoros und wie sie sonst heißen, bis hin zu Prokop, dem Darsteller der Kriege Justinians, einem Höhepunkt der griechischen Geschichtsschreibung. Das meiste hiervon ist allerdings nur fragmentarisch erhalten; immerhin hat außer dem Werk Prokops noch die «Neue Geschichte» des Zosimos – deren Hauptteil von der Regierung Diokletians bis zum Schicksalsjahr 410 reicht – die Zeiten überdauert.

Die Chronik spiegelt, wie noch zu zeigen sein wird, das christliche Weltbild: sie beruhte auf der Überzeugung, daß die Geschichte ein einmaliger Ablauf sei, der durch die Schöpfung auf der einen und durch das Jüngste Gericht auf der anderen Seite begrenzt werde. Sie begegnete in zwei Spielarten. Kurzgefaßte Abrisse sollten vor allem ein zeitlich geordnetes Faktengerüst, einen chronologischen Überblick vermitteln; breit angelegte, behaglich erzählende Werke wandten sich an einen größeren Kreis von Lesern, indem sie sich um eine schlichte, volkstümliche Darstellungsweise bemühten und mit Vorliebe Seuchen, Teuerungen, Erdbeben und andere Ereignisse dieser Art registrierten. Die Reihe der chronologischen Abrisse begann in der ersten Hälfte des 3. Jahrhunderts mit Sextos Iulios Aphrikanos und Hippolytos von Rom; dieser Typus fand im Osten wie im Westen reiche Verbreitung. Als erzählende Chronik verdient vor allem das Volksbuch des Johannes Malalas (6. Jahrhundert) genannt zu werden; das Werk war beispielgebend in Byzanz und Osteuropa. In der lateinischen Literatur der Spätantike hingegen ist kein Repräsentant dieser Art bewahrt geblieben. Neben der monographischen Darstellung und der Chronik hat die griechische Welt den Sonderbereich der Kirchengeschichte eingerichtet und kontinuierlich gepflegt: hier ragten außer dem Begründer Eusebios von Caesarea drei seiner Fortsetzer hervor, Sokrates, Sozomenos und Theodoret. Die Kirchengeschichtsschreibung wurde durch Übersetzungen auch im Westen heimisch gemacht.

Vor diesem gleichförmigen Hintergrund nimmt sich die Produktion in lateinischer Sprache ziemlich buntscheckig aus; überdies fehlt dort die an eine Galerie von Wandteppichen gemahnende Kontinuität. Für die erzählende Weltchronik gab es, wie erwähnt, kein Analogon; das große, an einen Vorgänger anknüpfende, vor allem der jüngsten Vergangenheit zugewandte Geschichtswerk wäre ebenfalls durch kein einziges erhaltenes Paradigma vertreten, wenn sich nicht der gebürtige Grieche Ammianus Marcellinus entschlossen hätte, seine *Res gestae* auf lateinisch abzufassen. Hingegen fanden nicht nur die spezifisch christlichen Formen, der chronologische Abriß und die Kirchengeschichte durch Nachahmungen und Bearbeitungen Widerhall: der Westen wartete darüber hinaus mit drei weiteren Typen auf. Hierbei handelte es sich schwerlich um Zufälle; diese Typen von Geschichtswerken sollten offensichtlich bestimmten Bedürfnissen Genüge tun, die durch spezifisch westliche Entwicklungen – durch die dort besonders fühlbare Reichskrise und später durch die keiner Grenze mehr achtende Völkerflut – bedingt waren. Als Folge der Reichskrise können die Kompendien der römischen Geschichte sowie die ihnen verwandten Sammlungen kurzer Biographien gelten, die allesamt im 4. Jahrhundert entstanden sind; beide Typen sollten offenbar der krassen Unkenntnis entgegenwirken, welche die Periode der Wirren hinterlassen hatte. Mit dem dritten Typus stellten sich die neuen Subjekte der politischen Bühne der damaligen Weltöffentlichkeit vor; dort wird jeweils der Ursprung und die Geschichte eines Germanenvolkes behandelt, weshalb sich für diese Spielart historischer Schriften die Bezeichnung *Origo gentis* eingebürgert hat.

Es gab, bevor sich die von dem Mönch Dionysius Exiguus (erste Hälfte des 6. Jahrhunderts) zum ersten Male verwendete Zählung der Jahre von Christi Geburt an allgemein durchsetzte, kein generell verbindliches chronologisches Gerüst. Die griechischen Gemeinden pflegten ein jedes Jahr nach bestimmten Beamten zu benennen, ebenso Rom, wo hierzu die beiden Konsuln dienten. Man kannte auch die Ära, die von einem wirklichen oder erschlossenen Zeitpunkt aus gerechnete Jahresreihe. In Griechenland setzten sich die Olympiaden durch, die Zählung der alle vier Jahre in Olympia gefeierten Sportwettkämpfe, die auf alten Listen von Siegern im Stadionlauf beruhte; die Römer konnten seit der späten Republik die Zeit nach dem Fixpunkt *ab urbe condita*, «seit Gründung der Stadt», bestimmen. Geschichtliche Darstellungen waren nur möglich, wenn Vergleiche und Berechnungen die verschiedenen Systeme aufeinander beziehbar machten. Diesem Zwecke hatte seit hellenistischer Zeit die wissenschaftliche Chronographie gedient, und zu diesem Zwecke begannen auch die Christen im 3. Jahrhundert, kurze Weltchroniken zu verfassen, worin sie die biblische Tradition mit dem Zeitgerüst der griechisch-römischen Geschichtsschreibung in Einklang zu bringen suchten. Unter den griechischen Werken dieser Art hat vor allem die synchronistische Übersicht des Eusebios Epoche gemacht, und zwar vornehmlich in der lateinischen Bearbeitung und Fortführung, die Hieronymus ihr angedeihen ließ. An die Schrift des Hieronymus knüpften Prosper von Aquitanien, Kanzlist des Papstes Leo, und der spanische Bischof Hydatius an, während der vor allem durch seine Martinsschriften bekannte Autor Sulpicius Severus eine überaus sorgfältig zusammengestellte und klar formulierte Chronik eigenen Gepräges zu Papier brachte.

Die christliche Weltchronik, die einer mehr als tausendjährigen Tradition der Universalgeschichte die Richtung wies, war wohl auch deshalb so überaus erfolgreich, weil sie den Benutzern nicht nur einen komparatistisch angelegten chronologischen Überblick bis zur je eigenen Gegenwart des Verfassers an die Hand gab, sondern darüber hinaus spekulative Elemente enthalten konnte, die durch die Bibel nahegelegt wurden oder sich irgendwie auf sie stützen ließen; sie avancierte hierdurch zu einem bevorzugten Vehikel des christlich-mittelalterlichen Welt- und Geschichtsbildes. Man brauchte sich nämlich nicht auf die Vergangenheit zu beschränken; man bezog nicht selten die Zukunft ein, und zwar bis zum Weltende als dem mit unumstößlicher Gewißheit erwarteten Telos der christlichen Eschatologie. Es ging bei diesem Blick in die Zukunft um die Abschätzung des Zeitraumes, der bis dahin noch zu gewärtigen sei, und man bediente sich hierbei bestimmter Schemata, durch die man den Weltlauf zu gliedern und Anhaltspunkte für Prophezeiungen zu gewinnen hoffte, der Lehre von den vier Weltreichen und der Lehre von den sechs Zeitaltern.

Das Sukzessionsschema der vier Weltreiche hatte auch eine heidnische Wurzel (ein Aemilius Sura soll eine Sequenz von führenden Mächten aufgestellt haben, die von den Assyrern bis zu den Römern reichte), gründete sich jedoch vor allem auf die Bibel, auf die Kapitel 2 und 7 des prophetischen Buches Daniel im Alten Testament. Dort werden Träume des assyrischen Königs Nebukadnezar sowie des Propheten selbst als Ankündigungen von vier Reichen gedeutet, der – wie die christliche Exegese behauptete – babylonischen, medisch-persischen, makedonischen und römischen Herrschaft. Sulpicius Severus hat dieses welthistorische Gliederungsschema zum ersten Male auf eine Chronik appliziert.

Im ganzen ist allerdings das andere, stärker der Heilsgeschichte verpflichtete Schema, die Lehre von den sechs Zeitaltern, wichtiger geworden. Man nahm an, daß im Sechstagewerk der Schöpfung die gesamte Menschheitsgeschichte präfiguriert sei; hierbei berief man sich auf das Psalmwort «Denn tausend Jahre sind vor dir wie der Tag, der gestern vergangen ist, und wie eine Nachtwache». Man leitete daraus ab, daß die Weltgeschichte eine Dauer von 6000 Jahren haben werde: wie Gott am sechsten Schöpfungstage Adam geschaffen habe, so sei von ihm im sechsten Jahrtausend Christus, der zweite Adam, in die Welt entsandt worden; wie Gott am siebten Tage von allen seinen Werken geruht habe, so werde das siebte Jahrtausend ein Weltensabbat sein. Die erste lateinische Chronik, die dieser chiliastischen Deutung huldigte, war der Abriß *De cursu temporum* – «Über den Ablauf der Zeiten» – des Quintus Iulius Hilarianus, vom Jahre 397. Eine minder scharfkantige, nicht auf je tausend Jahre fixierte Sechsteilung der Geschichte gelangte über Isidor von Sevilla zu Beda Venerabilis und von dort ins Mittelalter.

Anders als im Falle der Weltchronik blieb der Westen bei der von Eusebios konstituierten Kirchengeschichtsschreibung ziemlich unselbständig: das Werk des Eusebios wurde von Rufinus, dem Freunde und späteren Feind des Hieronymus, bearbeitet und bis auf die eigene Zeit, bis zum Tode des Theodosius I. (395) fortgeführt, und Cassiodor gab um die Mitte des 6. Jahrhunderts ins Lateinische übersetzte Auszüge aus den Werken des Sokrates, des Sozomenos und des Theodoret heraus, welche er mit dem Titel *Historia ecclesiastica tripertita* – «Dreigeteilte Kirchengeschichte» – bedachte.

Rufius Festus, *magister memoriae*, d. h. Kanzleichef am kaiserlichen Hof (die Betrachtung wendet sich nunmehr den spezifisch westlichen Formen der spätantiken Geschichtsschreibung zu), wurde um das Jahr 370 von Valens angewiesen, einen Geschichtsabriß zu verfassen: *Brevem fieri clementia tua praecepit* – «Er solle kurz ausfallen, hat deine gnädige Gesinnung befohlen», und so stellte er ein *Breviarium rerum gestarum populi Romani*, ein Kompendium der römischen Geschichte zusammen. Derlei Überblicke hatte es in Rom seit spätrepublikanischer Zeit gegeben: der *Liber annalis* – etwa: «Zeittafel», «Übersicht über die geschichtlichen Daten» –, den Atticus, der Freund Ciceros, und die *Chronica*, die Cornelius Nepos verfaßt hatte, waren offenbar von dieser Art. Doch während der zweiten Hälfte des 4. Jahrhunderts kamen sie in ungewöhnlicher Häufung zum Vorschein: man brauchte Orientierungswissen, man mußte einer schlimmen Entfremdung von der Tradition des eigenen Staatswesens entgegenarbeiten. Zwei Spielarten lassen sich bei der diesem Zwecke dienenden Kompendienliteratur unterscheiden: das kurze Geschichtswerk, der Abriß der gesamten römischen Geschichte (oder eines Hauptabschnitts, sei es der Republik, sei es der Kaiserzeit), für dessen Herstellung der Autor mehrere Quellen verwendet hat, sowie die verkürzende Wiedergabe des Inhalts eines großen Werkes, wie sie seit hellenistischer Zeit nicht nur im Bereich der Historiographie, sondern auch in anderen Disziplinen, in der Medizin, der Mathematik usw., im Schwange waren. Man sollte den auf mehreren Quellen beruhenden Abriß Breviarium («kurze Übersicht») nennen und den Ausdruck Epitome («kurzer Auszug») den Zusammenfassungen einzelner Werke vorbehalten: in der wissenschaftlichen Literatur werden die beiden Termini oft promiscue verwendet. Nach dem hier empfohlenen Sprachgebrauch sind aus der zweiten Hälfte des 4. Jahrhunderts nicht weniger als fünf Breviarien und eine Epitome erhalten, sowie noch zwei Exzerptensammlungen, Schriften also, die ein großes Werk (oder mehrere gleichartige Werke) nach einem sachlichen Gesichtspunkt ausgebeutet haben.

Mit der Epitome sind die sogenannten *Periochae* («Inhaltsangaben») gemeint, die in dürren Worten eine Übersicht über das ganze Werk des Livius, auch über die im Original verlorenen Teile (mit Ausnahme der Bücher 136 und 137), geben; sie gehen allem Anschein nach auf das 4. Jahrhundert zurück. Das gigantische Unternehmen des Livius hatte schon immer zur Herstellung von Kurzfassungen eingeladen; die Forschung vermutet, daß derartige Abbreviaturen in der frühen Kaiserzeit, im 3. Jahrhundert sowie in der Spätantike angefertigt worden sind. Erhalten blieben außer den *Periochae* lediglich Fragmente, die auf einem aus Oxyrhynchos (Mittelägypten) stammenden Papyrus zum Vorschein gekommen sind, chronikartige Auszüge (wohl 3. Jahrhundert).

Von den Breviarien stehen das des Eutropius und das schon erwähnte des Festus einander nahe. Eutropius raffte die römische Geschichte vom legendären Stadtgründer Romulus bis zum Tode Kaiser Jovians (364) in zehn überaus kurze Bücher zusammen; schon er erklärt, von Valens einen diesbezüglichen Auftrag erhalten zu haben. Er stammte wohl aus dem Osten; er könnte somit als lateinisch schreibender Grieche ein Vorläufer des Ammianus Marcellinus sein. Das Werk bietet in gänzlich schmuckloser Sprache einen trockenen Überblick über die wichtigsten Ereignisse dar. Es ist ungewöhnlich zahlenfreudig; es datiert die Fakten nicht nur nach den Konsuln, sondern auch nach den Jahren *ab urbe condita;* es gibt bei Orten die Entfernung von Rom an und nennt bei Schlachten stets die Höhe der feindlichen und römischen Verluste. Eine Geschichtsauffassung läßt sich nicht ausmachen, es sei denn ein etwas einfältiger Imperialismus, der an jeder Gebietserweiterung des Reiches Gefallen findet. Das Pendant des Festus ist noch elementarer. Es besteht aus zwei Teilen: auf eine geographisch geordnete Übersicht über die römischen Eroberungen folgt ein historischer Längsschnitt, der den Kämpfen der Römer im Osten gilt.

Der Name des Sextus Aurelius Victor ist in der handschriftlichen Überlieferung mit insgesamt vier Werken verknüpft. Hiervon hat Aurelius Victor in Wahrheit nur eines verfaßt: die *Caesares*, ein Breviarium, das die Geschichte der Kaiserzeit von Augustus bis zum Regierungsantritt Julians (360) darstellt. Eine der pseudepigraphen Schriften ist *Origo gentis Romanae*, «Ursprung des Volks der Römer», betitelt. Sie stellt Zeugnisse von italischen und römischen Sagen zusammen, wobei sie reichlich Gewährsleute, republikanische Geschichtsschreiber und andere, zum Teil nur wenig bekannte Autoren anführt; sie kommt als gelehrte Kompilation einer Exzerptensammlung nahe. Sie bekundet dieselbe den Anfängen Roms zugewandte Gesinnung des römischen Heidentums, wie sie in den «Saturnalien» des antiquitätenfreudigen Macrobius und im Vergilkommentar des Servius zum Vorschein kommt. Für die moderne Forschung hat sie sich vor allem bei der Rekonstruktion des Aeneas-Mythos in seiner vorvergilischen Gestalt als nützlich erwiesen. Das nächste pseudepigraphe Werk, *De viris illustribus urbis Romae*, «Von berühmten Römern», enthält kurze Biographien von Größen der Königszeit und der Republik; es bewegt sich auf einem recht bescheidenen intellektuellen Niveau. Ähnliches gilt für die sogenannte *Epitoma de Caesaribus*, die dritte Schrift, die fälschlich den Namen des Aurelius Victor trägt: sie ist nicht, was sie zu sein vorgibt, nämlich eine kürzende Wiedergabe der echten *Caesares;* sie ist vielmehr ein aus verschiedenen Quellen ohne eine deutlich umrissene Konzeption zusammengestoppeltes Breviar, das von Augustus bis Theodosius I. reicht.

Der *Liber de Caesaribus*, das einzige Werk, das Aurelius Victor hinterlassen hat, zeigt ein ganz anderes Gesicht; er bekundet durchweg einen scharfen Blick für das Wesentliche. Der Verfasser bemüht sich, von einem jeden Kaiser ein Charakterbild zu entwerfen; doch wichtiger ist der Umstand, daß sich sein Werk durch den Nachweis von Entwicklungszusammenhängen weit über das Biographische, über die bloße Reihung einzelner Kaiser erhebt: die Zeit der Monarchie wird als Einheit überblickt, die sich in Epochen gliedern läßt. Der herbe Moralismus verweist auf die große römische Historiographie der späten Republik und der frühen Kaiserzeit; von Sallust stammt insbesondere der Kontinuitätsgedanke mit Aufstieg, Krise und Dekadenz als notwendigen Verlaufsphasen – er wird von Aurelius Victor überzeugend auf die von ihm behandelte Periode angewendet. Seinem eigenen Jahrhundert gegenüber übt der Autor harte Zeitkritik; hierbei legt er den Finger auf die Hauptursachen des Niedergangs, auf die barbarische Soldateska, auf die unfähige und korrupte Beamtenschaft, auf die drückenden Steuern und anderes. Das Buch ist leider keine bequeme Lektüre: der Stil überbietet die Gedrängtheit und die asymmetrischen Fügungen des Sallust und des Tacitus. Drei der hier vorgeführten Schriften, die *Origo*, die *Viri illustres* und die echten, von Aurelius Victor verfaßten *Caesares*, finden sich in einigen Codices zu einer Art Corpus vereinigt. Der spätantike ‹Redaktor›, auf den diese Maßnahme offenkundig zurückgeht, wollte seinen Lesern einen Überblick über die gesamte römische Geschichte, die legendären Anfänge eingeschlossen, vermitteln; hierfür wählte er drei Werke aus, deren Proportionen sich ungefähr glichen.

Die Präsentation der spätantiken Geschichtskompendien nebst den ihnen zugehörigen Sammlungen chronologisch geordneter Biographien wäre lückenhaft, wenn sie ein Werk mit Schweigen überginge, das zu den sonderbarsten Produkten des ganzen Zeitalters gehört: die sogenannte *Historia Augusta*. Sie scheint sich als Fortsetzung der berühmten Kaiserbiographien von Sueton geben zu wollen, hat also wohl ursprünglich mit Nerva und Trajan eingesetzt. Das Erhaltene beginnt mit Hadrian (117–138) und umfaßt in nicht ganz lückenloser Folge dreißig Viten, bis zu Kaiser Carinus, dem Vorgänger Diokletians (283–285). Die Sammlung sucht den Anschein zu erwecken, daß insgesamt sechs Autoren der diokletianisch-konstantinischen Zeit daran beteiligt gewesen seien: Aelius Spartianus, Iulius Capitolinus und wie sie sonst noch heißen – die Namen sind im übrigen allesamt völlig unbekannt. Die Forschung hat sich die Deutung dieser seltsamen Biographien, die aus einem Mosaik von auch sonst bezeugten und von offensichtlich frei erfundenen Nachrichten bestehen, viel Mühe kosten lassen. Man neigt jetzt überwiegend der Ansicht zu, daß es sich bei dem Ganzen um das Produkt eines anonymen Fälschers handele, der gegen das Jahr 400 gewirkt habe. Man fragt sich, was der Autor mit seinem virtuosen Beitrag zur Schwindelliteratur bezweckt hat. Manche vermuten, daß die Maske der fiktiven Verfasser ihm die Möglichkeit habe verschaffen sollen, gefahrlos für die heidnische Überlieferung einzutreten und Angriffe gegen das Christentum vorzutragen. Doch vielleicht wollte der skurrile Erfinder lediglich die übliche Geschichtsschreibung parodieren und den Lesern eine unterhaltsame, mit Witz und Erfindungsgabe gewürzte Kost vorsetzen.

Die zunächst schriftlosen Germanenvölker brachten, als sie im Gesichtskreis des römischen Reiches erschienen, allerlei sagendurchwobene mündliche Überlieferung mit. Weströmische Gelehrte erkannten hierin dankbare Stoffe für literarische Unternehmungen, und so entstand der *Origo-gentis*-Typ, ein Typ historiographischer Werke, der bis ins hohe Mittelalter, bis hin zur *Historia Danica* des Saxo Grammaticus, lebendig blieb. Cassiodor, der hohe Würdenträger im Reiche Theoderichs, eröffnete mit seiner Gotengeschichte in zwölf Büchern den Reigen; erhalten ist hiervon lediglich ein Auszug, den der romanisierte Gote Iordanes in überaus mangelhaftem Latein verfertigt hat: *De origine actibusque Getarum* – «Vom Ursprung und von den Taten der Goten». Ihm folgte Gregor von Tours (etwa 540–594), dessen *Historiae Francorum* die wichtigste zeitgenössische Quelle für das aus den Fugen geratende Merowingerreich sind; hieran wiederum knüpften anonyme fränkische Geschichtsdarstellungen an. Isidor von Sevilla verfaßte eine knappe *Historia Gothorum* (d. h. der Westgoten), die mit einem überschwenglichen Preis Spaniens beginnt und ein von Sympathie getragenes Bild der westgotischen Herrschaft zeichnet. Die *Historia ecclesiastica gentis Anglorum* endlich, die «Kirchengeschichte des englischen Volkes», die Beda Venerabilis (673–735) verfaßte, war eine für das ganze Mittelalter wegweisende historiographische Leistung.

Ammianus Marcellinus

Daß im lateinischen Westen – anders als in der griechischen Welt – Mangel an großen Darstellungen der zeitgenössischen Reichsgeschichte herrscht, ist offenbar zum Teil durch die Ungunst der

Überlieferung bedingt. So hat sich von den Annalen des Virius Nicomachus Flavianus, jenes Vetters des Symmachus, der während der letzten heidnischen Erhebung (392–394) die Prätorianerpräfektur in Italien bekleidete, keine Spur erhalten. Nicht viel besser steht es mit einem zweiten Geschichtswerk aus demselben stadtrömischen Milieu, mit den sieben Büchern *Historiae* des Aurelius Memmius Symmachus, der ein Urenkel des berühmten Symmachus und der Schwiegervater des Boethius war. Immerhin hat Iordanes in seiner Gotengeschichte ein längeres Fragment aus dem 5. Buche (über Maximinus Thrax, 235–238) bewahrt; das Zeugnis läßt vermuten, daß das Werk des Symmachus die ganze Kaiserzeit behandelt hat. So bleibt – außer den schon erwähnten, vollständig erhaltenen *Historiae adversum paganos* des Orosius, einer negativen Weltgeschichte, welche die Drangsale, denen die Menschheit in vorchristlicher Zeit ausgesetzt war, in ein grelles Licht rückt – lediglich, was sich von den *Res gestae* des Ammianus Marcellinus über die Zeiten gerettet hat, nämlich die Bücher 14–31, die sich mit der jüngsten Vergangenheit, den Jahren 353–378 befassen. Die verlorene erste Hälfte hat die Geschichte des römischen Reiches von Kaiser Nerva (96–98) an dargestellt; Ammian setzte also das Werk des Tacitus bis auf die eigene Zeit fort.

Über Ammianus Marcellinus ist die Nachwelt vor allem durch ihn selbst unterrichtet, weil er, wenn auch nur als Randfigur, an einigen der von ihm geschilderten Ereignisse beteiligt war. Außerdem enthält die große Briefsammlung des antiochenischen Rhetors Libanios ein Stück, das ihn zum Adressaten hat. Ammian war Grieche; er stammte aus einem gutsituierten Hause in Antiochien (am Orontes in Syrien, heute Antakya); er mag um das Jahr 330 geboren sein. Er diente in der Gardetruppe, bei den *protectores domestici*, den «Leibwächtern und Haustruppen», und zwar offenbar in der Absicht, eine militärische Karriere einzuschlagen; er gehörte eine Zeitlang zum Stabe des Oberbefehlshabers der Orientarmee. Die Kenntnisse, die er auf diese Weise erwarb, kamen seinem Geschichtswerk in hohem Maße zugute; er gehörte – neben Xenophon oder Caesar – zu den wenigen antiken Historikern, die sich gründlich auf militärische Dinge verstanden. Er machte die große persische Offensive des Jahres 359 mit, die in der Belagerung und

Eroberung von Amida am oberen Tigris gipfelte, und er beteiligte sich vier Jahre darauf am Perserfeldzug des von ihm bewunderten Kaisers Julian. Nach dessen Tod und dem für Rom unvorteilhaften Frieden Kaiser Jovians ist er offenbar für immer aus dem Heeresdienst ausgeschieden; er scheint sich, privaten Studien ergeben, meist in seiner Heimatstadt aufgehalten zu haben. Die letzten Jahrzehnte seines Lebens verbrachte er in Rom; dort hat er sein Geschichtswerk verfaßt. Er starb um das Jahr 395.

Die autobiographisch ergiebige Schilderung des persischen Feldzugs vom Jahre 359 gehört zu den Gegenständen der Bücher 18 und 19. Das römische Reich war an der Euphratgrenze starkem Druck ausgesetzt, seit sich dort – vor der Mitte des 3. Jahrhunderts – der von der Dynastie der Sassaniden beherrschte, straff organisierte neupersische Staat etabliert hatte: man suchte nach einer langen Periode eines griechenfreundlichen Partherregiments an das alte persische Großreich anzuknüpfen, womit territoriale Ansprüche gegen Rom Hand in Hand gingen. König Schapur I. (241–272) errang große Erfolge; ihm gelang sogar die Gefangennahme des Kaisers Valerian (260). Unter Diokletian behielten die Römer die Oberhand, und es kam erst gegen Ende der Herrschaft Konstantins wieder zu Feindseligkeiten. Die Auseinandersetzungen waren nunmehr, unter Schapur II. (309–379), bei wechselndem Kriegsglück permanent, bis Jovian im Jahre 364 den erwähnten Frieden schloß, mit dem die Römer das jenseits des Tigris gelegene obere Mesopotamien sowie die Festungen Nisibis und Singara abtraten (363).

Ammians Vorgesetzter hieß Ursicinus. Dem hatte Konstantius II. aus Furcht vor einer Usurpation das Orientkommando entzogen und die Weisung erteilt, sich an den Hof zu begeben. Da traf Gegenordre ein; Ursicinus kehrte mit seinen Leuten nach Mesopotamien zurück, wo nunmehr ein gewisser Sabinianus die römischen Truppen befehligte. Schapurs Offensive stand unmittelbar bevor; Ursicinus eilte mit seinem Stabe zunächst nach Nisibis, dort alles für die Verteidigung Erforderliche zu veranlassen. Schon waren auch die Feuerbrände sichtbar, die anzeigten, daß der Feind den Tigris überquert hatte. Ursicinus und seine Leute zogen eiligst weiter – da fand man unterwegs, zwei Meilen von Nisibis entfernt, einen achtjährigen heulenden Jungen, der von der kopflos fliehenden Mutter verlassen worden war. Ammian erhielt den Auftrag, das Kind in die Stadt zurückzubringen. Als er den Stab des Ursicinus wiedereinzuholen versuchte, beobachtete er, wie ein feindlicher Reitertrupp einen gefangenen Sklaven vernahm und von ihm erfuhr, daß Ursicinus vor kurzem vorübergezogen sei. Es gelang Ammian, den Stab noch zeitig genug zu erreichen, wie er gerade Rast hielt; er warnte ihn, vom Pferde aus seinen Mantel schwingend, vor den nahenden Verfolgern. Der Stab brach Hals über Kopf auf. Da indes die Vollmondnacht und die gänzlich baum- und strauchlose Wüste keinerlei Deckung gewährten, suchte man die Feinde durch eine List abzulenken: man ließ ein Lasttier, auf dem eine brennende Laterne befestigt war, in eine andere Richtung laufen. Die List gelang, und man erreichte ein verlassenes Bauerndorf, wo sich ein römischer, dem Feind Spionagedienste leistender Deserteur herumtrieb; er wurde vernommen und getötet. In Amida angekommen, empfing man eine chiffrierte Botschaft von römischen Unterhändlern, die sich noch bei den Persern aufhielten; darin wurde eindringlich vor dem enormen Ausmaß der anstehenden Offensive gewarnt. Ammian unternahm, von einem Centurio begleitet, einen Erkundungsritt in die westlichste Satrapie des Perserreiches, deren Statthalter insgeheim mit den Römern verbündet war. Der Statthalter empfahl ihm, eine Anhöhe zu besteigen, die einen weiten Ausblick in die Ebene gewährte; zwei Tage darauf beobachtete er, wie Schapur mit den gewaltigen Massen des Hauptheeres den Tigris überschritt. Er kehrte nach Amida zurück und erstattete Bericht. Hierdurch alarmiert, räumte man schwach befestigte Orte und ließ die auf dem Halm stehende Ernte in Flammen aufgehen, um dem Feind den Vormarsch zu erschweren. Dieser vollzog, vor allem wegen Wassermangels, eine Schwenkung in nördliche Richtung, auf die armenischen Gebirge zu. Ursicinus und sein Stab beeilten sich, von Amida in das weiter westlich am Euphrat gelegene Samosata zu gelangen. Doch eine die Umgebung von Amida absichernde Reitereinheit hatte versagt; die Römer sahen sich umzingelt; sie suchten ihr Heil in der Flucht. Ursicinus entkam; Ammian, der noch Anstalten gemacht hatte, einen Verwundeten mitzunehmen, kehrte allein nach Amida zurück.

Nicht minder anschaulich werden die nunmehr folgenden kriegerischen Handlungen geschildert. Schapur nimmt zwei nahe gelegene Kastelle; er erscheint vor den Mauern Amidas und fordert die Stadt zur Übergabe auf. Zunächst wird er selber von einem Pfeilregen empfangen, am Tage darauf der Sohn eines Vasallen tödlich getroffen. Schapur schnaubt Rache; Amida wird belagert. Zwei Versuche, die Stadt zu erstürmen, scheitern; andererseits bemüht sich Ursicinus vergebens, den Belagerten Entsatz zu verschaffen, und überdies bricht in der Stadt die Pest aus – Ammian läßt es sich nicht nehmen, in einem Exkurs auf die verschiedenen Arten von Seuchen einzugehen. Es folgt ein weiterer Erstürmungsversuch, auch er vergeblich, obwohl feindliche Bogenschützen infolge Verrats durch geheime unterirdische Gänge in die Stadt eingedrungen sind. Zwei gallische Legionen wagen einen nächtlichen Ausfall; trotz anfänglicher Erfolge wird das Ziel des Unternehmens nicht erreicht: man vermag nicht bis zum Quartier König Schapurs vorzudringen. Nun rücken die Feinde mit Belagerungsmaschinen heran; nachdem es den Römern zunächst noch gelungen ist, die Vordringenden unter großen Verlusten abzuwehren, erliegt Amida schließlich der Übermacht, und die Stadt wird erstürmt. Ammian vermag mit einigen anderen zu entkommen. Auf der Flucht ist er den Anstrengungen des Fußmarsches nicht gewachsen: *ut insuetus ingenuus*, «dessen als Abkömmling aus gutem Hause ungewohnt». Ein herrenloses Pferd hilft weiter; es gelingt, den brennenden Durst aus einem Brunnen zu löschen, indem Ammian und seine Begleiter Leinengewänder in Streifen reißen und an dem hieraus gefertigten Strick ein Stück Filz befestigen. Durch Wälder und Gebirge gelangt man nach Melitene in der römischen Provinz Kleinarmenien; von dort kehrt Ammian nach Antiochien zurück, wo er Ursicinus vorfindet.

Das letzte große römische Geschichtswerk hat in der Überlieferung ein ähnliches Schicksal erlitten wie die Schriften des Tacitus: das Erhaltene geht auf je einen Codex aus Fulda und aus Hersfeld zurück. Hierin – in den Büchern 14–31 – kann man zwei Haupteinschnitte erkennen: zwischen Buch 14 und 15 sowie zwischen Buch 25 und 26; die Bücher 15 und 26 werden jeweils durch eine kurze Einleitung eröffnet. Zu Beginn des 15. Buches hebt Ammian hervor, daß er nunmehr von der gedrängten Schreibweise, deren er sich bei der Behandlung der Geschichte bis zum Jahre 354 befleißigt hatte, zur ausführlichen Darstellung der Ereignisse übergehe, deren Zeitgenosse er war. Der Unterschied ist in der Tat frappant: die 258 Jahre vom Regierungsantritt Kaiser Nervas bis zu dem Zeitpunkt, da Julian zum Caesar ernannt wurde (355), hatten vierzehn Bücher gefüllt, während die neun Jahre, die ursprünglich den zweiten und letzten Teil des Werkes ausmachen sollten, die Zeit bis zum Tode Julians, elf Bücher beanspruchen: die Ausführlichkeit erreicht dort also etwa das Zwanzigfache des ersten Teils. Zu Beginn des 26. Buches erklärt Ammian, er habe sich zunächst der Darstellung der jüngsten Ereignisse enthalten wollen, unter anderem weil Wahrheitsliebe nunmehr Gefahren mit sich bringe. Das Werk sollte also von Hause aus nur bis zum Ende der konstantinischen Dynastie reichen, unter Ausschluß der noch herrschenden Dynastie der Pannonier. Nachdem indes auch sie erloschen war – mit dem Tode Valentinians II. im Jahre 392 –, faßte Ammian den Mut, in einem Nachtrag, den Büchern 26–31, das Regiment Valentinians I. und des Valens zu behandeln. Das vollständige Werk hat somit aus einem geschichtlichen und einem zeitgeschichtlichen Teil von sehr unterschiedlichen Proportionen bestanden; der zeitgeschichtliche Teil, der sich zunächst lediglich mit Julian befassen sollte, wurde in Abänderung des ursprünglichen Plans um die Herrschaft der beiden ersten Pannonier erweitert.

Das Verhältnis von Zeit und Raum ist in den Büchern 14–25 so eingerichtet, daß die Zeit, das Jahr, als oberstes Ordnungsprinzip des Stoffes fungiert. Ammian wendet also, hierin seinem Vorgänger Tacitus folgend, das annalistische Schema an: es wird jeweils nur das im Zusammenhang behandelt, was sich während eines Jahres auf irgendeinem Schauplatz zugetragen hat; dann geht der Autor zu den Geschehnissen desselben Jahres auf anderen Schauplätzen über. Im letzten Teil hingegen, in den Büchern 26–31, tritt das räumliche Ordnungsprinzip stärker hervor; es werden in zunehmendem Maße die Ereignisse mehrerer Jahre auf den einzelnen Schauplätzen zusammengefaßt.

Zu einem großen Geschichtswerk gehören nach antiken Begriffen allerlei schmückende Einlagen und darstellerische Höhepunkte: die Reden der Protagonisten, die Exkurse, die Charakteristiken. Von dem Kunstmittel der Rede hat Ammian nicht Gebrauch gemacht. Die seltenen und kurzen Reden, fast durchweg Ansprachen der Kaiser an ihre Soldaten, gehen zwar auf die jeweiligen Ereignisse ein, suchen sich indes nicht durch grundsätzliche Erwägungen vom Fluß des Geschehens zu distanzieren. In ihnen ist somit – anders als bei Thukydides, Sallust oder Tacitus – niemals die Quintessenz einer entscheidenden Situation zusammengefaßt, in der Beleuchtung, in der sie sich dem jeweiligen Redner darstellt. Offenbar war Ammian die Gabe der indirekten Charakteristik versagt; er verstand sich nicht darauf, sich in die Empfindungen und Gedanken eines anderen zu versetzen.

Im Gegensatz hierzu enthält sein Werk zahlreiche Exkurse über die vielfältigsten Gegenstände: über Völker und Länder (wie es seit Herodot üblich war), über naturwissenschaftliche oder philosophisch-religiöse Fragen sowie über die Bewohner der Stadt Rom. Diese Buntheit ist ein Spezifikum Ammians; das Werk zollt hiermit offenbar einem Bedürfnis der Zeit, dem Hang zu enzyklopädischem Wissen, einen angemessenen Tribut. Die Qualität der Exkurse schwankt erheblich. Ammian, ein scharfer Beobachter, weiß klar und anschaulich wiederzugeben, was er selbst gesehen hat. Die Früchte seiner Lektüre hingegen haben schon immer bei seinen Lesern Kopfschütteln hervorgerufen: sie bestehen mitunter aus einem Gemisch von Trivialitäten und Irrtümern, insbesondere wenn es um Meteorologisches oder Geographisches, um Erdbeben, Sonnen- und Mondfinsternisse usw., geht. Meisterstücke der Sozialkritik sind die Kapitel, die Ammian der stadtrömischen Bevölkerung, dem Adel und der Plebs gewidmet hat (sein Werk enthält, auch hierin Tacitus nacheifernd, neben der Geschichte des Reiches eine Chronik von Rom). Man ist versucht, diese Partien als wohlgelungene Ständesatiren zu bezeichnen: Ammian schildert mit ätzender Schärfe das Leben und Treiben der von ihm Gegeißelten, ihre üblen Bräuche, ihren zweifelhaften Wandel. Wenn alles, was er mitteilt, wahr sein mag, so ist es schwerlich die ganze Wahrheit; zumal die Enthüllungen über die römische Aristokratie scheinen nicht frei von Einseitigkeiten zu sein.

Die Charakteristiken endlich haben in Ammians Werk einen

festen Platz: sie pflegen dem Bericht vom Tode eines Kaisers zu folgen – so bei Konstantius II., Julian, Valentinian I. und Valens. Doch auch von anderen bedeutenden Persönlichkeiten erhält der Leser ein Bild, das, wenn auch knapper gezeichnet, deren Lebensführung und Charakter zu verdeutlichen sucht. Die hierbei verwendeten Darstellungsmittel geben unmißverständlich zu erkennen, daß sie der Biographie und dem Enkomion entlehnt sind; Ammian hat sich nicht gescheut, von den in der Rhetorenschule üblichen Schemata Gebrauch zu machen. So werden der Charakter und das Äußere unterschieden, die Charaktere wiederum in *virtutes* und *vitia*, in «Tugenden und Laster», eingeteilt usw. Doch wichtiger als derlei Formalien ist der Inhalt: Ammians Charakteristiken haben mit Recht stets die Bewunderung der Nachwelt erregt; sie sind Kabinettstücke des Werkes, die realistische, durchaus unparteiische Porträts geben – am ehesten könnte die Schilderung Julians ein wenig zu günstig ausgefallen sein.

Ammian war überhaupt ein Wahrheitsfanatiker: kaum ein anderer Geschichtsschreiber der Antike hat den bekannten historiographischen Topos, daß es gelte, *sine ira et studio* zu urteilen, so ernstgenommen wie er. Die zweite Hälfte des Werkes, das Gros der erhaltenen Bücher, beruht nicht auf fremden Quellen, sondern durchweg auf eigenem Wissen und dem sorgfältigen Verhör von Zeugen, und hierbei kamen Ammian seine scharfe Beobachtungsgabe und seine treffsichere Menschenkenntnis sehr zustatten. Er nahm die Dinge, wie sie waren; romantische Sehnsucht nach der Wiederkehr vergangener Zustände lag ihm fern. Er sah nüchtern im Kaisertum und im Heer die Fundamente des Reiches, und er hatte eine hohe Meinung von der verantwortungsvollen Aufgabe und der Würde der Herrscher. In die Charakteristik Valentinians I. scheint die Summe seiner Auffassung vom Zweck des Staates, wie er ihn kannte, eingegangen zu sein: *finis . . . iusti imperii, ut sapientes docent, utilitas oboedientium aestimatur et salus* – «als Ziel einer gerechten Herrschaft gilt, wie die Weisen lehren, der Nutzen und die Wohlfahrt der Untertanen». Mit den *sapientes*, auf die sich Ammian hier beruft, scheinen Platon und vor allem der von ihm eifrig gelesene und hoch verehrte Cicero – kein anderer Autor wird so oft von ihm zitiert wie er – gemeint zu sein.

Neben Kaiser und Reich billigt Ammian der Stadt Rom eine bevorzugte Stellung zu. Die *urbs venerabilis* übte offenbar eine starke Anziehungskraft auf ihn aus; sein emphatischer Rompreis zeigt, welche Faszination die einst weltbeherrschende Stadt für ihn besaß. Rom galt ihm als Symbol des Reiches, als Inbegriff des dem Reich inhärierenden Zivilisationsgedankens. Er hat sich als Reichsrömer empfunden; wenn er gelegentlich den Griechen hervorkehrt, will er offenbar nur auf seine regionale Herkunft hinweisen. Sein Geschichtswerk lebt von der Idee der Größe des Römerreichs; sie gibt den Maßstab ab, mit dem er die gesamte Politik und insbesondere die militärischen Erfolge bei der Verteidigung der Grenzen beurteilt. Unvorteilhafte Friedensschlüsse erscheinen ihm als Schande, und Vertragsbrüche zum Vorteil des Reiches hält er nicht für anstößig. Als Römer haßte er vor allem die Germanen: ihnen zumal teilte er das Schimpfwort ‹Barbaren› zu, mit dem er z. B. die Perser nie bedacht hat. Daß zahlreiche Angehörige germanischer Völkerschaften im römischen Heere dienten, erfüllte ihn mit Erbitterung; selbst die tapferen gallisch-germanischen Legionen in Amida galten ihm als *dentatae bestiae*, als «zähnefletschende Bestien». Auch die Katastrophe von Adrianopel (378) vermochte seinen Glauben an den Fortbestand des Reiches nicht zu erschüttern: Rom sei schon oft vom Verderben bedroht worden und habe sich auch nach schweren Schlägen wieder zu seiner einstigen Größe und Macht aufgerichtet – der Untergang des Reiches war für Ammian wie für alle seine Zeitgenossen ein unvorstellbarer Gedanke.

Ammian, der die beiden Reichssprachen vollendet beherrschte, hat die Bildung sehr hoch eingeschätzt. Sein Ideal sah er in Julian verkörpert, in dem Mark Aurel seiner Zeit, der Weisheit mit rhetorischer Bildung vereinigte, dessen Herrschertum sich auf die Philosophie gründete; er brachte dies mit Worten zum Ausdruck, die er dem Ciceronischen Bildungsentwurf in der Schrift *De oratore* entnommen hatte. Er ist vom Christentum unberührt geblieben, ohne sich andererseits als Heide, als dezidierter Anhänger der griechisch-römischen Kulturtradition zu fühlen. Seine religiösen Anschauungen haben sich offenbar nicht durch Bestimmtheit ausgezeichnet; sein Determinismus machte ihn allerdings zum überzeugten Anhänger jeder Art von Zukunftsdeutung. Er wandte den religiösen Auseinandersetzungen seiner Zeit nicht die Aufmerksamkeit zu, die sie verdient hätten. Immerhin erwähnt er in seinen zusammenfassenden Charakteristiken die Religionspolitik eines jeden Kaisers. Seiner eigenen Auffassung in diesem Punkte hat offenbar das Verhalten des Valens entsprochen: *Inter religionum diversitates medius stetit nec quemquam inquietavit neque ut hoc coleretur imperavit aut illud* – «Inmitten der religiösen Streitigkeiten blieb er unparteiisch; er bedrängte niemanden und übte keinen Zwang aus, daß man sich zu diesem oder jenem Glauben bekenne.» Und über das Christentum fällt er das ehrerbietige Urteil: *Christiana religio absoluta et simplex* – «Die christliche Religion ist unbedingt und konsequent.» Er war durch Militärdienst, Reisen und vielfältige Beziehungen zum Hof, zur stadtrömischen Gesellschaft und zu Provinzbewohnern sachlich in hohem Maße für sein Unternehmen qualifiziert, und so verdankt ihm die Nachwelt, daß sie über kaum eine andere Periode der antiken Geschichte so gut unterrichtet ist wie über das Vierteljahrhundert von 353 bis 378. Sein Stil allerdings wirkt auf den heutigen Leser einigermaßen künstlich; die ebenso gespreizte wie überladene Ausdrucksweise zollt der Prunkrhetorik der Spätantike reichen Tribut.

Claudius Claudianus

Wenn man Ammian in einem prägnanten Sinn als den letzten römischen Historiker bezeichnen darf, dann war der um eine Generation jüngere Claudian in ähnlicher Bedeutung Roms letzter Dichter: auch sein Werk geht ganz im politischen Wohl und Wehe der Gegenwart auf und sucht diese Gegenwart an der verpflichtenden Größe des Überkommenen zu messen; auch bei ihm ist also der Blick auf Rom und seine Vergangenheit der das Vielerlei zur Einheit fügende Grundgedanke. Selbst in der Biographie zeigen sich Gemeinsamkeiten: Claudian war wie Ammian griechischer Herkunft (er stammte aus Alexandrien), und er kam wie jener nach Rom und wurde dort zum Schriftsteller lateinischer Zunge. Merkwürdigerweise haben sich also die beiden größten Talente in der nichtchristlichen Literatur des 4. Jahrhunderts eines Mediums bedient, das nicht von Hause aus ihr eigenes war; man mag hieraus folgern, daß reichsrömisches Denken gerade im Osten (wo es bereits während der Adoptivkaiserzeit fest Fuß gefaßt hatte) noch stark verbreitet war und daß dieses Denken mit Vorliebe in der Sprache der einst führenden Stadt Gestalt annahm.

Claudians Lebenszeit läßt sich nicht einmal approximativ bestimmen. Man möchte sich den Dichter als dem Typ des jungen Genies zugehörig vorstellen, als jemanden, der sich, reich begabt, rasch versprüht. Seine Werke sind nämlich offenbar größtenteils innerhalb eines einzigen Dezenniums entstanden, in den Jahren 395 bis 404; hernach erlischt jede Spur von ihm. Er könnte um das Jahr 370 geboren sein. Er dichtete zunächst in griechischer Sprache, wovon einiges wenige erhalten blieb – gewiß aus der Zeit vor 395. Er begab sich nach Rom, wo er offenbar Zugang zu führenden Adelshäusern fand, und trat im Jahre 395 mit einem lateinischen Werk vor die Öffentlichkeit, mit einem poetischen Panegyrikus auf die Brüder Olybrius und Probinus. Diesen hatte Theodosius das Konsulat übertragen; sie gehörten zur Familie der Anicii, die zwei Jahrhunderte lang, bis zum Anicier Boethius, höchste Zivilämter innehatte. Der Erfolg des Preisliedes bahnte dem Autor den Weg zum Kaiserhof in Mailand, der der Mittelpunkt seines weiteren Schaffens wurde: er verfaßte nunmehr in rascher Folge eine Reihe von Zeitepen, die der Verherrlichung des Kaiserhauses und zumal Stilichos, des Heermeisters und Reichsverwesers unter dem jungen Honorius, dienten. Er empfing hohe Ehren; auf dem Trajansforum, dem ‹Kulturzentrum› Roms, wurde ihm eine Statue errichtet, deren Inschrift erhalten ist.

Claudians Œuvre besteht aus drei ungleichen Gruppen. Das Gros machen die zeitgeschichtlichen Epen aus, elf an der Zahl, in der Länge von einem bis zu drei Büchern; auf ihnen zumal beruht Claudians Bedeutung. Ferner sind mythologische Gedichte erhalten und schließlich noch eine Sammlung von kleineren Stücken. Die zeitgeschichtlichen Epen sind teils panegyrischen Inhalts, teils Invektiven. Sie wurden meist für einen bestimmten feierlichen Anlaß verfaßt (der Dichter pflegte sie dann selbst vorzutragen) und behandelten jedenfalls Ereignisse von höchster Aktualität; sie lassen sich daher allesamt exakt datieren. Die panegyrischen Stücke feiern vor allem Konsulate sei es des Kaisers Honorius, sei es Stilichos oder stadtrömischer Adliger; zwei Gedichte behandeln kriegerische Unternehmungen, und das Idyll unter den hochtönenden Enkomien trägt durch ein Epithalamium und Fescenninische Verse, also durch Hochzeitsgedichte verschiedener Art, zum Glanz und Schmuck der Vermählung des Honorius mit Maria, der Tochter Stilichos, bei. Als das umfänglichste Gedicht ragen die *Laudes Stiliconis*, die «Lobpreisungen Stilichos», in drei Büchern, heraus; gerade dort hat Claudian sich bemüht, die eigene Zeit in Roms großer Vergangenheit zu spiegeln und sie als deren Fortdauer erscheinen zu lassen. Die beiden heftigen Invektiven malen zwei oströmische Rivalen Stilichos, die Minister Rufin und Eutropius, in den schwärzesten Farben; mit ihnen hat Claudian bewiesen, daß seine Fähigkeit im Verunglimpfen der im Verherrlichen durchaus nicht nachsteht.

Der lateinische Erstling, das Preisgedicht auf Olybrius und Probinus, stellte den Dichter vor die schwierige Aufgabe, dort zu loben, wo es kaum etwas zu loben gab: die beiden mit dem Konsulat Geehrten waren damals, im Jahre 395, noch blutjung und demzufolge weiße Blätter im Buche der Geschichte. Claudian löste diese Aufgabe, indem er das altbewährte Rezept befolgte, die Preiswürdigen durch den Preis ihrer Ahnen in das günstigste Licht zu rükken. Das aus nahezu 300 Hexametern bestehende Gedicht widmet den Konsuln selbst, den jungen Brüdern, ganze sechs Verse: sie seien fleißige Schüler, äßen nicht zu viel Kuchen und zeichneten sich durch das ernste Wesen von Greisen aus. Im übrigen aber werden die Vorfahren, insbesondere die Eltern gerühmt. Dieser Sachverhalt beweist, daß der Panegyriker nicht blindlings loben durfte: er mußte sich bemühen, die Gegebenheiten, welche die Wirklichkeit ihm darbot, für seine Zwecke zu nutzen. Mit anderen Worten: die rhetorische Steigerung *(auxesis, amplificatio)* war ihm gestattet, ja auferlegt; er durfte indes nicht einfach für existent ausgeben, was in Wahrheit gar nicht existierte. Er durfte übertreiben, aber nicht schlankweg lügen. Ein gut Teil der panegyrischen Technik bestand darin, irgendwelchen Vorkommnissen durch kunstvolle Umschreibungen Glanz und Erhabenheit zu verleihen. So verlautet in dem Gedicht auf Olybrius und Probinus, der Ruf des Vaters Probus sei selbst bis ins südliche Rußland und bis an die Nilquellen gedrungen. Die Lösung für diesen rätselhaften Preis findet man in der Ambrosius-Vita des Paulinus: zwei persische Magnaten, die sich um das Jahr 389 in Italien aufhielten, hätten es sich nicht nehmen lassen, schreibt der Biograph, einen Abstecher nach Rom zu machen, weil sie den mächtigen Probus kennen lernen wollten; diese Tatsache hat der Dichter übertreibend in die Nennung äußerster Regionen eingekleidet. Wer mit der Panegyrik nicht hinlänglich vertraut ist, läuft Gefahr, sie für phrasenhafter zu halten, als sie in Wahrheit ist: sehr oft wurden Fakten, die den Zeitgenossen bekannt waren, durch rhetorische Stilisierung und Steigerung ins Großartige verschlüsselt, und das Vergnügen des Publikums bestand darin, in eben diesen Verschlüsselungen die je gemeinte Realität wiederzuerkennen.

Der Dichter hat das Preislied durch eine Art Handlung belebt. Auf das Lob des Vaters folgt der Bericht, wie es zur Verleihung des Konsulats an das Brüderpaar gekommen sei. Roma, der personifizierte Wille der römischen Senatsaristokratie, machte sich auf, Kaiser Theodosius zu besuchen; Claudian verweilt des längeren bei ihrer äußeren Erscheinung, der einer zweiten Pallas Athene. Sie trifft den Herrscher auf einem Alpenpaß, wo er soeben den Usurpator Eugenius besiegt hatte; sie sieht eingestürzte Türme, rauchende Trümmer und Leichenhaufen, die so hoch sind, daß die von ihnen ausgefüllten Täler mit den Berggipfeln eine Ebene bilden. Theodosius, im üppigen Gras an einen Baum gelehnt, keucht noch und wischt sich den Schweiß von der Stirn. Die beiden gehen in langen, wohlgesetzten Reden sehr höflich miteinander um; kein Wunder, daß Roma den Kaiser um etwas bittet, was für diesen ohnehin beschlossene Sache war – er weiß sich der Verdienste des Probus viel zu gut zu erinnern. Die Freudenbotschaft erreicht die Stadt Rom; die sieben Hügel geben zum Applaus siebenfachen Widerhall, und Mutter Proba webt eigenhändig das Festgewand aus Gold und Purpur. Als der Ehrentag selbst gekommen ist, donnert Jupiter günstige Vorbedeutung, so daß Tiberinus, der gehörnte Flußgott, emporsteigt: er sieht, wie man die jungen Leute aus ihrem Palast abholt. Daraufhin apostrophiert er den Eurotas, seinen Kollegen in Lakonien: mit diesem Brüderpaar könnten sich nicht einmal Kastor und Pollux, die spartanischen Dioskuren, messen, und lädt die Flüsse Italiens zu einem festlichen Mahle ein.

Das graziöse Enkomion enthält bereits alle die Kunstmittel, die Claudian immer wieder verwendet hat. Ein Hauptelement seiner Dichtungen ist die Beschreibung, die detaillierte Schilderung von Personen und Gegenständen, ein anderes die direkte Rede. So gelten der Göttin Roma, ihrem Wagen und ihrer Rüstung mehr als zwanzig Verse; dem von der Mutter hergestellten Festgewand sind fünfzehn Hexameter gewidmet, und nicht weniger als zwölf Verse nimmt sich der Dichter, den Flußgott Tiberinus plastisch vor Augen zu führen. Der Dialog zwischen Roma und Theodosius füllt etwa fünfzig Verse, und die Rede, die Tiberinus gegen Ende des Gedichtes hält, macht nahezu dreißig Verse aus. Demgegenüber tritt die eigentliche Handlung zurück; manchmal genügen dem Dichter wenige Verse, die Verbindung zwischen mehreren Beschreibungen oder Reden, den Bravourstücken seiner Panegyrik, herzustellen. So benötigt er ein Scharnier von ganzen fünf Hexametern, um von der Beschreibung der Roma zur Präsentation des siegreichen, sich ausruhenden Kaisers zu gelangen. Er wartet mit Sequenzen für sich stehender, isolierter Bilder auf, die durch knappe Striche miteinander verknüpft sind: die Technik ähnelt der italienischen Opera seria, worin das die Handlung skizzierende, dürftige Rezitativ ebenfalls die Aufgabe hat, möglichst schnell zwischen den Gesangsnummern zu vermitteln.

Als stoffliches Element der claudianischen Panegyrik fällt vor allem der üppig wuchernde mythologische Apparat ins Auge. Er dient als Schmuck; nicht selten hat er außer seiner ornamentalen Funktion die Aufgabe, die Realität allegorisch einzukleiden und die ihr inhärierende Bedeutung bildhaft vorzuführen. Im Preisgedicht auf Olybrius und Probinus ist der Auftritt des personifizierten Tiber kaum mehr als ein poetisches Ornament; zur Reise der Roma hingegen bemerkt der Historiker Seeck in seiner Ausgabe der Symmachus-Briefe zu Recht: *Ubicumque Claudianus de dea Roma cum petitione aliqua ad Augustum proficiscente verba facit, legatio senatus intelligenda est* – «Wo immer Claudian von der Göttin Roma redet, die mit einem Gesuch zum Kaiser reise, hat man hierunter eine Gesandtschaft des Senats zu verstehen.» In diesem Falle enthält also die mythologisierende Aufbereitung einen realen Kern; die Szene sollte wohl auch den Eindruck hervorrufen, daß das durch die Usurpation des Eugenius gestörte Verhältnis zwischen dem Kaiser und dem stadtrömischen Senat wiederhergestellt sei.

Claudians reichsrömische Gesinnung hat sich sodann in den Dichtungen entfaltet, die am Hof und für den Hof zu Mailand verfaßt wurden, in den Enkomien und Invektiven der Jahre 396 bis 404. Als Beispiel sei das vorletzte Zeitepos vorgeführt, das *Bellum Pollentinum sive Geticum*, das Gedicht «Über den pollentinischen» (nach Pollentia, dem Ort der entscheidenden Schlacht) «oder gotischen Krieg», vom Jahre 402. Im Jahre zuvor waren die Westgoten unter Alarich aus Illyrien, wo sie als *foederati*, als Bundesgenossen des Ostreichs Wohnsitze erhalten hatten, aufgebrochen; sie überschritten die Alpen und eroberten Aquileia, das Handelszentrum am nördlichen Rand der Adria. Stilicho eilte mitten im Winter nach Rätien, ins nördliche Alpenvorland; es gelang ihm, die Vandalen, die dort eingedrungen waren, zu Bündnern zu machen, und außerdem zog er das Gros der Rheintruppen an sich. Er konnte so, nach Oberitalien zurückgekehrt, den dort plündernd einherziehenden Westgoten am Ostertage 402 bei Pollentia südlich Turin die Stirn bieten; die Schlacht verlief unentschieden, wurde jedoch, da Alarich nach Illyrien zurückzukehren versprach, als Sieg gefeiert.

Das Gedicht Claudians vergleicht in einem ersten Abschnitt die Großtat Stilichos mit allerlei mythischen und historischen Geschehnissen: mit den Gefahren, welche die Argonauten zu bestehen hatten, mit dem Pyrrhus- und dem Hannibalkrieg. Stilichos Sieg ragt über all dies weit hinaus, wie die Furchtbarkeit der Bedrohung und die radikale Wende, die der Waffenerfolg bei Pollentia herbeigeführt hat, beweisen. Dann setzt die epische Erzählung ein. Alles schien zusammenzubrechen; man wollte schon nach Sardinien und Korsika fliehen, da böse Vorzeichen und irgendwelche Berechnungen darauf deuteten, daß Roms Ende bevorstand. Stilicho indes ragte auf wie ein Fels, und es gelang ihm, die allgemeine Niedergeschlagenheit zu vertreiben. Der Zug über die winterlichen Alpen, der nunmehr folgt, gibt dem Dichter Gelegenheit zu einer überaus phantasievollen Schilderung:

«Alsbald durchmißt, wo der Comer See mit schattigen Olivenbäumen sein Gestade bekleidet und mit seiner süßen Flut das Meer vortäuscht, Stilicho auf kleinem Schiff das Gewässer; schneller noch besteigt er von dort aus die im Winter unzugänglichen Berge, der Kälte und des Himmels nicht achtend. So tritt, die hungrigen Jungen in der Höhle zurücklassend, dräuender noch in winterlicher Nacht der Löwe hervor, und geräuschlos zieht er, Verderben sinnend, durch den tiefen Schnee; rauh starrt der Hals vom Frost; die goldgelben Zotteln sind zu Eiszapfen verhärtet. Er denkt nicht an tödliche Gefahr, noch kümmert er sich um Stürme oder Kälte, um nur seinen Jungen Nahrung zu verschaffen. Hoch ragt auf in nördlicher Richtung Rätien, dem herkynischen Walde benachbart, das Land, das sich rühmt, Ursprung von Donau und Rhein zu sein, das mit beiden Flüssen das Reich des Romulus schützend begrenzt. Schmal sind sie nahe der Quelle, bald herrschen sie mit tiefer Strömung und zwingen die kleineren Flüsse, wenn die Wogen sich vereinigen, in ihrem Namen aufzugehen: dich, Rhein, nimmt, gespalten in zwiefache Mündung, das Nordmeer auf; den fünfarmigen Donaustrom verschlingt die thrakische See. Beide Flüsse sind schiffbar; beide lassen sich mit Wagen überqueren, wenn ihr Rücken gefroren ist; beide sind Genossen des Boreas und des Mars. Die Gegend aber, wo Rätien sich an die hesperischen Gefilde anschließt, ragt mit steilen Bergjochen zu den Sternen auf und gibt mit Mühe im Sommer einen furchterregenden Weg frei: viele sind schon, als hätten sie Gorgo erblickt, vor Kälte erstarrt, und oft versinken mitsamt den Zugtieren schiffbrüchige Wagen in der weißschimmernden Gruft. Bisweilen verursacht ein Berg durch gleitendes Eis plötzlichen Einsturz und untergräbt, wenn laue Südwinde wehen, an steilem Abhang den unzuverlässigen Halt. Durch diese Gegend eilte mitten im Winter Stilicho: kein Becher Wein, nur wenig Brot; er war zufrieden, wenn er in der Rüstung rasch etwas Nahrung zu sich nahm. Von einem nassen Umhang beschwert, trieb er sein frierendes Pferd voran; kein weiches Polster gewährte dem Ermüdeten eine Lagerstatt; wenn die blinde Nacht durch ihre Finsternis den Weg hemmte, trat er in furchterregende Tierhöhlen, oder er lag unter dem Dach einer Alm, den Nacken auf den Schild gestützt. Bleich steht der Senn vor seinem hohen Gast, und ohne den Namen zu kennen, zeigt die Landfrau ihrem struppigen Sprößling das herrliche Antlitz. Jene harten Nachtlager in schaurigen Wäldern, jener Schlaf unter Massen von Schnee, die Sorgen und die stets wachsamen Strapazen haben den Ländern die jetzige Ruhe, den unerwarteten Frieden dem Staate gebracht: jene Alpenhütten haben dir, Roma, Rettung verschafft. Schon hatten die Völker sich von den Bündnisverträgen losgesagt, und entfesselt besetzten sie, sobald sie von der Niederlage Latiums hörten, die Gebirge von Vindelizien und das norische Land. Sie hielten es wie Sklaven, die eine trügerische Botschaft vom Tode ihres Herrn durch falsche Kunde zu üppigem Treiben entbunden hat: wenn, während sie vom Mahl erschlafft sind und bei Wein und Tanz zügellose Ausgelassenheit das unbewachte Haus durchtobt, ein unvorhergesehener Zufall den heimgekehrten Herrn herbeiführt, dann erstarren sie, wie vom Donner gerührt, und sklavische Angst, die Freizügigkeit verwünschend, zittert in schuldbewußten Herzen – so waren die Aufrührer allesamt beim Anblick des Feldherrn wie betäubt, und durch *einen* Mann leuchteten der Kaiser und Latium und das ganze Reich wieder auf.»

Denn als Stilicho mit dem Heer, das er von allen Seiten zusammengezogen hatte, in Oberitalien erschien, herrschte bei den Römern eitel Freude, bei den Goten jedoch Niedergeschlagenheit. Dort bereute man das kühne Beginnen, und in dem von Alarich einberufenen Rat empfahl ein alter Mann die sofortige Rückkehr nach Illyrien. Alarich aber brauste auf und schnaubte Kampf – die Schilderung der Schlacht entfernt sich weit von der Realität; sie wartet statt dessen mit Allgemeinheiten, mit blutigen Verlusten der Westgoten und reicher Beute der Truppen Stilichos, auf.

Claudians Werk lebt aus den politischen Nöten und Triumphen der Gegenwart; es geht auf in der Feier Roms und derer, die für Rom eintraten. Dieser Bestimmung dient das enorme Aufgebot anschaulicher Ausmalungen, dient vor allem das auffälligste Kennzeichen der Kunst des Dichters: der Schwulst, der Bombast. Die zeitgeschichtlichen Epen strotzen von Superlativen, sie schwelgen in Übertreibungen. Klassizistischer Kunstgeschmack hat hieran Anstoß genommen; richtiger ist es wohl, den Hang zum Grandiosen als Ausdruck einer einzigartigen dichterischen Kraft zu bewerten und zu genießen. Claudians Darstellungsweise beruht weniger auf einem gesuchten Stil als auf einem bestimmten Verhältnis zur Wirklichkeit: nicht Wortwahl und Satzbau, sondern der Inhalt, die übersteigerten, nicht selten ins Absurde führenden Aussagen machen das Besondere dieser Dichtung aus. In Sprache und Versbau ist Claudian glanzvoll, von sicherer Leichtigkeit und überaus geschmeidig; er hat sich wie kaum ein anderer Dichter der Spätantike die augusteische Klassik und die Silberne Latinität bis hin zu Juvenal anzueignen gewußt. Die Inhalte jedoch, die gigantischen Taten zumal, die Stilicho vollbracht haben soll, scheinen zu brüskieren, weil sie der Realität Hohn sprechen: in ihnen bekundet sich eine autonome Phantasiewelt, die ihre Wahrheit in sich trägt und sich nicht nach der Elle historischer Faktizität bemißt. Zu dieser Welt gehört auch der mythologische Apparat. Claudian scheint dem Namen nach Christ gewesen zu sein (unter den Carmina minora findet sich ein Stück, das *De salvatore* betitelt ist und eine Christologie in nuce enthält; seine Echtheit läßt sich nicht ernstlich bezweifeln); gleichwohl hatte Augustin recht, wenn er von ihm behauptete, daß er *a Christi nomine alienus*, «dem Christentum abgeneigt» gewesen sei: er hat zum letzten Male in glühenden Farben die wunderbare Macht der antiken Götter beschworen. Hiermit bekennt er sich zu genuin heidnischer Religiosität, zum Glauben an die Diesseitsbezogenheit der göttlichen Kräfte, zum Glauben daran, daß die göttliche Fürsorge das hic et nunc, das je aktuelle politische Geschehen, die Wohlfahrt Roms zum Gegenstand habe. Auf den Nachgeborenen wirken dieser Glanz und diese Glut zugleich fahl und gespenstisch: ihm will scheinen, daß die übersteigerte Intensität der Zeitepen Claudians die dort verherrlichte Realität, die Taten Stilichos, nicht transparent, sondern irreal mache; er ist geneigt, in diesem Szenarium ein letztes Aufflackern des dem Untergang geweihten Heidentums zu sehen.

6

Philosophie in Rom

Der Neuplatonismus

In der frühen Kaiserzeit, während der beiden ersten nachchristlichen Jahrhunderte, hatte sich die Polisverfassung noch ziemlich ungeschmälert behauptet: das Reich war großenteils ein Konglomerat von Stadtstaaten mit je eigener Verwaltung, innerhalb deren sich das kulturelle und wirtschaftliche Leben entfaltete. Hierzu gehörte ein bestimmter Typus von Religion und Kultübung, die Polisreligion: die Verehrung der Götter, zumal der jeweiligen Schutzpatrone, war ganz und gar Sache jeder einzelnen Stadt; sie vollzog sich im Rahmen je eigener an bestimmte Örtlichkeiten gebundener Feste und Riten. Die Krise des 3. Jahrhunderts führte auch auf diesem Felde zu großen Veränderungen: die überkommenen Kulte verödeten und starben ab wie die Autonomie ihrer Träger, der Städte, und in das Vakuum, das so entstand, drangen religiöse Strömungen überörtlichen, universalen Zuschnitts ein, insbesondere die orientalischen Erlösungslehren, allen voran der Mithraskult und das Christentum.

In analoger Weise hat die Krise des 3. Jahrhunderts auch für die Philosophie, den philosophischen Glauben der gebildeten Schichten Epoche gemacht. Die Polisverfassung der vorangehenden Zeit hatte dem Individuum viel Freiheit zugestanden; das Korrelat hierzu war vor allem die Ethik der Stoa gewesen, die dem einzelnen Maximen an die Hand gab, den jeweiligen Anforderungen seiner personalen und sozialen Verhältnisse zu genügen. In der Spätantike hat die Stoa keine herausragende Rolle mehr gespielt; an ihrer Stelle verbreitete sich der Neuplatonismus über die römische, griechische und orientalische Welt, und dies bedeutete, daß nunmehr metaphysischen Spekulationen großes Gewicht beigemessen wurde und daß sich die Ethik von der Lebenspraxis abwandte, daß sie aus der Wirklichkeit fort- und zum Geistigen, zum Göttlichen hinstrebte.

Der Hang zum Spiritualismus, der Hunger nach Transzendenz war das Kennzeichen, in das die orientalischen Religionen und der Neuplatonismus sich teilten: diese Lehren beruhten allesamt auf einem mehr oder minder scharf ausgeprägten dualistischen Weltbild, mit den beiden Sphären des Geistes und der Materie, des Lichtes und der Dunkelheit, des Guten und des Bösen. Ihren Anhängern verhießen sie die Erlösung aus dem Reich der Materie und der Sinne und den Aufstieg in eine ewige, rein geistige Existenz. Der Preis, den sie hierfür forderten, bestand teils in Kultakten, denen ihre Adepten sich unterziehen mußten, teils in einer streng sittlichen, ja asketischen Lebensführung. Im Unterschied zum Judentum und Christentum waren die orientalischen Religionen und das System des Neuplatonismus, das selbst Züge einer Religion hatte, weithin miteinander vereinbar: man konnte, wie das Beispiel des Vettius Agorius Praetextatus zeigt, als eine und dieselbe Person zahlreichen Kultgemeinschaften angehören, und die neuplatonische Philosophie betrachtete es als eine ihrer vornehmsten Aufgaben, die religiösen Traditionen, seien sie griechisch-römischer oder orientalischer Herkunft, in ihr großes Lehrgebäude einzubeziehen, wobei sie die vielfältigen Gottheiten als Brechungen eines und desselben Gottesgedankens deutete.

Der Neuplatonismus, das philosophische System, das vom 3. bis zum 6. Jahrhundert in der ganzen antiken Welt die geistige Führung, ja die Alleinherrschaft innehatte, war ein Erzeugnis von Griechen und gräzisierten Orientalen. Die Römer haben sich an seiner Begründung und Entwicklung nicht beteiligt; sie blieben auch bei dieser letzten großen Leistung des griechischen Geistes auf die Rolle von Nehmenden beschränkt. Hierbei haben sie dann allerdings eine ihren Traditionen und ihrer Wesensart gemäße Auswahl aus den vielfältigen Möglichkeiten, welche das voll entfaltete System darbot, getroffen. Paradoxerweise hat der Neuplatonismus in Rom seine erste Heimstatt gefunden. Plotin, aus Ägypten, der Gründer der Schule (204–270), der in Alexandrien eine lange Lernzeit absolviert hatte, begab sich, man weiß nicht warum, im Jahre 244 in die Hauptstadt und eröffnete dort eine Schule, die er bis kurz vor seinem Tode leitete. So traf es sich, daß, während die lateinische Literatur in tiefer Agonie verharrte, in deren einstigem Zentrum die letzte Phase der griechischen Philosophie ihren Ausgang nahm. Plotin war ein erfolgreicher Lehrer, der offenbar auch in die Breite gewirkt hat; die Biographie seines Schülers Porphyrios nennt etliche Senatoren, die es nicht verschmähten, seine Vorträge zu besuchen. Vor allem aber wandte ihm, wie schon erwähnt wurde, der philhellenisch gesinnte Kaiser Gallienus seine Gunst zu, und es fehlte wenig daran, daß dieser Herrscher seinem Wunsche entsprochen und ihm in Kampanien Land für die Gründung einer Stadt geschenkt hätte, die den Namen Platonopolis erhalten sollte. Dort gedachte Plotin mitsamt seinen Anhängern nach der Verfassung zu leben, die einst Platon entworfen hatte. Aus dem Vorhaben wurde nichts; die Schule in Rom aber überlebte ihren Gründer: sie blieb offenbar bis zum Tode des Nachfolgers Porphyrios (etwa 233–304) bestehen. Dann scheint sie erloschen zu sein; Jamblichos, der berühmteste Schüler Porphyrs, hat in Apameia am Orontes (Syrien) gelehrt. Daß sie irgendwelche unmittelbaren Wirkungen auf die neuplatonisch gesinnten Römer des späten 4. Jahrhunderts, auf Symmachus und andere, ausgeübt hätte, ist nicht erkennbar.

Die Bezeichnung ‹Neuplatonismus› ist modern; sie hebt hervor, daß sich das so benannte System erheblich von den Lehren Platons unterscheidet. Die Neuplatoniker selbst wollten das Verhältnis zu ihrem Archegeten nicht so gesehen wissen; sie betrachteten sich vielmehr in rückwärts gewandter Blickrichtung als die Hüter und Bewahrer der Platonischen Philosophie, kurz, als orthodoxe Platoniker. Plotin z. B. nimmt die Erörterung der höchsten Seinsstufen seiner Metaphysik zum Anlaß, sich wie folgt über seine Stellung zu Platon zu äußern:

«Diese Theorien sind nicht neu, und sie wurden auch nicht erst jetzt, sondern vor langer Zeit ausgesprochen, allerdings ohne daß sie entfaltet worden wären, und diese Theorien hier sind lediglich die Interpreten jener alten, wobei sie die Schriften Platons selbst zum Zeugnis nehmen, daß jene Lehren alt sind.»

Die Neuplatoniker waren also weit davon entfernt, ihr System für eine Neuerung, für eine über Platon hinausgehende Leistung zu halten; sie glaubten, die Platonischen Lehren auszulegen und nur explizit vorzuführen, was dort implizit zum Ausdruck gebracht worden war. Die Analogie zur Einstellung der heidnischen Aristokratie in Rom ist unverkennbar: hier wie dort blickte man verehrungsvoll zu einer fernen Vergangenheit auf, mit dem Ziel, das Erbe, das sie hinterlassen hatte, wieder zur Geltung zu bringen. Hiermit ist auch erklärt, daß die Neuplatoniker – außer Plotin – die Form des Kommentars bevorzugten: sie trugen ihre Lehren als Erläuterungen zu einzelnen Dialogen Platons vor, wobei sie es zu großem Geschick brachten, diese Lehren aus Platonischen Gedanken oder Andeutungen davon abzuleiten.

Die Spätantike hat auf vielen Gebieten Synthesen der gesamten Überlieferung hergestellt; die griechischen Lexika, die lateinischen Enzyklopädien oder das Corpus Iuris Justinians sind besonders auffällige Beispiele für diese Tätigkeit. Auch der Neuplatonismus hat sich hieran beteiligt: weniger durch einzelne Autoren, die in umfänglichen Werken die gesamte Philosophie oder wesentliche Teile davon dargestellt hätten (der Plan des Boethius, die ganze Hinterlassenschaft sowohl Platons als auch des Aristoteles zu übersetzen und zu kommentieren, lief auf etwas derartiges hinaus), als vielmehr dadurch, daß er nahezu allen Schulen und Dogmen Eingang in sein geräumiges Lehrgebäude gewährte. Nur für die sensualistische und hedonistische Botschaft Epikurs konnte er seinem Wesen nach nichts übrig haben; im übrigen aber duldete und benutzte er ältere Lehren desto lieber, je mehr sich in ihnen systematische, spekulative oder mystische Bedürfnisse bekundet hatten. Seine Anhänger haben sich gewiß zuallererst auf Platon gestützt, und zwar nicht nur auf dessen Werke selbst, sondern auch auf deren Interpretation durch die sogenannten Mittelplatoniker. Im übrigen aber glaubten sie trotz ihres ausgeprägt dualistischen Weltverständnisses die eher monistisch und pantheistisch gesonnene Stoa nicht verschmähen zu sollen, und mit besonderem Eifer bemächtigten sie sich der Theorien, die als pythagoreisch galten, etwa der überaus kombinationsfreudigen Zahlenmystik. Daß sie auch für die religiösen Bewegungen, die wie sie selber ihren Anhängern das Seelenheil in Aussicht stellten, ein offenes Ohr hatten, wurde schon erwähnt; einige von ihnen bekannten sich sogar zu dem handfesten Dämonenglauben, der damals allenthalben, auch unter Christen, wucherte, und zu den magischen Praktiken des Götterzwangs, der sogenannten Theurgie.

Von derartigen Neigungen hat sich allerdings der Gründer der Schule, Plotin, freizuhalten gewußt. Sein Werk besteht aus 54 Abhandlungen, bei deren Anordnung die Zahl Neun eine Rolle spielt; so erklärt sich der Titel «Enneaden» (von ἐννέα/ennea, «neun»). Die Anordnung geht nicht auf den Autor selbst zurück, sondern auf eine postume Ausgabe, die Porphyrios veranstaltet hat. Plotins Schriften behandeln mit großer Energie und Folgerichtigkeit die Lehre vom Sein, die Ontologie, die zugleich Metaphysik ist. Die Welt wird als ein hierarchisch geordnetes Ganzes geschildert, dessen Seinsstufen in abnehmender Vollkommenheit vom obersten göttlichen Prinzip bis zur Materie herabführen. Diese Seinsstufen oder Hypostasen («Substanzen») gehen sukzessive auseinander hervor, vom Ἕν, dem Ur-Einen, über die Vernunft und die Weltseele weiter zu den sichtbaren Dingen, so daß selbst die untersten Stufen bei aller Mangelhaftigkeit noch etwas von der Schönheit und Ordnung des obersten Prinzips enthalten. Plotin will den gestuften Kosmos nicht als ein starres, unveränderliches Gebilde verstanden wissen, sondern als von großer Dynamik erfüllt: wie die Hypostasen auseinander hervorgehen und hierbei jeweils Einbußen an Seinshaftigkeit erleiden, so streben sie auch wieder zurück in größere Vollkommenheit, eine jede Hypostase zunächst in diejenige, die ihr in der Seinsordnung vorausgeht – bis schließlich alles wieder in dem Ursprung alles Seienden, dem Einen, aufgegangen ist. Der Hierarchie- oder Repräsentationsgedanke gehört zum Grundbestand der neuplatonischen Philosophie, die hiermit in frappanter Weise die gesellschaftlichen Verhältnisse des spätrömischen Reiches zu spiegeln scheint: auch die Gesellschaft war damals ein hierarchisch geordnetes, streng nach Rängen gegliedertes Ganzes, dessen Elemente sich unaufhörlich in sei es auf-, sei es absteigender Linie bewegten.

Plotin hat diesen Weltentwurf nicht um seiner selbst willen vorgeführt. Es geht ihm vielmehr auch hierbei um die Rolle, die dem Menschen in dem Ganzen zukommt. Der Mensch hat als leib-seelisches Doppelwesen Anteil sowohl an der Sphäre des Materiellen als auch am Geist, und wie allen Substanzen, so ist auch ihm aufgegeben, sich aus den Verstrickungen in die Materie zu befreien und zu höherem, gültigerem Sein aufzusteigen, bis zur Vereinigung mit Gott. Diese letzte Stufe des Fortschritts ist allerdings nicht mehr wie die vorangehenden der ausdauernden Anstrengung des Denkens zugänglich; das Aufgehen im allumfassenden Einen ist nur noch in der Ekstase, in der mystischen Schau möglich, in einem selten begegnenden Zustand, der nur dem Philosophen nach langem Bemühen als eine Art Vorgriff auf die geistige Existenz nach dem Tode zuteil wird.

Plotins Nachfolger Porphyrios war ein überaus vielseitiger Gelehrter; mit ihm begannen die literarischen Bemühungen der Neuplatoniker in verschiedene Richtungen auseinanderzustreben. Daß von seinem umfangreichen Œuvre ziemlich wenig erhalten ist, muß wohl seiner Streitschrift gegen die Christen angelastet werden; das Corpus Iuris hat den Erlaß des Jahres 448 bewahrt, worin Theodosius II. und Valentinian III. die Verbrennung alles dessen befahlen, was Porphyrios «von seinem Wahnsinn getrieben gegen die ehrwürdige christliche Religion vorgebracht» habe. Ein Teil des Erhaltenen kam, wie die Edition der «Enneaden», der Person und dem Werk des Lehrers zugute: die schon erwähnte Biographie sowie die «Hilfen zur Annäherung an die geistige Welt», eine katechismusartige Zusammenfassung der Philosophie Plotins. Unter dem übrigen ragt eine Einführung in die Logik des Aristoteles, eine Abhandlung zu dessen Kategorienschrift hervor; sie erörtert die Begriffe Gattung, Art, Differenz, spezifisches Merkmal und Akzidens, wovon sie den Titel *Quinque voces* erhielt. Sie diente während des Mittelalters, unter anderem in der Übersetzung und mit den Kommentaren des Boethius, als Elementarbuch der Logik. Von ganz anderer Art ist die vier Bücher umfassende Schrift «Über die Enthaltung vom Fleischgenuß», genauer: «von beseelten Wesen». Sie bekundet pythagoreische Tradition; deren Kernstück, die Seelenwanderungslehre, die Verkörperungen auch in

Tierleibern annahm, empfahl die Beschränkung auf vegetarische Kost. Wieder in eine andere Richtung weist die Abhandlung «Über die Nymphengrotte»: die Homerische Beschreibung der Höhle auf Ithaka, vor der die Phaiaken den schlafenden Odysseus niederlegen, wird im Sinne der neuplatonischen Lehre als Allegorie des Schicksals der Seele gedeutet. Im übrigen hat Porphyrios Kommentare zu Platonischen und Aristotelischen Schriften verfaßt (sie sind allesamt verloren) und sich andererseits dazu verstanden, über «Philosophische Erkenntnisse aus Orakeln» zu reflektieren; in dieser Abhandlung aus seinen jungen Jahren grassieren, wie die Reste zeigen, Dämonenglaube und Theurgie.

In der auf Porphyrios folgenden Generation wurde die Vielfalt der Bestrebungen, deren sich die neuplatonische Philosophie als fähig erwies, in der Weise manifest, daß sich eine Anzahl verschiedener Schulen etablierte. Man könnte wohl auch von Sekten reden, wäre nicht der Unterschied, daß es anders als beim Christentum innerhalb des Neuplatonismus keine ‹Großkirche› und keine ‹Orthodoxie› gegeben hat. Den Schulen blieb viel Gemeinsames; sie hoben sich nur dadurch voneinander ab, daß sie jeweils in bestimmte Richtungen tendierten und bestimmte Gebiete bevorzugten. Die syrische Schule zu Apameia, die Gründung des Porphyrios-Schülers Jamblichos, sowie die alte Akademie Platons in Athen ließen sich vor allem die Metaphysik angelegen sein. Hierbei ging es hauptsächlich um den Ausbau der Plotinischen Hypostasenlehre: man bemühte sich durch die Annahme zusätzlicher Seinsstufen um minder schroffe Übergänge; hierbei kam dem Gedanken der Emanation, des Heraustretens der je niedrigeren Schicht aus der je höheren, besondere Bedeutung zu. Dieses System kulminierte im Werk des Proklos (etwa 411–485), des Scholastikers avant la lettre. Die Schule von Pergamon wiederum nahm sich nachdrücklich der heidnischen Religionen an; hier erfreuten sich auch magisch-theurgische Praktiken besonderer Gunst. Der prominenteste Vertreter dieser Richtung war kein anderer als Kaiser Julian. Schließlich die Schule von Alexandrien: dort herrschte ein nüchternerer Geist; man kümmerte sich verhältnismäßig wenig um Metaphysik und Theologie und suchte statt dessen die exakten Wissenschaften zu fördern. Die weltanschaulichen Prämissen verblaßten allmählich derart, daß man sich selbst mit dem Christentum arrangierte. Die Neuplatoniker hatten sich seit den Tagen Porphyrs auch der Schriften des Aristoteles, zumal seiner Logik angenommen; die Neigung hierzu wuchs im Laufe der Zeit allgemein, und zwar ziemlich unabhängig davon, welche Richtung eine jede Schule eingeschlagen hatte. In der Spätzeit trat das Bedürfnis nach ontologischer Spekulation offenbar etwas zurück.

Die Römer haben zu diesem großen Panorama, wie schon angedeutet wurde, keinen eigenen Beitrag geleistet; wohl aber fanden die neuplatonischen Lehren bei ihnen starken Widerhall, und zwar in beiden Lagern, bei den Christen nicht weniger als bei den Heiden. Die Früchte davon sind Übersetzungen Platonischer und Aristotelischer Schriften sowie Kommentare dazu, ferner die von Macrobius verfaßte Interpretation zum *Somnium Scipionis*, zum «Traum Scipios», zum ‹Schlußmythos› des staatstheoretischen Hauptwerks von Cicero. So hat ein gewisser Calcidius, ein Christ, die erste Hälfte des Platonischen *Timaios* sowohl übersetzt als auch ausführlich kommentiert; das Werk erfreute sich im Mittelalter als Quelle für die neuplatonische Kosmologie großer Wertschätzung. Ferner haben sich Marius Victorinus und etwa anderthalb Jahrhunderte später Boethius übersetzend und kommentierend eines Teils des Aristotelischen Organon (d. h. der logischen Schriften) angenommen, und beide ließen der hierfür von Porphyrios verfaßten Einführung, den *Quinque voces*, dieselbe Behandlung angedeihen. Von alledem haben nur die gediegeneren Fassungen des Boethius die Zeiten überdauert. Verloren sind auch ähnliche Arbeiten des Praetextatus, und von den philosophischen Schriften des Mallius Theodorus weiß die Nachwelt nur, weil Claudian sie in dem Enkomion erwähnt, das er auf das Konsulat des in der Zivilverwaltung verdienten Mannes gedichtet hat. Diese Bilanz deutet schon darauf, daß sich die Römer ähnlich wie die alexandrinische Schule auf die handfesteren Bereiche des neuplatonischen Systems konzentrierten; ihre spekulativen Bedürfnisse scheinen denn auch über den Zustand der Seinslehre, den Plotin und Porphyrios erreicht hatten, nicht hinausgegangen zu sein. Sie zeigten indes einen ausgeprägten Sinn für das Symbolische oder Repräsentative, das den aufeinander verweisenden Stufen der neuplatonischen Ontologie inhärierte; hierfür sind der allegorische Rahmen der Enzyklopädie des Martianus Capella oder die Götteridentifikationen in den «Saturnalien» des Macrobius eindrucksvolle Zeugnisse.

Ein lateinisches Kompendium der neuplatonischen Philosophie

Ciceros Schrift *De re publica*, dem Range nach der *Politeia* Platons oder dem «Gottesstaat» Augustins vergleichbar, ist, anders als diese beiden Werke, nur trümmerhaft überliefert. Sie wurde in der Spätantike noch mit Eifer studiert, und zwar vor allem von den Kirchenvätern; danach ist sie verlorengegangen. Erst im Jahre 1820 kamen Teile von ihr, Stücke, die insgesamt etwa ein Viertel des Werkes ausmachen, wieder zum Vorschein: man entdeckte in der Bibliothek des Vatikan einen Palimpsest, zweifach beschriebene Pergamentblätter, deren ursprünglicher Text, eben jene Stücke der Ciceronischen Staatsschrift, noch ziemlich gut lesbar war. Von diesem bedauerlichen Schicksal blieb lediglich der Schluß verschont, eine etwa zehn Seiten lange Partie. Dort wird nach dem Vorbild Platons durch die Chiffre eines konstruierten Mythos zum Ausdruck gebracht, was über die rationale Argumentation, die sonst den Gang der Erörterung bestimmt, hinausgeht. Der spekulative Inhalt (es geht um die Fortexistenz nach dem Tode) reizte Macrobius, die Partie im Sinne der neuplatonischen Metaphysik zu deuten, und so blieb mit der Erläuterungsschrift auch der erläuterte Text vollständig erhalten.

Diese aus zwei Büchern bestehende Schrift ist nichts Geringeres als ein in lateinischer Sprache verfaßtes Kompendium wesentlicher Teile der neuplatonischen Philosophie. Sie hat daher zu den für das Wissen und Denken des Mittelalters grundlegenden Werken gehört; sie war bis zur Renaissance die wichtigste Quelle für den Neuplatonismus, über die der lateinische Westen verfügte. Ihr Inhalt ist überaus vielfältig: Macrobius befaßt sich in ihr mit Traummantik und Pythagoreischer Zahlenmystik, mit dem Tugendsystem Plotins und mit dem Ursprung der Seele; etwa die

Hälfte ist der Astronomie und der Geographie gewidmet, und ein größerer Abschnitt am Schluß gilt dem Beweis der Unsterblichkeit der Seele. Das Werk ist eine Kompilation; Macrobius hat sich offenbar vor allem an jetzt verlorene Schriften des Porphyrios gehalten. Immerhin hat er – anders als Calcidius – nicht einfach einen Text von Platon mitsamt den zugehörigen Erläuterungen ins Lateinische übertragen: er hat sich aus eigener Wahl für eine lateinische Vorlage entschieden, die sich wegen ihres pythagoreisch-platonischen Inhalts gut für seine Zwecke eignete, und dies bedingte, daß er die von Porphyrios und anderen übernommenen Partien nicht nur übersetzen, sondern auch nach Maßgabe des Grundtextes selbständig arrangieren mußte. Er hat sich seiner Aufgabe mit Geschick entledigt; im großen ganzen ist es ihm gelungen, den bisweilen ziemlich spröden Stoff klar und verständlich darzulegen.

Moderne Betrachtungsweise ist geneigt anzunehmen, daß der Ciceronische Text bei Macrobius nur eine Hilfsfunktion habe, daß die Traumerzählung nur als Vorwand für den eigentlichen Zweck des Werkes, für eine bündige Einführung in die neuplatonische Metaphysik und Kosmologie diene und daß in Wahrheit ein Potpourri nahezu selbständiger, mit den angeblich erklärten Mythologemen kaum noch zusammenhängender Traktate vorliege. Diese Betrachtungsweise setzt sich indes in Widerspruch zur erklärten Absicht des Kommentators: die Darlegungen über die Sphärenharmonie enden mit der Bemerkung, dem Leser solle die übrige Musiktheorie erspart bleiben; denn wenn Cicero auch an der zur Erörterung stehenden Stelle die Musik erwähne, so dürfe man gleichwohl als Kommentator nicht alles bringen, was mit Musik zusammenhänge, und man müsse sich auf das zur Erläuterung Notwendige beschränken. Wer überflüssigen Wissensstoff ausbreite, verdunkele den Text, statt ihn zu erhellen. Aus dieser Äußerung geht deutlich hervor, daß Macrobius wirklich einen Kommentar hat schreiben wollen. In seinen Augen war der von Platon abhängige Cicero höchste Autorität für die neuplatonische Lehre, und er hatte so wenig wie die griechischen Neuplatoniker eine Vorstellung von der Kluft, die diese Lehre von ihrem angeblichen Stifter trennte.

Cicero hat im Kommentar zum *Somnium Scipionis* dieselbe Position inne wie Vergil in den «Saturnalien»: er gilt dem Autor als unfehlbar, als *conviciis impenetrabilis*, «unerreichbar für Kritik», wie es einmal heißt. So erklärt sich, daß in den unscheinbarsten Wendungen des Ciceronischen Textes ein tiefer Sinn, d.h. die neuplatonische Theorie, vermutet wird, und so erklären sich weiterhin die Auslegungskunststücke, die diesen Sinn erweisen sollen, sowie die nach heutigen Begriffen nicht gerechtfertigte Ausführlichkeit der Erläuterungen. Cicero sei eben, erklärt Macrobius zur nicht geringen Verwunderung des heutigen Lesers, als Schriftsteller *verborum parcus*, jedoch *rerum facundus*, «sparsam an Worten, reich an Inhalten» gewesen und habe sich darauf verstanden, komplizierte Theorien in wenigen Worten zu umreißen.

Cicero läßt den jüngeren Scipio, einen der Hauptunterredner seines Dialoges über den Staat, einen Traum erzählen, der ihm erschienen sei. Macrobius nimmt dies zum Anlaß, eine Klassifikation der Träume vorzutragen. Es gebe fünf Arten von Träumen, heißt es hier; in drei Arten kündige sich Künftiges an, während die beiden anderen bedeutungslos seien. So hätten alle Erscheinungen, in denen sich lediglich die Betätigungen oder Sorgen des Tages fortsetzten, keinerlei Aussagekraft, und dasselbe gelte für ‹Phantasmen›, d.h. für jene Assoziationen, die sich während des Einschlafens einzustellen pflegen. So bleiben drei zukunftsträchtige Typen übrig: eine gewichtige Persönlichkeit sage etwas voraus, oder man sehe den bevorstehenden Vorgang unmittelbar vor sich, oder man träume etwas in Symbole Gehülltes, das der Auslegung bedürfe.

Die erste Person, die in dem Traum auftritt, ist der Großvater des Sprechers, der ältere Scipio, der Sieger über Hannibal; er läßt seinen Enkel in feierlichen Worten wissen, daß sich sein Schicksal erfüllen werde, wenn sein Alter achtmal sieben Umläufe der Sonne vollendet habe. Diese Aussage benutzt der Kommentator zu einer umfänglichen Einführung in die Zahlenmystik, wobei ihm das von Cicero den Zahlen Sieben und Acht zuerkannte Merkmal *plenus*, «voll, vollkommen», sehr gelegen kommt. Die hier dargebotenen Spekulationen waren ein Erbstück aus pythagoreischer Tradition, das zumal während der Spätantike große Resonanz fand. Sie beruhen aus heutiger Sicht auf einer schier grenzenlosen

Überschätzung der Ordnungsfunktion der Zahl: nicht Beobachtung legt die Auswahl der Inhalte fest, die miteinander verknüpft werden, sondern die Willkür des deutenden Subjekts. Im Lichte der neuplatonischen Metaphysik jedoch hatte das Ganze durchaus einen Sinn: die Zahl diente dem Aufstieg von der Körperwelt zum Unkörperlichen, vom Schein zum Sein; sie galt als die Gegebenheit, durch die die Welt am Göttlichen partizipierte.

Dies zeigt sich sofort bei der Erklärung des Begriffes *plenus:* alle Zahlen seien «vollkommen», schreibt Macrobius; sie seien die *prima perfectio incorporalitatis,* «die erste Stufe der Unkörperlichkeit» für ein Denken, das zum Überirdischen strebe, da sich die Körper nach ihrer Oberfläche bemessen, die Oberfläche nach den sie begrenzenden Linien und die Linien wiederum nach Zahlen. Der Acht und der Sieben eignet indes noch eine spezifische Vollkommenheit, der Acht unter anderem, weil sie die Gerechtigkeit symbolisiere: sie lasse sich in zwei gleiche Teile zerlegen, die man abermals in je zwei gleiche Teile gliedern könne. Die spezifische Vollkommenheit der Sieben beruhe auf den Paaren, aus denen sie sich zusammensetze, auf den Paaren 1 und 6, 2 und 5, 3 und 4. Bei der Behandlung der Eins nimmt Macrobius Gelegenheit, auf die obersten Seinsstufen der neuplatonischen Metaphysik einzugehen, auf das Ἕν, die Vernunft und die Weltseele, die sämtlich durch die Eins ihr Wesen empfangen. Die Eins stehe ihrerseits in enger Beziehung zur Sieben, die das Jungfräuliche bedeute; die Sieben sei nämlich aus der Eins erzeugt wie die jungfräuliche Göttin Athene als Kopfgeburt des Zeus (d. h. man kann sie nicht in ganze Zahlen teilen) und sie erzeuge ihrerseits innerhalb der ersten Dekade kein Vielfaches (zweimal sieben ergibt bereits vierzehn). So geht es fort mit der Sechs sowie mit den Paaren 2 und 5 und 3 und 4, und schließlich verlautet von der Sieben, daß sie deshalb eine heilige Zahl sei, weil sie die Anzahl der Zahlen nenne, auf denen die Weltseele beruhe. Denn Platon hatte der Weltseele außer der Eins die Größen 2, $2^2 = 4$ und $2^3 = 8$ sowie 3, $3^2 = 9$ und $3^3 = 27$ zugewiesen, d. h. die für die Tonskala konstitutive Zahlenfolge 1, 2, 3, 4, 9, 8, 27 (die Relation 1 : 2 ergibt eine Oktave, die Relation 2 : 3 eine Quinte usw.); diese Folge aber besteht aus insgesamt sieben Zahlen. Macrobius wartet noch mit nicht wenigen weiteren ‹Beweisen› auf; so offenbart sich die Sieben dadurch als Chiffre für den Kosmos, daß sie die Reihe der Zahlen abschließt, aus deren Addition sich die Länge des Monats (28 Tage) ergibt. Derlei Kombinationen klingen für heutige Ohren reichlich abstrus; man muß sich jedoch stets daran erinnern, daß sie die Konsequenz eines Denkens waren, das aus der Welt der wechselnden Erscheinungen in den Bereich des Sich-Gleichbleibenden, Göttlichen vorzudringen suchte. Die neuplatonische Zahlensymbolik erinnert an die sogenannte Dingallegorese der Christen: wie man hier mathematische oder physikalische Größen in willkürlicher Setzung als Zeichen für Übersinnliches nahm, so dienten dort Personen oder Gegenstände, die in der Bibel vorkamen, als Hinweise auf die Glaubensinhalte, auf Christus und das von ihm in Gang gesetzte Heilsgeschehen, wobei man sich ebenfalls mit dürftigen äußeren Anhaltspunkten zufrieden gab, das eine mit dem anderen zu verknüpfen.

Im Anschluß an die Zahlenmystik skizziert Macrobius das von Plotin und Porphyrios ersonnene Tugendsystem, bei dem es sich offensichtlich um eine der Seinsordnung entsprechende Hierarchisierung von Elementen der Platonischen Ethik handelt. Man müsse vier Gattungen der vier Kardinaltugenden unterscheiden, verlautet hier: über den vier politischen oder bürgerlichen, im Sinne der *Politeia* Platons definierten Tugenden stünden die vier *virtutes purgatoriae*, die «reinigenden Kräfte» des dem Jenseits zugewandten Philosophen; die nächsthöhere Stufe wiederum nähmen die *virtutes animi purgati*, die «Eigenschaften der gereinigten Seele», d. h. des vollendeten Menschen ein, und an der Spitze des Tugendgebäudes, in der denkenden Substanz, im νοῦς, hätten die *virtutes exemplares*, die Vorbilder aller Tugendhaftigkeit ihren Platz.

Der nächste Abschnitt befaßt sich mit dem Ursprung der Seele und ihrem Abstieg in den Körper, eine Lehre, die wie die Zahlenmystik in letzter Instanz auf Pythagoras zurückging. Hier verdient zumal die allegorische Auslegung der Mythen vom Jenseits Aufmerksamkeit: wieder einmal wird etwas Überkommenes als Symbol genommen, das über sich hinaus auf ein eigentlich Gemeintes verweist. Mit der Stätte der Unterirdischen, der Hölle, schreibt Macrobius, sei der Körper gemeint. Der Lethefluß, aus dem im

Mythos die Seelen trinken müssen, ehe sie in ein irdisches Leben zurückkehren dürfen, symbolisiere, daß der Mensch nur zu geneigt ist, seinen wahren Ursprung, das himmlische Leben zu vergessen; der Phlegethon, der Feuerstrom des Hades, stelle die Begierden und Affekte dar. In ähnlicher Weise werden die Qualen der Unterweltsbüßer auf Gegebenheiten des in die sinnliche Sphäre gebannten Lebens bezogen: die Geier, die dem Titanen Tityos die stets nachwachsende Leber zerhacken, sind ein Bild für die unaufhörlichen Martern des schlechten Gewissens; die Leiden des Tantalos zielen auf die Habgier usw. Gegen Ende des Abschnitts kommt Macrobius auf die obersten Seinsstufen, auf die Dreiheit Ἕν (oder Gott), Vernunft, Weltseele zurück (er hatte sich bereits bei der Erörterung der Zahl Eins mit diesem Thema befaßt); hier verlautet zur kosmischen Hierarchie und zu deren innerem Zusammenhalt:

«Da aus der höchsten Gottheit die Vernunft und aus der Vernunft die Weltseele hervorgeht, da die Weltseele alles erschafft und mit Leben erfüllt, was danach kommt, und da dieses eine Licht alles erhellt und überall aufscheint, wie ein einziges Gesicht in vielen in einer Reihe aufgestellten Spiegeln, und da alles in zusammenhängender Stufung aufeinanderfolgt, indem es, in einer Reihe bis zum Untersten fortschreitend, abnimmt: so wird man, wenn man genauer hinschaut, einen von der höchsten Gottheit bis zum letzten Bodensatz der Dinge reichenden Zusammenhang finden, der durch wechselseitige Bindeglieder zu einer Einheit verknüpft und nirgends unterbrochen ist. Und dies ist die Goldene Kette des Homer, von der er sagt, daß der Gott befohlen habe, sie vom Himmel auf die Erde herabhängen zu lassen.»

Auf eine zusammenhängende Darstellung der wissenschaftlichen Astronomie, die den Rest des ersten Buches füllt (auch diese Dinge fanden Eingang in das neuplatonische System), folgt zu Beginn des zweiten Buches die berühmte Pythagoreische Theorie von der Sphärenharmonie. Hier wird ausführlich dargestellt, was die Betrachtung der Zahl Sieben flüchtig berührt hatte: Macrobius setzt nunmehr die für die Weltseele konstitutiven Zahlen zu den Tönen in Beziehung, die, von den Sphären der Planeten und des Fixsternhimmels hervorgebracht, jene angebliche Harmonie erzeugen; hierbei läßt er sich von der Annahme leiten, daß die Weltseele ihre mathematische Struktur auf die von ihr bewegte Welt übertrage. Die Frage, ob die Entfernungen der Sphären den Proportionen der die Harmonie bewirkenden Intervalle entsprächen, findet eine überaus aufschlußreiche Antwort:

«Archimedes glaubte, die Zahl der Stadien ermittelt zu haben, welche die Entfernung des Mondes von der Erdoberfläche, die des Merkur vom Monde, die der Venus vom Merkur, die der Sonne von der Venus, die des Mars von der Sonne, die des Jupiter vom Mars und die des Saturn vom Jupiter angibt; aber auch den ganzen Abstand von der Sphäre des Saturn bis zum Fixsternhimmel vermeinte er durch seine Berechnungen ermittelt zu haben. Diese von Archimedes behaupteten Abmessungen sind indes von den Platonikern abgelehnt worden, da sie sich nicht an die Intervalle des Doppelten und Dreifachen hielten, und sie erklärten, man müsse annehmen, daß die Entfernung von der Erde zur Sonne doppelt so groß sei wie die von der Erde zum Mond und daß die von der Erde zur Venus dreimal so groß sei wie die von der Erde zur Sonne» usw.

Die heliozentrische, das Weltbild des Kopernikus vorwegnehmende Theorie des Astronomen Aristarch war von stoischer Seite als Gotteslästerung angeprangert worden. Das hier zitierte Räsonnement des Macrobius enthält ein weiteres Beispiel für eine Haltung, welche die Bemühungen der Wissenschaft zugunsten spekulativer Annahmen beiseite schiebt. Man brauchte nicht auf das Christentum zu warten, um sich der Möglichkeit voraussetzungsloser Fragen an die Natur zu begeben.

Anicius Manlius Severinus Boethius

Ciceros literarisches Werk hatte der Vereinigung der beiden Bildungsmächte Philosophie und Rhetorik gegolten; bei Seneca war alle Reflexion dem moralischen Zweck, der Frage nach der richtigen Lebensführung untergeordnet, und sowohl Cicero als auch Seneca verfolgten mit ihrer philosophischen Schriftstellerei vornehmlich praktische Ziele. Verglichen mit ihnen, nimmt sich viel theoretischer aus, was Anicius Manlius Severinus Boethius (480–524) hinterlassen hat, der dritte der Philosophie ergebene Römer, der vom Räderwerk der Politik zermalmt wurde. Er huldigte dem Spiritualismus seines Zeitalters, indem er sich hauptsächlich den bis dahin in Rom ziemlich wenig beachteten formalen Disziplinen zuwandte: seine philosophischen Studien gründeten sich vor allem auf die Mathematik und die Logik. Ein originaler Denker hat Boethius so wenig sein wollen wie seine beiden großen Vorgänger; er betrachtete sich als Mittler griechischen Geistes, als Interpret der Platonischen und Aristotelischen Philosophie. Er beabsichtigte, durch Übersetzungen die sprachlichen Schranken zu beseitigen, die den größten Teil des westlichen Publikums von den griechischen Originalen trennten, und durch Kommentare den wesentlichen Gehalt der übersetzten Schriften zu erschließen. Er hat selbst in einem seiner frühesten philosophischen Werke, in seinem zweiten Kommentar zur Schrift Περὶ ἑρμηνείας/*De interpretatione* («Hermeneutik») des Aristoteles, seine philosophischen Pläne umrissen; sie muten geradezu gigantisch an. Er hatte nichts Geringeres ins Auge gefaßt als die Übersetzung und Kommentierung sämtlicher Werke sowohl des Aristoteles als auch Platons, und das Ganze sollte durch eine Schrift gekrönt werden, welche die Übereinstimmungen in den Lehren der beiden Philosophen nachwies. Dieser Plan gewinnt indes ein weniger abenteuerliches Aussehen, wenn man bedenkt, daß Boethius als Dreiundvierzigjähriger aus seiner besten Schaffenszeit gerissen wurde und daß er sich auch bei den Kommentaren im wesentlichen mit Übersetzungen begnügen konnte, da ihm die zeitgenössische griechische Philosophie gründlich vorgearbeitet hatte.

Das vorhandene Œuvre gliedert sich in vier Abteilungen:
in die frühen Schriften zum Quadrivium;
in die logischen Schriften;
in die theologischen Traktate der letzten Lebensjahre;
in die *Consolatio Philosophiae* («Trost der Philosophie»).

Die Schriften zum Quadrivium wurden bereits erwähnt. In der Philosophie, erklärt Boethius zu Anfang der *Institutio arithmetica*, könne es niemand zur Vollendung bringen, der nicht das *quadrivium*, den «Vierweg» der Wissenschaften, beschritten habe, auf dem der Geist von den Sinneswahrnehmungen zu zuverlässiger

Erkenntnis geführt werde: so läßt er sich als Zwanzigjähriger ganz als Schüler Platons vernehmen.

Die Logik war als Zweig der Philosophie von Aristoteles begründet worden. Die hierfür einschlägigen Schriften bildeten in der Überlieferung das Organon, das «Werkzeug» (das formale Mittel). Hierzu gehörten sechs Abhandlungen:

die Kategorien – Formen der Aussagen über Seiendes, wie Substanz, Quantität, Qualität usw.;

die Hermeneutik – über den Satz, das Urteil;

die Erste Analytik – über den Schluß;

die Zweite Analytik – über den wissenschaftlichen Beweis;

die Topik – über den dialektisch-rhetorischen Schluß, aus wahrscheinlichen Prämissen;

die Sophistischen Widerlegungen – über den sophistischen Schluß, den Trugschluß.

Während der ganzen Antike vollzog sich ein gut Teil der Beschäftigung mit Fragen der Logik in der Weise, daß man die genannten Aristotelischen Schriften kommentierte; in der frühen Kaiserzeit wurden sie von Peripatetikern, in späterer Zeit von Neuplatonikern bearbeitet. Außerdem versah der Plotinschüler Porphyrios das Organon mit der bereits erwähnten Einführungsschrift *Quinque voces*. In diese Tradition gehört auch der weitaus umfangreichste Teil des Boethianischen Werkes, die Schriften zur Logik. Boethius hat sowohl die *Quinque voces* als auch alle Schriften des Organon übersetzt; er hat außerdem je zwei Kommentare zu den *Quinque voces* und zur Aristotelischen Hermeneutik zusammengestellt und überdies einen Kommentar zu Ciceros Topik geschrieben. Und schließlich gibt es noch einige selbständige Abhandlungen zur Logik von ihm: Über die Kategorien, Über hypothetische Schlüsse u. a.

Diese aus heutiger Perspektive ziemlich trockenen Traktate waren von fundamentaler Bedeutung für die Geistesgeschichte des Mittelalters. In ihnen war beschlossen, was man bis zum 12. Jahrhundert von Aristoteles kannte; sie vermittelten die Aristotelische Methodik und schufen als die später so genannte *Logica vetus* die Voraussetzungen für die im hohen Mittelalter einsetzende Rezeption des ganzen Aristoteles. Dies wiederum war durch das Programm der Scholastik – *fides quaerens intellectum*, «der Glaube sucht Verstehen», lautete eine Formel, die Anselm von Canterbury geprägt hatte – zwingend geboten: man brauchte Aristoteles, um vom Glauben an die Offenbarung zur rationalen Einsicht in den Offenbarungsinhalt fortzuschreiten. Das Verhältnis von *fides* und *intellectus* oder, wie man auch sagte, von *auctoritas* und *ratio* hatte bereits die Kirchenväter beschäftigt, doch erst die Scholastik suchte das schwierige Problem der Annäherung der übernatürlichen Heilswahrheit an die natürliche Vernunft systematisch zu lösen. Hierbei diente die Aristotelische Logik und Methodologie als Modell. Eines der wichtigsten Hilfsmittel der wissenschaftlichen Durchdringung eines Stoffes war die Aporie, die Suche nach Einwänden, die sich gegen eine beliebige Theorie vorbringen ließen, und deren Widerlegung. Dieses Aristotelische Verfahren, durch das Aufwerfen von Fragen und das Erörtern von Schwierigkeiten zu gesicherten Ergebnissen zu gelangen, wurde schließlich auch in die christliche Theologie eingeführt; es diente dort dem Zweck, die Einwände klar zu formulieren und wirksam zu entkräften, welche die Vernunft gegen die Offenbarung erhob.

Boethius hat dem Mittelalter nicht nur theoretisch vermittelt, wie wissenschaftliches Beweisen vonstatten geht; er hat zugleich gezeigt, wie man die hierbei anzuwendende Methodik für theologische Probleme nutzbar machen kann. Von den fünf theologischen Traktaten, die unter seinem Namen überliefert sind, haben zumal drei wegweisende Bedeutung: sie analysieren die christlichen Glaubenslehren und suchen sie in ein widerspruchsfreies System zu bringen. Die Einleitung zur Schrift «Über die Trinität» äußert sich zu den Grenzen der Leistungsfähigkeit dieses Verfahrens: man müsse sich fragen, schreibt Boethius, wieweit der Scharfsinn menschlicher Vernunft zu den Höhen der Gottheit aufzusteigen vermöge; immerhin sei auch den anderen Wissenschaften aufgegeben, mit Hilfe der Vernunft so weit wie möglich vorzudringen. Boethius erkennt hier der Theologie den Rang einer *ars*, einer rationalen Wissenschaft zu, die sich in der Unerschöpflichkeit ihrer Aufgabe nicht grundsätzlich von anderen Wissenschaften unterscheide: hiermit hat er formuliert, was die Scholastik zu ihrem Programm erhob. Am Schluß der Schrift *Utrum pater et filius et spiritus sanctus de divinitate substantialiter praedicentur,* «Ob Vater, Sohn und Heiliger Geist substantiell von der Göttlichkeit ausgesagt werden können», hat er die Aufgabe in die bündigen Worte gefaßt: *Fidem si poterit rationemque coniunge* – «Vereinige, wenn es möglich ist, Glauben und Vernunft.»

Die *Consolatio Philosophiae* ist ein Dialog zwischen Boethius und der personifizierten Philosophie; sie besteht aus fünf Büchern; sie hat wie die Enzyklopädie des Martianus Capella die Form einer menippeischen Satire, d. h. Prosa und metrische Partien wechseln miteinander ab. Die Prosa, das Gespräch enthält die Argumentation, den auf rationale Mittel sich stützenden Gedankenfortschritt. Die in verschiedenen Versmaßen abgefaßten Gedichte, meist von der Philosophie gesprochen, reflektieren in lyrischer Sprache über den jeweiligen Stand der Diskussion; sie ziehen das Fazit aus dem jeweils Dargelegten und haben somit eine ähnliche Funktion wie der Chor in der attischen Tragödie. Das Werk entstand während der Haft, nach dem Todesurteil, das noch der Bestätigung durch König Theoderich bedurfte; seine Form läßt nichts von der Not erkennen, in der es entstand. Es ist ein spätes Beispiel für die Zweiseitigkeit des griechischen Logos, des Logos, der durch strenge Beweisführungen an den Verstand und zugleich durch künstlerische Mittel an das Empfinden, an die Affekte appellierte. Platon hatte hierfür die Maßstäbe gesetzt: er hatte zwar gegen die irrationalen Mittel der Rhetorik und der Dichtung polemisiert und hiermit die an den Menschen als Ganzen sich wendende Totalität des künstlerischen Logos verworfen; er hatte indes diese Totalität selber durch einen Teil seiner Dialoge mit vollendeter Meisterschaft verwirklicht. Boethius konnte sich überdies von dem Gesichtspunkt leiten lassen, daß außer dem Dialog auch die Consolatio, die Trostschrift zu den Formen der philosophischen Literatur gehörte, die künstlerische, an das Gemüt sich wendende Ausdrucksmittel zu gebrauchen pflegten; sein Werk, das sich schon durch den Titel als dieser Spezies zugehörig zu erkennen gibt, hat auch inhaltliche Anleihen bei der Trostliteratur gemacht, indem es ein gut Teil der dort üblichen Topoi, wie die Launenhaftigkeit der Fortuna oder die Unvollkommenheit alles irdischen Glücks, verwendete. Es verdient noch erwähnt zu werden, daß auch die beiden anderen Großen der römischen Philosophie, Cicero und Seneca, sich selber durch künstlerisch geformte Werke Trost zu spenden versuchten: Cicero unmittelbar durch eine nicht erhaltene *Consolatio*, die er nach dem Tode seiner Tochter Tullia verfaßt hat, Seneca mittelbar durch eine erhaltene Schrift, die er aus der Verbannung an seine Mutter Helvia richtete.

Aufs ganze gesehen, sind die künstlerischen Darstellungsmittel und die der Tradition der Trostschrift entlehnten Motive Nebensache: die *Consolatio* des Boethius ist vor allem ein philosophisches Werk, und zwar in einer besonders strengen, von Römern bislang nicht praktizierten Weise; sie zeigt sich durch ihre Technik der Argumentation in einem Maße der Platonischen Dialektik und der Aristotelischen Logik verpflichtet, wie es weder von Cicero noch von Seneca oder sonstwem je befolgt worden war. Das Demonstrationsziel des Ganzen ist der Erweis einer sinnvollen, von Gott gelenkten Weltordnung. Boethius ist durch sein Schicksal in Angst, Schmerz und Verwirrung verstrickt worden; er verzweifelt an der Frage der Theodizee; er vermag nicht mehr zu glauben, daß auch das menschliche Dasein ebenso wie die Natur in das Planen und Handeln Gottes einbezogen sei.

Philosophia läßt ihren Schützling, ehe sie mit ihm dieses überaus schwierige Problem erörtert, eine platonische Wendung vom Schein zur Wahrheit, von den angeblichen, gemeinhin erstrebten Glücksgütern zum wahren Glück, zu Gott vollziehen. Dies ist das Thema des ersten Teils, der Bücher 1–3: die Lehre von der richtigen Einschätzung dessen, was man erstreben kann, ein Kernstück zumal der stoischen Ethik. Bei Boethius ist allerdings Gott an die Stelle des bisherigen höchsten Gutes, des autonomen sittlichen Willens, der ἀρετή/areté, getreten: Philosophia zeigt, daß Gott, daß die Hingabe des Menschen an ihn das einzige ist, was wirklich Bestand hat. Eine derartige Umwertung all dessen, was als Wert zu gelten pflegt, des Reichtums, der Macht, der Ehre usw., war Gegenstand eines anderen Typs philosophischer Schriftstellerei, des Protreptikos («Mahnrede, Bekehrungsrede»): man wandte sich an ein allgemeines Publikum; man suchte bei ihm jene radikale Kehrtwendung im Sinne Platons zu bewirken, deren es zu einer philosophischen, den üblichen Werten gegenüber Distanz wahrenden Lebensführung bedurfte. Dieses Genre pflegte ebenfalls rhetorisch-epideiktische Überzeugungsmittel nicht zu verschmähen – was sich auch von den beiden berühmtesten, allerdings nicht oder nur fragmentarisch erhaltenen Beispielen, dem *Protreptikos* des Aristoteles und dem *Hortensius* Ciceros, behaupten läßt.

Im zweiten Teil, in den Büchern 4 und 5, steht das Hauptthema der Schrift, die göttliche Vorsehung, zur Debatte. Hier geht es vor allem um die bekannte, viel diskutierte Antinomie zwischen göttlicher Prädestination auf der einen und menschlicher Willensfreiheit auf der anderen Seite. Der Stufenfolge der Lebewesen, sagt Philosophia in einer Beweisführung, die diese Antinomie aufzulösen sucht, entsprechen gestufte Arten der Wahrnehmung, der Beziehung zur Umwelt. Man müsse vier Wahrnehmungs- oder Erkenntnisstufen unterscheiden: *sensus – imaginatio – ratio – intelligentia*. Der *sensus*, die Sinnlichkeit oder Fähigkeit zu sinnlicher Wahrnehmung, eigne allen Lebewesen; den Tieren komme außerdem noch die *imaginatio*, die Einbildungskraft oder Fähigkeit, sich etwas sinnlich Wahrnehmbares vorzustellen, zu; über *ratio*, über Verstand oder die Fähigkeit zur Abstraktion verfüge erst der Mensch, und die *intelligentia*, die Vernunft oder die Schau reiner Grundformen sei allein Gott vorbehalten. Das Problem eines antinomischen Verhältnisses zwischen Prädestination und Kausalität auf der einen und der Willensfreiheit sowie der darauf beruhenden Verantwortlichkeit auf der anderen Seite sei nur für den Menschen vorhanden; es ergebe sich aus den Schranken der ihm eigentümlichen unvollkommenen Erkenntnisart. Seine *ratio* vermöge sich nämlich die Dinge nur im zeitlichen Nacheinander vorzustellen; Gott hingegen existiere außerhalb der Zeit, und seine Gedanken und Setzungen vollzögen sich in einem jenseits aller Zeitlichkeit befindlichen Zugleich. Für Gott könne es daher die Crux nicht geben, daß durch die Determination von Kausalreihen auch der freie Wille determiniert und somit aufgehoben werde; diese Crux sei lediglich die Folge des spezifischen Wahrnehmungshorizontes des Menschen.

Die *Consolatio Philosophiae* enthält nichts, was zur christlichen Lehre in unauflöslichem Widerspruch stünde; andererseits ist verwunderlich, daß der christlichen Lehre kein einziges Mal in unbezweifelbarer Weise ausdrücklich Erwähnung geschieht. Man hat gefragt, warum Boethius in seiner Bedrängnis auf den Trost verzichtet hat, den die christliche Religion ihm hätte spenden können. Die richtige Antwort lautet wohl so, daß er rein philosophisch, also rational und wissenschaftlich, hat argumentieren wollen, nach Analogie seiner theologischen Abhandlungen. Die ganze Schrift scheint unausgesprochen auf der Zweiheit von Wissen und Glauben zu beruhen; der Glaube aber sollte dort nicht erörtert werden.

Die *Consolatio* hat zu allen Zeiten zahlreiche Leser gefunden, wozu in der Neuzeit wohl auch beigetragen hat, daß sie sich mit philosophischen Gedankengängen begnügt. Von ihrer Verbreitung im Mittelalter zeugen nicht nur die überaus zahlreichen Handschriften, sondern auch häufige Zitate, vielerlei Übersetzungen – darunter eine althochdeutsche von Notker Labeo – und Kommentare sowie Vertonungen von Gedichten. Auch später blieb sie ein geschätztes Trost- und Erbauungsbuch; selbst heute noch zählt sie neben den «Bekenntnissen» und dem «Gottesstaat» Augustins zu den bekanntesten Werken aus einer sonst außerhalb der Fachwelt wenig bekannten Epoche.

7

Die urchristliche Literatur und die Anfänge der patristischen Literatur

Die ‹altchristliche› Literatur: Begriffe und Unterscheidungen

An der Chronographie und ihrem Produkt, den Weltchroniken, läßt sich ablesen, wie im Lauf der Jahrhunderte die Horizonte sich ausdehnten und miteinander verschmolzen: zunächst mußten sich die Griechen untereinander auf eine ihnen allen gemeinsame Zeitrechnung verständigen; der Aufstieg Roms und sein Vordringen in die hellenistische Welt machten erforderlich, daß die griechische Geschichte in ein genaues Verhältnis zur römischen gesetzt wurde, und als sich in der Kaiserzeit die christliche Religion ausbreitete und aufhörte, als ‹Sonderkultur› ein mehr oder minder obskures Dasein zu fristen, galt es, auch die jüdisch-christliche Überlieferung in das umfassende Geschichtsgebäude der antiken Kulturwelt einzubeziehen.

Die zunehmende Komplexität der historiographischen Verhältnisse kann als Gleichnis für die zunehmende Komplexität der antiken Literaturen dienen. Die Griechen begannen mit Dialekten und verwendeten seit hellenistischer Zeit fast nur noch eine allgemeinverbindliche Koine; ihre Hinterlassenschaft ist am ehesten aus sich selbst verständlich. Die Römer wiederum begannen fast ohne eigene Voraussetzungen als Schüler der Griechen, so daß ihre Literatur ohne den ständigen Blick auf die griechischen Vorbilder unverständlich bliebe. Die Christen endlich nahmen von Anfang an sowohl Jüdisches in sich auf als auch Hellenistisches; ihre Literatur entfaltete sich zunächst, wie schon erwähnt wurde, allein im Medium der griechischen Sprache, so daß sich das Lehrer-Schüler-Verhältnis wiederholte und auch die Werke der lateinisch schreibenden Christen großenteils unzulänglich erfaßt würden, wenn man von deren griechischen Mustern absehen wollte. Außerdem aber waren ihnen von der Schule her die eigenen Klassiker, Cicero, Vergil und viele andere, gegenwärtig; in der christlichen Literatur der lateinischen Welt kreuzen und verbinden sich also in der Regel zwei Rezeptionsprozesse: die Übernahme dessen, was die griechischen Christen geschaffen hatten, und der Rückgriff auf die Autoren der römischen Antike.

Die hier folgende Skizze enthält weithin Vorgeschichte: wie sich das zweite Kapitel zunächst mit den römischen Voraussetzungen der spätantiken Latinität befaßt hat, so soll nunmehr in groben Umrissen nachgetragen werden, welchen Weg die literarischen Erzeugnisse der Christen zurückgelegt hatten, als mit dem diokletianisch-konstantinischen Zeitalter die Spätantike und mit ihr die erste große Blüte des christlichen Geisteslebens begann.

Die christliche Literatur der frühen Kaiserzeit und der Spätantike, hier als ‹altchristliche› Literatur zusammengefaßt, ist zuallererst die Domäne der Theologie, der Kirchen- und Dogmengeschichte. Der Begriff ‹altchristlich› verweist denn auch nicht – wie es sonst im Bereich der Literatur üblich ist – auf eine bestimmte Sprache oder ein bestimmtes Volk; er bezieht sich vielmehr auf eine die Sprachen und Völker überschreitende Erscheinung eigener Art, eben auf die christliche Religion. Nun ist aber diese Erscheinung von solcher Macht und Bedeutung, daß auch der Philologe nicht umhin kann, sie in sein Ressort einzubeziehen. Es verschlägt wenig, daß er hierbei aus seiner Sicht etwas andere Unterscheidungen trifft und andere Grenzen zieht, als sie in der theologischen Forschung üblich sind.

Die christliche Literatur im ganzen reicht von den ältesten Teilen des Neuen Testaments, also von den Paulusbriefen, bis auf den heutigen Tag; der Begriff umfaßt alle Literaturwerke, die sich zum Christentum bekennen oder christliches Engagement zeigen. Als ‹altchristliche› Literatur gilt demgemäß, wie schon festgestellt, die christliche Literatur der Antike und der Spätantike, bis etwa zu Beda Venerabilis. Als Gegenbegriff kann (hierauf wurde bereits bei früherer Gelegenheit hingewiesen) für die Zeit, da es noch ein offizielles Heidentum gab, also bis zum Verbot der heidnischen Kulte um das Jahr 400, der Ausdruck ‹heidnische› Literatur dienen; wenn man sich hingegen in späteren Jahrhunderten bewegt, dann verwendet man statt dessen besser die Bezeichnung ‹profane› Literatur.

Die Theologie kennt innerhalb der altchristlichen Literatur zwei Hauptgruppen von sehr ungleicher Dignität: sie sondert die überlieferten Schriften nach dem Kriterium der Zugehörigkeit oder Nicht-Zugehörigkeit zum Neuen Testament; für sie ist zuallererst wichtig, ob eine Schrift Aufnahme in den neutestamentlichen Kanon gefunden hat oder ob sie hiervon ausgeschlossen blieb. Der Ausdruck ‹Kanon› bezeichnete im christlichen Sprachgebrauch von Hause aus rechtsgültige Beschlüsse der Kirchenkonzile; um die Mitte des 4. Jahrhunderts wurde er von Bischof Athanasios zum ersten Male auf die maßgebliche Sammlung der Bücher des Neuen Testaments übertragen: er umfaßte damals bereits dieselben 27 Schriften, die bis heute das Neue Testament ausmachen. Der Sache nach ist die Konstituierung eines Kanons als eines ausgrenzenden Prinzips viel älter. Das Problem ging aus den Kämpfen hervor, welche die Kirche seit dem 2. Jahrhundert gegen Häretiker zu führen hatte: Fälschungen, die unter dem Namen eines Apostels kursierten und große Autorität erlangten, mußten zurückgewiesen werden. Daß auch die antike Grammatik- und Rhetorenschule sonderte und ausgrenzte, daß sie hierbei bestimmte Autoren als vorbildlich hinstellte und andere nicht, hat hiermit nur wenig gemein, und erst vom 18. Jahrhundert an wurde es üblich, auch Inbegriffe mustergültiger Dichter oder Prosaiker – wie die neun griechischen Lyriker, die drei Tragiker Aischylos, Sophokles und Euripides oder die zehn attischen Redner, Bestimmungen, die auf die Antike zurückgehen – als ‹Kanon› zu bezeichnen.

Die sogenannten Apokryphen sind als die nicht in den Kanon aufgenommenen Schriften das notwendige Korrelat des Kanons, gleichsam die illegitime Seitenlinie. Der Begriff ‹apokryph› («verborgen») entstammt der jüdischen Tradition: von Kultschriften, die dem Gebrauch entzogen werden sollten, sagten die Rabbiner, man solle sie ‹verbergen›. Denn das Problem von Texten, denen aus irgendeinem Grunde ein geringerer Grad von Dignität zukam, hatte sich schon für die Überlieferung der Juden, für das Alte Testament gestellt; der dort maßgebliche Kanon hat sich gegen Ende des ersten nachchristlichen Jahrhunderts verfestigt. Die alte christliche Kirche hat die Unterscheidung ‹kanonisch – apokryph› auf einen Kreis von Schriften angewendet, die sämtlich denselben Gattungen – den ältesten der christlichen Literatur – angehörten: auf Evangelien, Apostelgeschichten, Briefe und Apokalypsen. Von diesen Gattungen kamen zunächst vielerlei Repräsentanten zum Vorschein, Schriften, die, von verschiedener Qualität und von verschiedenem Ansehen, miteinander konkurrierten; die theologische Diskussion trieb den Auswahlprozeß voran, bis schließlich der endgültige Kanon etabliert war. Von den nicht darin aufgenommenen Schriften ging daraufhin das meiste verloren.

Die Bezeichnung ‹Apostolische Väter› ist eine weitere theologische Chiffre: mit ihr wird eine Gruppe von Autoren zusammengefaßt, die als das Bindeglied zwischen dem Neuen Testament und den Kirchenvätern gelten. Der Ausdruck *patres aevi apostolici* («Väter des Zeitalters der Apostel») sollte zu erkennen geben, daß die so bezeichneten Schriftsteller noch mit Männern der Apostelzeit in Verbindung gestanden hätten. Man nahm nämlich an, daß das Neue Testament durchweg aus Schriften von Aposteln bestehe (was unrichtig ist: Markus und Lukas sind Apostelschüler, und die überlieferte Identifikation des Evangelisten Johannes mit dem gleichnamigen Jünger Jesu muß als überaus problematisch gelten). Die Kategorie blieb trotz des anfechtbaren Namens erhalten; sie umfaßt im wesentlichen Gemeindebriefe – von Barnabas, Clemens, Ignatius u. a. –, die den in das Neue Testament aufgenommenen Stücken durchaus verwandt sind. Den Apostolischen Vätern, deren Schriften der ersten Hälfte des 2. Jahrhunderts n. Chr. entstammen, folgten die Apologeten, die «Verteidiger» des Christentums: die Christen begannen, propagandistisch auf ihre heidnische Umwelt einzuwirken, indem sie ihre Religion zu rechtfertigen, als Anerkennung verdienende Lebensform verständlich zu machen suchten. Ihre Werke eröffnen die patristische Literatur im eigentlichen Sinne.

Die traditionelle Theologie zieht mit guten Gründen die schärfste Trennungslinie zwischen dem Neuen Testament einerseits und dem gesamten übrigen altchristlichen Schrifttum andererseits; ihr kommt es zuallererst auf die Abgrenzung der kanonischen von allen außerkanonischen Schriften an. Dementsprechend sind die Kompetenzen unter den beiden Hauptdisziplinen verteilt, die sich der altchristlichen Literatur annehmen: dem neutestamentlichen Zweig der Bibelwissenschaft sind die kanonischen Schriften zugewiesen, der Patristik alles übrige: die Apokryphen, die Apostolischen Väter, die eigentliche patristische Literatur. Die Patristik hat die Dogmatik, die Entwicklung der christlichen Lehre in der Väterzeit zum Gegenstand; ihre Forschungen stützen sich sowohl auf die Väterliteratur als auch auf andere Quellen, insbesondere auf die Beschlüsse der Konzile und auf die Geschichte der Liturgie. Für den Bereich der Väterliteratur steht ihr eine Hilfsdisziplin zu Gebote, die Patrologie, die ganz nach Art der Philologie vom Leben und Werk der einzelnen Autoren, von Echtheits- und Datierungsproblemen und dergleichen ausgeht, um möglichst genau zu ermitteln, wie ein jeder Autor in Fragen der christlichen Lehre geurteilt hat.

Es wurde gesagt, daß der Philologe etwas andere Grenzen zieht, als sie in der Theologie üblich sind. Für ihn sind nicht unterschiedliche Grade theologischer Dignität maßgeblich, sondern gattungs- oder formengeschichtliche Gesichtspunkte. Diese literarhistorische Betrachtungsweise ist ihrerseits von einem Theologen, von Franz Overbeck, inauguriert worden. Sie gibt sich mit der nach dem Kriterium des Kanons getroffenen Unterscheidung nicht zufrieden: dieses Kriterium durchschneidet das Feld der ersten christlichen Gattungen, des Evangeliums, der Apostelgeschichte, der Apokalypse, und trennt somit, was formal zusammengehört. Die literarhistorische Betrachtungsweise möchte daher alle Evangelien usw. als Einheit angesehen wissen, unabhängig davon, ob sie in den neutestamentlichen Kanon aufgenommen wurden oder nicht. Nach ihrer Auffassung erstreckt sich die erste Phase der christlichen Literatur über die ganze Zeit, in der Evangelien, Apostelgeschichten und Apokalypsen verfaßt wurden (der Brief eignet sich nicht als Einteilungskriterium, da er kontinuierlich weiterexistiert hat); diese Phase endete demnach mit dem Erlöschen dieser Gattungen. Ihr Totenschein ist die Konstituierung des Kanons im

2. Jahrhundert; der Kanon legte fest, was als gültige Urkunde von den Anfängen des Christentums angesehen werden dürfe; nachdem er sich einigermaßen durchgesetzt hatte, bestand kein Anreiz mehr, noch Evangelien oder Apostelgeschichten aufzuzeichnen. Die erste Phase der christlichen Literatur, die urchristliche Phase reicht daher bis zur Mitte des 2. Jahrhunderts; sie möchte die Entstehungszeit sowohl der kanonischen als auch der apokryphen Schriften sowie der Werke, die den Apostolischen Vätern zugewiesen werden, als Einheit aufgefaßt wissen. Sie ist die Epoche, in der sich die Christenheit noch ganz auf sich selbst beschränkt, in der sie sich noch nicht durch die Verbreitung von eigens hierzu verfaßten Schriftwerken auf Auseinandersetzungen mit ihrer heidnischen Umwelt einläßt.

Aus literarhistorischer Sicht ist somit die urchristliche Literatur ein Inbegriff von Texten, die einzig der innerchristlichen Überlieferung dienen sollten, ein Inbegriff, der ein beschränktes Repertoire von teils der jüdischen Tradition entstammenden (Apokalypsen), teils genuin christlichen Gattungen (Evangelien, Apostelgeschichten) umfaßt. Diese Literatur war eine rein griechische Angelegenheit; christliche Dokumente in lateinischer Sprache hat es damals nicht gegeben. Die Werke der Kirchenväterzeit unterscheiden sich von ihr auf das bestimmteste: nur der Brief stellte, wie erwähnt, einige Kontinuität her; im übrigen aber lassen sich die Schriften, die nunmehr entstanden, entwicklungsgeschichtlich nicht aus den urchristlichen Gattungen ableiten. Die patristische Literatur im formalen Sinne – ohne die Apokryphen und die Apostolischen Väter – machte nicht durch Veränderungen, sondern durch einen Neuanfang Epoche. Dieser Neuanfang stand in schärfster Opposition zum Bisherigen: die Christen, nicht mehr lediglich auf ihre interne Tradition bedacht, sondern entschlossen, sich dem Unverständnis und der feindseligen Haltung zu widersetzen, welche die Heiden, insbesondere die Repräsentanten des römischen Staates ihnen entgegenbrachten, begannen nunmehr, von ihren Gegnern die Argumentations- und Darstellungsformen zu übernehmen, deren sie hierzu bedurften. Hiermit aber setzte die christliche Rezeption von wesentlichen Teilen der heidnischen Kultur ein. Die Apologetik eröffnete, literarhistorisch betrachtet, das patristische

Schrifttum; die Übernahme der griechisch-römischen Formen und Gattungen, zu der sich die Christen von nun an bereit zeigten, ist ein zulängliches Kriterium, schlechtweg alles daraus abzuleiten, was die Christen seit dem Ausgang des 2. Jahrhunderts hervorbrachten; von nun an besteht bis zu den dunklen Zeiten an der Schwelle des Mittelalters innerhalb der altchristlichen Literatur ein in sich geschlossener Traditionszusammenhang.

Die Anfänge der griechischen patristischen Literatur

Nicht nur die römische Literatur der Antike, sondern auch die christlich-lateinische Literatur der Spätantike war zunächst etwas Sekundäres, Abgeleitetes: hier wie dort wurde von der lateinisch sprechenden Welt übernommen, was die Griechen hervorgebracht hatten. Rom hat also – was in der Tradition des Neuhumanismus meist wenig Beachtung fand – zweimal Griechisches rezipiert, es war zweimal Mittler zwischen Griechenland und Europa. Der zweite Rezeptionsprozeß, der um das Jahr 200 mit Tertullian einsetzte, war allerdings, wie schon erwähnt, von komplizierterer Art als der erste: die christlichen Autoren lateinischer Zunge griffen auch auf die heidnische römische Literatur zurück, wie z. B. sogleich Minucius Felix, ein Zeitgenosse Tertullians, einen formvollendeten Dialog im Stile Ciceros verfaßte. Die Literatur der lateinisch schreibenden Christen hat sich zwar nicht in Phasen entwickelt, die sich deutlich voneinander abgrenzen ließen, sie zeigt indes die Tendenz zunehmender Formenvielfalt und zunehmender Selbständigkeit im Verhältnis zum griechischen Vorbild, wofür die christliche Dichtung, ein Phänomen ohne Parallele im Osten, der deutlichste Beweis ist.

Der neutestamentliche Kanon hielt strenge Auslese unter den zahlreichen Repräsentanten der christlichen Urgattungen; er privilegierte vier Evangelien, eine Apostelgeschichte und eine Apokalypse und machte hiermit die weitere Produktion im Bereich dieser Gattungen sinnlos. Der nunmehr einsetzende, aus der urchristlichen Literatur nicht ableitbare Neubeginn vollzog sich in drei Stufen: zunächst wurden Apologien der christlichen Religion verfaßt, deren Adressaten die Heiden waren; bald darauf kamen antihäretische und schließlich noch katechetisch-dogmatische Schriften hinzu.

Unter dem Regiment des Kaisers Trajan (98–117) begann der römische Staat, das Christentum zu bekämpfen. Eine breitere Öffentlichkeit wurde auf die neue Lehre aufmerksam; Gerüchte kursierten, welche den Anhängern dieser Lehre Kannibalismus, Inzest und andere Scheußlichkeiten nachsagten. Auch erhoben bald – noch im 2. Jahrhundert – Sophisten und Philosophen ihre Stimme gegen das Christentum. Eine Vorstellung hiervon vermitteln Lukians Satire auf Peregrinus Proteus, der, ehe er Kyniker wurde, Christ gewesen sein soll, und vor allem der wuchtige Angriff des Platonikers Celsus, der Ἀληθὴς λόγος («Wort der Wahrheit»): diese Abhandlung läßt sich aus den Zitaten einer von Origenes verfaßten Gegenschrift ziemlich genau rekonstruieren. Kurz und gut, der Staat, die Öffentlichkeit und Exponenten der heidnischen Bildung zogen gegen die Christen zu Felde; so bestand Anlaß genug für sie, sich zur Wehr zu setzen und Apologien, Verteidigungsschriften, zu verfassen. Hiermit suchten sie die Obrigkeit zu überzeugen, daß sie gute Staatsbürger seien (ihre Weigerung, den Göttern des staatlichen Kultes zu opfern, wurde ihnen ja als Insubordination ausgelegt), und den gebildeten Heiden wollten sie deutlich machen, daß ihre ‹Philosophie›, ihre Lebensform anderen Lebensformen durchaus nicht nachstehe. Die Apologien traten nicht nur den Heiden, sondern auch den Juden gegenüber für den christlichen Standpunkt ein; Justinus Martyr, der berühmteste griechische Apologet (er wurde um das Jahr 165 seines Glaubens wegen in Rom hingerichtet), verfaßte Rechtfertigungen der einen wie der anderen Art. Die Gattung florierte unter Kaiser Mark Aurel (161–180); sie lebte indes weiter bis ins 4. und ins beginnende 5. Jahrhundert.

Die Literatur der griechisch-römischen Umgebung war für die Christen ursprünglich ein Stück *saeculum*, «Welt»: die Rede Πρὸς Ἕλληνας (Pros Hellenas, «An die Griechen»), die Tatian, ein Schüler Justins, verfaßte, zeigt, in welchem Maße das junge Christentum die gesamte griechische Kultur verabscheute. Die Apologeten konnten jedoch nicht umhin, sich auf die heidnische Literatur einzulassen, auf deren Darstellungs- und Argumentationsformen; sie konnten, da eine ihnen und ihren Gegnern gemeinsame sachliche Basis nicht existierte, nur dann auf Erfolg hoffen, wenn sie es verstanden, sich durch ihr formales schriftstellerisches Können einige Autorität zu verschaffen. Sie machten sich daher, wenn auch mit Unbehagen, die Mittel der heidnischen Literatur zu eigen: so begann der große Rezeptionsprozeß, der zur Christianisierung nahezu sämtlicher Gattungen führte. Schon bei den apologetischen Schriften war es so, daß die Intensität der Form von Fall zu Fall variierte. Sie erschienen als Bittschrift an den Kaiser, als Rede, Brief, Dialog oder schlicht als Abhandlung; stets aber bediente man sich der argumentativen und stilistischen Kunstgriffe, die der Rhetorikunterricht für einen bestimmten Typ von Reden, für die Suasorie («Beratungsrede»), bereitstellte.

Die Gattung der antihäretischen Schriften brachte im Verhältnis zur Apologetik nichts fundamental Neues mit sich. Durch sie wandte man sich an heterodoxe, nicht rechtgläubige Christen, also ebenfalls an Gegner der wahren Lehre. Immerhin stand ihre Thematik, die Irrlehren der Sekten, dem rechten Glauben viel näher als der Inhalt der Auseinandersetzungen mit den Heiden und Juden; die antihäretischen Traktate boten daher Gelegenheit und scheinen auch von Anfang an darauf gezielt zu haben, nicht nur die Anhänger heterodoxer Lehren zu überzeugen, sondern auch die rechtgläubigen Christen zu instruieren und vor Abwegen zu warnen. Die antihäretische Literatur, die, wie gesagt, bald nach der apologetischen aufkam, hatte Bestand für immer, da sich ständig neue Häresien hervortaten. Ihr wichtigster Repräsentant in früher Zeit ist Irenäus von Lyon (etwa 130–200).

Irenäus wandte sich gegen die sogenannte Gnosis («Wissen, Erkenntnis»), eine im 2. und 3. Jahrhundert weit verbreitete, in vielerlei Formen auftretende religiöse Bewegung, die auch jüdische und heidnische Spielarten zeitigte. Ihr waren die weltflüchtigen, nach Transzendenz strebenden Züge des Christentums nicht radikal genug: sie lehrte, daß der Mensch in der Welt ganz und gar Fremdling sei, und machte es sich zur Aufgabe, ihm den Weg zurück zu seinem Ursprung, der außerweltlichen Gottheit zu weisen. Die gnostischen Spekulationen suchten mit Hilfe von – meist ziemlich komplizierten – kosmologischen Theorien zu erklären, wie es zur Verstrickung des seinem Wesen nach jenseitigen Menschen in die Materie, in die Welt gekommen sei; der Kontrapost hierzu bestand in einem Erlösungsmythos, dessen Varianten darin übereinstimmten, daß die Erlösung stets als Botschaft wirkte, die von außen in die Welt gelangte und bestimmt war, dortselbst ‹Erkenntnis› zu wecken. Der Erlöser Christus durfte hiernach nicht selber wirklich Mensch werden (dann hätte sich an ihm die Verstrickung in die Welt wiederholt); er konnte allenfalls für einige Zeit eine quasi-menschliche Hülle, einen Scheinleib annehmen, um seine Botschaft zu übermitteln. Das nur in einer lateinischen Übersetzung vollständig erhaltene Hauptwerk des Irenäus, «Prüfung und Widerlegung der falschen Gnosis», richtete sich vor allem gegen das System des Valentin von Alexandrien. Es wies den dort behaupteten Doketismus, die Lehre, daß Christus nur zum Scheine Mensch gewesen sei, zurück, indem es sich auf die orthodoxe Christologie berief: die Erlösung habe sich realiter vollziehen müssen, so daß es nicht angehe, sie zu einer bloßen Vermittlung von ‹Erkenntnis› herabzustufen; hierzu habe es vielmehr eines Wesens bedurft, das uneingeschränkt sowohl Gott als auch Mensch sei; nur durch den Mensch gewordenen Christus könne die Menschheit vergöttlicht werden.

Die Christen haben als einzelne, besonders als Wanderprediger, zu lehren begonnen; pädagogische Einrichtungen waren ihnen zunächst unbekannt. In Alexandrien scheint sich gegen Ende des 2. Jahrhunderts zum ersten Male eine gewisse Tradition der Unterweisung eingestellt zu haben, und einige Zeit später kam es dort – vielleicht dadurch, daß der Bischof den Unterricht für die Katechumenen (für die «Entgegentönenden», wie sie seit Paulus nach dem Frage-und-Antwort-Schema des Einübens hießen) in seine Obhut und Aufsicht nahm – zur Gründung einer Schule im Sinne einer die einzelnen Lehrpersonen überdauernden Institution. Die beiden glanzvollen Namen, denen die alexandrinische Lehrtradition zuallererst ihren Ruhm verdankt, sind Klemens († vor 215) und Origenes († um 253): sie haben die katechetisch-dogmatische, d. h. die nicht mehr primär an Außenstehende, an Heiden oder Häretiker, sich wendende christliche Literatur begründet; hiermit erhielt die Schriftstellerei der Christen ein eigenes, auf den Bedürfnissen der Kirche selbst beruhendes Fundament. Es ist schwerlich vonnöten, besonders hervorzuheben, daß auch der katechetisch-dogmatische Zweig stets weiterexistiert hat: er rückte alsbald ins Zentrum der christlichen Literatur.

Das dreigeteilte Hauptwerk des Klemens bekundet eine immense Gelehrsamkeit; der Autor zitiert dort nicht weniger als 360 verschiedene Schriftsteller der Profanliteratur. Schon hieran läßt sich ablesen, daß sich die Christen jetzt nicht mehr lediglich formale Elemente, die Darstellungs- und Argumentationsmittel der Heiden zu eigen machen, sondern auch auf die Inhalte, auf die griechisch-römische Bildungstradition rekurrieren. Das Werk des Klemens unternimmt denn auch einen ersten Versuch, die christliche Religion in ein fruchtbares, nicht mehr bloß negatives Verhältnis zur heidnischen Philosophie zu setzen. Der Primat kommt begreiflicherweise der christlichen Lehre zu; die Philosophie aber – und dies ist das Novum – steht ihr nicht entgegen, sondern nimmt ihr gegenüber eine vorbereitende Funktion wahr: sie hat die Heiden für Christus erzogen. Klemens räumt ihr somit eine ähnliche Stellung ein, wie sie die Christenheit allgemein dem jüdischen Gesetz zuwies.

Das Werk ermangelt eines Gesamttitels; seine drei Teile – sie heißen *Protreptikos*, *Paidagogos* und *Stromateis* («Teppiche») – sind gleichwohl eng aufeinander bezogen. Der Titel der ersten, der einleitenden Schrift ist, wie schon erwähnt wurde, Bezeichnung eines Typs der philosophischen Schriftstellerei: Abhandlungen dieses Namens wollten die Adressaten zur Philosophie, zu philosophischer Lebensführung ‹bekehren›. Der Klementinische *Protreptikos* scheint lediglich die Apologetik fortzusetzen (er enthält dieselben Motive); in Wahrheit soll, wie der Verfasser bekundet, die Lektüre Leser, die bereits Christen sind, veranlassen, die Abwendung vom Heidentum auf der Ebene der Reflexion noch einmal zu vollziehen. Die zweite Teilschrift, der «Pädagoge», hat sodann die Aufgabe, die Leser in allen Einzelheiten mit ihrem neuen, dem christlichen Leben vertraut zu machen. Sie dient also einem praktischen, moralischen Zweck: sie enthält nach allgemeinen Erörterungen eine Fülle detaillierter Vorschriften: für Essen und Trinken, Ruhe und Erholung, Körperpflege und Kleidung und vieles andere, und zwar im Sinne vernünftigen Maßhaltens, nicht im Sinne asketischen Verzichts. Der dritte und längste (übrigens unvollendete) Teil des Werkes soll den in die christliche Lebensführung Eingeübten theoretische Kenntnis – Gnosis, sagt Klemens – von der christlichen Lehre vermitteln. Der befremdlich klingende Titel «Teppiche» entstammt der heidnischen Literatur; er bezeichnete dort – wie *Leimones*, *Silvae* («Wiesen, Wälder») – Sammelwerke mit mannigfaltigen, zwanglos aneinandergereihten Gegenständen; er war somit ein Etikett der sogenannten Buntschriftstellerei. Der Inhalt der Klementinischen Schrift entspricht dem Titel: dort werden zahlreiche Probleme erörtert, die sich der Kirche in den Weg gestellt hatten, und zwar ohne System und Ordnung. Diese Systemlosigkeit ist Absicht: «Weder auf die Reihenfolge noch auf den Ausdruck haben die ‹Teppiche› geachtet», schreibt Klemens gegen Ende des Werks, «wie denn auch die griechischen Schriftsteller» (d. h. die Philosophen) «absichtlich auf schöne Formulierungen verzichten und ihre Lehrsätze in verborgener und verstellter Weise vorbringen, wobei sie darauf achten, daß die Leser vor Mühe nicht zurückschrecken und zu finden verstehen.» Klemens will somit erreichen, daß dem Adressaten die Erkenntnis der Wahrheit nicht ohne eigene Anstrengungen zuteil wird; die Formerschwerungen sollen als Reizmittel der Reflexion dienen. Das Ganze aber zielt auf ein christliches Publikum, das in der Lektüre seinen Lebensgang wiederholt: es läßt vom Heidentum ab; es lernt, ein christliches Leben zu führen; es gewinnt Einsicht in die höchsten Ziele. Diese Wiederholung ist Steigerung, Überbietung der schon durchlebten Wirklichkeit, so daß dem diese steigernde Wiederholung ermöglichenden Literaturwerk eine bis dahin im christlichen Bereich unbekannte Dignität zuwächst: die vom Literaturwerk in Gang gesetzte Reflexion führt die Wirklichkeit erst zu Ende.

Origenes, einer der fruchtbarsten Schriftsteller der alten Kirche, hat zwar mit der Antwort auf Celsus auch ein Meisterwerk der Apologetik geschaffen; sein eigentliches Ziel aber war es zu vollenden, was Klemens begonnen hatte: er suchte die Lehre des Christentums, wie sie im Alten und Neuen Testament überliefert war, durch Transposition in eine begriffliche Sprache als Philosophie darzustellen. Sein kühnes Unterfangen wurde später mißverstanden; der sogenannte origenistische Streit, in dem, wie noch zu zeigen sein wird, Hieronymus eine unrühmliche Rolle spielte, endete damit, daß man den genialen Theologen als Häretiker verdammte. Der größte Teil seiner Schriften ging verloren. Erhalten blieb immerhin, wenn auch nur in der lateinischen Übersetzung Rufins, das wichtige dogmatische Werk *De principiis*, «Über die Hauptlehren», das, wie der Titel erwarten läßt, die Erschaffung der Welt, den Sündenfall, die Erlösung und die Letzten Dinge behandelt; das 4. Buch legt u. a. die berühmte Theorie vom dreifachen Schriftsinn dar.

Justin, Irenäus und Klemens waren die Marksteine einer Entwicklung, die sich innerhalb von siebzig Jahren vollzogen hat; ihr Werk begründete in drei Stufen die patristische Literatur. Gleichzeitig verfestigte sich der neutestamentliche Kanon, und so entstand die Basis für eine quantitativ bedeutsame, in formaler Hinsicht jedoch stets sehr anspruchslose Gattung, den Bibelkommentar. Das älteste erhaltene Beispiel hierfür sind die Erläuterungen zum Buche Daniel, die Hippolytos von Rom († 235) in griechischer Sprache hinterlassen hat.

Die Anfänge der lateinischen patristischen Literatur

Während des 2. Jahrhunderts hat in den Gemeinden des Westens die Zahl der des Griechischen nicht kundigen Mitglieder offenbar erheblich zugenommen; jedenfalls setzte damals der Prozeß ein, der, hier früher und dort später, der allgemein vorherrschenden Sprache auch in der christlichen Kirche Eingang verschaffte. Für die Nachwelt ist diese Entwicklung zuallererst an dem Aufkommen lateinischer Bibeltexte ablesbar. Zunächst wurden nur Teile des Alten wie des Neuen Testaments übersetzt; man pflegt die durch Zitate bei den ältesten lateinischen Kirchenvätern erhaltenen Reste unter der Bezeichnung *Vetus Latina* («älteste lateinische Übersetzung») zusammenzufassen. Im 4. Jahrhundert scheint in Italien eine besondere Version verbreitet gewesen zu sein; man nennt sie daher die *Itala*. Erst der Auftrag, den Papst Damasus im Jahre 383 Hieronymus erteilte, machte der Vielfalt der lateinischen Bibelfassungen ein Ende: Hieronymus verfertigte in den folgenden Jahrzehnten die seither maßgebliche Übersetzung, die im Mittelalter den Namen *Vulgata* erhielt.

Die Westkirche hat sich allerdings nicht in Rom und Italien vom Griechischen zu emanzipieren begonnen, sondern in Afrika. Die bedeutenden lateinischen Kirchenschriftsteller des 3. und des beginnenden 4. Jahrhunderts sind allesamt afrikanischer Provenienz. Rom, der Sitz Petri, genoß zwar als Apostelgründung einiges Prestige; hieraus leitete indes erst Papst Leo der Große im 5. Jahrhundert mit Entschiedenheit den Anspruch auf eine herausragende Stellung ab. Im 3. Jahrhundert jedoch war Rom in kirchlichen Fragen Provinz. Der soeben erwähnte Hippolytos z. B., der dort als Haupt einer schismatischen Gemeinde wirkte, verfaßte noch alle seine Werke in griechischer Sprache; auch die Grabinschriften der römischen Bischöfe blieben bis gegen Ende des Jahrhunderts griechisch. Die Kirche von Rom wurde etwa fünf Dezennien später latinisiert als die von Afrika.

Tertullian, Cyprian, Laktanz: diese drei Autoren der Zeit bis zum Ende der Verfolgungen hinterließen ein stattliches, vielfältiges Œuvre; zu ihnen gesellen sich als Verfasser einzelner oder einiger weniger Schriften Minucius Felix, Novatianus, Victorinus von Pettau und Arnobius. Zwei der zuletzt Genannten haben nur im Schutz größerer Namen überdauert: der *Octavius* des Minucius Felix blieb als achtes Buch der apologetischen Schrift *Adversus nationes*, «Gegen die Heiden», erhalten, die Arnobius, der Rhetoriklehrer des Laktanz, verfaßt hat, und die wenigen Abhandlungen Novatians, die auf die Nachwelt gekommen sind, erscheinen in der Überlieferung als Erzeugnisse Tertullians und Cyprians. Alle sieben Autoren haben lediglich Prosawerke verfaßt; christliche Poesie entstand erst in spätkonstantinischer Zeit, es sei denn, die rätselhafte Figur des Lehr- und Spruchdichters Commodian gehört, wie vielfach vermutet wird, noch dem 3. Jahrhundert an.

Die christliche Literatur in lateinischer Sprache wartet sofort mit einem Prioritätsproblem auf, um dessen Lösung sich zahlreiche Gelehrte mit Eifer, jedoch bisher ohne überzeugende Resultate bemüht haben: der Dialog *Octavius* des Minucius Felix und das *Apologeticum* Tertullians zeigen so unverkennbare Übereinstimmungen in den Motiven und selbst in den Formulierungen, daß sich eine Abhängigkeit der einen Schrift von der anderen nicht bezweifeln läßt; wer jedoch wen benutzt hat, ist noch stets umstritten. Beide Beteiligte waren offenbar so gewandte Schriftsteller, daß sie ohne Risse und Sprünge zu argumentieren wußten; der Übernehmende hat, was er übernahm, fugenlos in seinen Kontext einbezogen.

Der *Octavius* des Minucius Felix ist das früheste Beispiel für jene – in der lateinischen Väterliteratur immer wieder begegnende – klassizistische Haltung, die in der Spätantike nie das Signum einer ganzen Epoche war, sondern stets auf der Wahl einzelner beruht hat. So folgte auf Minucius Felix Laktanz, auf Laktanz wiederum Hieronymus, und nach Hieronymus fand sich in Boethius ein Autor verwandter Schreibart – um nur die wichtigsten Repräsentanten der klassizistischen Richtung zu nennen. Minucius Felix hat die anspruchsvollste Prosagattung, den philosophischen Dialog (sein Vorbild ist insbesondere die Ciceronische Schrift *De natura deorum*, «Vom Wesen der Götter»), als Gewand für den typischen Inhalt der christlichen Apologie ausersehen: diese Form bot den Vorteil, die heidnischen Angriffe und deren Widerlegung in lebendiger Rede zu entfalten. Der Autor hat sich darüber hinaus, auch hierin Cicero nacheifernd, um eine sorgfältig ausgemalte Szenerie sowie um eine klare, elegante Schreibweise bemüht. Das Christentum erscheint im *Octavius* als philosophische Lehre, die sich durch Monotheismus, Unsterblichkeitsglauben und ein hohes Ideal sittlicher Vollkommenheit auszeichnet, wobei sich die Argumentation nicht im mindesten auf die Bibel gründet. Diese für den heutigen Leser erstaunliche Art des Vorgehens war mit der Gattung ‹Apologie›, die sich ja an die Heiden richtete, von Anfang an gegeben. Auch Tertullian und Arnobius haben in ihren apologetischen Werken auf den Schriftbeweis verzichtet; Minucius Felix scheint indes das Prinzip der Anpassung auf die Spitze getrieben zu haben.

Was der alte Cato einst für die römische Prosa gewesen war, das bedeutet Tertullian für die Literatur der lateinischen Christenheit.

Cato hatte der Tradition griechisch schreibender Senatoren abrupt ein Ende bereitet; Tertullian, der sich zunächst noch selber des Griechischen bedient hatte, bewirkte seinerseits, daß in der westlichen Reichshälfte nunmehr auch die Christen die lateinische Sprache verwendeten. Die beiden Gründergestalten ähneln einander auch in ihrem Wesen: sie verfochten einer wie der andere mit Leidenschaft ihre Überzeugungen, hart, knorrig und unduldsam, und der Kampf war ihr Lebenselement.

Quintus Septimius Florens Tertullianus (etwa 160–220), Sohn eines römischen Hauptmanns, aus Karthago gebürtig, zunächst als Advokat in Rom tätig, dann christlicher Schriftsteller in seiner Heimat, ohne daß er ein Kirchenamt bekleidet hätte, schloß sich etwa im Jahre 207 der Erweckungsbewegung an, die ein gewisser Montanus um die Mitte des 2. Jahrhunderts in Kleinasien gegründet hatte. Derlei radikale Sekten machten der Kirche immer wieder zu schaffen: Montanus, ein religiöser Fanatiker, der sich für den Parakleten, den «Tröster» ausgab, dessen Kommen Jesus in Aussicht gestellt hatte, stützte seine rigorosen sittlichen Gebote auf die emphatisch von ihm verkündete Erwartung, daß das Ende der Zeiten unmittelbar bevorstehe. Der Montanismus verbreitete sich rasch, und auch in Gallien und Afrika bekannten sich ganze Gemeinden zu ihm. Tertullian, der Theologe der Bewegung, entwarf einen ihr gemäßen Heilsplan: wie das Neue Testament die Prophetien des Alten bestätigt und übertroffen habe, so erfülle die Prophetie des Montanus das Neue Testament. Diese Lehre enthält die Vorstellung einer ‹Dritten Offenbarung› und eines ‹Dritten Reiches›, ein Schema, das im hohen Mittelalter von Joachim von Fiore erneuert und danach noch oft beschworen worden ist. Dem Montanismus erwuchsen hieraus so wenig wie aus seinen sonstigen Auffassungen irgendwelche Probleme mit dem Dogma der Großkirche; seine Anhänger, zumal Tertullian, formulierten lediglich extrem strenge Heiligkeitsanforderungen: eine zweite Ehe war ebensowenig erlaubt wie der Versuch, sich einer Verfolgung durch die Flucht zu entziehen, und mit besonderem Ingrimm zog Tertullian gegen die «Freßlust» zu Felde, die schon im Paradies verhängnisvolle Wirkungen gezeitigt habe.

Die erhaltenen Schriften, etwa dreißig an der Zahl, gehören den drei Typen an, welche die griechischen Christen in der zweiten Hälfte des 2. Jahrhunderts hervorgebracht hatten: sie sind teils apologetischen, teils antihäretischen, teils dogmatischen und moralischen Inhalts. Das wichtigste Stück der ersten Gruppe ist das schon erwähnte *Apologeticum.* Es hat die Form eines Plädoyers (oder einer Eingabe an die Statthalter). Es sucht mit besonderem Nachdruck den Vorwurf zu entkräften, daß die Christen keine Römer, daß sie Feinde des Kaisers seien. Tertullian wendet viel Mühe auf, das Gegenteil als richtig zu erweisen: die Christen begehen keine Verbrechen, sie zahlen ihre Steuern, sie sind in jeder Hinsicht vortreffliche Bürger und Untertanen. «Wir leben mit euch zusammen», erklärt Tertullian, «wir stimmen mit euch in der Nahrung, Kleidung und Wohnung, in den Lebensbedürfnissen überein. Wir sind ja keine Brahmanen oder indische Gymnosophisten, Waldbewohner oder Flüchtlinge des Lebens ... Wir fahren zur See wir ihr, wir sind Soldaten und Bauern und treiben Handel, wir stellen euch unser Können und unsere Erzeugnisse zur Verfügung ...» Derselbe Tertullian weiß allerdings, wenn er sich an seine Glaubensbrüder und -schwestern wendet, daß das Verhältnis der Christen zum römischen Staat keineswegs so unproblematisch ist: er hebt das altüberlieferte Motiv von der Fremdheit des Christen in der Welt schärfer und unversöhnlicher hervor als die meisten anderen Kirchenschriftsteller. Dieses Prinzips eingedenk, verbietet er nicht nur die Teilnahme an den harmlosesten heidnischen Festen, sondern auch jegliches Staatsamt und jeglichen Militärdienst.

Unter seinen antihäretischen Schriften ragt der Traktat gegen den Gnostiker Markion hervor, sein umfänglichstes Werk überhaupt (*Adversus Marcionem,* in fünf Büchern). Dieser Sektierer, der Tertullian darin ähnelte, daß er geneigt war, gerade die radikalsten Positionen für die besten und die eigentlich christlichen zu halten, hatte eine stattliche, über das ganze Reich verbreitete Anhängerschaft. Er berief sich auf die Paulinische Gegenüberstellung von Gesetz und Evangelium; er steigerte sie, indem er jedweden Zusammenhang zwischen dem Alten und dem Neuen Testament, zwischen dem jüdischen und dem christlichen Gott leugnete; der jüdische Gott wurde von ihm zu einem innerweltlichen Schöpfergott herabgestuft. Er stellte sogar eine eigene Bibel zusammen, die lediglich aus einem redigierten Text des Lukasevangeliums und den Paulusbriefen bestand. Tertullian hat den gefährlichen Gegner mit aller Rhetorik und Dialektik, aber auch mit aller theologischen Gründlichkeit, deren er fähig war, niederzuringen versucht.

Die schlechtweg für Christen bestimmten Abhandlungen befassen sich teils mit christlichen Einrichtungen, mit der Taufe, dem Gebet, der Buße, teils mit christlichen Tugenden, mit der Geduld oder der Keuschheit, und teils mit Fragen der christlichen Lebensführung. Besonders gründlich nahm sich der eifernde Autor der weiblichen Putzsucht an *(De cultu feminarum)*, und mit der bekannten Schrift *De spectaculis* («Über die Schauspiele») eröffnete er die christliche Polemik gegen die antiken Spiele. Gelegentlich, wenn auch selten genug, zeigt er in seinen moralischen Abhandlungen Humor, ja Selbstironie, z. B. wenn er zu Beginn seiner Schrift *De patientia* («Von der Geduld») zu Recht feststellt, daß ihm selber die von ihm gepriesene Tugend leider gänzlich abgehe. Eine manieristische Mischung von Scherz und Ernst, fast ein Enkomion auf einen unscheinbaren Gegenstand, ein sogenanntes Adoxon, bietet die Schrift *De pallio* («Über den Mantel») dar: der Autor sucht sich darin vor seinen Mitbürgern zu rechtfertigen, daß er die Toga, die Tracht des Römers, abgelegt und mit dem Gewand des Philosophen, dem griechischen Mantel *(pallium)*, vertauscht habe. Für diese Entscheidung werden Argumente aufgeboten, als handele es sich um eine äußerst wichtige theologische Frage, und schließlich ergreift der personifizierte Mantel selbst das Wort, seine Vorzüge ins Licht zu setzen, so daß Tertullian ihm zurufen kann: «Freue dich, Mantel, und frohlocke! Die höhere Weisheit hat dich auserkoren, seit du zur Tracht der Christen geworden bist!»

Tertullians Werke haben – das *Apologeticum*, ein fiktives Plädoyer, ausgenommen – Traktatform. Ihre Länge variiert; sie zeigen im allgemeinen einen klaren Aufbau. Nicht die Gattung und nicht die Kompositionsweise macht die Besonderheit dieses Œuvres aus, sondern der Stil und die Technik der Argumentation. Ein ungebärdiges, ja maßloses Temperament, eine unerschöpfliche Phantasie im Erfinden kühner Wendungen, ein vor keinem Mittel der Scheinlogik zurückschreckender Scharfsinn hat sich hier ein singuläres Instrumentarium von Ausdrucksmitteln geschaffen. Tertullians Idiom ist eine eigenwillige Mischung von Vulgarismen und einer bis zum Äußersten manierierten Kunstprosa. Es mutet dem Leser unerhört viel zu: durch Gräzismen, Neologismen, schier willkürliche Bedeutungsänderungen oder gesuchte Pointen. Was die Argumentation betrifft, so kann sich Tertullian kaum genug tun, alles Denkmögliche auf die hergeholteste Art zu beweisen. Er ist Haarspalter und Rabulist par excellence. Wenn er glaubt, den Gegner überwältigt zu haben, dann räumt er ihm großzügig ein, daß er dessen Behauptung gleichwohl akzeptieren wolle, um abermals und immer wieder und trotz aller möglichen Zugeständnisse darzutun, daß die Thesen des Gegners grundfalsch und gänzlich unhaltbar seien. Tertullians Schriften sind somit ein einziger Fechtboden, auf dem unentwegt mit größter Hitze zugestoßen und pariert wird – wären der furchtbare Ernst, die Härte und der Haß nicht, man könnte versucht sein zu vermuten, Tertullian habe nach Art eines Barockpredigers durch ein brillantes Feuerwerk Effekt machen wollen.

«Tertullian», schreibt Eduard Norden, «ist ohne Frage der schwierigste Autor in lateinischer Sprache... Er hat mehr als irgendein antiker Schriftsteller das höchste Gesetz antiker Kunstanschauung, die Unterordnung des Individuellen unter das Traditionelle, verletzt: zweifellos mit vollem Bewußtsein und mit Absicht; denn was sein Geistesverwandter im Osten, Gregor von Nazianz, einmal sagt: ‹Das Alte ist vergangen, alles ist neu geworden›, das war auch seine fundamentale Überzeugung.» Norden leitet hier die Ausdrucksmittel Tertullians aus dem christlichen Epochenbewußtsein ab: gewiß mit Recht. Die konventionellen Formen waren heidnisch, sie waren ein Stück ‹Welt›, und die christliche Wahrheit stand darüber. So war es Tertullian gestattet, seiner Individualität ungehemmt freien Lauf zu lassen. Mit ihm beginnt die christliche Möglichkeit eines eigenwilligen Kunststrebens, die sich aus heutiger Perspektive wie eine ferne Vorahnung der Romantik, ja der Moderne ausnimmt.

Thascius Caecilius Cyprianus (etwa 200–258) aus Karthago, fast ein halbes Jahrhundert jünger als Tertullian, zunächst Rhetor, dann christlicher Priester und bald darauf Bischof seiner Heimatstadt, ist der erste bedeutende Kirchenpolitiker des Westens, der zur Feder gegriffen hat. Er überstand die furchtbaren Verfolgungen unter Kaiser Decius (249–251); er erlag denen unter Kaiser Valerian und wurde mit dem Schwerte hingerichtet, wovon Märtyrerakten zuverlässig Kunde geben. Tertullian hatte das Verfassen von Traktaten zu seinem Hauptgeschäft gemacht; bei Cyprian hingegen stand das Schreiben ganz im Dienste des kirchlichen Amtes. Sein Œuvre, das neun echte (und etliche unechte) Abhandlungen sowie eine Briefsammlung umfaßt, ist weniger als Literatur bedeutsam denn als kirchengeschichtliche Quelle und ebenso als Dokument einer überaus sympathischen Persönlichkeit.

Zwei Hauptthemen seines kirchenpolitischen Handelns waren die sogenannten *lapsi*, die «Abtrünnigen» und das Problem der Ketzertaufe. Nicht alle Christen verweigerten das Opfer zum Wohle von Kaiser und Reich, das Decius jedem Bürger zur Pflicht gemacht hatte; sie vollzogen den Akt und schlossen sich hiermit aus der Kirche aus. Möglichkeit und Bedingungen einer Wiederaufnahme wurden Gegenstand heftigen Streites. Die ‹Bekenner›, Christen, die vor der Behörde ihren Glauben nicht verleugnet hatten und gleichwohl mit dem Leben davongekommen waren, warfen sich zu Fürsprechern der *lapsi* auf. Cyprian bemühte sich um einen mittleren Kurs zwischen Milde und Härte: er wies die Wiederaufnahme nicht rigoros ab, wollte sie aber von schwerer Buße abhängig gemacht wissen. In der Frage der Ketzertaufe kam es zum Konflikt mit Stephan, dem Bischof von Rom: Cyprian hielt eine außerhalb der Kirche vollzogene sakramentale Handlung schlechtweg für nichtig; Stephan wollte den Ketzern durch eine mildere Auffassung die Rückkehr in die Großkirche erleichtern. Als sich die gesamte Oikumene an der Auseinandersetzung zu beteiligen begann, setzte die Valerianische Verfolgung ein, und sowohl Cyprian als auch Stephan starben den Märtyrertod.

Die Abhandlungen sind zum Teil Tertullian verpflichtet: auch Cyprian handelte z. B. von der Geduld oder von der Kleidung der Frauen. Die Abhandlung *Ad Demetrianum* verdient Aufmerksamkeit, weil sie Aufschluß über das Heiden wie Christen gemeinsame Epochenbewußtsein gibt: Cyprian befaßt sich dort mit dem von heidnischer Seite bis zum Überdruß wiederholten Vorwurf, daß der Christenglaube, der Abfall von der überkommenen Religion die Übel in der Welt, wie Hungersnöte, Seuchen, Kriege, verursache; er setzt sich dagegen unter anderem mit dem Argument zur Wehr, daß die Welt ihrem Ende entgegengehe, daß alles erschöpft und vergreist sei – eine Auffassung, die gerade den Heiden durchaus vertraut war. Von den Briefen verdienen zumal die Stücke hervorgehoben zu werden, die in der Zeit der Decianischen Verfolgung entstanden sind: sie zeigen den Bischof, wie er aus dem Versteck, das ihn dem Zugriff des Staates entzog, der Gemeinde bei allen Schwierigkeiten durch Rat und Tat beizustehen suchte: er besorgte Geldmittel für die Armen, er ordnete an, daß man die gefangengesetzten Brüder regelmäßig besuche usw. Sein Stil ist wie sein Wesen: würdig, klar und korrekt und von einer gewissen, jedoch nicht übermäßigen Feierlichkeit. Sein Charakter und die gradsinnige Art seiner Schriftstellerei machten Eindruck, und so wurde unmittelbar nach seinem Tode ein Verzeichnis seiner Werke angefertigt, mit der ausdrücklichen Bestimmung, Fälschungen unmöglich zu machen. Vergebens: Cyprian ist der erste lateinische Christ, unter dessen Namen allerlei nicht von ihm verfaßte Schriften kursierten. Hiervon blieb ein nicht geringes Quantum erhalten, darunter sogar eine Anzahl von Gedichten.

Lucius Caelius Firmianus Lactantius (etwa 260–325) erhielt von Pico della Mirandola wegen seines elegant-gefälligen Stils den Ehrentitel eines *Cicero Christianus*. Seinen Beruf als Rhetor erlernte er, wie erwähnt, bei Arnobius. Rhetor war ja zunächst auch Cyprian, und Tertullian hatte das verwandte Metier eines Advokaten ausgeübt. In der typischen christlichen Biographie jener Zeit pflegt es dann zu heißen: der Genannte wurde Christ; er gab daher seinen bisherigen Beruf auf, um sich ganz dem Dienst an der Kirche widmen zu können. Bei Laktanz jedoch trat dieses Ereignis nicht ein; die Bekehrung bewirkte keinen Einschnitt im äußeren Ablauf seines Lebens; er war und blieb Lehrer der Beredsamkeit. Diokletian holte ihn nach Nikomedien am Marmarameer, dortselbst die lateinische Rhetorik zu vertreten. Als zu Beginn des Jahres 303 die große, auf die Vernichtung des Christentums zielende Verfolgung einsetzte, gab er sein Lehramt auf und widmete sich der Schriftstellerei. Nach der Wende des Jahres 313 wurde er von Konstantin als Prinzenerzieher an den Hof von Trier berufen.

Laktanz begann mit dem Traktat *De opificio dei*, «Über Gottes Meisterwerk», einer Schrift über die Zweckmäßigkeit des menschlichen Organismus, die nichts Christliches enthält, die durchweg Lehren der griechischen Philosophie, insbesondere der Stoa, verpflichtet ist. Es folgte das Hauptwerk, die *Divinae institutiones* («Einführung in die christliche Religion»), in sieben Büchern, wovon der Autor selber noch eine Epitome angefertigt hat. Der Titel verweist auf juristische Elementarwerke; Laktanz will in analoger Weise die Grundzüge der christlichen Lehre vermitteln. Die ersten drei Bücher ziehen gegen den heidnischen Polytheismus und die heidnische Philosophie zu Felde; die Bücher 4–6 haben Christi Erlösungswerk, Gottes Gerechtigkeit und den Entwurf einer christlichen Ethik zum Gegenstand, während das letzte Buch – «Über die Unsterblichkeit» – in apokalyptischen Visionen schwelgt. Die theologische Substanz dieses umfänglichen Werkes ist dürftig, so daß der ersten lateinischen Darstellung der neuen Religion etwas Naives und Hausbackenes anhaftet, jedenfalls im Verhältnis zu den Schriften des Klemens und des Origenes. Laktanz geht es weniger um Gotteserkenntnis als um die Lebenspraxis; ein handfester römisch-stoischer Moralismus ist der auffälligste Zug der *Institutiones*.

Die Abhandlung *De ira dei*, «Vom Zorn Gottes», ein Kleinod der christlich-lateinischen Literatur, befaßt sich mit einem apologetischen Thema: sie sucht in ständiger Auseinandersetzung mit der heidnischen Philosophie die Richtigkeit der alttestamentarischen Konzeption des zürnenden Gottes zu erweisen. Der Philosophie, vor allem der stoischen, galt der Zorn als Affekt, als Schwäche, die der Mensch überwinden müsse; er vertrage sich nicht mit dem Gottesbegriff. Laktanz reinigt den göttlichen Zorn von allen Merkmalen, die nur durch die menschliche Psyche bedingt sind, und erklärt ihn für das unentbehrliche Korrelat des göttlichen Erbarmens: beide Verhaltensweisen seien Ausfluß der göttlichen Gerechtigkeit.

Die Schrift *De mortibus persecutorum* endlich («Über die Todesarten der Verfolger»), nach dem Tode Diokletians verfaßt, erschloß Neuland: sie eroberte der lateinischen Christenheit um dieselbe Zeit, da Eusebios an seiner großen Kirchengeschichte arbeitete, eine bislang von ihr gemiedene Dimension, die säkulare Geschichte. Sie hat die christenfeindlichen Maßnahmen der Kaiser seit Nero zum Gegenstand sowie deren stets als göttliche Strafe gedeutetes schlimmes Ende. Sie huldigt also dem geschichtstheologischen Prinzip, daß die Einstellung der Herrscher gegenüber dem Christentum schon auf Erden göttlich verhängte Konsequenzen habe: mit ihr beginnt die Verdiesseitigung des christlichen Gerichtsgedankens und mit ihr eine trübe Tradition christlicher Selbstgerechtigkeit, die gegen Ende des 4. Jahrhunderts mit einigen Werken des Prudenz, insbesondere mit dem polemischen Gedicht *Contra Symmachum*, einen Höhepunkt erreichte.

Der christliche Autor Laktanz verbindet ein Minimum an Theologie mit einem Maximum an Kenntnis der heidnischen Bildungstradition, einem Maximum, das sich allerdings im wesentlichen auf römische Autoren beschränkt. Cicero wird bei weitem am häufigsten zitiert (vor Lukrez, Vergil und Ovid); er ist zugegebenermaßen das stilistische Vorbild, und überdies verdankt ihm Laktanz die Grundlagen seines philosophischen Wissens. Allerdings, so sehr er Cicero über die Form hinaus auch inhaltlich verpflichtet ist, eine propädeutische Funktion im Verhältnis zum Christentum vermag er ihm nicht einzuräumen: die positive Einstellung zur heidnischen Philosophie, die schon Klemens von Alexandrien gewonnen hatte, blieb ihm fremd. Er war ein klassizistisch gesinnter Rhetor, dem sowohl seine Fähigkeit zu übersichtlicher Komposition und übersichtlicher Gedankenführung als auch sein ungemein gefälliger Stil zustatten kam. Der Satzbau, ciceronisch oder gar Cicero überbietend, ist eingängig und von ungezwungenebenmäßigem Fluß; hierin ist Laktanz von keinem christlichen Schriftsteller je wieder erreicht worden.

Er hat die Mit- und Nachwelt über die Gründe seines Stilideals nicht im unklaren gelassen. Die göttliche Weisheit der christlichen Lehre, versichert er in der Einleitung der Institutionen, stehe höher als die Weisheit der heidnischen Philosophie; sie lasse sich auch ohne Eloquenz darlegen und sei oft ohne Eloquenz dargelegt worden. Er aber wolle sie im Gewande eines klaren und glänzenden Stils vortragen, damit sie desto leichter zum Herzen dringe;

einen schöneren Gebrauch könne er von seinen rhetorischen Fähigkeiten gar nicht machen. Der Anfang des 5. Buches fügt dem noch hinzu, daß zumal die gebildeten Christen wegen der Schönheiten der heidnischen Literatur Anfechtungen ausgesetzt seien. Man habe christlicherseits dem hohen Ansehen, das die literarische Form nun einmal genieße, noch nicht genügend Rechnung getragen: die biblischen Schriften seien in einer einfachen und schmucklosen Sprache verfaßt, und unter den lateinischen Autoren seien noch keine geeigneten Herolde der christlichen Sache aufgetreten.

Diese Äußerungen sind von großer Bedeutung für die Entwicklung des christlichen Verhältnisses zur heidnischen Literatur. In ihnen kündigt sich eine Wende an: als Laktanz sie niederschrieb, begannen die Christen, sich auch sämtliche Formen der griechisch-römischen Dichtung anzueignen. Bislang hatte man die *simplicitas*, die Einfachheit und die Einfalt, für ein unveräußerliches Wesensmerkmal der biblischen Schriften und der christlichen Tradition überhaupt gehalten, auch wenn sie, wie man nicht bestritt, die Heiden abschreckte. Demgemäß polemisierte man heftig gegen die heidnische Dichtung und gegen jegliche schöne Form. Wenn sich die Prosaschriftsteller gleichwohl von Anfang an der stilistischen und argumentativen Mittel bedienten, welche die heidnische Kunstprosa ihnen anbot, dann läßt sich dieser Widerspruch durch zwei einander nicht unbedingt ausschließende Erklärungen mildern: sie konnten nicht anders schreiben, weil sie in der heidnischen Schule so zu schreiben gelernt hatten, und sie wollten auch nicht anders schreiben, weil sie so die Heiden zu überzeugen hofften. Laktanz unterscheidet sich von seinen Vorgängern darin, daß er die schöne Form ausdrücklich guthieß: um diejenigen, die schon Christen waren, in ihrem Glauben zu bestärken und diejenigen, die es noch nicht waren, dafür zu gewinnen. Der nächste Schritt, daß der schöne Stil Gott huldige, sollte bald folgen.

8

Die großen Kirchenväter des 4. Jahrhunderts

Ambrosius

Als sich Laktanz mit seiner zeitgeschichtlichen Tendenzschrift *De mortibus persecutorum* auf ein den Christen noch unvertrautes Terrain vorwagte, zog, wie schon angedeutet wurde, im Osten Eusebios von Caesarea in ähnlicher Weise die Konsequenzen aus der jüngsten Entwicklung: der Sieg der Kirche gab ihm den Gedanken ein, die christliche Hoffnung nicht mehr rigoros auf das Jenseits zu beschränken, sondern sie auf das innerweltliche Geschehen auszudehnen. Die christliche Religion galt ihm daher auch als eine dem allgemeinen sittlichen Fortschritt förderliche Macht, und er zeigte sich geneigt, ihr die Aufgabe der Menschheitserneuerung zuzuschreiben. Er war weniger ein Politiker oder Theologe: er war vor allem ein Gelehrter. Er hat sich von der unter den Christen weit verbreiteten Stimmung, die auch Laktanz ergriff, zu gründlichen Studien anregen lassen, und so wurde er der erste Kirchenhistoriker. Seine Weltchronik diente noch dem der Apologetik entstammenden Zweck des Altersbeweises, d. h. sie sollte dartun, daß die jüdisch-christliche Tradition dem Heidentum gegenüber die zeitliche Priorität beanspruchen dürfe. Die große Kirchengeschichte, ursprünglich ebenfalls von apologetischen Antrieben genährt, reichte schließlich bis zur Alleinherrschaft Konstantins, des ersten christlichen Kaisers, und nunmehr veranlaßte die dem Christentum günstige Entwicklung den Autor, sich zu dem optimistischen Glauben an eine fortschreitende göttliche Erziehung des Menschengeschlechts zu bekennen. Als den Garanten dieses nahezu erreichten Zustandes betrachtete er das christianisierte römische Kaisertum, verkörpert in der Person Konstantins: zumal seine panegyrische, seit Jacob Burckhardt heftig umstrittene Konstantinsvita bezeugt diese Konzeption einer christlichen Kaiserideologie.

Mit Laktanz schien die lateinische Christenheit den literarischen Vorsprung des Ostens einigermaßen aufgeholt zu haben. Doch nach ihm versank sie für etwa ein halbes Jahrhundert in eine sonderbare Lethargie, und der Osten eilte ihr in der theologischen und literarischen Entwicklung abermals voraus; erst Ambrosius, Hieronymus und Augustin vermochten den Abstand wieder zu überwinden. Diese zweite Verspätung der lateinischen Christenheit hat vor allem kirchenpolitische und theologische Gründe. Das 4. Jahrhundert war von einem für den heutigen Betrachter schwer verständlichen, von dem trinitarischen oder – nach dem Urheber Arius von Alexandrien so genannten – arianischen Streit erfüllt. Es ging hierbei vornehmlich um die Frage, wie man sich das Verhältnis von Gott zu Christus vorzustellen habe. Die beiden göttlichen Wesen durften einerseits nicht allzu sehr voneinander abgesondert werden: hierdurch hätte man den von der christlichen Religion beanspruchten Monotheismus gefährdet. Es ging aber andrerseits nicht an, sie einfach für identisch zu erklären: diese Lehre, der sogenannte Monarchianismus, widersprach dem Wortlaut der Evangelien und brachte überdies das Skandalon mit sich, daß kein anderer als Gott selbst den Kreuzestod erlitten habe. Arius meinte nun, das Problem in der Weise lösen zu können, daß man Christus als einer ziemlich selbständigen Wesenheit einen geringeren Grad von Göttlichkeit zuerkennen müsse; dies hatte allerdings zur Folge, daß die Erlösertat Christi an Größe und Gewicht verlor. Das Hin und Her der Auseinandersetzungen fand erst mit dem Konzil von Konstantinopel (381) ein Ende; die nunmehrige, durch den bedeutenden Theologen Basilios von Caesarea maßgeblich geförderte Formel lautete, daß sich die eine göttliche Substanz (οὐσία) in drei Hypostasen (ὑποστάσεις) oder personhaften Wesenheiten manifestiere.

Der Westen hatte sich an den theologischen Debatten über die Dreieinigkeit nicht beteiligt; dort gab man sich ungescheut monarchianischen oder arianischen Vorstellungen hin, und Subtilitäten wie die Unterscheidung von Substanz und Person verstand man nicht. Der erste, der das theologische Defizit auszugleichen suchte, war Bischof Hilarius von Poitiers (etwa 315–367). Er opponierte, als Kaiser Konstantius den von ihm begünstigten Arianismus auch in Gallien durchsetzen wollte; er mußte nach Phrygien in die Verbannung gehen. Dort lernte er die Probleme und Lösungsversuche der östlichen Theologen kennen; er verfaßte zwölf Bücher *De trinitate,* «Über die Dreieinigkeit», um seine westlichen Kollegen damit vertraut zu machen. Er kehrte nach dem Tode des Konstantius in seine Heimat zurück und kämpfte dort erfolgreich gegen die Arianer. Er war als Theologe wie als Kirchenpolitiker ein Vorläufer des Ambrosius.

Ambrosius verwaltete mehr als zwanzig Jahre das Bischofsamt an der Kaiserresidenz Mailand (374–397); diese Zeit war erfüllt von kirchenpolitischen Auseinandersetzungen und warf gleichwohl ein umfängliches literarisches Œuvre ab, das großenteils aus Predigten hervorging. Ein Hauptthema der Politik des Ambrosius war die Beseitigung des Arianertums. Hierbei legte sich der streitbare Bischof sogar mit Justina, der Mutter Kaiser Valentinians II., an: um zu verhindern, daß die Arianer einen Versammlungsraum erhielten, ließ er die Mailander Kirchen permanent durch seine Gemeinde besetzt halten, ein gewaltloses Verfahren, das tatsächlich zu einem vollen Erfolge geführt hat. Auch mit Kaiser Theodosius kam es – bei meist gutem Einvernehmen – mitunter zu erheblichen Spannungen; einmal hat Ambrosius ihn genötigt, sich im Büßergewand zum Gottesdienst einzufinden, weil er einen blutigen Krawall an Unschuldigen gesühnt hatte.

Ambrosius war ein unermüdlicher Prediger und Erklärer der Heiligen Schrift: vor der Gemeinde, vor den Katechumenen und vor den Neugetauften. Er hat seine Predigten nicht publiziert, wohl aber ausgiebig für seine Publikationen benutzt. Die exegetischen Schriften, die die Hauptmasse seines Œuvres ausmachen, sowie ein Teil der dogmatisch-moralischen Werke gehen auf Predigten zurück, und nicht selten läßt der größere Zusammenhang des Veröffentlichten die ursprünglichen Predigt-Einheiten noch deutlich durchschimmern. Ambrosius hat sich um fugenlose Glätte nicht sonderlich bemüht, und auch darin wich er von dem üblichen Standard ab, daß er durchaus nicht auf schriftstellerische Selbständigkeit erpicht war: er übernahm unbefangen, was ihm zweckdienlich erschien, von anderen. Sein Werk (es umfaßt außer dem Genannten noch Reden und Briefe) besteht weithin aus Übersetzung, Paraphrase und Kompilation griechischer Vorlagen. Es ist in seiner Gesamtheit Dokument eines Rezeptionsprozesses: es gleicht den Niveauunterschied zwischen Ost und West aus, den das 4. Jahrhundert mit sich gebracht hatte.

Als Exeget hat sich Ambrosius vor allem des Alten Testaments angenommen. Gerade dort eröffneten Schwierigkeiten ein dankbares Feld. Die wörtliche, die historische Erklärung war allerdings das geringste Problem. Der altchristliche Exeget bemühte sich vielmehr vornehmlich um drei Dinge: er suchte den für anstößig geltenden Partien ihre Anstößigkeit zu nehmen; er war darauf bedacht, die alttestamentarischen Figuren als moralische Exempel hinzustellen, und er zeigte, daß ein enger Zusammenhang zwischen dem Alten und dem Neuen Testament bestehe, indem er überall versteckte Hinweise auf die Heilstat Christi aufdecken zu können glaubte. Das Vehikel, mit dem man diese drei Zwecke, zumal den dritten, den wichtigsten, zu erreichen suchte, war die allegorische Schriftauslegung.

Dieses Verfahren hatte eine ehrwürdige, teils heidnische, teils jüdische und teils neutestamentliche Vorgeschichte. Die Griechen hatten sich schon vom 6. Jahrhundert v. Chr. an bemüht, die Differenzen, die sich zwischen dem Homerischen Weltbild und ihrem eigenen aufgetan hatten, durch Allegorese zu überbrücken; sie suchten die alten Mythen als Einkleidungen ethischer Muster oder als verschlüsselte Physik zu deuten. Die Stoa hat diese Tradition der Homerauslegung fortgesetzt; der Neuplatonismus hat sie zu kühnen metaphysischen Spekulationen emporgetrieben. Um Christi Geburt sah sich der jüdische Religionsphilosoph Philon von Alexandrien vor eine ähnliche Aufgabe gestellt wie die Griechen: auch er war der Meinung, daß die religiöse Überlieferung seines Volkes, in diesem Falle die Schriften des Alten Testaments, mit den Vernunftpostulaten in Einklang gebracht werden müsse, und so deutete er die biblischen Gestalten als leibhaftige Tugenden.

Die genuin christliche Art der Allegorese erwuchs aus dem Anspruch Christi, das Pleroma, die Erfüllung der alttestamentlichen Verheißung zu sein, und der Glaube an seinen messianischen Auftrag ließ nicht nur die ausdrücklichen Hinweise der Propheten, sondern auch Realien, d. h. beliebige Gestalten oder Ereignisse des Alten Testaments als Vorankündigung des Heilands erscheinen. Jesus selbst verglich sich bereits mit Jonas, und zumal Paulus suchte die geschichtlichen Bücher des Alten Testaments für das Heilsgeschehen des Neuen nutzbar zu machen. Ein bekanntes Beispiel enthält der Galaterbrief: Sara und Hagar, Abrahams Frauen, die Freie und die Sklavin, ‹bedeuten› dort die Ekklesia, die christliche Kirche, und die Synagoge, und ihre Kinder verweisen auf das christliche Evangelium und das jüdische Gesetz. Ein alttestamentliches Ereignis, das sich in dieser Weise auf das von den Evangelien verkündete Heilsgeschehen beziehen ließ, wurde als τύπος, als *figura Christi* bezeichnet; hiernach hat sich für jede derartige von der Exegese hergestellte Beziehung in der modernen Wissenschaft der Terminus ‹Typologie› eingebürgert.

Die Auslegungskunst der Kirchenväter hat die Paulinischen Ansätze zu einem eindrucksvollen System entfaltet. Origenes unterschied in seiner Lehre vom dreifachen Schriftsinn die wörtliche, die ethische und die mystische Bedeutungsdimension. Bei der wörtlichen Auslegung, dem Literalsinn, geht es schlechtweg in der noch heute üblichen Weise um das konkrete geschichtliche Ereignis. Die ethische Auslegung hingegen entnimmt dem Bibelwort Anweisungen für die Lebensführung eines jeden Christen. Die mystische Auslegung endlich fördert nicht nur Typologien zutage, Hinweise des Alten auf das Neue Testament; sie kann den Bibelworten auch Andeutungen über den künftigen Weg der Kirche in der Geschichte sowie über das Jenseits abgewinnen. Der Name Jerusalem z. B. bezeichnet im Literalsinn die reale Stadt, im ethischen Sinn die Seele des Gläubigen und im mystischen Sinn sei es die Kirche, sei es den himmlischen Gottesstaat. Diese Theorie vom dreifachen (im Mittelalter auch vierfachen) Schriftsinn mußte gegen Widerstände durchgesetzt werden. Im Osten hat sie vor allem Origenes selber erfolgreich angewandt; im Westen, wo sie seit Tertullian bekannt war, hat sich kein Theologe so entschieden für sie eingesetzt wie Ambrosius, und eben hierauf beruht die epochale Bedeutung seiner exegetischen Schriften.

Die berühmteste moralische Abhandlung des Ambrosius trägt den Titel *De officiis ministrorum*, «Von den Pflichten der Kleriker». Sie ist der erste Versuch einer zusammenhängenden systematischen Darstellung der christlichen Ethik. Die Cicero-Imitation, die schon der Titel vermuten läßt, bekundet sich sowohl im Aufbau des Ganzen als auch in zahlreichen Einzelheiten. Ambrosius hatte offenbar die Absicht, die stoischen Lehren, wie Cicero sie ihm darbot, in einen Sittenkodex für den Klerikerstand zu transponieren. Das Ergebnis ist ein hybrides, teils heidnisches, teils christliches Gebilde. Das Unternehmen bekundet die unbefangene und etwas naive Einstellung, die Ambrosius, der geborene Christ, der antiken Bildung entgegenbrachte: das Christentum, allem Heidnischen fraglos überlegen, war seiner Meinung nach befugt, sich alles anzueignen, was dort brauchbar schien, ganz im Sinne der Weisungen, die Basilios in einer berühmten Schrift – Εἰς νέους, «An die Jugend» – erteilt hatte.

Ambrosius hat nicht nur – in der Schrift *De officiis* – heidnische Inhalte zu christianisieren versucht; er machte auch einen besonderen motivischen Bereich und die zugehörigen Gattungen der neuen Lehre dienstbar. Gemeint sind die von ihm veröffentlichten Trauerreden: auf den Bruder Satyrus sowie auf die Kaiser Valentinian II. und Theodosius. In ihnen setzen sich die althergebrachte römische Leichenrede, die *laudatio funebris* (die es allerdings nie dazu gebracht hat, als Literatur bewahrt zu bleiben), und ihr griechisches Pendant, der Epitaphios, sowie die Consolatio fort. Ambrosius hat die konventionellen heidnischen Trostargumente – etwa, daß es sinnlos sei, den Tod, etwas Naturbedingtes, zu beklagen – durch die christliche Verheißung der Auferstehung überhöht; die von den Christen oft geäußerte Ansicht, daß ihre Religion der heidnischen Kultur überlegen sei, manifestiert sich hier in der Klimax der Trostmotive.

Sophronius Eusebius Hieronymus

Das Leben des Sophronius Eusebius Hieronymus (etwa 347–420) gleicht einem Diptychon: es gliedert sich in zwei deutlich voneinander abgehobene Phasen. Die erste Hälfte zeigt Unrast und häufige Ortswechsel: Hieronymus befand sich auf der Suche nach der ihm gemäßen Lebensform. Während der zweiten Hälfte hingegen, vom Jahre 386 an, war er seßhaft; er verbrachte die ganze Zeit in seinem Kloster zu Bethlehem, da er in einer Verbindung von Mönchtum und Gelehrsamkeit gefunden hatte, was ihm zusagte, und nunmehr völlig in seinem fruchtbaren literarischen Schaffen aufging. Seine Suche und das zunächst noch unbekannte Ziel, das Kloster, werden begreiflich, wenn man sich den Hintergrund der im 4. Jahrhundert mächtig sich ausbreitenden asketischen Bewegung vor Augen führt.

Askese, insbesondere Keuschheits- und Armutsgebote waren der christlichen Religion ursprünglich fremd. Allerdings hatte Paulus in der Erwartung der unmittelbar bevorstehenden Wiederkunft Christi Ehelosigkeit empfohlen; dieser Rat wurde später in eine asketische Forderung umgedeutet. Vom 2. Jahrhundert an bildeten die Jungfrauen und die Witwen, die auf eine zweite Heirat verzichteten, innerhalb der Gemeinden feste, besonders angesehene Stände. Diese erste Form christlicher Weltentsagung brachte auch eine rege literarische Produktion mit sich: bereits Tertullian befaßte sich überaus kritisch mit der Frage der Wiederverheiratung (übrigens auch bei Männern), und Ambrosius schrieb nicht weniger als fünf Traktate über das Ideal der Jungfern- und Witwenschaft, nicht ohne sich bei den erbaulichen Exempeln, darunter der berühmten Legende von der Jungfrau im Dirnenhause, als vorzüglicher Erzähler zu erweisen. Ein allgemeines Gelübde der Ehelosigkeit hat der Gnostiker Markion aufgebracht; er verlangte es bei der Taufe von jedem Mitglied seiner Gemeinde. Die Großkirche übernahm das Gebot, aber lediglich als fakultative Leistung des einzelnen. Im 3. Jahrhundert begann sich die Vorstellung auszubreiten, daß auch Besitzlosigkeit heiligend wirke, und bald darauf folgte als nächste Stufe die äußere Trennung von der Welt, das Eremitentum. Hierin war Ägypten und neben ihm Syrien führend, und dort haben sich zum ersten Male Eremitenkolonien zu Klöstern zusammengeschlossen, welche als weiteres Gebot die Pflicht zu unbedingtem Gehorsam einführten. Das nunmehr vollständige Ideal des Mönchtums scheint gerade im 4. Jahrhundert nicht zuletzt deshalb so sehr an Terrain gewonnen zu haben, weil mit dem Sieg der Kirche die Möglichkeit fortgefallen war, durch den Märtyrertod zum Heil zu gelangen; die Askese wurde gewissermaßen zum Martyriumsersatz. Diese Entwicklung war zur Zeit des Hieronymus noch in vollem Fluß. Der erste große Organisator des Mönchswesens, Pachomius († 346), gründete eine Reihe von Klöstern und gab ihnen eine Regel, die auf dem Wechsel von Arbeit und Gottesdienst beruhte. Dem Westen wurde die neue Einrichtung vor allem durch Cassianus († 430) vermittelt. Auch Hieronymus tat sich als Propagandist der Askese hervor; Armut und Gehorsam gehörten allerdings noch nicht zu den Geboten, die er sich und anderen auferlegte.

Hieronymus, aus christlichem Hause, Sohn begüterter Eltern, geboren in Stridon, einer unbedeutenden Kleinstadt an der Grenze von Dalmatien und Italien, wurde zur Ausbildung nach Rom geschickt; dort war, wie erwähnt, der Grammatiker Donat sein Lehrer. Die auf die Studien folgenden Wanderjahre führten ihn zunächst nach Trier, wo er sich offenbar um ein Staatsamt bewerben wollte. Doch dann beschloß er, sein Leben frommer Kontemplation zu weihen; er gewann, wie z. B. auch Paulinus von Nola und mancher andere, die Überzeugung, daß er zu radikaler Gotteszugewandtheit, zu asketischer Weltverleugnung berufen sei. Einige Zeit verbrachte er in einem Kreise Gleichgesinnter nahe der Heimat, in Aquileia; dann machte er sich nach Syrien auf, in eines der gelobten Länder der Selbstheiligung. Er ging nach einigem Aufenthalt in Antiochien als Eremit in die Wüste. Er scheint dort in einer ziemlich geräumigen Höhle gehaust zu haben: er brachte seine Bibliothek darin unter und führte eine rege Korrespondenz. Er lernte zunächst Griechisch, dann auch Hebräisch, dessen Zischlaute ihm zu schaffen machten.

Nach einigen Jahren gab er die Eremitenexistenz, die ihn nicht befriedigte, wieder auf; er reiste – nicht ohne sich abermals in Antiochien aufgehalten zu haben, wo er zum Priester honoris causa,

d. h. ohne Pflichten, geweiht wurde – zu jenem Konzil nach Konstantinopel, das den Trinitätsstreitigkeiten ein Ende bereitete. Damals verfertigte er seine ersten Übersetzungen (von Schriften des Eusebios und des Origenes), und sein Lebensplan, sich der Schrifterklärung zu widmen, gewann Konturen. Zunächst allerdings begab er sich nach Rom; er wurde dort Sekretär des Papstes Damasus, und dieser regte ihn zu seinem zweiten Hauptgeschäft an, zur Übersetzung der Bibel. Einstweilen entstand freilich nur eine Revision bereits vorhandener lateinischer Versionen, des Neuen Testaments und des Psalters. In einer Streitschrift, die Hieronymus damals verfaßte, *Adversus Helvidium de Mariae virginitate perpetua* («Gegen Helvidius über die ständige Jungfräulichkeit Mariä»), ging es vor allem um die Frage, ob Maria auch nach der Geburt Jesu Jungfrau geblieben sei; hiervon hing, wie man glaubte, ab, ob Keuschheit den Vorrang vor der Ehe verdiene. Hieronymus verfocht sein asketisches Ideal nicht nur literarisch, sondern auch, und zwar mit großem Erfolg, im gesellschaftlichen Umgang. Er vermochte zumal Damen der römischen Aristokratie dafür zu begeistern, insbesondere eine Paula und deren Tochter Eustochium. In Rom wurde daher mancherlei gemunkelt – wahrscheinlich zu Unrecht: wie die Briefe bekunden, herrschte in jenen von Hieronymus unterwiesenen Damenzirkeln eine überaus ernste, ja finstere Weltfluchtstimmung. Hieronymus, der sich durch seine Kritik am Wandel des römischen Klerus sehr unbeliebt gemacht hatte, wurde nach dem Tode des Damasus heftig angefeindet; er verließ Rom. Er bereiste gemeinsam mit Paula und Eustochium Jerusalem und Ägypten, um das Mönchsleben zu studieren; dann wurden in Bethlehem mit dem Kapital der sehr vermögenden Paula ein Männer- und ein Frauenkloster erbaut. Die Leitung des Männerklosters übernahm Hieronymus, womit der zweite, äußerlich ruhige Abschnitt seines Lebens begann.

Nunmehr entstand in mehr als dreißigjähriger Arbeit ein imponierendes Œuvre. Hieronymus war neben Augustin der fruchtbarste Schriftsteller der lateinische Kirche, und zwar als Interpret in dem doppelten Sinn, den das Wort von Hause aus hatte: als Übersetzer und als Erklärer. Er vermochte seine größten Unternehmungen, die Bibelübersetzung und die Bibelkommentare, sowie noch vieles andere nur deshalb fertigzustellen, weil er über eine umfängliche Bibliothek und über einen Stab von Schreibern, Vorlesern und sonstigen Helfern gebot. Die Bibelübersetzung, die er im Jahre 390 in Angriff nahm, füllte ungefähr anderthalb Dezennien aus. Zunächst wurde der Psalter aufs neue revidiert. Dann faßte Hieronymus den mutigen Entschluß, das ganze Alte Testament nach dem Urtext zu übertragen, nicht nach der griechischen Version, der sogenannten Septuaginta; hierfür hatte er die einst erworbenen Hebräischkenntnisse mit Hilfe eines Rabbis, der sich nachts heimlich bei ihm einfand, aufgefrischt. Sein Bibelwerk, vervollständigt durch die Version des Neuen Testaments, die bereits in Rom entstanden war, stieß zunächst auf Befremden und Kritik; erst im Mittelalter wurde ihm der Ehrentitel zuteil, als die *(editio) vulgata*, die «allgemeingebräuchliche Übersetzung», zu gelten. Hieronymus ging sehr behutsam vor, indem er sich nach Möglichkeit an schon vorhandene Übersetzungen anlehnte; er beseitigte die Vulgarismen, die ihm dort begegneten, ohne den *sermo humilis*, den «schlichten, niedrigen Stil» der Bibel anzutasten. In einem berühmten Brief – mit dem auf eine Ciceronische Schrift anspielenden Titel *De optimo genere interpretandi*, «Über die beste Methode des Übersetzens» – deutet er selber an, daß er sich bei «den Heiligen Schriften, wo selbst die Wortfolge ein Mysterium ist», von der Maxime strenger Originaltreue leiten ließ.

Die exegetischen Schriften machen im Gesamtwerk des Hieronymus die Hauptmasse aus, und gerade sie haben – neben denen des Ambrosius – dem Westen die Resultate der griechischen Bibelerklärung vermittelt. Hieronymus ging überaus methodisch vor und beschaffte sich zunächst einige Arbeitsinstrumente: er revidierte ein Onomastikon, ein alphabetisches Verzeichnis aller biblischen Eigennamen, das Origenes angefertigt hatte, und er stellte, und zwar nach einer Vorlage des Eusebios, eine ebenfalls alphabetisch geordnete biblische Topographie her, mit vielfältigen archäologischen Angaben. Die Exegese selbst ist in zahlreichen Kommentaren niedergelegt, ferner in über hundert Predigten sowie in einer Anzahl von Briefen, in denen Einzelfragen erörtert werden. Hieronymus nahm sich vor allem der alttestamentlichen Propheten an; er hat sie sämtlich erklärt, die historischen Bücher hingegen gänzlich gemieden. Er gibt oft nur fremde Meinungen wieder, ohne selbst dazu Stellung zu nehmen; es genügt ihm, seine Quellen – Origenes sowie Eusebios – vor dem Leser auszubreiten. Er befolgte zwar, wie es damals üblich war, die Lehre vom mehrfachen Schriftsinn, doch legte er, der Philologe unter den lateinischen Kirchenvätern, vor allem Wert auf die wörtliche Bedeutung, auf das Konkrete und Faktische, und wenn er sich auf ein allegorisches Verfahren einließ, dann ging es ihm vor allem um den Nachweis typologischer Beziehungen.

Hieronymus war nach Cyprian und Ambrosius der dritte christliche Autor des Westens, der sich auch durch eine Sammlung von Briefen ein Denkmal gesetzt hat; die seine ist besonders stattlich und gehört nach Inhalt und Form zum Besten seiner Hinterlassenschaft. Das Corpus enthält 154 Stücke, darunter etliche, die an ihn gerichtet sind; zu den Empfängern zählen Papst Damasus, der Dichter Paulinus von Nola sowie Augustin. Die Länge variiert erheblich; nicht wenige Briefe haben den Umfang kleiner Abhandlungen. Neben der Schrifterklärung macht die Askese eines der dominierenden Themen aus. Ein bekanntes Beispiel ist die lange Epistel an Eustochium, über die Bewahrung der Jungfräulichkeit – eben dort nimmt der Autor Gelegenheit, sich drastisch über die angebliche Sittenlosigkeit des römischen Klerus mitzuteilen. Und das im Jahre 384, als die Wogen im Streit um den Victoria-Altar hoch gingen; zumal dieser Brief, der, wie alle anderen auch, sofort an die Öffentlichkeit gelangte, rief jenen Unwillen hervor, der Hieronymus veranlaßte, Rom auf immer den Rücken zu kehren. Das ausgewogenere Seitenstück zum Eustochium-Brief ist die Epistel mit *praecepta vivendi*, Regeln der Lebensführung für Mönche und Kleriker. Ein Brief an Laeta, die Schwiegertochter Paulas, hat mit Recht die Aufmerksamkeit der pädagogischen Forschung erregt: er entwirft ein Programm christlicher Mädchenerziehung; er widmet sich hiermit einem Gegenstand, für den es in der heidnischen Tradition keinerlei Vorbild gab. Ein besonderer Typus ist der Nekrolog, die briefliche Feier eines Toten; die Stücke dieses Inhalts vereinigen, wie die Trauerreden des Ambrosius, Elemente der Panegyrik und der Consolatio, wobei sie auf eine spezifisch christliche Argumentation bedacht sind.

Die erwähnte Streitschrift *Adversus Helvidium* war nicht die einzige ihrer Art: Hieronymus, der auch in seinen Bibelkommentaren und Briefen mitunter Gelegenheit nahm, in überaus scharfer Form Kritik zu üben, hat seiner Angriffslust, um nicht zu sagen seinem zänkischen Wesen in etlichen Abhandlungen freien Lauf gelassen; mit diesen Schriften, die ein schwer entwirrbares Knäuel von zelotischem Eifer und Geltungsbedürfnis, von literarischer Bravour und ungezügeltem Hang, die Gegner herabzusetzen, enthalten, hat er sich den zweifelhaften Ruhm des – nach Cicero – zweiten großen Schmähers der lateinischen Literatur verschafft. Er beherrscht alle Register des Hohnes und des Spottes, des Verdächtigens und des Übertreibens, der Verdrehung und der hämischen Anspielung. Er ist witzig und amüsant, er versteht drastisch zu schildern und effektvoll zu karikieren, so daß man mitunter vermuten möchte, es sei ihm mehr auf die literarischen Pointen angekommen als auf die reale Demütigung des Widersachers. Auf die Fehde mit Helvidius, dem Herostrat, dem Zerstörer der Jungfräulichkeit Mariä, folgte eine zweite Verteidigung der asketischen Ideale: ein gewisser Jovinian hatte sich unterstanden zu behaupten, Jungfrauen, Witwen und Ehefrauen dürften, wenn sie sich sonst nicht unterschieden, dasselbe Verdienst beanspruchen, und überdies das Fasten für wertlos erklärt. Hieronymus fuhr gröbstes Geschütz auf, diese dem Geiste der Zeit strikt zuwiderlaufenden und somit skandalösen Thesen zurückzuweisen; der Gegner wurde am Schluß als «Epikur», als Anführer aller den Lüsten frönender Schweine aufs schärfste gebrandmarkt. Später sah sich Hieronymus ein weiteres Mal genötigt, für die Frömmigkeitspraxis seiner Zeit eine Lanze zu brechen: der Priester Vigilantius, dessen Wachsamkeit verheißender Name prompt in Dormitantius, «Schlafmütze», umstilisiert wurde, hatte seine Stimme gegen den zunehmenden Reliquienkult erhoben und zudem die mönchische Askese, insbesondere den Zölibat, verworfen: Hieronymus reagierte mit Ausbrüchen der Entrüstung, die an die prallsten Partien in den Invektiven Claudians erinnern.

Ihm war bewußt, daß seine Religion ihm Grenzen auferlegte: «Hüte dich vor einer lüsternen Zunge», lautete seine Warnung an die Adresse eines jungen Priesters. Immerhin glaubte er, seine Angriffe durch ihren guten Zweck rechtfertigen zu können: *Non est crudelitas pro Deo pietas*, lautete seine Maxime, «Es ist nicht Grausamkeit, Gott gegenüber Frömmigkeit zu bekunden.» Man mag bereit sein, derlei Argumente den bisher genannten Fehden gegenüber gelten zu lassen: bei der schlimmsten Affäre des Hieronymus versagen sie, bei dem Streit um Origenes, der sich über nahezu ein Jahrzehnt erstreckte und zum unheilbaren Bruch mit dem Freunde Rufinus führte.

Tyrannius Rufinus (345–410), ein Landsmann (er stammte aus Aquileia) und Altersgenosse des Hieronymus, mit ihm seit der gemeinsamen Studienzeit in Rom befreundet und neben ihm der bedeutendste Übersetzer des 4. Jahrhunderts, war ebenfalls der asketischen Bewegung zugetan und gründete ebenfalls gemeinsam mit einer vornehmen Gönnerin Klöster, und zwar in Jerusalem. Als der böse Streit ausbrach, endete die Lebensanalogie: Rufin kehrte nach Rom, dann nach Aquileia zurück; Alarichs Horden nötigten ihn zur Flucht nach Sizilien, wo er im Jahre des Sacco di Roma starb. Er hatte Schriften der großen zeitgenössischen Griechen, des Basilios und des Gregor von Nazianz, übertragen und sich vor allem des Origenes, der Predigten sowie des dogmatischen Werks Περὶ ἀρχῶν (*De principiis*, «Über die Hauptlehren») angenommen. Lange Zeit hatte niemand daran gedacht, den bedeutenden alexandrinischen Theologen in Bausch und Bogen zum Ketzer zu erklären (dies geschah endgültig erst um die Mitte des 6. Jahrhunderts): man kritisierte ihn gelegentlich und benutzte ihn ständig. Da brach im Jahre 393, fast anderthalb Jahrhunderte nach seinem Tod, eine Kampagne gegen ihn aus, und jeder Kirchenmann von Rang war gehalten, hierzu Stellung zu nehmen. Rufin und Johannes, der Bischof von Jerusalem, weigerten sich, Origenes als Irrlehrer zu verdammen; Hieronymus hingegen ließ sich jetzt plötzlich hierzu herbei. Er, der Philologe und Antiquar, hatte in dogmatischen Fragen kein sicheres Urteil; um so mehr war er darauf bedacht, stets im hellen Licht der Rechtgläubigkeit zu erscheinen. Zwar söhnte er sich zunächst noch einmal mit Rufin aus, doch bald darauf entflammte der Zwist aufs neue. Rufin veröffentlichte seine Übersetzung der Schrift *De principiis*, und er berief sich in der Einleitung auf Hieronymus, der sich ebenfalls darum bemüht habe,

Origenes in lateinischer Sprache zu verbreiten. Die in dogmatischer Hinsicht anstößigen Stellen hatte er gestrichen: sie seien von Häretikern eingeflickt worden. Hieronymus lehnte dieses Verfahren ab; er, dem es sehr ungelegen kam, daß man an seine einstige Verehrung für Origenes erinnerte, wartete nunmehr mit einer eigenen unretuschierten Version von *De principiis* auf, um die anfechtbaren Lehren, die darin enthalten zu sein schienen, deutlich hervortreten zu lassen. Rufin seinerseits antwortete mit einer Rechtfertigungsschrift, worin er den Parteiwechsel des Hieronymus kritisierte. Dieser wiederum reagierte mit zwei Invektiven von äußerster Giftigkeit, und da er Einfluß hatte, kam es jetzt zu einem ersten päpstlich-kaiserlichen Verbot der Schriften des Origenes. Rufin brach nunmehr den unwürdigen Streit ab; Hieronymus aber hat in dieser wohl skandalösesten Affäre der ganzen Kirchenväterzeit erheblich dazu beigetragen, daß ein wegweisender Theologe der alten Kirche verketzert wurde.

Hilarius von Poitiers, ein bedeutender Stilist, hatte, über die ästhetischen Konzessionen des Laktanz hinausgehend, den schönen und hohen Stil mit dem Argument gerechtfertigt, durch ihn werde Gott eine angemessene Huldigung dargebracht. Hiermit hatte die Klimax der Bereitschaft, die heidnischen Formen in den Dienst der christlichen Sache zu stellen, ihren Höhepunkt erreicht. Dies bedeutete jedoch nicht, daß die Christen ihr zwiespältiges Verhältnis zur antiken Kultur und Bildungstradition gänzlich und auf immer überwunden hätten: mönchischer Eifer konnte stets wieder daran erinnern, daß Weltverzicht und schöne Form unvereinbar seien. Hieronymus vollends war wegen seiner unausgeglichenen und schwankenden Wesensart geradezu prädestiniert, zu einer Symbolgestalt für das prekäre Verhältnis von Christentum und heidnischer Bildung zu werden. Das berühmte hierfür einschlägige Ereignis, der Traum in der syrischen Wüste, wird im Eustochium-Brief über die Bewahrung der Jungfräulichkeit geschildert. Unter Fasten und Beten, schreibt Hieronymus dort, habe er Cicero und Plautus gelesen. Da habe ihm geträumt, daß er gestorben und vor Gottes Thron erschienen sei und, nach seiner Religion befragt, geantwortet habe, er sei Christ. «Du lügst», habe der göttliche Richter gesagt, «du bist ein Ciceronianer, kein Christ» – *Cice-*

ronianus es, non Christianus –, «wo dein Schatz ist, ist auch dein Herz.» Er sei verprügelt worden und habe gelobt, nie wieder weltliche Bücher zu lesen. So der Traum; er faßt das Problem zu einer aus vier Wörtern bestehenden Antithese zusammen. Der Name Ciceros repräsentiert die gesamte antike Bildung – weniger die Philosophie, mit der Hieronymus nicht viel anzufangen wußte, als den formalen Humanismus, die gepflegte Sprache, die Reize der Dichtung. Er hatte sich hingebungsvoll mit den römischen Autoren beschäftigt und war in allen Künsten der Rhetorik wohlbewandert. Rufin konnte ihm später vorwerfen, daß er sich nicht an sein Traumgelübde gehalten habe. Er wiederum verwahrte sich gegen ein derartiges Wörtlichnehmen und meinte, daß der Gebrauch entscheide: die Verwendung der heidnischen Autoren zu christlichen Zwecken sei erlaubt.

Aurelius Augustinus

Auch das Leben des Aurelius Augustinus (354–430), des Größten unter den lateinischen Kirchenvätern, der der westlichen Christenheit, wie immer man dazu stehen mag, bestimmende Züge aufgeprägt hat, erscheint als Diptychon: es verlief, wie das des Hieronymus, in zwei stark voneinander abweichenden Phasen. Und auch in diesem Falle zeichnete sich der erste Abschnitt durch Unrast und häufige Ortswechsel aus: Augustin strebte vordergründig nach einem Beruf und nach beruflichem Erfolg; sein Wesen aber trieb ihn an, unermüdlich nach der Wahrheit, nach der ihm gemäßen Religion, nach Gott zu suchen. Die entscheidende innere Wende vollzog sich im Spätsommer des Jahres 386: das Bekehrungserlebnis in der berühmten Gartenszene führte zur Taufe durch Ambrosius, der wenige Jahre später die Priesterweihe und der Bischofssitz in Hippo Regius (heute Bône in Algerien) folgten. Dort spielte sich der zweite, geradezu statuarische Lebensabschnitt ab: die nahezu vier Dezennien währende Zeit des Bischofsamtes, der großen theologischen und philosophischen Gedanken, des Kampfes für die rechtgläubige Kirche.

Augustin entstammte nicht anders als Hieronymus einem kleinbürgerlichen, allenfalls mittelständischen Milieu; sein Geburtsort Thagaste in Afrika war ebenso unbedeutend wie Stridon an der nordöstlichen Grenze Italiens. Die Eltern taten ihr Möglichstes, ihm die seiner Begabung gemäße Erziehung zuteil werden zu lassen. Er besuchte die Grammatikschule im benachbarten Madaura; er studierte Rhetorik, großenteils in Karthago. Mit neunzehn Jahren hatte er seine Ausbildung beendet; sie war gründlich, aber ganz auf die lateinischen Autoren beschränkt. Augustin ist auch später mit dem Griechischen nicht recht vertraut geworden; er hatte daher anders als Ambrosius und Hieronymus keinen unmittelbaren Zugang zur Theologie und Exegese des Ostens. Das wichtigste innere Ereignis der Studienzeit war die erste Begegnung mit der Philosophie, vermittelt durch die Lektüre des Ciceronischen *Hortensius*. Sie trug nicht so bald Früchte; wohl aber begann mit ihr ein dreizehnjähriger Prozeß der Suche. Zwar schlug Augustin, durch den *Hortensius* hierzu angeregt, die Bibel auf (seine Mutter Monnica, eine fromme Christin, hatte ihn mit ihrer Religion vertraut gemacht) – doch ohne Erfolg: die Heilige Schrift erschien ihm unwürdig, verglichen mit der Würde, der formalen Vollendung Ciceros. Auch bei dieser Episode begegnet man, wie beim Traum des Hieronymus, der auf die Namen Christus und Cicero zugespitzten Antithese der beiden das Zeitalter konstituierenden Sphären.

Die Jahre der Suche waren zugleich Jahre des äußeren, sozialen Aufstiegs. Augustin übte den Lehrerberuf aus, zunächst in der Heimatstadt Thagaste, dann in Karthago als städtisch besoldeter Beamter, im Jahre 383 in Rom und schließlich in Mailand, wohin er vom Stadtpräfekten Symmachus empfohlen worden war. Er lebte fast immer mit seiner Mutter zusammen, die nichts sehnlicher wünschte, als daß er sich taufen lassen und hiermit endgültig dem Christentum zuwenden möge. Außer ihr gehörte eine Konkubine zum Haushalt und von ihr ein Sohn, den er Adeodatus, «Von-Gott-Gegeben», genannt hatte, ein begabtes Kind, das jung verstarb.

Die Zeit des Lehramts in Karthago war von einer – wie Augustin später urteilte – schlimmen religiösen Verirrung begleitet: er hatte sich einer damals verbreiteten Sekte angeschlossen und war Manichäer geworden. Diese von dem iranischen Propheten Mani (216–277) gestiftete Bewegung verstand sich als die wahre, vollkommene Form des Christentums. Sie war ein Trieb aus dem Baume der Gnosis; sie enthielt in bunter Mischung orientalische und griechisch-platonische Elemente. Sie lehrte auf monistischer Basis einen rigorosen Dualismus: die Erscheinungswelt werde vom Stofflichen, vom Bösen beherrscht, in das die menschliche Seele, die der Lichtwelt entstamme, eingekerkert sei. Das System rechnete mit drei Epochen: mit einer Urzeit, der Zeit der Trennung von Licht und Finsternis, mit einer Weltzeit, in der beides miteinander vermischt sei, und mit einer Endzeit, der durch Mani eingeleiteten Entmischung. Es unterschied, wie die Gnosis überhaupt, wie auch der Montanismus, zwischen Pneumatikern und Psychikern, d. h. zwischen denen, die sich vom göttlichen Geist, und denen, die sich von ihrer innerweltlichen Seele bestimmen ließen. Nur die Pneumatiker, die ‹Erwählten›, waren verpflichtet, durch strenge Askese zum Entmischungsprozeß beizutragen, während die Psychiker, die ‹Hörer›, wie man sie nannte, recht bequem leben durften – sie konnten sich durch die Dienste, die sie den Erwählten leisteten, die Anwartschaft auf eine spätere Wiedergeburt als Erwählter erwerben. Augustins anfängliche Begeisterung für die Lehre Manis, die sich den Anschein einer gewissen Rationalität zu geben wußte, ließ bald nach, und eine Begegnung mit dem Manichäerbischof Faustus bereitete ihm eine herbe Enttäuschung.

Er zog daraus noch keine Konsequenzen, so unbefriedigt er sich fühlte. Er las die Aristotelischen Kategorien in einer lateinischen Übersetzung; er befaßte sich mit Astrologie; er grübelte schließlich darüber nach, ob die skeptische Philosophie nicht recht habe, die da behauptete, daß dem Menschen die Wahrheit verschlossen sei. In Mailand bereiteten zwei Erfahrungen die Wende vor: die Predigten des Ambrosius und die Beschäftigung mit Schriften von Neuplatonikern. Augustin hatte zunächst nur die formale Meisterschaft des vielgerühmten Bischofs kennenlernen wollen; doch mit den Worten drangen, wie er schreibt, auch die Inhalte in ihn ein. Ihn überzeugte vor allem die allegorische Auslegung, die Ambrosius dem Alten Testament zuteil werden ließ: jetzt erschloß sich ihm der Sinn der vermeintlichen Absurditäten, mit denen er früher vergeblich ins reine zu kommen versucht hatte. Der Neuplatonismus wiederum vermittelte ihm vornehmlich zweierlei: einen transzendenten, immateriellen Gottesbegriff sowie eine neue Vorstellung von seinem schwierigsten Problem, dem Bösen. Der manichäische ‹Lichtstoff› war materiell; bei den Neuplatonikern hingegen stieß Augustin auf eine Konzeption des Göttlichen, die jede Analogie mit dem Körperlichen vermied. Dem Bösen aber kam im neuplatonischen System kein Eigenrecht zu wie in der Lehre Manis: es galt dort lediglich als ein defizienter Modus des Guten, als eine Scheinrealität ohne Substanz. Die Wahrheit jedoch, zu der sich Augustin durch die neuplatonische Philosophie aufgefordert fühlte, wurde von ihm abermals, wie nach der Lektüre des *Hortensius*, als die christliche Wahrheit gedeutet. So griff er aufs neue zur Bibel, insbesondere zu den Paulusbriefen; diesmal schwanden alle die einstigen Anstöße dahin, und es zeigte sich ihm etwas, was der Neuplatonismus ihm nicht hatte geben können: der Gnadenwille des persönlichen Gottes.

Jetzt bedurfte es nur noch des Entschlusses, des Willens zur Tat. Wahrhaft Christ sein war für Augustin, wie für viele seiner Zeitgenossen, an die Bedingung der Askese, der Bereitschaft zum Weltverzicht geknüpft. In der Gartenszene – das Kind ruft: «Nimm, lies!», und Augustin schlägt die Stelle Römerbrief 13, 13 auf: «Lasset uns ehrbar wandeln am Tage, nicht in Fressen und Saufen» usw. – vollzog sich die Wende zur radikal christlichen Lebensführung. Augustin erledigte noch bis zu den nächsten Ferien, was sein Amt, die Rhetorikprofessur, ihm auferlegte, und zog sich sodann mit der Mutter, dem Sohne, dem getreuen Freunde Alypius und einigen Schülern nach Cassiciacum am Comer See, auf das Landgut eines Kollegen, zurück. Damals entstanden die ersten erhaltenen Schriften, die nach Art der Ciceronischen Dialoge stilisierte Wiedergabe der Gespräche, welche die dort versammelte Gesellschaft geführt hatte. Ein halbes Jahr später, Ostern 387, ließ sich Augustin von Ambrosius taufen.

Er hatte nunmehr der Welt entsagt: der Ehe, dem Wohlstand,

den öffentlichen Ämtern. Er gedachte nicht, als Eremit in die Wüste zu ziehen; er hoffte auf ein beschauliches, der Erkenntnis geweihtes Leben im Kreise gleichgesinnter Freunde. Er verließ Mailand; kurz vor der Rückreise nach Afrika, in Ostia, starb die Mutter. Auf dem elterlichen Gütchen bei Thagaste wurden die Gespräche und die Schriftstellerei von Cassiciacum wiederaufgenommen: hatte sich Augustin damals vor allem mit der Skepsis, einer Richtung der Platonischen Akademie, befaßt, so suchte er nunmehr die Lehre seiner einstigen Gesinnungsgenossen, der Manichäer, zu widerlegen. Er wurde bekannt, und man fing an, in theologischen und kirchlichen Angelegenheiten seinen Rat einzuholen. Er bemühte sich, seine Unabhängigkeit zu wahren; wenn er auf Reisen ging, mied er die Orte, in denen ein Bischofssitz vakant war. Nach etwa dreijähriger vita contemplativa ereilte ihn trotz dieser Vorsichtsmaßnahme das Schicksal. Er hielt sich gerade in der Hafenstadt Hippo Regius auf; er besuchte den dortigen Gottesdienst. Da aber klagte der Bischof, ein alter Mann, ein geborener Grieche, er brauche einen Helfer für die lateinische Predigt. Augustin wurde nach vorn gezerrt: der sei der geeignete Mann – er empfing die Priesterweihe und erhielt eine Wohnung in der Nähe der Kirche.

Seit dem Jahre 391 predigte Augustin in Hippo; er wurde fünf Jahre später zunächst Mitbischof und bald darauf, nach dem Tode seines Amtsgenossen, alleiniger Bischof, und er blieb dort bis ans Ende seines Lebens. Sein Aufgabenkreis in der großen, von einer ethnisch und sozial buntgemischten Bevölkerung bewohnten Hafenstadt war beträchtlich. Ihm oblag nicht nur die tägliche Liturgie und die sonntägliche Predigt; er verwaltete auch das Kirchengut und sprach Recht – seit Konstantin durften die Bischöfe in zivilen Streitigkeiten als Entscheidungsinstanz angerufen werden. Hierzu kam noch, daß es allerlei kirchlichen Hader zu schlichten gab und daß die Synoden besucht werden mußten. Augustin lebte gemeinsam mit seinen Gehilfen und verfaßte dafür eine Regel. Hieraus gingen die Kleriker-Klöster *(monasteria clericorum)*, die Domherren-Gemeinschaften des Mittelalters hervor; sie unterschieden sich von den Mönchsklöstern vor allem dadurch, daß an die Stelle der Handarbeit die Seelsorge und der Gottesdienst für die Gemeinde trat.

Trotz dieses umfassenden Kreises praktischer Tätigkeiten hinterließ Augustin das größte literarische Œuvre, das je ein lateinisch schreibender Autor in antiker und spätantiker Zeit zustande gebracht hat. Der Entstehungsprozeß der Hauptwerke spiegelt die Schwierigkeiten. Die Arbeit an der wichtigsten dogmatischen Schrift, *De trinitate*, erstreckte sich über zwanzig Jahre; dreizehn Jahre benötigte er für den Kommentar zur Genesis, und ebenfalls dreizehn für den «Gottesstaat», wobei er allerdings an mehreren Werken gleichzeitig schrieb. Mit zunehmendem Alter zog er sich mehr und mehr aus dem kirchlichen Dienst zurück; schließlich wurde über fünf Tage in der Woche jede Störung von ihm ferngehalten. Als er im Alter von fünfundsiebzig Jahren starb, belagerten die Vandalen die Stadt; sie wurde im Jahre darauf erobert und geplündert.

Augustin hat nicht lange vor seinem Tode Rechenschaft über sein literarisches Werk abgelegt, und zwar in einer besonderen Schrift mit dem Titel *Retractationes*, «Verbesserungen». Er zählt dort 93 Schriften auf, die insgesamt 232 Bücher ergeben. Er äußert sich über die Entstehung; er berichtigt Irrtümer und verwahrt sich gegen Mißdeutungen. Das Verzeichnis enthält nur die Abhandlungen; die Predigten und Briefe sind nicht berücksichtigt. Augustins Gesamtwerk gliedert sich in:

dogmatische und antihäretische Schriften;
moraltheologische Schriften;
Werke zur Bibelexegese;
Predigten;
Briefe;
die apologetische Schrift *De civitate Dei;*
die ‹Autobiographie› *(Confessiones)*;
philosophische und bildungstheoretische Werke.

Die folgende Skizze begnügt sich mit Hinweisen zu den antihäretischen Schriften, zur *Civitas Dei* und zu den *Confessiones;* einige Bemerkungen zum übrigen Werk seien vorausgeschickt.

Die Moraltheologie nimmt im Werk Augustins einen ziemlich geringen Raum ein. Zwei Schriften wenden sich gegen die Lüge, auch gegen die noch so gut legitimierte. Über Keuschheit und Ehe urteilte Augustin besonnener als Hieronymus: die Schrift *De bono coniugali,* «Vom Gut der Ehe», hob den doppelten Zweck dieser Einrichtung, den natürlichen der Kindererzeugung und den christlichen der auf das Sakrament sich gründenden Gemeinschaft, hervor, und die Abhandlung *De sancta virginitate,* «Von der heiligen Jungfrauschaft», lehrte die Unverrechenbarkeit von Ehe und Keuschheitsgelübde. Gegen mönchischen Dünkel zog der Traktat *De opere monachorum,* «Von mönchischer Arbeit», zu Felde: Augustin hatte erfahren, daß es Mönche gebe, die von dem Fleiß anderer zu leben verlangten; er wies diesen Anspruch mit Entschiedenheit zurück.

Schriftauslegung und Homiletik waren wie für Ambrosius so auch für Augustin eng miteinander verbunden: ein gut Teil der exegetischen Schriften ist aus seinen Predigten hervorgegangen, z. B. die 153 *Enarrationes in Psalmos,* «Erklärungen der Psalmen». Auch das bildungstheoretische Werk *De doctrina christiana,* «Von der christlichen Wissenschaft», behandelt beides: die Bücher 1–3 gelten der Exegese, Buch 4 der Predigt. Diese erste christliche Rhetorik ist in einigen Details Cicero verpflichtet, im ganzen aber streng dem Ziel der Bibelerklärung untergeordnet. Der Exeget müsse sowohl das Alte als auch das Neue Testament im Original lesen können; er beschränke sich auf das für das Schriftverständnis Erforderliche, warte also nicht mit unnötiger Gelehrsamkeit auf, und er übe Zurückhaltung mit der Allegorese: so etwa lauten die Hauptmaximen, zu denen sich Augustin bekennt. Er hat ihnen selbst nicht vollauf genügt: das hebräische Original des Alten Testaments war ihm nicht zugänglich, und die allegorische Auslegung hat er in stärkerem Maße praktiziert, als seine behutsame Theorie erwarten läßt. Zur heidnischen Formkultur empfahl er Distanz: die Künste der Rhetorik sollen die Sache eingängig machen, nicht aber von ihr ablenken. Die etwa 500 echten Predigten, die die Überlieferung bewahrt hat, bekunden, daß er auf diesem Felde seiner Theorie gemäß verfuhr: sie befleißigen sich einer schlichten, klaren, leicht faßlichen Diktion. Augustin war ein Meister im Improvisieren, und für alles standen ihm passende Schriftworte zu Gebote. Fleißige Philologen haben ermittelt, daß sein Gesamtwerk etwa 43 000 Zitate aus der Bibel enthält.

Das Corpus der Briefe Augustins umfaßt 300 Stücke, darunter

etwa 50 von seinen Korrespondenten; wie bei Hieronymus haben manche das Ausmaß von Abhandlungen. Augustin spricht fast nie von sich selbst; er erörtert dogmatische und kirchliche Fragen oder läßt den Empfängern Rat, Trost oder Mahnung zuteil werden. Die Korrespondenz mit Hieronymus läßt das verschiedene Temperament der Beteiligten deutlich hervortreten. Augustin hatte sich an den berühmten Exegeten gewandt, da er in der Auffassung einer Partie des Galaterbriefes von ihm abwich; er legte ihm nahe, seine Fehlinterpretation zu widerrufen. Hieraus entspann sich ein Briefwechsel, in dem Hieronymus die Rolle der gekränkten Würde spielte: er bekundete Gereiztheit und mehr oder minder erfolgreich unterdrückte Übellaunigkeit, während Augustin, der selbst in seiner Polemik gegen Häretiker stets auf ruhige Sachlichkeit bedacht war, einen freundschaftlich-beschwichtigenden Ton anschlug. Auch ein späterer Versuch war nicht erfolgeich, und es kam nie zu einem wirklichen Gedankenaustausch. Augustin widmete seinem schwierigen Partner zwei Briefabhandlungen; dieser dankte höflich und gab zugleich zu verstehen, daß er über die Sache nicht zu diskutieren wünsche.

Augustin hat als Theologe und Kirchenpolitiker vor allem gegen drei Sekten und Irrlehren gekämpft: gegen die Manichäer, die Donatisten und die Pelagianer. Der Streit mit den Manichäern erstreckte sich über die Jahre von 388 bis nach 400; er zeitigte ein stattliches Bündel von Schriften. Die umfänglichste Polemik, 33 Bücher *Contra Faustum*, sucht Punkt für Punkt eine Abhandlung des Gegners zu widerlegen, in derselben Weise, wie einst Origenes gegen den Platoniker Celsus vorgegangen war. Zum Besten aus dieser Werkgruppe zählt wegen der luziden Argumentation die Schrift *De vera religione*, «Von der wahren Religion»; sie richtet sich gegen den manichäischen Dualismus. Ein grundsätzliches Problem erörtert die Abhandlung *De utilitate credendi*, «Vom Nutzen des Glaubens». Die manichäische Doktrin beanspruchte für sich Rationalität und strenge Wissenschaftlichkeit, und hieraus leiteten ihre Anhänger die Behauptung ab, es sei schmählich, ohne vernünftige Gründe zu glauben; die Katholiken ließen sich durch bloße Autorität bestimmen, während die Manichäer durch Beweise zu überzeugen vermöchten. Augustin widerlegt diesen Anspruch; außerdem sucht er darzutun, daß allem selbständigen Erkennen die Hinnahme von Autorität vorangehen müsse. Der hierbei von ihm verwendete Begriff des ‹Glaubens› ist nicht auf seine religiöse Bedeutung eingeschränkt. Augustin versteht darunter die Bereitschaft, eine zunächst unkontrollierbare Mitteilung, die von einer besser unterrichteten Person gemacht wird, für wahr zu halten. Ein derartiger ‹Glauben› sei überall mit gutem Grunde üblich; wenn man nur billigen wollte, was man selbst beobachtet oder erkannt hat, dann gäbe es kein menschliches Zusammenleben, und dies liefe auf ein allgemeines Chaos hinaus. Augustin zieht die Nutzanwendung für den religiösen Bereich: die kirchliche Autorität sei die condicio sine qua non für den Glauben eines jeden Christen. Er hat hiermit einen ersten bedeutsamen Beitrag zum Problem des Verhältnisses von *ratio* und *auctoritas* geleistet, zu einer Polarität, die, wie schon dargetan, über Boethius an die Scholastik gelangt ist.

Der Kampf gegen die Donatisten, der sich über etwa zwanzig Jahre hinzog, von 394 bis 412, hat eine noch umfänglichere Gruppe von Traktaten hervorgerufen. Während Augustin gegen die Manichäer als Seinsphilosoph argumentierte (dort ging es um Grundfragen der christlichen Lehre), machte er sich den Anhängern des Donat gegenüber als Kirchenlehrer geltend: sein Motiv war in diesem Falle, in dem ernstliche dogmatische Differenzen nicht bestanden, das Gebot der kirchlichen Einheit. Die Sekte war aus einer Meinungsverschiedenheit hervorgegangen, wie sie ähnlich bereits zur Zeit Cyprians zu Streitigkeiten geführt hatte: in Karthago, behaupteten die Donatisten, sei während der Diokletianischen Verfolgung ein Bischof an einer Weihehandlung beteiligt gewesen, der sein Bekenntnis zur christlichen Religion nicht aufrecht erhalten hatte; die Handlung dieses *lapsus* sei ungültig und ebenso alle weiteren Handlungen der Großkirche. Die Donatisten banden also das Sakrament an die Heiligkeit der Person; nach ihrer Auffassung hing die Wirkung eines Aktes nicht von der göttlichen Beteiligung, sondern vom ausführenden Werkzeug ab. Der Konflikt rief also wieder einmal eine jener Gruppen ins Leben, die für sich ‹Reinheit› beanspruchten. Hinter dem religiösen Gegensatz verbargen sich soziale Spannungen: die Sekte rekrutierte sich vor allem aus der armen berberischen Landbevölkerung. Es gab Banden donatistischer ‹Kämpfer›, wie sie sich nannten, die Gutshöfe plünderten und Kirchen in Brand steckten. Augustin hatte sich zunächst nicht im mindesten um die Donatisten gekümmert; nachdem er in den Dienst der Kirche getreten war, konnte er sie nicht mehr übersehen: in Hippo gehörte die Mehrheit der christlichen Bevölkerung der Sekte an. Er ist mit großer Zähigkeit und Geduld gegen sie vorgegangen, und er wußte viele triftige Argumente gegen ihre Thesen ins Feld zu führen. Die Fronten waren indes so verhärtet, die Anhänger Donats derart verbittert, daß alle Bemühungen nichts fruchteten. Im Jahre 405 befahl ein Erlaß des Kaisers Honorius, die Donatisten seien zwangsweise in die allgemeine Kirche einzugliedern, und im Jahre 411, nach einem letzten Religionsgespräch, griff der Staat tatsächlich mit Gewaltmitteln ein, und es kam zu Bluttaten und Racheakten. Die Sekte verschwand aus der Öffentlichkeit, doch insgeheim existierte sie weiter. Augustin bedauerte die Gewaltanwendung und suchte sie gleichwohl zu rechtfertigen. Man müsse doch die Menschen von einem verderblichen Irrtum befreien dürfen, meinte er; denn es heiße ja im Gleichnis vom Abendmahl: «... und nötige sie hereinzukommen, auf daß mein Haus voll werde.» Hiermit war das fatale Prinzip in die Welt gesetzt, daß es gestattet sei, Menschen zu ihrem Heil zu zwingen.

Seinen Hauptkampf focht Augustin gegen die Pelagianer aus, einen ebenfalls problematischen Kampf, der vom Jahre 411 bis zu seinem Tode währte und seine Erbsünden- und Gnadentheologie Gestalt werden ließ. Pelagius aus Irland, ein strenger Asket, hatte, ohne die Gnade Gottes zu leugnen, auf der menschlichen Willensfreiheit insistiert und das Dogma der Erbsünde abgelehnt: Christus, lehrte er, habe durch sein sündloses Leben den natürlichen, nicht durch die Erbsünde bedingten Tod überwunden und die Menschheit aus der ‹schlechten Gewöhnung›, in die sie verfallen war, befreit; durch seine Lehre und sein Beispiel sei für jedermann, wenn er nur von seinen Kräften Gebrauch mache, die Möglichkeit eines sündlosen Lebens eröffnet worden. Demgegenüber erklärte Augustin, Gottes Vorauswissen von dem Wege eines jeden Menschen sei zugleich ein Vorausbestimmen, und leitete aus diesem logisch unanfechtbaren Satz seine Lehre von der lückenlosen Prädestination, von Gottes Gnadenwahl ab. Gottes Gnade habe nicht etwa eine allgemeine Freisetzung des menschlichen Willens bewirkt, wie Pelagius meinte; sie schenke sich vielmehr nur einer kleinen, fest umgrenzten Zahl von Individuen, denen sie so die Freiheit und hierdurch das Heil ermögliche. Die Frage nach der Verdammung der Nichterwählten suchte Augustin durch den Hinweis auf Gottes unerforschlichen Ratschluß zu beantworten. Nur Adam sei wirklich frei gewesen; durch ihn aber hätten alle Menschen im voraus gesündigt, so daß zwar nicht die Erwählung der Erwählten, wohl aber die Verdammung der Verdammten für verdient angesehen werden müsse. Augustin hat mit dieser düsteren Doktrin Unlösbares zu lösen versucht: die Perspektive des einzelnen Menschen, seines Willens und seiner Entscheidungen sowie der Forderungen, die an ihn gestellt werden – diese Perspektive läßt sich offensichtlich nicht mit dem Postulat, daß Gottes Allwissenheit die lückenlose Prädestination alles Geschehens impliziere, in ein befriedigendes Verhältnis setzen.

Augustins *magnum opus*, wie er selbst es nennt, die *Civitas Dei* (22 Bücher), wurde durch einen äußeren Anlaß hervorgerufen: durch das Unglück, das die Westgoten Alarichs im Sommer des Jahres 410 über Rom gebracht hatten. Die Heiden erneuerten daraufhin die Vorwürfe, die sie schon oft erhoben hatten: solange man den altüberkommenen Göttern treu geblieben sei, habe Rom standgehalten und geblüht; jetzt, da nur noch der Christengott verehrt werde, sei es dem Untergang geweiht. Und manche Christen, die so unbedacht waren, sich auf heidnisches Immanenzdenken einzulassen, konnten die bittere Frage stellen, wie man begreifen solle, daß der Stadt, in der Petrus und Paulus begraben seien, die den heiligen Laurentius und viele andere Märtyrer zu Beschützern habe, ein derartiges Unglück zustoße. Augustin mußte also zwei Positionen zurückweisen: die althergebrachte heidnische Auffassung, die immer schon das Angriffsziel apologetischer Schriften gewesen war, und jene pervertierte Form des christlichen Glaubens, die das die Ewigkeit verheißende Heilsversprechen auf das diesseitige Wohlergehen bezog. Er hatte sich schon in einigen Predigten mit dem Sacco di Roma des Jahres 410 befaßt: nicht der

Vergil habe recht, erklärt er dort, der Jupiter den Römern ein *imperium sine fine*, «eine Herrschaft ohne Ende», zusichern lasse, sondern jener andere, der von *peritura regna*, von «zerfallenden Staaten», rede. Alles Irdische sei unterzugehen bestimmt; ob Rom jetzt oder später untergehen werde, wisse Gott allein.

Die Bücher 1–10 der *Civitas Dei* setzen den heidnischen – den überkommenen römischen sowie den neuplatonischen – Vorstellungen die christliche Gewißheit entgegen: alles, was geschehe, geschehe einzig durch Gottes Fügung, und zwar nach einem Plane, der den Menschen unbekannt sei. Irdisches werde Frommen ebenso zuteil wie Gottlosen, weil es darauf nicht ankomme; wichtig sei allein die ewige Seligkeit, in die nur die Frommen eingingen. Die zweite Werkhälfte, die Bücher 11–22, entfalten sodann etwas fundamental Neues, eine christliche Geschichtsphilosophie, die Lehre von den beiden Gemeinschaften, der *civitas dei* und der *civitas terrena:* die Bücher 11–14 gelten dem Ursprung dieser beiden Gemeinschaften, die Bücher 15–18 ihrem Fortgang in der Geschichte und die Bücher 19–22 ihrem Ende. Das Grundmotiv ist der Platonischen Philosophie, dem Kontrast von Idee und Erscheinung, von erkennbarer und wahrnehmbarer Welt verpflichtet. Schon der Donatist Tyconius hatte dem Schema einen christlichen Inhalt gegeben, indem er der *civitas dei* eine *civitas diaboli* gegenüberstellte, und dasselbe hatte auch Augustin in der Abhandlung *De catechizandis rudibus*, «Über die Unterweisung der Neulinge», getan. Das Hauptwerk wiederum gibt einmal das folgende Resümee seines geschichtsphilosophischen Leitgedankens: «Die beiden Staaten gründen sich auf zwei Weisen der Liebe, der irdische auf die Selbstliebe, die bis zur Verachtung Gottes, der himmlische aber auf die Liebe Gottes, die bis zur Verachtung des eigenen Selbst reicht.» Der irdischen Gemeinschaft, heißt es bereits in der Praefatio, ist die *superbia*, die «Hoffart», zugeordnet, der himmlischen die *humilitas*, die «Demut». Das In- und Gegeneinander dieser Haltungen, der Hoffart und der Demut, macht nach Augustin den Inhalt der Weltgeschichte aus: jedes Ereignis hat sei es die eine, sei es die andere Haltung zur Ursache. So bringt der zweite Teil ein strenges Gericht über die gesamte Menschheitsgeschichte: vom Sündenfall an lassen sich Hoffart und Demut als die bestimmenden Triebkräfte durch die Zeiten verfolgen. Die himmlische Gemeinschaft reicht von Abel und den Erzvätern bis Christus und zur christlichen Kirche, und sie wird weiterreichen bis zur Gottesstadt am Ende der Zeitlichkeit. Die irdische Gemeinschaft hingegen, deren Bürger durch Unrecht und Gewalt nach Macht und Herrschaft und im günstigsten Falle nach einem unsicheren zeitlichen Frieden streben, wurde einst durch Babylon und wird seit der Gründung, seit dem Brudermord, den Romulus an Remus beging, durch Rom repräsentiert. Das Weltgemälde Augustins enthält somit eine erbarmungslose Generalabrechnung mit Rom: was seit den Tagen des Karneades, der als Mitglied der Philosophengesandtschaft des Jahres 155 v. Chr. heftige Kritik am römischen Unrechtsstaat geübt hatte, von seiten der unterworfenen Völker und von seiten der unterdrückten christlichen Religion gegen die Herrsch-, Ruhm- und Habsucht der Römer vorgebracht worden war, findet sich hier noch einmal versammelt und zum Zeichen für Gottesferne überhaupt erhoben, und der Romglaube, der Heiden und Christen gemeinsame Reichspatriotismus, der Stolz auf eine angeblich gerechte Herrschaft und eine angeblich segensreiche Weltzivilisation wird entlarvt und als lügnerische Ideologie erwiesen.

Auch Augustins geschichtsphilosophisches Werk begriff – wie die christlichen Weltchroniken dies zum Ausdruck bringen – die Geschichte als einmaligen Prozeß von der Schöpfung bis zum Jüngsten Gericht, in dem von der Bibel, zumal von den biblischen Prophetien nahegelegten Rahmen. Der Gedanke eines von Gott gesetzten teleologischen Prinzips schloß die Grundprämisse des antiken Geschichtsverständnisses, die Annahme von Zyklen, die den natürlichen Abläufen ähnlich sind, aus. «Es sei dem wahren Glauben ferne», schreibt Augustin, «mit jenen Zyklen zu rechnen, in denen sich, wie die Heiden meinen, die gleichen Kreisläufe der Zeiten und der zeitlichen Dinge wiederholen.» Er suchte – abermals wie die Verfasser von Chroniken – den von ihm vorausgesetzten einmaligen Ablauf der Weltgeschichte in Epochen einzuteilen; er machte sich hierfür das Schema von den sechs Schöpfungstagen zu eigen, ohne jedoch mit einem jeden Abschnitt eine Dauer von tausend Jahren zu verknüpfen: bestimmte Voraussetzungen lehnte er ab, da er Gottes Plan für unerforschlich hielt.

Die *Civitas Dei* urteilt nicht nach geschichtsimmanenten Prinzipien, nicht nach dem Kriterium der ‹historischen Gerechtigkeit›; ihre Urteile beruhen auf der Bibel und der christlichen Theologie. Gerade deshalb besteht ihre Schau über die Weltgeschichte nicht aus zusammenhanglosen Einzelheiten. Die beiden Symbole, die himmlische und die irdische Gemeinschaft, erlauben zwingende Zuweisungen jeglichen Geschehens. Das Prinzip der allegorischen Auslegung, die Typologie – jene Heuristik, die in beliebigen Gegebenheiten des Alten Testaments Verweisungen auf Christus dingfest machen zu können glaubte – wird auf die Weltgeschichte erstreckt: der Widerstreit der beiden Gemeinschaften tritt in Kain und Abel zum ersten Male ‹typisch› hervor, er konkretisiert sich abermals in Israel und seinen Feinden, in Jerusalem und Babylon usw. Die beiden Gemeinschaften haben als Symbole ein komplexes Verhältnis zur geschichtlichen Wirklichkeit, zumal die *civitas terrena*, die bald als Inbegriff des Bösen, bald als der irdische Schauplatz der Auseinandersetzungen beider *civitates* erscheint. Sie lassen sich daher nicht einfach mit den jeweiligen historischen Gemeinschaften identifizieren; sie erschließen vielmehr die Bedeutung, die den jeweiligen Mächten im Ablauf des historischen Ganzen zukommt. Augustin hat auch die Kirche als sichtbare Organisation nicht mit der *civitas dei* gleichgesetzt; die Kategorie bleibt vielmehr der Christenheit, der mystischen Gemeinschaft aller wahrhaft Gläubigen, vorbehalten. Andererseits verbinden sich die dämonischen Kräfte, die in der Welt ihr Wesen treiben, lediglich mit den politischen Gemeinschaften; daß auch die Kirche einmal der Macht- und Ruhmgier verfallen könne, hat Augustin nicht in Rechnung gestellt. Er hat somit den hierokratischen Ansprüchen des mittelalterlichen Papsttums einen legitimierenden Titel an die Hand gegeben: vor der Folie der kaiserlich-päpstlichen Auseinandersetzungen erhielten Augustins Darlegungen einen Sinn, der ihnen ursprünglich fremd war. Man identifizierte das Kaiserreich mit der *civitas terrena* und den Klerus mit der *civitas dei;* hierdurch wurde die kaiserliche Gewalt abgewertet, ja verteufelt, und die päpstliche Gewalt sakralisiert.

Die *Confessiones* sind Augustins berühmtestes Werk, ein Werk, das auch heute noch außerhalb der Fachwelt viele Leser findet, wobei man wohl annehmen darf, daß oft biographische Neugier und Anteilnahme an der Persönlichkeit Augustins vorwalten – gegen die erklärte Absicht des Autors. Der Ausdruck ‹Bekenntnis› (ὁμολογία, *confessio*) hat in der christlichen Tradition eine eigentümliche Entwicklung durchlaufen. Am Anfang stand die Bußbewegung Johannes des Täufers: wer sich taufen lassen wollte, mußte zuvor seine Sünden bekennen. Hieran knüpfte die christliche Bußpraxis des öffentlichen Sündenbekenntnisses an, und hieraus wiederum ging das Taufbekenntnis hervor, das mit Gottesanrufungen, mit der Hinwendung zu der Macht, von der man das Heil erwartete, schloß. So erwuchs daraus allmählich ein Kompendium des Dogmas, das sich von dem ursprünglichen Anlaß, dem Sündenbekenntnis vor der Taufe, löste: das Glaubensbekenntnis *(symbolum)*. Der Titel des Augustinischen Werkes spiegelt diese Weite der Bedeutung: die *Confessiones* sind Lebensbeichte und Preis Gottes in einem; Augustin will mit ihnen bezeugen, daß Gott in seiner Barmherzigkeit ihn, den Sünder, zum Heil geführt habe. Das Grundmotiv der Wende, der Bekehrung *(conversio)* hatte Vorläufer. Es gab seit Platon einen heidnischen Typus der ‹Hinwendung› zur Philosophie als einer Lebenspraxis, die dem Individuum Seelenruhe, Distanz zu allem verschaffte, was nicht in seiner Verfügungsgewalt lag; als kaiserzeitliches Beispiel sei die ‹Bekehrung› genannt, die Dion von Prusa von der Rhetorik zur stoischen Philosophie führte. Der christliche Archetyp ist Saulus, der zum Paulus wurde; die Apostelgeschichte schildert den Vorgang als plötzliches Ereignis. Aus späterer Zeit hat z. B. Cyprian einen Bekehrungsbericht bewahrt. Im Vergleich zu alledem sind Augustins *Confessiones* inkommensurabel; sie nehmen sich im Ganzen der spätantiken Literatur wie ein mächtiger erratischer Block aus.

Adressat des Werkes ist zuallererst Gott. Augustin beginnt mit einer von Bibelzitaten durchsetzten Anrufung: «Groß bist du, Herr, und sehr preiswürdig; groß ist deine Kraft, und deine Weisheit ist unermeßlich» – die *Confessiones* haben von Anfang bis Ende die Form eines Gebetes, worin Augustin reflektierend sein Leben vor dem ausbreitet, der es geschaffen hat. Diese Form, die den Glanz antiker Stilkunst mit der ständigen Präsenz der Bibel verbindet, verleiht dem Ganzen trotz aller Bewegung eine ruhige Festlichkeit und nimmt ihm trotz persönlichster Mitteilungen jeden Anschein aufdringlicher Subjektivität. Adressat des Werkes sind indes auch die Christen, die es lesen sollen: vor ihnen will Augustin von Gottes Gnade Zeugnis ablegen; in seinem Leben sollen sie ihr eigenes Leben wiederfinden. In den *Retractationes* hat er diesen doppelten Zweck so umschrieben: *Confessionum mearum libri XIII et de malis et de bonis meis deum laudant iustum et bonum atque in eum excitant humanum intellectum et affectum* – «Die dreizehn Bücher meiner ‹Bekenntnisse› über das Böse und das Gute in mir preisen den gerechten und gütigen Gott und suchen Verstand und Herz der Menschen zu ihm sich erheben zu lassen.»

Die *Confessiones* stellen lediglich die erste Lebenshälfte, die Zeit der Gottsuche dar; der berichtende Teil schließt im 9. Buch mit dem Tode der Mutter. Das 10. Buch bringt eine Lebensbilanz aus späterer Sicht, und die Bücher 11–13 enthalten eine breit angelegte Meditation über den Anfang der Genesis. *Mutans animam meam fide et sacramento tuo*, «Meine Seele wandelnd durch Glauben und dein Sakrament», verlautet in jener Lebensbilanz über das Ziel des Ganzen: *fides* und *sacramentum* hatten an Augustin das für einen Christen Entscheidende bewirkt; der Lebensbericht konnte, ja mußte hier enden, da es darin nur um das gehen sollte, was repräsentativ für alle Christen war, um Augustins Weg zu Gott. Als die *Confessiones* entstanden – gegen Ende des 4. Jahrhunderts –, war mehr als ein Dezennium seit den zuletzt berichteten Ereignissen vergangen: Augustin, nach Afrika zurückgekehrt, hatte mit seiner schriftstellerischen Arbeit Ansehen erworben; er war Priester und Bischof geworden, und sein seitheriges Wirken hatte ihm große Geltung verschafft, so daß er zu den geistigen Häuptern der ganzen Christenheit zählte. Über all dies fällt in den *Confessiones* kein Wort; der Bericht schweigt von Augustins ‹Leistungen› seit seiner Taufe, von seinem ‹Aufstieg›. Das gegenwärtige Ich des Berichterstatters spricht zeit- und ortlos zum Leser; es verlautet nichts über die Distanz, aus der Augustin sein Werk abfaßte, und nichts über den Vorgang und die Dauer des Abfassens. Der Autor überblickt von einem unverrückbaren Standort aus seine Vergangenheit bis zur Bekehrung.

Diese Vergangenheit zeigt wechselnde Erscheinungen und vielfältige Ereignisse, Personen und Schauplätze; sie ist überdies erfüllt von all den Affekten, Reaktionen und Reflexionen, mit denen das erlebende Ich an den Vorgängen beteiligt war. Eingeflochten sind außerdem die Urteile des berichtenden Ich, und aus ihnen ergeben sich die Deutungskategorien, mit deren Hilfe das Vielerlei der Ereignisse als sinnvoll erscheinen soll. Die Urteile des berichtenden Ich beruhen offensichtlich auf zwei miteinander korrespondierenden Prinzipien: einerseits auf Gottes Vorsehung und Gnade, andererseits auf der von Gott in den Menschen gelegten Ebenbildlichkeit. Sie wirken darin zusammen, daß sie das jeweilige Maß von Gottesnähe und Gottesferne zum Auswahlkriterium des Stoffes machen: nichts ist um seiner selbst willen berichtet; alles dient diesem einen Gesichtspunkt. Hiernach bemessen sich die Proportionen des Berichts: Buch 1–4 raffen das Wichtigste aus den ersten 28 Jahren zusammen, während die Bücher 5–9 den entscheidenden vier Jahren vorbehalten sind; das Tempo verlangsamt sich und die Ausführlichkeit nimmt zu, je mehr sich der Autor dem Durchbruch nähert. Auf diesen Prinzipien beruht weiterhin der Spannungsbogen vom Suchen zum Finden, vom Irrtum zur Wahrheit, der durch die Markierung von Phasen oder Epochen hervorgehoben wird: neun Jahre manichäischer Abwege, zwölf Jahre von der Lektüre des *Hortensius* bis zur Bekehrung usw. Die durch die Vorsehung Gottes und das *Imago-dei*-Prinzip bewirkte Synthese des biographischen Stoffes ist durchaus nicht total: Augustin hütet sich, alles erklären und als sinnvoll erscheinen lassen zu wollen; er stößt überall auf irdische, menschliche Defizienzen: im einstigen Verhalten, in seiner Erinnerung daran. Die Diversität, welche die *Confessiones* vor dem Leser ausbreiten, wird nur zum Teil von Identität durchdrungen: nur Gott ist totale Identität, an der der Mensch nur teilhat, soweit er sich ihr unterwirft. Das einheitsstiftende Prinzip der *Confessiones* liegt jenseits des biographischen Ablaufs, jenseits des historischen Prozesses, in dem Augustin zu Gott fand.

Die aus heutiger Sicht erregendste Wirkung haben die *Confessiones* während der Aufklärung ausgeübt; diese Phase hat die ‹Säkularisierung›, die Destruktion des Werkes herbeigeführt. Die dort dargestellten Lebensereignisse wurden ihres religiösen Bezuges entkleidet und als Teile einer in ihnen selbst liegenden Konsistenz verstanden. Augustin hatte allen Sinn, alle Identität bei Gott gesucht, nicht bei dem von Gott abhängigen, ihm unendlich unterlegenen Menschen. Die Genieästhetik des 18. Jahrhunderts hingegen beanspruchte alle Sinnstiftung für den Menschen selber, für dessen durch den Tod begrenztes irdisches Leben: in diesem Rahmen ließ sie ihm die Selbstschöpfung oder Selbsterlösung aufgegeben sein. Die *Confessiones*, auf das hic et nunc der Immanenz zurückgestutzt, dienten als Modell für jene Gattungen des 18. und 19. Jahrhunderts, die das Grundmotiv des ‹Werde, der du bist› entfalteten, für die Autobiographie, die Biographie und den Bildungsroman; die Augustinische Dichotomie von Sünde und Heil kehrte dort als die innerweltliche Dichotomie von Suchen und Finden des eigenen Selbst wieder.

9

Bibelepik und Hagiographie

Altchristliche Dichtung: Literarhistorisches und Poetologisches

Die Literatur der Kirchenväterzeit manifestiert sich im allgemeinen als ein Ganzes: der lateinische Westen pflegte zu übernehmen, was der griechische Osten hervorbrachte, und auch die Bestrebungen, die darauf zielten, überkommene heidnische Formen mit christlichen Inhalten zu füllen, waren dem Osten und dem Westen gemeinsam. Mit der christlichen Dichtung hatte es jedoch eine andere Bewandtnis: sie ist im wesentlichen eine Eigentümlichkeit der lateinischen Welt. Zwar fehlte es im griechischen Bereich nicht gänzlich an Versuchen, auch die poetischen Gattungen der christlichen Religion dienstbar zu machen. So war dort wohl schon im 2. Jahrhundert aus teils jüdischen, teils volkstümlich-paganen Wurzeln der Gemeindegesang, der christliche Hymnus hervorgegangen; erst Hilarius und Ambrosius haben ihn in die Westkirche eingeführt. Auch gab es im Osten vereinzelt Kleriker, die zum Teil formvollendete didaktische und lyrische Poesie verfaßten; als die wichtigsten seien Gregor von Nazianz (4. Jahrhundert) und Romanus, genannt der Sänger (6. Jahrhundert), erwähnt. Gleichwohl zeichnete sich die lateinische Christenheit in mehrfacher Hinsicht vor der griechischen aus. Einmal legte sie eine beachtliche Experimentierfreudigkeit an den Tag: das 4. Jahrhundert brachte innerhalb zweier Menschenalter eine große Mannigfaltigkeit hexametrischer, jambischer und lyrischer Formen hervor, allerdings kein Drama, was angesichts der scharf ablehnenden Haltung gegenüber jedweder Schaustellung leicht begreiflich ist. Zum anderen hat sich die westliche Christenheit mit Erfolg bemüht, Kontinuität zu wahren: was das 4. Jahrhundert eingeführt hatte, erhielt alsbald den Nimbus des verbindlichen Paradigmas, des ‹Klassischen›, und bis zum Ausgang des 6. Jahrhunderts fanden sich Dichter, welche die Impulse der großen Zeit aufnahmen und bisweilen sogar überboten.

Es war bereits davon die Rede, daß sich die Christen die Formen der heidnischen Literatur nicht ohne Skrupel und inneres Widerstreben zu eigen machten: sie wußten, daß die Schlichtheit, die *simplicitas*, ein Wesensmerkmal der biblischen Schriften, zumal der Evangelien, und ihrer ganzen Tradition sei; demgegenüber betrachteten sie die in Schönheit und Prunk schwelgende antike Kultur als ein Stück «Welt» *(saeculum)*, von dem sie sich tunlichst fernhalten zu müssen glaubten. Sie machten indes in dieser Hinsicht seit der diokletianisch-konstantinischen Zeit einen Sinneswandel durch: sowohl Laktanz als auch Hilarius nahmen keinen Anstand, das schöne Schreiben als Rücksicht auf den Leser oder als Huldigung vor Gott zu legitimieren. Die christlichen Dichter mußten allerdings noch intensiver als die Prosaschriftsteller darauf bedacht sein, ihr Publikum von der Lauterkeit ihrer Absichten zu überzeugen: der schöne Schein ihrer Verse knüpfte allzu deutlich an heidnische Traditionen an. Schon Iuvencus, der Schöpfer des ersten Bibelepos, unternahm einen Versuch: er berief sich auf die Würde seines Stoffes. Die älteren Kirchenschriftsteller, insbesondere Tertullian, hatten die Kritik Platons übernommen und nachdrücklich vor der Lügenhaftigkeit der Dichtung gewarnt. Iuvencus machte aus diesem Verdikt einen Rechtfertigungsgrund für sein eigenes Werk: Homer und Vergil hätten ihren Lesern Lügen vorgesetzt; er selbst aber biete die Wahrheit dar, da er die heilbringenden Taten Christi schildere. Eine umfassende Begründung christlicher Dichtung ließ Paulinus von Nola sich angelegen sein. Er verallgemeinerte das Kriterium des Iuvencus: er verbot den heidnischen und forderte den christlichen Stoff. Außerdem übernahm er die Argumente des Laktanz und des Hilarius: der poetische Schmuck erfreue nicht nur die Ohren, sondern nähre auch den Geist, und er sei zugleich ein Opfer für Gott. Prudenz schließlich brauchte nur noch zu folgern, was sich aus dieser Begründung für den Dichter selbst ergebe: er deutete sein Dichtertum als Rückzug aus der Welt und verlieh ihm hiermit den Rang einer vollgültigen christlichen Existenz.

Der christlichen Dichtung sind nicht nur bestimmte Stoffbereiche eigentümlich, insbesondere die Bibel oder das Leben der Heiligen; sie zeigt darüber hinaus allgemeine Merkmale, die durch die christliche Religion bedingt sind. Ein erstes Merkmal dieser Art ergibt sich daraus, daß sie, wie ihr Name sagt, auf das Christentum – auf die Lehre, den Glauben, die Frömmigkeit der Christen – bezogen ist. Wie die Reflexionen der christlichen Dichter bekunden, bedurfte alle Schönheit der Form der Rechtfertigung durch die Religion; für sie kamen nur heteronome, nicht aber autonome Kunstwerke in Betracht. Die christliche Dichtung stand im Dienst einer höheren Sache, und allein diese Sache begründete ihre Existenzberechtigung. Sie hatte demgemäß einen missionarischen, propagandistischen Auftrag, und daher wohnte ihr stets ein mehr oder minder starkes Moment der Lehrhaftigkeit inne. Die christliche Tradition hat sich für diese Zweckbestimmung des auf Paulus zurückgehenden Ausdrucks οἰκοδομή/*aedificatio*, «Erbauung», bedient; man wandte ihn vornehmlich auf Werke an, denen man in besonderem Maße eine glaubensfördernde und die Lebenspraxis prägende Wirkung zuschrieb, z. B. auf Heiligenlegenden. Die lehrhafte Grundtendenz der christlichen Poesie zeigt verschiedene Arten und Grade. Es ist daher sachgerecht, den übrigen Gattungen didaktische Werke im engeren Sinne gegenüberzustellen; dort, bei der Spruchdichtung oder beim großen Lehrgedicht, hat man unübersehbar an die entsprechenden Formen der heidnischen Überlieferung angeknüpft.

Des weiteren wurden der christlichen Dichtung durch die Religion bestimmte Gegenstandsbereiche in besonderem Maße anempfohlen, vor allem das Niedrige und Häßliche. Sowohl Christus selber, das Ur- und Vorbild christlicher Erniedrigung, als auch die ihm nacheifernden Märtyrer hatten abstoßende Leiden auf sich genommen; die christliche Dichtung zog hieraus die Konsequenzen und bemühte sich, die Passion Christi sowie die Martyrien und zum Teil auch die Askese der Heiligen möglichst detailliert und intensiv zu schildern. Diese hervorstechende Thematik der christlichen Literatur konnte auf heidnische Ansätze zurückgreifen. So hatten die Platonische und die stoische Philosophie die Stufen des Seins oder der Werte mit dem Schönen und dessen Gegenteil in Zusammenhang gebracht: das ontologisch oder moralisch Höherwertige galt eo ipso als ‹schön›, das in diesem oder jenem Sinne minder Wertvolle eo ipso als ‹häßlich›. Der Weise sei selbst dann ‹schön›, wenn ein häßlicher Leib ihn verunziere, besagte eine paradoxe, an das Sokrates-Bild Platons anknüpfende Maxime der Stoiker. Die antike Dichtung hatte zumal während der frühen Kaiserzeit dem Häßlichen und Ekelhaften viel Raum zugestanden: die in den Tragödien Senecas, bei Lucan und anderen begegnenden Schilderungen von Wunden, Schmerzen und Folterqualen sollten teils die dem allen gegenüber unangreifbare Autonomie der stoischen Idealgestalt verherrlichen, teils schlechtweg absurde Wirklichkeit wiedergeben. Die christliche Tradition überbot diese Vorstufen zuallererst in quantitativer Hinsicht; weder die Antike noch die klassischen Literaturen der europäischen Neuzeit haben sich bei der Darstellung von Greueln zu einer derartigen Vielfalt und Intensität verstanden. Außerdem aber verlieh die christliche Religion dem Häßlichen eine bis dahin unerhörte Würde. Es diente sowohl in der stoisch als auch in der christlich geprägten Literatur als Zeichen, als Indiz für eine höhere Wirklichkeit. Diese Wirklichkeit aber war in der stoischen Philosophie das rational erkennbare Ideal, in der christlichen Religion jedoch die geoffenbarte, nur dem Glauben zugängliche Transzendenz, so daß das Ertragen des Häßlichen dort auf die standhafte Verachtung des Scheins, hier hingegen auf die leidende Überwindung der Welt hinauslief.

Schließlich zeigt ein erheblicher Teil der christlichen Dichtung, wie die christliche Tradition überhaupt, eine starke Affinität zu einer bestimmten bildlichen Ausdrucksweise, zur Allegorie, und zu dem zugehörigen Deutungsverfahren, zur Allegorese. Hiervon legt vor allem das Werk des Prudenz eindrucksvoll Zeugnis ab.

Die Bibelepik des 4. Jahrhunderts

Die erzählende Dichtung der Christen, insbesondere die Epik, gewann ihre Stoffe aus zwei Bereichen: aus den biblischen Schriften sowie aus den Berichten von Märtyrern und Heiligen. Die Bibelepik nahm sich sowohl des Alten als auch des Neuen Testaments an, selbst lyrischer Partien: man bearbeitete auch Psalmen. Daß die Evangelien nicht ausgeschlossen waren, könnte beim modernen Betrachter Verwunderung hervorrufen: er ist geneigt zu erwarten, daß sich die allgemeine Scheu vor der schönen Form gerade hier, bei den verbindlichsten Texten der christlichen Religion, einschränkend hätte auswirken müssen. Diese Unbefangenheit auch dem Heiligsten gegenüber wird wohl besser begreiflich, wenn man berücksichtigt, daß sich der christliche Epiker im wesentlichen mit dem Herstellen von Versen begnügt hat, daß er sich als Versifikator verstand. Seine Aufgabe erschöpfte sich in der stilistischen und metrischen Einkleidung; sie betraf den *ornatus*, nicht auch die Komposition. Dies galt prinzipiell für alle Stoffe, die auf konventionelle Weise in Verse gegossen wurden; auch hagiographische Epen suchten oft den Anschluß an eine Prosavorlage. Zwar sind mitunter recht eigenwillige Schöpfungen entstanden, besonders dort, wo man am ehesten damit rechnet: bei Stoffen, die dem Alten Testament entnommen sind. Gleichwohl bleibt als Regel bestehen, daß die christlichen Dichter nicht die Absicht hatten, Dichtungen im antiken oder heutigen Sinne des Wortes herzustellen. Sie pflegten sich mit poetischen Paraphrasen zu begnügen; sie waren insbesondere weit davon entfernt, den Evangelienbericht mit der Freiheit zu gestalten, mit der die heidnischen Dichter die Mythen gestaltet hatten. So erklärt sich, daß die das Neue Testament in Verse umsetzende Poesie weniger heikel ist, als auf den ersten Blick erscheinen mag. Der moderne Leser allerdings empfindet das feierliche Versmaß und die gemessene Sprache des heroischen Epos immer noch als recht befremdlich. Es kommt als weiterer eigenartiger Zug hinzu, daß die Bibelepiker sich das Recht nahmen, den Text ihrer Vorlage nach Art eines Predigers durch exegetische Reflexionen zu erweitern, und daß einige von ihnen sich hierin kaum genug tun konnten.

Das sprachlich-stilistische Vorratshaus, das alles beherrschende Muster für die biblische und sonstige christliche Epik war Vergil. Somit haben auch die Christen der Spätantike ihr Teil zu dem ersten, ebenso bedeutenden wie umfangreichen Kapitel des Themas «Vergil – Vater des Abendlandes» beigesteuert. Vergil war, wie die anderen zum üblichen Pensum gehörenden Autoren auch, gemeinsamer Besitz aller Gebildeten, die ja ohne Ausnahme dieselbe Art von Grammatik- und Rhetorikunterricht genossen hatten. Die Heiden betrieben vor allem Vergil-Exegese, da es ihnen hauptsächlich um die Inhalte ging, denen sie mit Vorliebe einen tiefen, mystischen Sinn unterlegten. Die christlichen Epiker hingegen hielten sich an die Form: sie machten sich sprachliche Wendungen, die Verstechnik und nicht selten auch die Gestaltung ganzer Szenen der Vergilischen Werke zu eigen. Eine Besonderheit ihrer Kunst war das in einen neuen Zusammenhang gerückte Zitat; diese Technik konnte bis zum Grenzfall des Cento reichen, des «Flickgedichts», das von Anfang bis Ende aus Versen und Versteilen Vergils zusammengesetzt war. Mit dem Zitieren überschritt man nicht selten die Grenze einer bloß formalen Entlehnung; man ließ sich dann auch auf die Inhalte ein, aber nicht, wie die heidnische Exegese, im Sinne bestätigender Zustimmung, sondern in durchaus polemischer Absicht. Der Leser sollte in derartigen Fällen den ursprünglichen Kontext des Zitats mitbedenken; er sollte an einem exemplarischen Detail ablesen, daß erst die christliche Religion gebracht habe, was der römische Dichter fälschlicherweise für sein Zeitalter beansprucht hatte. Im so verwendeten Vergil-Zitat bekundet sich besonders eindrucksvoll die Überbietungsfunktion, welche die christlichen Dichtungen für sich beanspruchten. *Imperium sine fine dedi*, «eine Herrschaft ohne Ende habe ich zugestanden», heißt es lapidar in einer Verheißung, die Vergil in der *Aeneis* Jupiter, dem höchsten Gotte, in den Mund gelegt hat. Hieraus wurde bei dem Bibel-Epiker Avitus *Progeniem sine fine dedi*, in einer Partie, welche die Erschaffung des Menschen und das Paradies zum Gegenstand hat. «Nachwuchs ohne Ende habe ich zugestanden»: die Anspielung soll das Bibelwort «Seid fruchtbar und mehret euch» illustrieren helfen; ihr Zweck erschöpft sich im Formalen. Bei Prudenz hingegen, im Gedicht *Contra Symma-*

chum, verlautet von Christus: *Imperium sine fine docet,* «Er lehrt Rom, eine Herrschaft ohne Ende auszuüben»; hier bringt das Zitat unmißverständlich zum Ausdruck, daß erst durch Christus und die von ihm gestiftete Kirche in Erfüllung gegangen sei, was einst Vergil durch den Mund Jupiters dem römischen Reich zuerkannt hatte.

Iuvencus, ein spanischer Presbyter, mit vollem Namen Gaius Vettius Aquilinus Iuvencus, verfaßte um das Jahr 330 das erste Bibel-Epos, die *Evangeliorum libri IV,* etwa 3200 Verse, eine hexametrische Paraphrase, die im wesentlichen dem Bericht des Matthäus folgt und sich nur zu einem Viertel an die anderen Evangelien gehalten hat. Auf dieses Werk trifft voll und ganz zu, was soeben als Regelfall der Gattung reklamiert wurde: Iuvencus sah seinen Stoff als gegeben an; er steuerte lediglich den Vers und die epische Sprache bei. Nur bei Naturbeschreibungen nahm er sich das Recht, seine Vorlage nach den Rezepten der rhetorischen Amplifikation auszumalen. Er hat sich vornehmlich durch Vergil inspirieren lassen, doch sind auch andere römische Epiker und selbst Horaz von ihm benutzt worden. Das Werk, flüssig geschrieben, war ein großer Erfolg; die späteren Bibel-Epiker haben es benutzt, und bis zum Beginn der Neuzeit fand es, wie die zahlreichen Handschriften beweisen, viele Leser. Weder das zeitgenössische noch das mittelalterliche Publikum scheint Anstoß an dem fremdartigen Kostüm genommen zu haben, in das der Evangelienbericht gekleidet ist (daran z. B., daß Christus feierliche Reden ganz in der Art des Äneas hält, wobei die Herrenworte zugleich zerdehnt und verwässert werden); es ging nur um die Sache, und die war jetzt in gewandte Verse gegossen. Im Epilog führt der Autor die Verbindung von Bibel und Epos expressis verbis auf sein eigenes Vermögen und auf Christi Gnade zurück, und so erkläre sich,

versibus ut nostris divinae gloria legis
ornamenta libens caperet terrestria linguae –
(«daß in meinen Versen das berühmte Gotteswort
willig den Schmuck irdischer Sprache annahm»).

Faltonia Betitia Proba, die einzige lateinische Dichterin der Spätantike, aus dem hochadligen Hause der Probi, die Urgroßmutter jener Brüder Olybrius und Probinus, die Claudian zu seinem ersten Panegyrikus inspirierten, verfaßte um die Mitte des 4. Jahrhunderts einen Vergil-Cento aus nahezu 700 Hexametern: *Maro mutatus in melius*, «Vergil zu Besserem umgeformt» lautet das programmatische, christlichen Fortschritts- und Überbietungsehrgeiz bekundende Wort des Eingangs. Die einführenden Verse enthalten auch Eigenes; dann aber wird in strengster Manier ein Mosaik aus Vergilischen Bestandteilen zusammengesetzt. Ausonius, ein Zeitgenosse Probas, hatte aus Vergil einen *Cento nuptialis*, ein «Hochzeits-Flickgedicht», hergestellt. Die hierzu gehörige Praefatio nennt die für dieses Technopaignion, diese Spielerei maßgeblichen Regeln: aus einer Vielzahl zerstreuter Stellen und mit Hilfe von abweichenden Bedeutungen wird ein neuer Gedichtzusammenhang geschaffen, wobei man nicht mehr als anderthalb Verse in einem Stück aus der Vorlage übernehmen darf. Proba behandelt aus dem Alten Testament Schöpfung und Sündenfall, den Tod Abels und die Sintflut; dann folgt eine Auswahl von Szenen aus dem Leben Jesu, bis zur Himmelfahrt. Biblische Eigennamen kommen – außer Moses – nicht vor; infolgedessen scheint das Gedicht auf höchst eigenartige Weise über Zeit und Raum zu schweben, und überhaupt gestatteten die noch so geschickt ausgewählten und arrangierten Vergilverse oft nur unbestimmte Andeutungen. Nicht selten enthielten die Vergilsegmente Überschüsse über das hinaus, was der biblische Zusammenhang verlangte; die Verfasserin hat mit diesen nicht unwillkommenen, vielleicht sogar gesuchten Ausmalungen offensichtlich eine andachtstiftende, erbauliche Wirkung erzielen wollen. Hieronymus erklärte Probas Cento für unwürdige Spielerei und lehnte ihn scharf ab, und ebenso urteilte die Kirche. Die Überlieferung beweist indes, daß sich das Experiment einiger Beliebtheit erfreut hat; außer ihm sind noch einige kleinere christliche Vergil-Centonen erhalten. Die Gattung fand im Mittelalter sowie in Renaissance und Barock immer wieder Adepten; Etienne de Pleures z. B. veröffentlichte im Jahre 1618 eine *Sacra Aeneis*, die in Versen Vergils die Taten Christi schilderte.

Auf einen Autor Cyprianus, der mit dem Bischof von Karthago nichts als den Namen gemein hat, scheinen zwei Bibelbearbeitungen sehr unterschiedlicher Art zurückzugehen: eine Versifikation der ersten sieben Bücher des Alten Testaments, *Heptateuch*, «Siebenrollenschrift» betitelt, sowie die *Cena*, «Das Gastmahl». Das erstgenannte Werk enthält eine ziemlich trockene, kürzende und Ausschmückungen meidende Paraphrase der fünf Bücher Mose sowie der Bücher Josua und Richter. Es kann sich mit der Evangeliendichtung des Iuvencus nicht messen; nach den wenigen Handschriften zu urteilen, hat es auch im Mittelalter nur vereinzelt Leser gefunden. Anders die *Cena*, ein Kuriosum in Prosa. Dort finden sich allerlei Gestalten des Alten und Neuen Testaments zu einem Symposion ein, das ein großer König zu Kana veranstaltet; die Personen werden mit ihren aus der Bibel bekannten Zügen vorgeführt. An dieser Schrift, die in unvergleichlicher Weise biblische Motive zu einem fiktiven Sujet zusammenbraut, hat vor allem das frühe Mittelalter Gefallen gefunden.

Iuvencus und Cyprianus (der wohl bereits dem 5. Jahrhundert angehört) waren die Wegbereiter der Bibeldichtung; die meisten und besten Specimina der Gattung wurden erst nach ihnen, im späteren 5. sowie im 6. Jahrhundert geschaffen.

Die Hagiographie des 4. Jahrhunderts

Die Legende, die Erzählung vom Leben und von den Taten eines Heiligen, hat ihren Namen von dem lateinischen Neutrum Pluralis *legenda*, «das zu Lesende». Im mittelalterlichen Kloster war es nämlich üblich, während der Mahlzeit oder bei der Messe am Jahrestag eines jeden Heiligen die Geschichte von dessen vorbildlichem Wandel zu verlesen. Dieser Brauch bewirkte, daß man das die gesamte Hagiographie bezeichnende Neutrum Pluralis als Femininum Singularis verstand: *legenda* als die einzelne «Legende». Die Gattung, ein Spezifikum der christlichen Tradition wie die Bibelepik, beruhte auf einem Phänomen der Wirklichkeit, dem Heiligen. Wer heilig sei, wurde bis ins hohe Mittelalter vom gläubigen Volk entschieden; der Heilige war ein Erzeugnis der praktischen Frömmigkeit, er selbst sowie die Resonanz, die er fand. Die kirchliche Kontrolle, die Heiligsprechung durch den Kanonisationsprozeß, wurde erst im hohen und späten Mittelalter bedeutsam, als die

Entstehung von Legenden bereits ihren Kulminationspunkt überschritten hatte.

Wie schon dargetan, hat die christliche Tradition zwei Grundtypen des Heiligen hervorgebracht: den Märtyrer und den Asketen. Bis zum Toleranzedikt des Jahres 313 beherrschte der Märtyrer, der Blutzeuge das christliche Bewußtsein; nach dem Ende der Christenverfolgungen begann die Askese, den ersten Platz zu beanspruchen. Die beiden Typen des Heiligen sind in unterschiedlicher Weise biblisch fundiert. Daß es Märtyrer geben würde, hatte Jesus in der Aussendungsrede angekündigt: «... man wird euch vor Fürsten und Könige führen um meinetwillen, ihnen und den Heiden zum Zeugnis» (εἰς μαρτυρίαν, eis martyrian). Überdies vermittelte der Prozeß und die Steinigung des Stephanus, wie die Apostelgeschichte ihn schilderte, eine konkrete Vorstellung vom Märtyrertum; dort finden sich auch schon einige Details, die später zu stereotyp wiederkehrenden Motiven wurden: das verklärte Antlitz des Duldenden, das letzte Gebet für die grausamen Widersacher und anderes. Schließlich hat auch die Passion Jesu archetypische Bedeutung für den Tod des Märtyrers gewonnen: sein Sterben verweist durch Ähnlichkeiten auf Jesu Leiden und Tod. Beim Märtyrerkult hat sich außerdem schon früh ein nichtbiblisches Element eingestellt: der Glaube an die magische Kraft, an das Orenda der Überbleibsel, der Reliquien. Die Verehrung der Märtyrer galt somit nicht nur deren vorbildlichem Verhalten, sondern auch der in den Reliquien gegenwärtigen Energie, die als hilfreich in vielerlei Schwierigkeiten des Alltags erlebt wurde. Einige Kirchenväter versuchten vergebens, gegen den Glauben an die Nothelferfunktion der Heiligen anzugehen.

Der Typus des Asketen beruhte nicht in gleichem Maße auf Berichten oder Anweisungen der Bibel, jedenfalls nicht hinsichtlich seines aufdringlichsten Merkmals, der Askese. Immerhin konnte man sich auf den Lebenswandel Johannes des Täufers, des «Predigers in der Wüste», berufen, sowie auf die Paulinische Empfehlung des Eheverzichts. Im übrigen aber entwickelte sich die Askese, wie schon dargetan, nach dem Gesetz der Steigerung aus eigenem Antrieb weiter, bis zu den Formen des Anachoretentums und des Zusammenlebens im Kloster. Auch die Verehrung des Asketen verband sich alsbald mit niederer, magischer Religiosität: seinen irdischen Rückständen wurden ebenfalls besondere Kräfte zugeschrieben, und auch an ihn pflegte man sich mit der Bitte um Hilfe zu wenden.

Ein gemeinsames Kennzeichen beider Typen von Heiligen, ein Charakteristikum zumal des Asketen war die Wunderkraft, die δύναμις/dynamis oder *virtus*, über die er zu verfügen schien, sowie deren Erfolg, das Wunder. Für dieses Phänomen stand wieder – anders als für die Askese – eine breite biblische Grundlage zu Gebote. Eine direkte Anweisung enthält die Aussendungsrede: «Macht Kranke gesund, weckt Tote auf, reinigt Aussätzige, treibt böse Geister aus.» Demgemäß berichtet die Apostelgeschichte von allerlei Zeichen und Wundern, welche die Apostel vollbrachten. Endlich hatte Jesus eine Fülle von Handlungen dieser Art vorgenommen; meist waren es Heilungen, gelegentlich auch sogenannte Naturwunder, wie das Wandeln auf dem See Genezareth. Der Heilige verrichtete die Wunder nicht aus eigener Kraft, sondern vermöge göttlicher Gnade; allerdings glaubte man, daß Askese der Wunderkraft förderlich sei. Die Wundertaten dienten einem doppelten Zweck: sie sollten Not lindern und zugleich die Macht Gottes demonstrieren. Sie kopierten, variierten oder überboten großenteils die Heilungen, Geisteraustreibungen oder Totenerweckungen Jesu, und bei den außerbiblischen Wundern, bei denen, die kein Vorbild im Neuen Testament hatten, entfalteten sich innerhalb der Hagiographie ähnliche Reihen variierender Wiederholung.

Die hagiographische Literatur spiegelt die geschichtliche Entwicklung, die Ablösung des Märtyrers durch den Asketen. Beim Märtyrer war es vor allem auf das heroische Ende angekommen; folglich pflegte man sich damit zu begnügen, eben dieses Ende, den Prozeß und die Hinrichtung, mehr oder weniger authentisch festzuhalten. So entstanden als besondere Gattung die *acta martyrum*, die Märtyrerakten, die zum Teil auf Gerichtsprotokollen, zum Teil auf den Aussagen von Augenzeugen des Prozesses beruhten. Mit dem neuen Typus des Heiligen, mit dem Asketen, hatte es eine andere Bewandtnis: bei ihm kam es auf die gesamte Lebensführung an; demgemäß mußte auch die literarische Vermittlung einer asketischen Existenz das Leben als ein Ganzes in den Blick zu rücken suchen. Daher präsentierte sich die neue Gattung, die als Widerschein erfolgreicher Askese entstand, die Legende, zumeist als Biographie; sie pflegte darauf bedacht zu sein, einen das Lebensganze zumindest andeutenden Rahmen zu bringen. So verfuhr bereits der Gründer der Gattung, der alexandrinische Bischof Athanasios, eben jener, der vor allem als Gegenspieler des Arius in die Geschichte eingegangen ist: sein Preis des Mönchs Antonius enthält eine ausführliche Darstellung vom Leben und Wesen des Gepriesenen. So verfuhr auch sein Nachfolger Hieronymus, der Autor, der die ersten lateinischen Legenden verfaßt hat: Hilarion wurde einer vollen Biographie gewürdigt; bei Paulus und Malchus sind die Begebnisse, die im Mittelpunkt der Erzählung stehen, immerhin in eine Skizze des Lebensganzen eingefügt.

Die Legende war von Anfang an darauf angelegt, zwei Arten von Lesern in ihren Bann zu ziehen: Asketen – Mönche und Nonnen – sowie gewöhnliche Christen. Die einen forderte sie zur Nachfolge auf, die anderen zu Bewunderung; der Autor einer Legende konnte diese beiden Zwecke in gleichem Maße zu berücksichtigen suchen oder einem von ihnen den Vorzug geben. So schrieb z. B. Athanasios das «Leben des Antonius» – einst ein berühmtes Werk, heutzutage fast nur noch indirekt bekannt, durch Matthias Grünewalds Gemälde auf dem Isenheimer Altar zu Colmar – zuallererst für Asketen, denen der Wandel des Heiligen als Muster für ihr eigenes Verhalten dienen sollte; so wandte sich wiederum Hieronymus vornehmlich an ein allgemeines Publikum, das er durch eine unterhaltsame und fesselnde Lektüre in Staunen zu versetzen suchte. Die Legende zielte also sei es auf *imitatio*, sei es auf *admiratio*. Diese beiden Kategorien stellte schon Gregor der Große in seiner Legendensammlung *Dialogi* einander gegenüber: «Den Schwachen zur Verehrung, nicht zur Nachahmung», schrieb er dort, *infirmis veneranda, non imitanda*. Der beides umfassende Zweck ist kein anderer als der für alle christliche Dichtung maßgebliche: die Erbauung. Durch die Erzählung von Leben und Taten eines Heiligen *ecclesia fidelis aedificatur*, «wird die Glaubensgemeinschaft errichtet», schrieb Gregor von Tours, ein Zeitgenosse des soeben erwähnten Papstes Gregor.

Die Legende hat sich von Anfang an und bis über das Mittelalter hinaus größter Beliebtheit erfreut. Sie avancierte rasch zu einem der üppigsten Zweige der christlichen Literatur und stand selbst zu einer Zeit in einigem Flor, in der die literarische Produktion im übrigen nahezu völlig zum Erliegen gekommen war: in den dunklen Jahrhunderten des sich auflösenden Merowingerreiches. Die schöpferische Phase ihrer Geschichte reichte bis ins hohe Mittelalter; die folgenden Jahrhunderte brachten nur noch Wucherungen hervor, und mit der Reformation kam das sichtbare Ende. Im Zeitalter der Gegenreformation begann die der Überlieferung sich bemächtigende Gelehrtenarbeit: man sammelte, sichtete und edierte die Handschriftenmassen, wobei sich zumal der flämische Jesuit Bollandus und seine Gefolgsleute, die Bollandisten, hervortaten; in der großen Sammlung Acta Sanctorum liegen jetzt etwa 25 000 Heiligenviten gedruckt vor.

Der Forschungsbetrieb des 19. und des beginnenden 20. Jahrhunderts stürzte sich auf die Stoffe, ohne viel nach dem Wesen und Zweck der Gattung zu fragen; man suchte einerseits die vielfältig miteinander verflochtenen Motive zu entwirren und ging andererseits dem ‹Wahrheitsgehalt› nach, d. h. man war in einem dem ursprünglichen Verständnis strikt zuwiderlaufenden Sinne bestrebt, einen ‹historischen Kern› aus der ‹bloß legendären Hülse› herauszuschälen. Das unangemessene Kriterium des historischen Kerns mitsamt dem Verdikt gegen das Wunder geistert auch jetzt noch durch die Nachschlagewerke; es scheint die vornehmste Ursache für die Unsicherheit zu sein, die Theologie und Kirche bis heute der Legende gegenüber an den Tag legen.

Neue Impulse brachte die Literaturwissenschaft der Gegenwart; man bemühte sich nunmehr vor allem darum, das Wesen und die Struktur der Legende sowie ihre ursprüngliche Funktion, ihren ‹Sitz im Leben› zu bestimmen. Der vielbeachtete Versuch von André Jolles erklärte die Legende für eine «einfache Form», d. h. für eine anthropologisch bedingte Erscheinung von schier schrankenloser Ubiquität: Pindars Siegeslieder, die christliche Hagiographie und moderne Sportberichte seien, meinte Jolles, wegen der ihnen gemeinsamen Absicht, den Leser oder Hörer durch die Darstellung außergewöhnlicher Leistungen zur Nachfolge aufzufordern, in gleicher Weise ‹Legenden›. Die heute wohl vorherrschende Meinung nimmt hingegen mit Recht an, daß die Legende – im Sinne einer hagiographischen Schrift, nicht in dem einer Sage oder sonstigen unverbürgten Erzählung – auf der christlichen Religion und dem christlichen Weltverständnis, kurz auf der Distanz zum Diesseits und auf der Wunderkraft beruhe: sie hat die Aufgabe, den makellosen Wandel vorbildlicher Christen sowie deren Taten zu schildern, insbesondere diejenigen, die sich in christlicher Perspektive als Wunder, als unmittelbare Eingriffe Gottes in den Weltlauf, darstellen. Die heute vorherrschende Meinung behauptet weiterhin, daß für die Legende eine schlichte, ‹treuherzige› Erzählweise konstitutiv sei, d. h. sie sucht die Gattung auf eine bestimmte Stilart festzulegen. Dem steht entgegen, daß sich die Legende von Anfang an in reichem Maße als vielfältiger Überformungen fähig erwiesen hat: sie erscheint als Brief, als Dialog, als episches oder balladenartiges Gedicht, als Novelle, als Drama usw., in den verschiedensten Stilarten und Metren.

Schon die Anfänge der Hagiographie in den letzten Dezennien des 4. Jahrhunderts zeigen große Mannigfaltigkeit: nahezu gleichzeitig entstanden damals die Märtyrerhymnen des Prudenz, die Felix-Gedichte des Paulinus von Nola, die Mönchsgeschichten des Hieronymus sowie die Martinsschriften des Sulpicius Severus. Mit der Hymnensammlung *Peristephanon* («Über die Märtyrerkronen») hat Prudenz als erster der Märtyrerverehrung eine dichterische Form gegeben. Die vierzehn Stücke in je verschiedenen Versmaßen befassen sich mit je verschiedenen Heiligen aus allen Gegenden des Reiches, so daß sie sich an die gesamte Christenheit zu wenden scheinen. Die Einheit der Sammlung wird also nicht durch eine Person, sie wird vielmehr durch Motive begründet, die in mannigfachen Variationen ständig wiederkehren: durch das Bekenntnis zum christlichen Glauben, durch die Passion und die hieran sich anschließenden Wunder. Die Erzählung dominiert; man hat daher die Gedichte gern mit Balladen verglichen. Folgerichtig stieß man sich an den langen theologischen Vorträgen, welche Prudenz seine Heiligen in höchst unrealistischer Weise während der Folter halten läßt: man verstand das didaktische Moment der Gedichte nicht mehr. Außerdem rügte die moderne Kritik die detaillierten Schilderungen des grausigen Martyriums; sie sind indes die unentbehrliche Kontrastfolie für die Kraft des Heiligen und die ihm zuteil werdende göttliche Gnade, vor allem aber für die ewige Seligkeit, für die christliche Transzendenz, die desto eindringlicher hervortritt, je fürchterlicher die Macht des Bösen gegen alles Irdische wütet. Die Hymnen des Prudenz dürfen nicht mit rein ästhetischen Maßstäben gemessen werden; sie sind zweckgebundene, im Dienste der Religion stehende Dichtung. Der Erzähler verbirgt sich nicht wie der Epiker hinter seinem Bericht; er legt sich vielmehr oft ins Mittel: er nennt die Anlässe zum Dichten, er erwähnt seine Romreise und beruft sich auf Gewährsleute oder bildliche Darstellungen des Martyriums. Das Prinzip der perspektivischen Brechung reicht noch weiter. Prudenz deutet an, daß er die Epoche der Märtyrer für abgeschlossen hält, daß es jetzt überall den Märtyrerkult, aber keine Martyrien mehr gebe, daß der Christ nunmehr ganz und gar auf das Sakrament angewiesen sei.

Ante coronati scandebant ardua testes
atria, nunc lotae celsa petunt animae –
(«Einst stiegen gekrönte Märtyrer hinauf
in die Höhe, jetzt streben die Seelen durch die Taufe
gereinigt dorthin»):

auf diese knappe Formel bringt der präzise über seinen historischen Standort reflektierende Dichter den Unterschied der Zeitalter in einem epigrammatischen Gedicht, das einem an der Stelle eines Martyriums errichteten Baptisterium gilt.

Vom Gesamtwerk des Meropius Pontius Paulinus (353–431) sind die Gedichte das Beste. Unter ihnen ragen wiederum die Stücke hervor, die dem heiligen Felix gewidmet sind, dem persönlichen Schutzpatron des Autors, um dessentwillen er sich, nachdem er Asket geworden war, in Nola (Kampanien) niedergelassen hatte; dort befand sich das Grab des Felix. Zweierlei Inhalte pflegen sich in den ihm geltenden Gedichten abzulösen: preisende, mit frommer Reflexion durchsetzte Partien sowie lebhafte und anschauliche Erzählungen einzelner Episoden. Paulinus hatte gelobt, alljährlich zum Todestage des Heiligen am 14. Januar ein poetisches Opfer darzubringen; dieses etwas mechanische Vorgehen führte schließlich dazu, daß der Stoff sich erschöpfte und der Dichter zu Wiederholungen Zuflucht nehmen mußte. Was in den Märtyrerhymnen des Prudenz programmatisch hervortritt, der Unterschied der Zeitalter, den der Sieg der Kirche bewirkt hatte, geben die Felix-Gedichte Paulins ungewollt zu erkennen: sie befassen sich einerseits mit der vergangenen Epoche, mit den Verfolgungen, denen der Heilige ausgesetzt war, und andererseits mit der Gegenwart des Dichters, mit dem Fest, das man zu Ehren des Heiligen beging, oder mit der Kirche, die man ihm geweiht hatte. Als Brücke zwischen den beiden Zeitaltern mag gelten, daß Felix über seinen Tod hinaus segensreich wirkte: die Geschichte, in der er einem Bauern die gestohlenen Rinder wiederverschafft, deutet an, wie sich aus Wunderberichten schwankartige Erzählungen entwickeln konnten. Paulin war ein Mann der Praxis, der im kirchlichen Leben aufging und in seinen Gedichten ein lebendiges Dokument von der Frömmigkeit seiner Tage hinterlassen hat. Mochte ihm bisweilen, wie sein Konflikt mit dem Lehrer Ausonius zeigt, eine doktrinäre, intransigente Haltung eignen: als Poet ist er, dem Sprache und Vers gefügig waren wie Wachs, mit seinen schlichten Themen vor dem Hintergrund seines gedankenbefrachteten Zeitalters eine ungemein sympathische Erscheinung.

Neben der Fülle der anderen Werke nehmen sich die drei Legenden des Hieronymus ziemlich unscheinbar aus. Dieser Eindruck trügt: der Autor wollte mit ihnen nicht nur Proben seines schriftstellerischen Könnens geben, sondern zugleich idealisierte Bilder der von ihm erstrebten Lebensform entwerfen. Der Zusammenhang mit der eigenen Existenz bekundet sich vor allem dadurch, daß zwei der drei gefeierten Mönche, Paulus und Hilarion, über eine gründliche literarische Bildung verfügen, im Unterschied sowohl zur damaligen Praxis als auch zur Antonius-Gestalt des Athanasios. Hieronymus hat seine Helden offensichtlich zu Zeugen seiner eigenen, den Zeitgenossen noch unbekannten Einstellung gemacht.

Die sogenannte *Vita Pauli primi eremitae*, das «Leben des Paulus, des ersten Wüstenbewohners», scheint das früheste Werk des Hieronymus zu sein, entstanden während des Aufenthalts in der syrischen Wüste. Der Autor kündigt an, er wolle einiges über den Anfang und das Ende des Paulus mitteilen; der herkömmliche Titel mit dem Ausdruck Vita ist wohl eine fremde Zutat. Der die Anfänge skizzierende Abschnitt legt dar, wie Paulus in Oberägypten eine Eremitenexistenz gründete. Der zweite, erheblich längere Abschnitt enthält das eigentliche Geschehen, die Begegnung der Mönche Paulus und Antonius. Er schildert eine über neun Tage sich erstreckende Ereignisfolge, und zwar durchweg aus der Perspektive des Antonius, des Helden der Athanasios-Vita. Dieser hatte, als Paulus hundertdreizehn und er selber neunzig Jahre alt war, einen Traum: weiter im Inneren der Wüste lebe ein Mönch – nämlich Paulus –, der vollkommener sei als er und den er besuchen müsse. So machte er sich, ohne das Ziel zu kennen, auf den Weg. Ein freundlicher Hippozentaur weist ihm die Richtung: ein Satyr geht ihn um Fürbitte bei Gott, dem allen gemeinsamen Herrn, an; eine Wölfin verhilft ihm zur Entdeckung des Eingangs in die Höhle das Paulus. Dessen Wohnstatt ist ein asketischer locus amoenus: eine Palme sorgt für Nahrung und Kleidung; ein Quell sprudelt. Auf die Begrüßung folgt eine Szene, die Matthias Grünewald festgehalten hat: ein Vogel legt ein Brot vor den beiden Mönchen nieder. Paulus bemerkt hierzu, er pflege seit sechzig Jahren täglich ein halbes Brot zu erhalten; mit Rücksicht auf den Besuch des Antonius sei die Ration verdoppelt worden. Am nächsten Tage kündigt Paulus das Nahen seines Todes an; Antonius möge ihn bestatten, jedoch zuvor zur Bedeckung des Leichnams den Mantel holen, den er von Athanasios bekommen habe. Antonius holt den Mantel; auf dem Rückweg sieht er Paulus inmitten von Engelscharen gen Himmel schweben. Er eilt in die Höhle, wo er Paulus in Gebetshaltung, kniend und mit erhobenen Armen, antrifft; er bemerkt erst nach einiger Zeit, daß er einen Toten vor sich hat. Zwei Löwen schachten das Grab aus; sie trollen sich, nachdem Antonius sie gesegnet hat. Er bestattet Paulus und kehrt in sein Kloster zurück.

Diese phantasievolle Geschichte, in ihrer Duldsamkeit gegenüber dem heidnischen Mythos ohne Parallele, eine Idylle, in der die perfekte Genügsamkeit des Helden inmitten einer märchenhaften Sphäre von Fabelwesen und Tieren ihr Glück genießt, ist unverkennbar eine Replik auf die Antonius-Vita des Athanasios. Nicht Antonius, wie Athanasios behauptet hatte, sondern Paulus habe sich als erster in die Wüste gewagt: Hieronymus hat sich viel

Mühe gegeben, dem Leser diese seine Behauptung plausibel zu machen. Gleichwohl ist die Mönchsfigur Paulus schlecht bezeugt; daher haben schon manche Zeitgenossen des Hieronymus deren Historizität bezweifelt. Man darf dem jungen Autor die Geschichtsfälschung nicht verübeln: er glaubte, das Zeug zu einem Schriftsteller zu haben; er wollte einen Erfolg erringen, wie Athanasios ihn errungen hatte. Nun waren aber christliche Literatur und Fiktion unvereinbare Dinge: Hieronymus durfte nicht als frei gestaltender Autor vor sein Publikum treten; er mußte sich die Maske eines Berichterstatters authentischer Geschehnisse aufsetzen.

Die sogenannte *Vita Malchi monachi captivi*, das «Leben des in Gefangenschaft geratenen Mönchs Malchus», trägt ebenfalls zu Unrecht den Titel Vita (diese Form war später üblich, ja stereotyp, während in den Anfängen der Hagiographie noch experimentiert wurde); der Autor selbst hat sie treffend eine *historia castitatis*, eine «Geschichte über Keuschheit», genannt. Der Held gerät durch eigene Schuld in die Gewalt von Räubern und soll gezwungen werden, durch die Heirat einer Mitsklavin das kostbarste mönchische Gut, die Keuschheit, preiszugeben; es gelingt ihm jedoch, sich selbst und die Mitsklavin durch Verstellung und eine abenteuerliche Flucht vor der Ehe zu bewahren. Die Geschichte unterscheidet sich dadurch von der üblichen Legendenliteratur, daß sie keinerlei Wunder enthält; sie ist andererseits in der Erzähltechnik, in der Zeichnung des Helden und vor allem in der Struktur und den Motiven der Handlung dem zeitgenössischen Roman, paradoxerweise dem Liebesroman verpflichtet.

Die *Vita Hilarionis* endlich ist wirklich und auch nach des Autors eigenen Worten eine Biographie. Sie beruht auf der Dialektik von Askese und Wundertaten: die Askese, das Leben in der Einsamkeit erfüllt Hilarion mit Wunderkraft und macht ihn berühmt, wodurch indes sein Rückzug aus der Welt wieder zunichte wird; er muß abermals entweichen, erringt sodann aufs neue den Ruhm eines exzellenten Wundertäters usw. Die Hilarion-Schrift ist vor allem der enkomiastischen, ihren Gegenstand verherrlichenden Biographie verpflichtet. Der Reise-Abschnitt hat Analogien in den Lebensbeschreibungen wandernder Philosophen und geht in letzter Instanz auf die Struktur des Abenteuerromans zurück.

Sulpicius Severus, ein Adliger aus dem südlichen Gallien, der auch eine Chronik verfaßt hat, erwarb Ruhm durch die Verherrlichung *eines* Heiligen (wie Paulinus von Nola), nämlich Martins von Tours. Er schrieb zunächst eine Biographie, die zu Beginn chronologisch vorgeht, dann aber, bei den Wundertaten, den Stoff auf sachliche Rubriken verteilt: Vernichtung heidnischer Tempel, Erweckung von Toten, Heilungen, Exorzismen: diese Art der Schematisierung erinnert an die Kaiserbiographien Suetons. Da die Martinsvita sofort einschlug, ließ der erfolgreiche Autor ihr weitere Martinsschriften in Form dreier Briefe sowie eines Dialoges folgen. Die Briefe befassen sich hauptsächlich mit Martins Tod; der Dialog, in drei Büchern, der auf einen Vergleich zwischen den Mönchen des Ostens und Martin hinausläuft, teilt weitere Wundertaten Martins mit. Zumal der Dialog zeichnet sich durch seine gelungene Form aus, durch die Szenerie, die Charakterisierung der Gesprächsteilnehmer und die geradezu ciceronische Atmosphäre, in der sogar – bei Christen eine Seltenheit – mitunter Humor aufkommt.

10

Die allegorische Dichtung des Prudentius

Der Dichter Prudentius

Prudenz – mit vollständigem Namen Aurelius Prudentius Clemens – lebte während der zweiten Hälfte des 4. Jahrhunderts. Er hat auf seine Mitwelt keinen Eindruck gemacht; seine Ausstrahlung, die es zu enormer Breite brachte, setzte erst im Laufe des 5. Jahrhunderts ein. Daher ist über sein Leben nichts bekannt, außer dem wenigen, das er selbst in der Praefatio der von ihm veranstalteten Gesamtausgabe seiner Werke (wofür er wohl das einzige antike Beispiel ist) mitzuteilen für gut befunden hat. Hiernach ist er im Jahre 348 geboren, und zwar in Spanien, wie ein paar Stellen seines Œuvres andeuten. Er gehörte zur Oberschicht; ihm wurde die übliche grammatisch-rhetorische Ausbildung zuteil. Er betätigte sich als Advokat; er wurde Provinzialstatthalter und stieg sogar zu einem kaiserlichen Hofamt auf – er verrät nicht, zu welchem.

All dies ist dem Betrachter aus ähnlichen Lebensläufen jener Zeit, etwa denen des Ambrosius oder des Paulinus von Nola, wohlvertraut; als typisch erscheint auch der Rückzug aus der Welt, die Wendung zur Askese, die der Dichter vollzog, oder richtiger: vollziehen zu wollen beteuert. Denn gerade dieser Teil seiner autobiographischen Hinweise klingt unglaubwürdig: er zählte 57 Jahre, als er die Praefatio schrieb; damals hatte er seine Laufbahn in staatlichen Diensten auf die übliche Weise abgeschlossen. Überdies stellt er sich in der Praefatio, als wolle er alle die Werke, die er dort aufzählt (worunter sich eigenartigerweise kein Hinweis auf das in späterer Zeit berühmteste, auf die *Psychomachia*, findet), erst noch verfassen; in Wahrheit waren sie bereits vollendet. Er hat somit ein Verzeichnis seiner Schriften als Programm stilisiert: als das Programm, das den Inhalt der Zeit seines Rückzugs aus der Welt ausmachen solle. Die fiktive Wendung zur Askese und das fiktive literarische Programm sind Teile eines und desselben Konzepts: auf diese Weise konnte Prudenz seine Dichtungen als Buße und Opfer hinstellen. Wenn nun der äußere Ablauf, wie die Praefatio ihn schildert, einer kritischen Prüfung nicht standhält, dann bedeutet das nicht, daß das Selbstzeugnis des Dichters auch der inneren Glaubwürdigkeit ermangelte. Die Praefatio sucht als ein Nacheinander erscheinen zu lassen, was sich in Wahrheit zugleich zugetragen hatte: die Dichtungen waren während der Amtsperioden oder eher noch während der üblichen Intervalle zwischen den Ämtern entstanden. Prudenz wollte sich mit einer Selbststilisierung, die glaubwürdig schien, weil sie auf Zeittypisches verwies, nicht nur als Christ legitimieren; er war vor allem bestrebt, auf diese Weise der besonderen Rolle des christlichen Dichters Anerkennung zu verschaffen.

Er hat nicht nur sein Œuvre als Ganzes ediert (einzig die Epigramm-Sammlung, *Dittochaeon*, «Doppelte Speise» geheißen, als bildliche Bezeichnung für Parallelszenen aus dem Alten und dem Neuen Testament, wurde dort nicht aufgenommen), er hat auch alle seine Schriften mit klangvollen, meist recht gesuchten griechischen Titeln versehen; die erwähnte Praefatio und ein das Ganze abschließender Epilog umrahmen einen imposanten Bau. Die Werke heißen:

1. *Cathemerinon liber*, «Buch der täglichen Dinge», ein Tageszeiten- oder Stundenbuch, eine Hymnensammlung;
2. *Peristephanon liber*, «Buch über (Märtyrer-)Kronen», die bereits erwähnten Märtyrergedichte;
3. *Apotheosis*, «Vergöttlichung (Christi)», gegen häretische Auffassungen bei der Trinitätslehre;
4. *Hamartegenia*, «Ursprung der Sünde, des Bösen»;
5. *Psychomachia*, «Kampf der Seele (in der Seele, um die Seele)»;
6. *Contra Symmachum*.

Die Sammlung *Cathemerinon* erhob eine Gattung zu literarischem Rang, die bis dahin nur in der Liturgie existiert hatte, den Hymnus, das Lied der Gemeinde im Gottesdienst; die Sammlung *Peristephanon* wiederum hat der christlichen Poesie einen völlig neuen Stoffbereich erschlossen. Mit beiden Zyklen wollte Prudenz der praktischen Frömmigkeit dienen, der Kultordnung des Tages und des Jahres sowie der Heiligenverehrung.

Den lyrischen Sammlungen sind die beiden Lehrgedichte *Apotheosis* und *Hamartigenia* nicht vollauf ebenbürtig; bei ihnen nähert sich der Anteil des Dichters der *ornatus*-Funktion, mit der sich die Bibelepiker zu begnügen pflegten. Prudenz machte sich für beide Werke Schriften Tertullians zunutze: die Abhandlungen *Adversus Praxeam* und *Adversus Marcionem*. Die *Apotheosis* hat das Verhältnis von Gott und Christus zum Gegenstand: sie wehrt monarchianische Vorstellungen ab, die Gott und Christus ineins setzten, sowie gnostische Lehren, insbesondere den Doketismus, d. h. das Theorem vom Scheinleib Christi. Die *Hamartigenia* ist das ergiebigere der beiden didaktischen Epen. Markion hatte den gnostischen Dualismus auf den jüdischen und den christlichen Gott appliziert: der jüdische Gott galt ihm als innerweltliche Wesenheit, und nur den christlichen faßte er als außerhalb der Welt stehend, als transzendent auf; für den Ursprung des Bösen glaubte er daher den jüdischen Gott verantwortlich machen zu können. Prudenz läßt es in seiner Polemik nicht mit einer Paraphrase der antimarkionitischen Schrift Tertullians bewenden: er hat seine Darlegungen zu einer Art christlichem Mythos ausgeweitet. Die *Hamartigenia* führt zum ersten Male in der christlichen Dichtung den Teufel nicht als die biblische Schlange, sondern in einer halbmenschlichen Gestalt, nach Art der Vergilischen Furie Allecto, vor Augen; sie identifiziert ihn mit Luzifer, dem gefallenen Engel einer spätjüdischen Legende (und Luzifer wiederum mit der Schlange). Die polemische Position gegenüber Markion und dessen innerweltlichem, das Böse verursachendem Schöpfergott rief somit bei dem orthodoxen Christen Prudenz eine dämonische Figur ähnlichen Zuschnitts ins Leben; die *Hamartigenia* exemplifiziert den oft begegnenden Mechanismus, daß sich, wer etwas bekämpft, die Mittel des Kampfes vom Gegner vorschreiben läßt. Die von Prudenz ersonnene Teufelsgestalt hat zwar nie die Dignität eines Dogmas erreicht, war aber gleichwohl für die praktische Frömmigkeit von immenser Bedeutung. Prudenz verwahrt sich, als habe er die Gefährlichkeit seiner Kreation vorausgesehen, gegen mögliche Mißverständnisse: es gebe keinen determinierenden Dualismus; der Mensch könne sich frei zum Guten oder Bösen entscheiden.

Bei der *Psychomachia*, dem berühmtesten und wirkungsträchtigsten Werk des Dichters, kann man zweifeln, welcher Gattung sie zugehört: ist sie ein Epos oder ein Lehrgedicht? Die fundamental neue Erfindung besteht darin, daß ein uneigentlicher modus dicendi, die Allegorie, zum beherrschenden Prinzip einer Großform gemacht wird. Hierdurch sind auch die Zweifel an der Gattungszugehörigkeit bedingt: die *Psychomachia* präsentiert sich vordergründig, in ihrer Bildebene, als Epos; ihr Sinn jedoch, der Gehalt ihrer Allegorien, weist sie der didaktischen Poesie zu. Das Gedicht *Contra Symmachum* endlich, der Gattung nach eine apologetische Schrift von stark offensivem Charakter, beruht wieder, wie die dogmatischen Lehrgedichte, weithin auf Paraphrase: es hält sich an die Argumente, die Ambrosius in seinem 18. Brief gegen die Eingabe des Symmachus vorgebracht hatte; hierbei wird der Glaube an einen sinnvollen Verlauf der innerweltlichen Menschheitsgeschichte, der sich bei Ambrosius nur in Andeutungen bemerkbar machte, in einer für christliches Denken überaus gefährlichen Weise auf die Spitze getrieben.

Die christliche Allegorie

Prudenz war der erste christliche Dichter, der sich ausgiebig der vielfältigen Möglichkeiten allegorischer Rede bedient hat: er machte sich die Ergebnisse der zeitgenössischen Bibelallegorese zu eigen und verflocht sie mit fingierten Allegorien zu beziehungsreichen Geweben sinnbildlicher Aussagen. Die Verbindung und üppige Verwendung von Allegorese und Allegorie entsprach offensichtlich der damaligen christlichen Haltung, sie tat einem tiefeingewurzelten Bedürfnis des Zeitalters Genüge: dem Spiritualismus, dem Bestreben, von den Bildern und Erscheinungen zum Sinn, zum Wesen vorzudringen. Die beiden Verfahren sind nur für den modernen Betrachter etwas Verschiedenes: die echte Allegorie, die allegorische Fiktion – also Texte, die bereits vom Autor auf eine übertragene Bedeutung hin angelegt sind – auf der einen Seite, und die Allegorese, ein Interpretationsmodus, der nichtallegorische, von Hause aus in der wörtlichen Bedeutung sich erschöpfende Texte behandelt, als ob sie Allegorien wären, auf der anderen Seite. Für das christliche Denken der Spätantike gehört beides zusammen, und trotz mancher Vorstufen und Parallelen in der heidnischen Literatur ist die allegorische Darstellung ein eminent christliches Ausdrucksmittel. Die christliche Existenz gründet sich auf den Glauben an Verborgenes, auf die Gewißheit, daß sich die Heilsbotschaft erfüllen werde. Die christliche Dichtung konnte die Aufgabe übernehmen, dieses Unsichtbare, Unerforschliche anschaulich und sinnfällig zu machen. Hierbei war sie wie alle Kunst auf die sichtbare Wirklichkeit, die Schöpfung angewiesen. Sie stellte indes diese Wirklichkeit nicht nur um ihrer selbst willen dar; sie konnte sie auch als Zeichen für ein eigentlich Gemeintes, für eben jene unsichtbare Realität benutzen, welche die Offenbarung verheißen hat. Dies war die Funktion der christlichen Allegorie (im weiteren, die Allegorese einbeziehenden Sinne): sie sollte immer neue Beziehungen zwischen der Vielfalt des Kreatürlichen und der einen göttlichen Wahrheit herstellen; sie suchte sich inmitten dieser Vielfalt und durch diese Vielfalt des einzig Wesentlichen, der Gültigkeit der Heilsbotschaft, zu vergewissern.

Die Allegorie ist wie die Ironie ein Modus des indirekten Bezeichnens, bei dem das eigentlich Gemeinte, der intendierte Sinn, vom Wortverstande abweicht oder sich jedenfalls nicht im Wortverstande erschöpft; sie dient seit jeher vor allem der Veranschaulichung von Abstraktem. Man kann sie mit Quintilian als die fortgesetzte Verwendung von Metaphern definieren; die jeweils aneinandergereihten Metaphern müssen demselben Bildbereich angehören, so daß sich aus ihnen ein einigermaßen kohärentes Ganzes ergibt. Statt handgreiflicher, sofort erkennbarer Ähnlichkeiten können auch literarische Konventionen den Weg zum eigentlich Gemeinten erschließen helfen; in der Tierfabel z.B. pflegen der Löwe, der Wolf, der Fuchs, die Taube usw. seit jeher bestimmte menschliche Typen oder Charaktereigenschaften zu verkörpern. Außerdem kommt es vor, daß ein Autor neue Allegorien erfindet, deren Sinn nicht plan zutage liegt; dann schuldet er dem Leser den Schlüssel, den Code, den er für die Deutung angewandt wissen will. Ein verbreiteter Kunstgriff allegorischer Darstellung besteht darin, Personifikationen zu verwenden, d. h. beliebige Begriffe als Menschen auftreten zu lassen; der gemeinte Sinn ist dann leicht zu erkennen, da die Personifikation durch ihr Äußeres, ihre Reden und ihr Tun all das auszudrücken pflegt, was der Begriff bedeutet: die personifizierte Raserei sieht aus und verhält sich wie ein Rasender usw.

Die Allegorese, die allegorische Auslegung eines von Hause aus nichtallegorischen Textes, führt nur dann zu einleuchtenden Ergebnissen, wenn es ihr gelingt, in dem von ihr interpretierten Text irgendwelche Ähnlichkeiten zwischen dem angeblichen Zeichen und dem angeblich Bezeichneten aufzuspüren; hierbei kann sie sich allerdings mit dürftigen Details begnügen. «Unsre Väter sind alle unter der Wolke gewesen und sind alle durchs Meer gegangen und sind alle auf Mose getauft mit der Wolke und mit dem Meer», schreibt Paulus, und er fügt hinzu: «Das ist uns zum τύπος, zum Zeichen geschehen.» In dieser Allegorese eines Teils des Exodus dient offensichtlich zuallererst das Wasser als das tertium comparationis, weshalb Cyprian mit Recht behaupten kann: «Daß jenes Meer» (nämlich das Rote Meer) «das Sakrament der Taufe gewesen sei, erklärt der selige Apostel Paulus.» Darüber hinaus enthält, wie der Text schon durch die Formulierung «auf Mose getauft» andeutet, der ganze Vorgang etwas Vergleichbares: wie der rettende Durchzug durchs Rote Meer ein Zugehörigkeitsverhältnis der Juden zu Mose begründete, so stiftete die Taufe die Gemeinschaft der Christen mit Christus.

Von der allegorischen Auslegung der Bibel und von deren antiken und jüdischen Vorstufen war bereits im Zusammenhang mit den exegetischen Schriften des Ambrosius die Rede. Als spezifisch christlicher Modus der Allegorese wurde dort die Typologie vorgeführt; sie bestand darin, daß man Personen oder Ereignisse des Alten Testaments als ‹Realprophetien›, als sinnbildliche Hinweise auf die neutestamentliche Erfüllung bezog. Die seit Paulus geübte

Praxis, derartige Präfigurationen dingfest zu machen, wurde zumal von Origenes zu einem ganzen System von Auslegungsmöglichkeiten erweitert: man lernte, das Bibelwort auch auf die Lebensführung des einzelnen sowie auf die Kirche und das Jenseits zu beziehen. Der Drang zum Allegorisieren, die ständige Suche nach zeichenhaften Bestätigungen der christlichen Heilslehre machte indes beim Bibeltext nicht halt. Wenn die Dinge, die in der Bibel vorkamen, durch ihren spirituellen Sinn über sich selbst hinausweisen konnten, dann ließ sich ihnen ein derartiger Sinn auch außerhalb der Bibel, in der je gegenwärtigen Wirklichkeit, zuerkennen. Man nahm an, daß sich Gott nicht nur in der Heiligen Schrift, sondern auch in seiner Schöpfung, in der Natur geoffenbart habe, und so dehnte man das Bestreben, in der Vielfalt des Gegebenen die göttliche Botschaft wiederzufinden, auf die Erscheinungen der Lebenswelt aus: man ‹las› im ‹Buche› der Natur. Ein wichtiges spätantikes Repertorium für diese im Mittelalter sehr verbreitete Art des Allegorisierens ist der *Physiologus*, ein anonymes Volksbuch, das um die Mitte des 4. Jahrhunderts entstanden zu sein scheint. Dort werden wirkliche oder vermeintliche Eigenschaften und Gewohnheiten von Tieren als zeichenhafte Hinweise auf heilsgeschichtliche Ereignisse gedeutet. Vom Pelikan verlautet z. B., daß die Mutter ihre Jungen töte, drei Tage um sie trauere und sie dann durch Beträufeln mit ihrem Blute ins Leben zurückrufe: ebenso habe Gott die Menschheit durch das Blut, das er am Kreuz vergoß, zu ewigem Leben erweckt. Vom Fischotter wiederum wird behauptet, daß er sich gänzlich mit Lehm bedecke; sobald der Lehm getrocknet sei, stürze er sich in den Rachen des Krokodils und fresse dessen Eingeweide. Das Krokodil stelle den Teufel dar, der Fischotter Christus, der zum Tode ging und ihm den Stachel nahm.

Die typologische Bibelauslegung und die darüber hinausgehenden ethischen und mystischen Bedeutungssphären, ferner die von der Bibel losgelöste sogenannte Dingallegorese und schließlich die allegorische Fiktion: mit diesem Repertoire von Mitteln, durch Bilder Sinn zu demonstrieren, hat Prudenz ein gut Teil seines lyrischen und epischen Gesamtwerks bestritten, und vor allem hierauf scheinen die enormen Wirkungen zu beruhen, die diesem

Werk während des ganzen Mittelalters, ja bis ins 17. Jahrhundert zuteil geworden sind. Die *Psychomachia* zumal hat zum Bestand fast jeder Klosterbibliothek gehört, jenes Werk, in dem die Kämpfe der allegorischen Tugenden und Laster von zahlreichen biblischen Bezügen und deren allegorischer Bedeutung durchwoben sind.

Das Lied zum Hahnenschrei (Cathemerinon 1)

Schon der griechische Hymnus war ein Zwitter: er entstammte dem vor- und außerliterarischen Bereich des Kults; er wurde zu einer Gattung der Literatur, indem man die metrischen und sprachlichen Formen der Kunstdichtung auf ihn anwandte. In ähnlicher Weise hat der christliche Hymnus vom Gottesdienst her Eingang in die hohe Poesie gefunden. Er ist ein Abkömmling des jüdischen Psalms, eines Sprechgesangs in gegliederter Prosa. Er wurde zuerst von Häretikern in den Gottesdienst aufgenommen, da eine starke propagandistische Wirkung von ihm ausging, den Sprechchören moderner Massenkundgebungen vergleichbar. Die Großkirche folgte, und zwar zunächst im Osten; Hilarius und vor allem Ambrosius waren, wie schon erwähnt, die Inauguratoren im Westen.

Ambrosius verwendete für seine Hymnen stets dasselbe Metrum, den akatalektischen jambischen Dimeter, wobei er noch die altüberkommene prosodische Strenge walten ließ, mit gelegentlichem Auseinanderfallen von Versiktus und Wortakzent. So heißt es in seinem Hymnus zum Hahnenschrei, dem unmittelbaren Vorläufer des ersten Liedes der Prudentianischen Sammlung *Cathemerinon:*

Aetérne rérum cónditór,
noctém diémque quí regís
et témporúm das témporá,
ut állevés fastídiúm

praecó diéi iám sonát,
noctís profúndae pérvigíl etc.

(«Ewiger Schöpfer der Dinge,
der du Nacht und Tag lenkst
und Zeiten auf Zeiten folgen läßt,
um dem Überdruß aufzuhelfen,

der Herold des Tages tönt bereits,
in tiefer Nacht schon wachsam» usw.).

Doch gerade von diesem Versmaß ging die Entwicklung aus, die zum sogenannten Rhythmus des Mittelalters führte, zu der Art von Versbau, die nicht mehr die Prosodie, die Quantität der Silben, sondern statt dessen den Wortakzent maßgeblich sein ließ, die somit den Wechsel langer und kurzer Silben durch den Wechsel betonter und unbetonter Silben ersetzte. Mit dieser Formerleichterung verband sich alsbald die Formerschwerung des Reims, und so war die Brücke zur mittelalterlichen und neuzeitlichen Lyrik geschlagen. Die erste Strophe eines Gedichts von Hrabanus Maurus z. B., mit dem Titel *De fide catholica*, hat folgenden Wortlaut:

Aetérne rérum cónditór
et clárus múndi fórmatór,
deús in ádiutóriúm
inténde tú humíliúm
cordéque tíbi dévotúm
festína ín auxíliúm.

(«Ewiger Schöpfer der Dinge
und preiswürdiger Bildner der Welt,
Gott, auf Unterstützung
sei bedacht der Niedrigen
und den im Herzen dir Ergebenen
eile zu Hilfe.»)

Hier ist der Ambrosianische Vers zum rhythmischen Vierheber geworden, mit regelmäßigem Wechsel von betonten und unbetonten Silben, unter Beachtung des Wortakzents (von wenigen Ausnahmen abgesehen) und mit Paarreimen.

Die Sammlung *Cathemerinon* ist, wie schon angedeutet, eine Gründertat: mit ihr hat Prudenz den literarischen christlichen Hymnus, ja die christliche Lyrik in lateinischer Sprache schlechthin geschaffen: reflektierende Lyrik, die stark von erzählenden und paränetischen Elementen durchsetzt ist. Man müßte wohl, wenn man in der antiken Tradition nach lyrischen Gebilden von ähnlicher Kompliziertheit Ausschau hält, auf die Oden des Horaz und auf Pindars Siegeslieder zurückgreifen. Der Titel wird nur der ersten Hälfte der Sammlung vollauf gerecht; hier folgen aufeinander: zwei Morgen-, zwei Tisch- und zwei Abendlieder. Dann aber bringt Prudenz Gedichte, die größere Zyklen markieren: die beiden Fastengesänge das Wochenfasten (am Freitag oder Mittwoch) und somit den Wochenzyklus, der Weihnachts- und der Epiphaniashymnus hingegen den Jahreszyklus. Für sich stehen die von diesen vier Gedichten umrahmten Stücke 9 und 10: ein Preis Christi, der jederzeit gesungen werden kann (*Hymnus omnis horae*, «Gesang für jede Stunde», lautet der Titel), sowie ein Totengesang (*Hymnus circa exsequias defuncti*, «Gesang für die Bestattung eines Verstorbenen»). Was schon die sorgsam zusammengestellte, von einer Praefatio und einem Epilog umrahmte Gesamtausgabe verrät, läßt sich auch an der Komposition des Hymnenbuches ablesen: Prudenz geht überaus planmäßig zu Werke; er ist derjenige unter den christlichen Dichtern der Spätantike, der den ausgeprägtesten Sinn für Architektonik bekundet. Die Sammlung als Ganzes hat den Zweck, den Alltag des Christen an die Bibel zu binden, ihn mit Christi Heilstat zu verknüpfen und ihm von dorther Inhalt und Bedeutung zu geben. Dieser Verknüpfung von Bibel und Alltäglichkeit dient nicht zuletzt die Allegorie: wenn der Dichter menschliche Einrichtungen wie die Mahlzeit über die Eucharistie auf Christus bezieht oder wenn er natürliche Ereignisse wie den Hahnenschrei oder den Sonnenaufgang als Zeichen des Erlösungswerks Christi aufgefaßt wissen will.

HYMNVS AD GALLI CANTVM

1 Ales diei nuntius
lucem propinquam praecinit;
nos excitator mentium
iam Christus ad vitam vocat.

2 «Auferte», clamat, «lectulos
aegros, soporos, desides;
castique, recti ac sobrii
vigilate, iam sum proximus!

3 post solis ortum fulgidi
serum est cubile spernere,
ni parte noctis addita
tempus labori adieceris.»

4 vox ista, qua strepunt aves
stantes sub ipso culmine
paulo ante quam lux emicet,
nostri figura est iudicis.

5 tectos tenebris horridis
stratisque opertos segnibus
suadet quietem linquere
iam iamque venturo die,

6 ut, cum coruscis flatibus
aurora caelum sparserit,
omnes labore exercitos
confirmet ad spem luminis.

7 hic somnus ad tempus datus
est forma mortis perpetis;
peccata, ceu nox horrida,
cogunt iacere ac stertere;

LIED ZUM HAHNENSCHREI

1 Der Vogel, der Bote des Tages,
kündet voraus das nahe Licht;
uns ruft der Erwecker der Seelen,
Christus, jetzt zum Leben.

2 «Fort», ruft er, «mit den Betten,
den verdrießlichen, schläfrigen, untätigen;
und keusch, redlich und nüchtern
wacht: ich bin schon ganz nahe!

3 Nach Aufgang der strahlenden Sonne
ist's zu spät, das Lager zu verschmähen,
wenn du nicht mit einem Teil der Nacht
die Zeit für die Arbeit verlängerst.»

4 Dieser Ruf, den die Vögel schmettern
stehend unter dem Dachfirst,
kurz bevor das Licht aufschießt,
ist ein Sinnbild für unseren Richter.

5 Uns, eingetaucht in schreckliches Dunkel
und umhüllt von trägen Decken,
mahnt er, von der Ruhe zu lassen,
da es augenblicklich Tag wird,

6 so daß er, wenn mit zitterndem Hauch
die Morgenröte den Himmel bestreicht,
alle von Mühe Geplagten
bestärkt, auf das Licht zu hoffen.

7 Unser Schlaf, für kurze Zeit gewährt,
ist ein Bild des ewigen Todes:
die Sünden, gleichsam als schreckliche Nacht,
zwingen uns, dazuliegen und zu schnarchen;

8 sed vox ab alto culmine
Christi docentis praemonet
adesse iam lucem prope,
ne mens sopori serviat,

9 ne somnus usque ad terminos
vitae socordis opprimat
pectus sepultum crimine
et lucis oblitum suae.

10 ferunt vagantes daemonas,
laetos tenebris noctium,
gallo canente exterritos
sparsim timere et cedere.

11 invisa nam vicinitas
lucis, salutis, numinis
rupto tenebrarum situ
noctis fugat satellites.

12 hoc esse signum praescii
norunt repromissae spei,
qua nos soporis liberi
speramus adventum Dei.

13 quae vis sit huius alitis,
Salvator ostendit Petro,
ter, antequam gallus canat,
sese negandum praedicans.

14 fit namque peccatum prius
quam praeco lucis proximae
inlustret humanum genus
finemque peccandi ferat.

15 flevit negator denique
ex ore prolapsum nefas,

8 doch die Stimme vom hohen First,
die Christi, des Lehrers, mahnt im voraus,
das Licht sei schon nahe,
damit die Seele nicht dem Schlummer frönt,

9 damit nicht der Schlaf bis zum Ende
gedankenloser Lebenszeit niederdrücke
das Herz, begraben von Schuld
und uneingedenk des ihm bestimmten Lebens.

10 Man sagt, die schweifenden Geister,
froh des nächtlichen Dunkels,
aufgeschreckt, sobald der Hahn schreit,
zerstreuen sich in Furcht und weichen.

11 Denn die verhaßte Nachbarschaft
des Lichts, des Heils, der Gottheit:
wenn das reglose Dunkel zerrissen wird,
vertreibt sie die Trabanten der Nacht.

12 Dies sei das Zeichen, wissen sie
im voraus, der verheißenen Hoffnung,
die uns, vom Schlafe befreit,
die Ankunft Gottes hoffen läßt.

13 Was dieses Vogels Bedeutung sei,
hat der Heiland Petrus gezeigt:
er werde ihn dreimal, bevor der Hahn schreie,
verleugnen, sagte er ihm voraus.

14 Denn die Sünde wird begangen,
ehe der Herold des nahen Lichts
das Menschengeschlecht erleuchtet
und das Ende des Sündigens bringt.

15 Der Leugner weinte schließlich
über den Frevel, der seinem Munde entfallen war,

cum mens maneret innocens
animusque servaret fidem.

16 nec tale quidquam postea
linguae locutus lubrico est,
cantuque galli cognito
peccare iustus destitit.

17 inde est, quod omnes credimus
illo quietis tempore,
quo gallus exultans canit,
Christum redisse ex inferis.

18 tunc mortis oppressus vigor,
tunc lex subacta est tartari,
tunc vis diei fortior
noctem coegit cedere.

19 iam iam quiescant improba,
iam culpa furva obdormiat,
iam noxa letalis suum
perpessa somnum marceat.

20 vigil vicissim spiritus,
quodcumque restat temporis
dum meta noctis clauditur,
stans ac laborans excubet.

21 Iesum ciamus vocibus
flentes, precantes, sobrii;
intenta supplicatio
dormire cor mundum vetat.

22 sat convolutis artubus
sensum profunda oblivio
pressit, gravavit, obruit
vanis vagantem somniis.

während sein Herz unschuldig blieb
und seine Seele am Glauben festhielt.

16 Und hernach hat er nichts mehr von dieser Art
mit ungezügelter Zunge gesprochen,
und, da er den Hahnenschrei erkannt hatte,
ließ er, der Gerechte, vom Sündigen ab.

17 So erklärt sich, daß wir alle glauben,
zu jener Zeit der Nachtruhe,
da der Hahn jauchzt und schreit,
sei Christus aus der Hölle zurückgekehrt.

18 Damals wurde die Kraft des Todes vernichtet,
damals das Gesetz des Tartarus bezwungen,
damals hat die stärkere Gewalt des Tages
die Nacht genötigt zu weichen.

19 Jetzt, jetzt sollen die Frevel ruhen,
jetzt finstere Schuld entschlummern,
jetzt soll die Todsünde erlahmen
und verdientem Schlaf verfallen.

20 Statt dessen wache der Geist,
soviel Zeit noch bleibt,
bis die Bahn der Nacht vollendet ist,
standfest und sich mühend sei er auf dem Posten.

21 Jesus laßt uns anrufen mit unserer Stimme,
weinend, bittend, fastend;
angespanntes Flehen
hindert das reine Herz einzuschlafen.

22 Genug hat, während die Glieder umhüllt waren,
tiefes Vergessen die Seele
bezwungen, belastet, bedrückt,
sie, die in nichtigen Träumen umherschweifte.

23 sunt nempe falsa et frivola,
quae mundiali gloria
ceu dormientes egimus:
vigilemus, hic est veritas.

24 aurum, voluptas, gaudium,
opes, honores, prospera,
quaecumque nos inflant mala:
fit mane, nil sunt omnia.

25 tu, Christe, somnum dissice,
tu rumpe noctis vincula,
tu solve peccatum vetus
novumque lumen ingere!

Ein erster Überblick über das Lied zum Hahnenschrei läßt zunächst nichts als eine Anzahl von offenbar überaus lose miteinander verknüpften Abschnitten erkennen. Prudenz bringt sofort einen Vorgang der natürlichen Welt, den morgendlichen Hahnenschrei, mit Elementen der christlichen Heilsbotschaft in Zusammenhang. Die Entfaltung dieses Motivs macht den eigentlich allegorischen Teil des Gedichts aus; sie füllt die ersten neun Strophen. Hierauf folgt eine Partie (Strophe 10–12), in der von Dämonen die Rede ist: sie treiben des Nachts ihr Wesen und verschwinden bei Anbruch des Tages. Abermals setzt der Dichter neu ein: ein weiterer Abschnitt (Strophe 13–16) widmet sich einer biblischen Szene, der Verleugnung des Herrn durch Petrus. Der letzte Teil endlich (ab Strophe 17) geht von Christi Auferstehung aus; der Dichter verknüpft hiermit eine christliche Glaubensgewißheit, die Überwindung des Todes (Strophe 18), und zieht aus ihr die Konsequenzen für die christliche Lebensführung (Strophe 19–25).

Die erste Strophe gibt das Thema an; sie enthält einen allegorischen Parallelismus. Der Dichter ist nicht auf einen Vergleich aus,

23 Denn falsch und wertlos ist's,
was wir aus irdischer Ruhmsucht
wie Schlafende taten:
laßt uns wachen; hierin ist Wahrheit.

24 Gold, Vergnügen, Freude,
Reichtum, Ehren, Glück –
welch Übel uns auch mit Stolz erfüllt:
der Morgen kommt, und alles wird zunichte.

25 Du, Christus, vertreibe den Schlaf,
du, zerbrich die Fesseln der Nacht;
du, nimm uns die alte Schuld
und bring uns das neue Licht!

etwa in dem Sinne: wie der Hahn das Tageslicht ankündigt, so ruft Christus zum ewigen Leben. Der Hahnenschrei soll somit nicht einfach Christi Anruf zum Leben illustrieren; er repräsentiert diesen Anruf, er bedeutet ihn, und ebenso bedeutet das Tageslicht das ewige Leben. Der Hahn und das Tageslicht sind gleichsam ein Text, von dem sich eine Bedeutung, eine Grundtatsache des christlichen Glaubens ablesen läßt: die Verheißung des ewigen Lebens.

Die zweite Strophe verursacht zunächst eine Unsicherheit: wer ruft hier, fragt der Leser. Offenbar Christus, jedoch ein Christus, der sich zunächst ganz der morgendlichen Situation anpaßt: man solle die Betten, die schläfrigen, verlassen und wachen. Diese scheinbar banale Aussage erhält alsbald einen hintergründigen Sinn. Die Worte «ich bin schon ganz nahe!» lassen sich nämlich nicht mehr auf die morgendliche Situation beziehen: sie gelten der Parusie, der bevorstehenden Wiederkunft Christi. Hieraus ergibt sich aber, daß die Aufforderung, dem Schlaf zu entsagen, vor allem bildlich verstanden werden muß: sie zielt auf ein Verhalten, das auf Christi Wiederkunft, auf das Weltgericht Bedacht nimmt. Außerdem ist jetzt das allegorische Gefüge komplizierter geworden. Am Ende der ersten Strophe war Christus der Fleischgewordene und Lehrende gemeint; am Schluß der zweiten Strophe spricht der Weltenrichter. Wenn man nun diese Beziehung auf die Bildsphäre zurücküberträgt, dann ergibt sich, daß nicht nur der Hahnenschrei, sondern auch das Tageslicht auf Christus deutet. Die Elemente der Bild- und der Sinnsphäre sind offenbar nicht genau aufeinander abgestimmt, und die Funktionen der Bildelemente können sich verändern und überlagern: das Tageslicht, das zunächst das ewige Leben bezeichnet hat, bezeichnet unmittelbar darauf den Weltenrichter. Das Regulativ, das die inkohärenten Bildelemente zur Einheit bindet, liegt offenbar jenseits der Bildebene; es ergibt sich aus dem Sinn des Gedichts, aus der religiösen Aussage.

Die dritte Strophe scheint gänzlich zur natürlichen Situation zurückzukehren: sie begründet die Mahnung zu zeitigem Aufstehen. An der Triftigkeit des Wortsinnes könnte nur ein moderner Leser zweifeln: das antike Tagewerk begann vor Sonnenaufgang; Prudenz spielt deutlich auf ein Gleichnis Vergils an, welches dasselbe Erfordernis umschreibt. Die aus sich selbst einleuchtende Begründung hat gleichwohl einen geistigen Sinn: der Sonnenaufgang steht für die Ankunft der Ewigkeit und die Nacht für das irdische Dasein; Prudenz überläßt es jedoch dem Leser, diese Beziehung zu erkennen.

Desto unverhüllter tritt in der vierten Strophe das eigentlich Gemeinte hervor. Die Verse enthalten eine Interpretationsanweisung: der Hahnenschrei, heißt es, sei ein Sinnbild für den Weltenrichter. Diese Identifikation überspringt das zwischen dem Hahnenschrei und dem Weltenrichter vermittelnde Glied, den lehrenden und mahnenden Christus. Der Dichter bestätigt somit, was der Leser bereits vermutet hatte: daß der Hahnenschrei und das Sonnenlicht allegorisch dasselbe bedeuten, oder richtiger: daß sie zwei Aspekte der einen Person Christi bezeichnen. Prudenz überträgt hier den Ausdruck *figura*, das Kennzeichen der typologischen Bibelerklärung, auf die Hahnenschrei-Allegorese des Gedichts; die Ausdrücke *forma* und *signum*, die er in der siebten und zwölften Strophe verwendet, haben dieselbe Bedeutung.

Die Strophen 5 und 6 wenden sich wieder stärker dem Bilde, der natürlichen Situation zu, und die Beschreibung der Morgenröte ist nichts als ein in sich ruhendes lyrisches Element, dem keinerlei allegorische Bedeutung zukommt. Nur leise geben das Drängen des kommenden Tages und die Hoffnung auf das Licht zu erkennen, daß sich das Bild nicht selbst genügen soll.

Die Strophen 7 – 9 weisen abermals ausdrücklich auf die Sinnsphäre hin. Der Schlaf bedeutet die ewige Verdammnis; die Sünde gleicht der Nacht (Strophe 7). Der Schlaf bezeichnet jedoch auch das irdische Leben, und zwar das gedankenlos in Sünden verbrachte Leben (Strophe 9). Die siebte Strophe hat also ein vermittelndes Glied übersprungen.

Die bisher betrachtete Partie läßt bereits erkennen, wie die Hymnen des Prudenz angelegt sind. Sie enthalten eine Skala verschiedenartiger Aussagen. Auf der einen Seite stehen Elemente, deren Bedeutung sich in ihrem Wortsinne erschöpft. Hierzu gehören Ausmalungen der natürlichen Situation wie die Beschreibung der Morgenröte (Strophe 6), hierzu können auch – in anderen Hymnen – Nacherzählungen biblischer Stoffe gehören. Dem entgegengesetzten Extrem der Skala muß alles zugewiesen werden, was die allegorischen Aussagen kommentiert und ihnen auf die bei der Bibelexegese übliche Weise unverhüllt einen bestimmten Sinn zuweist, z. B. die Entschlüsselung der Hahn-Allegorie (Strophe 4); zum entgegengesetzten Extrem der Skala gehören vor allem die ohne Bild mitgeteilten Grundsätze des christlichen Glaubens und der christlichen Moral (so in den Strophen 17 – 18 und 24). Die Mitte der Skala endlich nehmen die Allegorien ein, die ihrerseits verschiedene Grade der Deutlichkeit aufweisen. Diese Elemente pflegen sich in den Hymnen zu mischen; sie lösen einander ab und gehen ineinander über. Bald herrscht das Bild vor, bald die Bedeutung, und beides steht in einem ständig fluktuierenden Wechselbezug. Dieses Pendeln zwischen verschiedenartigen Aussageweisen ist durch die Allegorie bedingt, durch ihren Zweck, Abstraktes konkret und Geistiges sinnfällig auszudrücken.

Die folgenden drei Strophen des Hahnenschrei-Hymnus erläutern und verändern die Nachtseite der Allegorie. Alle poetischen Bilder vermögen nur eine mehr oder minder überzeugende Abbreviatur des Gemeinten zu geben. In diesem Falle wird der Dichter zumal die Gleichsetzung des Schlafes mit dem in Sünden verbrachten Leben für ergänzungsbedürftig gehalten haben. Daher läßt er nunmehr das Leben in Sünden durch die bösen Geister und somit durch ein überaus aktives Element (statt eines passiven wie des Schlafes) repräsentiert werden. Er knüpft hierbei an den zu seiner Zeit unter Christen wie Heiden weit verbreiteten Dämonenglauben an; die Formel *fertur*, «man sagt», deutet wohl an, daß er selbst diesen Geistern keine handgreifliche Realität zugebilligt wissen wollte. Der Dämonen-Abschnitt ist nicht nur äußerlich, durch das Motiv des Hahnenschreis, mit dem Vorausgehenden verknüpft; er vervollständigt den allegorischen Hauptgedanken, auf den am Schluß der Partie mit den Worten «vom Schlafe befreit» zurückverwiesen wird. Er gehört somit noch zum ersten Teil des Gedichts.

Die Strophen 13 – 16 hingegen eröffnen eine neue Dimension; sie befassen sich mit einer biblischen Episode. Nach heutiger Auffassung soll die Verleugnungsszene dartun, wie gefährdet der Mensch ist, wie rasch Furcht ihn veranlassen kann, seine engsten Bindungen preiszugeben, und der Hahnenschrei dient nur als äußerer Gradmesser dieser Anfälligkeit. Prudenz jedoch kehrt den Sinn der Geschichte um. Er bietet zum einen eine psychologisierende Rechtfertigung Petri dar: die Tat sei aus einem unreflektierten Impuls hervorgegangen. Zum anderen aber – und hierauf kommt es vor allem an – erhält der Hahnenschrei den Rang eines heilsgeschichtlich bedeutsamen Zeichens; er ist Bild für die Erlösertat Christi. Hierdurch wird Petrus abermals entlastet: er konnte ja nicht aufhören zu sündigen, ehe Christus sein Heilswerk vollbracht hatte.

Die Strophen 13 – 16 suchen die allegorischen Aussagen des Gedichts biblisch zu begründen. Es genügt Prudenz nicht, einzelne Bereiche der Wirklichkeit auf die Hauptlehren der christlichen Botschaft zu beziehen; er möchte überdies den von ihm aufgewiesenen Zusammenhängen möglichst stringent, durch den Rekurs auf die biblische Offenbarung selbst, Evidenz verleihen. Der Anfang der 13. Strophe versichert, daß es um die Bedeutung des Hahnes gehe, eigentlich: um die Macht, um die Gewalt des Hahnes. Dies scheint in der Tat die Funktion zu sein, die der Petrusepisode innerhalb des Gedichtes zukommt. Prudenz hatte von Anfang an zwei Aspekte der Person Christi präsentiert: den Lehrer und den Richter. Die Petrusepisode lenkt endlich die Aufmerksamkeit auf das zwischen dem Lehrer und dem Richter vermittelnde Glied, auf den Erlöser Christus, und hiermit zugleich auf den Kern der Sache, auf das Fundament der bisherigen teils moralischen, teils eschatologischen Aussagen. Denn ohne den Erlöser Christus wäre der Lehrer nicht, es sei denn ein wenig überzeugender Lehrer, und ohne ihn gäbe es erst recht keine Gewißheit, daß dereinst der Richter kommen wird. Um dies darzutun, verweilt der Dichter nicht länger im Bereich der Dingallegorese, bei der allegorischen Auslegung lebensweltlicher Gegebenheiten, die er wohl, da sie eine abgeleitete, sekundäre Betrachtungsweise war, für verhältnismäßig unverbindlich hielt: er greift auf die Bibel selbst zurück, um den Kern der Sache durch die primäre Quelle zu dokumentieren. Die biblische Szene macht somit das Zentrum des Gedichtes aus; die vorläufige, den ersten Anschein wiedergebende Bezeichnung ‹Episode› muß daher zurückgenommen werden.

Noch hat der Hymnus nicht die höchste Stufe erreicht. Die Petrusszene gehört zwar bereits der Bibel an; doch auch sie bleibt noch im Vorhof des Geschehens, sie hat ebenfalls nur die Funktion eines Zeichens. Denn auch sie bedarf noch der Vermittlung durch die Allegorese (der Hahnenschrei muß zum Bild für die Erlösertat Christi erklärt werden) und läßt sich nur auf diesem Umweg dem entscheidenden Geschehen, der Auferstehung, zuordnen. Erst die beiden folgenden Strophen nennen unverhüllt und unvermittelt die Sache selbst, die Überwindung des Todes durch Christi Rückkehr aus dem Todesreich. Hierbei wird zugleich die Nahtstelle bestimmt, durch die der Hahn mit Christus verbunden ist, die Gemeinsamkeit beider, die das Eintreten des Hahnes für Christus ermöglicht: die Annahme einer zeitlichen Koinzidenz von Auferstehung und Hahnenschrei. Dem modernen Leser erscheint diese Verknüpfung als willkürlich und dürftig. Dies hat wohl vor allem darin seine Ursache, daß ihm die christliche Allegorese fremd ist: jenes Streben, die ganze natürliche Welt und alle ihre Erscheinungen als ein Buch zu verstehen, das von demselben Geschehen berichtet wie das Evangelium.

Mit der achtzehnten Strophe ist die von der morgendlichen Situation zum Heilsgeschehen selbst drängende Bewegung an ihr Ziel gelangt. Was folgt, knüpft an die moralischen Komponenten des ersten Teils an, setzt deren Wachsamkeits-Metaphorik fort und benennt in der vorletzten Strophe ohne Bild das eigentlich Gemeinte. Die beiden letzten Verse enthalten die Antithese «alte Schuld» und «neues Licht». Man braucht nicht lange zu fragen, worauf hier angespielt wird: auf die Korrespondenz von Altem und Neuem Testament, von Sündenfall und Erlösung. Prudenz hatte die Voraussetzung von Christi Heilswerk, die Erbsünde, bislang nicht eigens erwähnt; jetzt deutet er das Übergangene eben noch an. Das Gedicht hat sein Ende erreicht, aber es ruht nicht völlig in sich, sondern weist über sich hinaus: der Sündenfall und seine Aufhebung durch Christus sind Thema des dritten Liedes der Sammlung, des *Hymnus ante cibum*, «vor dem Mahle».

Das Lied zum Hahnenschrei läßt keine Einheit der Szenerie, der Situation, des äußeren Ablaufs erkennen. Es hat sich indes gezeigt, daß das Nacheinander der Teile nicht zusammenhanglos (wie der erste Eindruck vermuten ließ), der ständige Wechsel zwischen Bild und Bedeutung nicht willkürlich ist. Das Irdische und sinnlich Wahrnehmbare soll ja nicht um seiner selbst willen dargestellt und aus sich selbst zu einer sinnvollen Einheit zusammengefügt werden. Das allegorische Gedicht verweist auf das Eine jenseits des Mannigfaltigen, auf den Sinn jenseits aller Wahrnehmung und Erfahrung, auf Christus, in dessen Person sämtliche Linien des Gedichts konvergieren. Es ist wohl erlaubt, hierin eine Analogie zu den *Confessiones* Augustins zu sehen; auch die *Confessiones* suchen die Einheit und den Sinn nicht im hic et nunc der Wirklichkeit, sondern einzig in Gott; auch für sie hat alles Irdische nur insoweit Bedeutung, als es Zeichen für Gottes Wirken am Menschen ist.

Die Psychomachia

In der *Psychomachia* findet – als Handlung der Bildebene – eine epische Schlacht statt: sieben Kämpferpaare, je eine Tugend und ein Laster, treten nacheinander auf und messen ihre Kräfte; stets erringt die Tugend den Sieg. *Fides* und *Idololatria* («Glaube» und «Götzendienst», welch letzterer um des Versmaßes willen *Veterum Cultura deorum*, «Verehrung der alten Götter» genannt wird) eröffnen den Reigen; es folgen *Pudicitia* und *Libido* («Keuschheit» und «Zügellosigkeit»), *Patientia* und *Ira* («Geduld» und «Zorn») usw. Die Kampfszenen sind dem antiken Heldengedicht verpflichtet, insbesondere der *Aeneis* Vergils: die jeweiligen Kämpferinnen gehen aufeinander los, halten Rede und Gegenrede, greifen an und wehren ab, die Laster erliegen den feindlichen Streichen usw. Prudenz hat die kriegerischen Aktionen und ihr Ergebnis, den Tod der Laster, mannigfaltig variiert; er hat sich vor allem in zunehmendem Maße darum bemüht, das jeweilige Tun und Leiden dem Wesen der dargestellten Begriffe anzugleichen: der Zorn richtet sich selbst zugrunde, der Hochmut kommt durch mangelnde Vorsicht zu Fall, und *Luxuria*, die Üppigkeit, kämpft nicht mehr mit Lanze und Schwert, sondern mit Blumen und Wohlgerüchen. Auf diese Weise gibt die *Psychomachia* die Fiktion eines epischen Kampfgeschehens preis: sie geht in eine Paraphrase des eigentlich Gemeinten über. Hiermit verzichtet sie auf eine in sich geschlossene, folgerichtige Handlung: die Bildebene besteht aus disparaten Elementen.

Die Illusion der allegorischen Szenerie wird noch auf andere Weise durchbrochen. Hin und wieder treten biblische Personen auf: *Pudicitia* beruft sich auf Judith, die, wie es heißt, «mit dem Schwerte unkeusches Wüten bezwang»; die siegreiche *Patientia* wird von einem erlauchten Manne begleitet, von Hiob, dessen Narben von einer Vielzahl durchstandener Kämpfe zeugen. Nicht nur Personen der Schrift beteiligen sich an dem großen Ringen: nachdem *Fides*, der christliche Glaube, den heidnischen Götzendienst überwunden hat, frohlockt die siegreiche Armee der Märtyrer; *Avaritia*, die Habgier, deren Kampf sich in eine Reihe von Szenen der sozialen Wirklichkeit auflöst, vergreift sich an den

Priestern des Herrn, den Anführern im Heere der Tugenden. Schließlich nimmt auch das Schlachtfeld, der allegorische Schauplatz, der die Seele verbildlicht, biblische und außerbiblische Elemente in sich auf: *Pudicitia* reinigt ihr Schwert in den Wogen des Jordans; *Luxuria* bricht aus westlichen Gegenden auf, sich an dem Kampf zu beteiligen.

Der disparaten Vielfalt des teils allegorischen, teils nichtallegorischen Personals und dem zerklüfteten Schauplatz des Geschehens entspricht die Mehrdeutigkeit des Sinnes. Prudenz erklärt zu Beginn und am Schluß, in den beiden Gebeten, die das Epos einrahmen, daß er von dem Kampf handeln wolle, der im Inneren des Menschen ausbrechen könne, sowie von der Schutzwehr, die Christus seiner Gefolgschaft, diesen Kampf zu bestehen, verliehen habe. Er hat sein Programm befolgt. Man kann zwar zweifeln, ob er sowohl die Tugenden als auch die Laster als psychische Kräfte aufgefaßt wissen möchte oder ob er sich die Laster eher als Leib-Dämonen vorstellt. Für beides gibt es Indizien, so daß sich auch die Bedeutung des Titels nicht mit Sicherheit bestimmen läßt: die erstgenannte Möglichkeit würde auf «Kampf in der Seele» führen, die zweite auf «Kampf der Seele» (die ebenfalls denkbare Auffassung «Kampf um die Seele» kommt wohl am wenigsten in Betracht). Gleichwohl ist evident, daß die *Psychomachia* vornehmlich den Widerstreit innermenschlicher Kräfte abbildet und sie den Sieg der Tugenden auf Christi Erlösertat zurückführt.

Der Dichter hat sich jedoch nicht mit diesem Thema begnügt. Die Märtyrer, die Priester, ferner die des öfteren angedeutete Vielfalt der Truppen und Kämpfe: alles dies läßt vermuten, daß er zugleich eine Menschheitsschlacht, d. h. die durch Christi Auferstehung eingeleitete Phase des Heilsgeschehens, hat darstellen wollen. Am wenigsten lassen sich der erste und der letzte Kampf, die Siege des Glaubens über die Idololatrie und über die Häresie, als Prozesse im Inneren von Individuen verstehen: dort verdichtet sich der überall gegenwärtige menschheitliche Aspekt zum Bild für die Gemeinde Christi, für die Kirche; die ekklesiologische Dimension überlagert die primäre, die ethische Bedeutungssphäre des allegorischen Geschehens. Ferner hat Prudenz den dritten Bereich der Bibelallegorese, die Eschatologie, in sein Epos einbezogen. Das auffälligste Beispiel hierfür findet sich am Schluß des Werkes. Die siegreichen Truppen sind in ihr Lager zurückgekehrt; *Fides* befiehlt ihnen, den Tempel der Tugend zu errichten. Das Geschehen nimmt daraufhin eine seltsame Wendung. Der Tempel braucht nicht noch erst erbaut zu werden; er steht fertig da, sobald *Fides* ihren Befehl ausgesprochen hat, und zugleich sind die Tugenden verschwunden. Das Paradox, der gewaltsame Bruch innerhalb der Bildsphäre, erweist sich als notwendig, wenn man auf den Sinn blickt: die Tugenden haben den Tempel, der sie selbst darstellt, bereits erbaut, indem sie im Kampf gegen die Laster siegten; der Sieg der Tugenden ist gleichbedeutend mit der Vollendung des Tempels. Der eschatologische Bezug dieses überraschenden Schlusses ergibt sich teils aus der Schilderung des neuen Jerusalem in der Offenbarung des Johannes, teils aus dem Tempelbilde selbst, dessen Statik sich scharf vom dynamischen Kampfgeschehen abhebt: auf die Geschichte folgt das Wesen, auf die Zeit die Ewigkeit.

Schon die allegorische Handlung der *Psychomachia* stellt kein in sich geschlossenes Kampfgeschehen dar, und die nichtallegorischen Gestalten tun ein übriges, die Einheit der Szenerie aufzulösen. Ebenso wie das Bild entzieht sich auch der Sinn dem Prinzip der Einplanigkeit und Homogenität; die Bedeutungssphären durchdringen einander und lösen sich ab, und bald dominiert der psychisch-ethische, bald der ekklesiologische, bald der eschatologische Bezug. Der ständige Wechsel dieser Dimensionen, oft gleitend und kaum merklich, ihr Neben- und Ineinander macht den Hauptreiz, aber auch die Hauptschwierigkeit des Werkes aus. Voraussetzung für ein angemessenes Verständnis der *Psychomachia* wie überhaupt der allegorischen Kunst des Prudenz ist die Bereitschaft, sich auf den religiösen Gehalt dieser Dichtart einzulassen. Eine formale, an der Ästhetik des europäischen Klassizismus orientierte Betrachtungsweise kann allenfalls feststellen, daß sich die *Psychomachia* weder in der allegorischen Handlung noch in den einzelnen Bedeutungszonen erschöpft; erst von einem Standpunkt aus, der auf die Transzendenz des christlichen Glaubens Bedacht nimmt, läßt sich zeigen, daß sich die Vielfalt des Werkes auf eine Einheit jenseits dieser Vielfalt gründet, auf Christus.

11

Die Epistolographie

Briefformen und Briefsammlungen

«Polykrates grüßt seinen Vater. Es ist gut, daß Du Dich wohl befindest und auch alles andere Dir nach Wunsch vonstatten geht; auch ich befinde mich wohl. Schon oft habe ich Dir geschrieben, herzukommen und mich (beim König) einzuführen...» Derartige Schreiben (das zitierte, in griechischer Sprache, stammt aus der Mitte des 3. Jahrhunderts v. Chr.) hat der trockene Sand Ägyptens in stattlicher Zahl bewahrt, aus der Zeit von Alexander dem Großen bis zur arabischen Eroberung. Es sind die Originale von Privatbriefen, von schriftlichen Nachrichten und Aufträgen, die irgendeine Person einer anderen in einer gegebenen Situation hat zukommen lassen, nicht zur Veröffentlichung bestimmt, vom Zufall für die Neugier der Nachwelt aufgehoben. Solche Briefe, oft, wie das angeführte Beispiel, banal und formelhaft, haben also die Zeiten nur direkt überdauert, nicht durch die Vermittlung fleißiger Kopisten der Antike und des Mittelalters. Die einzige große Ausnahme sind die Cicero-Korrespondenzen, insgesamt knapp 900 Stücke umfassend: sie schienen wegen des Autors und der Empfänger sowie wegen ihres Inhalts wichtig genug, daß man sie publizierte und durch ständiges Abschreiben an die folgenden Jahrhunderte weitergab.

Neben dem Privatbrief, dem Grundfall der Gattung, existierten noch andere Formen des Kommunizierens mit Abwesenden – Formen, deren Specimina allesamt von vornherein für eine breitere Öffentlichkeit bestimmt waren; sie sind demgemäß auch samt und sonders wie alle übrige Literatur durch die handschriftliche Überlieferung bewahrt geblieben. Dem ‹echten› Privatbrief, dessen Zweck sich in der einmaligen Benachrichtigung bestimmter Personen erschöpft, steht am nächsten der ‹literarische› Privatbrief; er wendet sich ebenfalls mit situationsbedingten, konkreten Inhalten an einzelne Adressaten; er ist indes vom Autor so abgefaßt, daß er einen größeren Kreis von Lesern anzuziehen vermag: durch die Ereignisse und Gedanken, von denen er Mitteilung macht, und nicht zuletzt durch die geschliffene Form. Dieser Typus blieb (abgesehen davon, daß sofort Einzelstücke kursieren konnten) durch Sammlungen bewahrt, die sei es der Autor selbst, sei es eine ihm nahestehende Person edierte. Aus der Antike (unter Ausschluß der Spätantike) haben hiervon nur zwei Repräsentanten die Zeiten überdauert: die bereits erwähnte Korrespondenz des jüngeren Plinius, bestehend aus neun Büchern Privatbriefen und einem Buch mit amtlichen Schreiben, sowie der unvollständig erhaltene Briefwechsel des Rhetors Fronto mit den Kaisern Mark Aurel, Verus und Antoninus Pius.

Als weiterer Typus sei der Lehrbrief genannt; auch er wandte sich nach der Absicht des Autors selbst an ein größeres Publikum. Vom literarischen Privatbrief unterschied er sich durch seinen lehrhaften – philosophischen, fachwissenschaftlichen usw. – Inhalt. Bei ihm gaben nur einige stereotype Merkmale, insbesondere die Anrede, zu erkennen, daß es sich um einen Brief handeln sollte; man bezeichnet ihn am besten als Abhandlung in Briefform. Die herausragenden Paradigmen dieses Typs sind die ‹Briefe› an Schüler und Freunde, in denen Epikur Teile seiner Philosophie darstellt. Eine ähnliche Erscheinung waren ‹offene Briefe›, d. h. Flugschriften oder Pamphlete, die durch Werbung oder Polemik für bestimmte politische Ziele eintraten.

Schließlich seien noch die amtlichen Schreiben genannt: obrigkeitliche Verlautbarungen mannigfaltigen Inhalts, Anweisungen oder Erlasse, die Verwaltungsangelegenheiten regelten, Vergünstigungen zuerkannten oder Rechtsfragen entschieden. Oft erschöpfte sich ihr Zweck in der Erledigung der Sache, um derentwillen sie ergangen waren. Wenn sie dem Adressaten etwas zuerkannten, hatten sie den Charakter einer Urkunde; wenn sie einen

Rechtsbescheid enthielten, dann waren sie, da sich aus dem von ihnen behandelten Einzelfall eine allgemeine Norm ableiten ließ, ihrem Wesen nach einer Verordnung oder einem Gesetz ähnlich. Die hellenistischen Könige und die römischen Kaiser unterhielten Kanzleien für die amtliche Korrespondenz. Hellenistische Königsbriefe sind vor allem durch Inschriften bewahrt geblieben. Die römischen Kaiser fertigten ihre Bescheide in zweierlei Form aus: Anfragen von Beamten und Gemeinden wurden durch selbständige Schreiben beantwortet, Anfragen von Privaten hingegen durch Vermerke unter der Eingabe. Kaiserliche Schreiben sind inschriftlich sowie im 10. Buch der Pliniusbriefe überliefert; die Vermerke, die Rechtsauskünfte erteilten, haben zu Tausenden in den kaiserlichen Gesetzessammlungen und in den Schriften der Juristen Aufnahme gefunden.

Aus der Spätantike ist ein Vielfaches (vielleicht etwa das Zwanzigfache) von dem erhalten, was an Schriften der griechisch-römischen Antike die Zeiten überdauert hat; diese Faustregel gilt auch für den Brief, für die Formen des Briefes, die in die handschriftliche Tradition eingingen: für den literarischen Privatbrief, für die Abhandlung in Briefform und für das amtliche Schreiben. Die griechische Literatur wartet jetzt erst mit größeren Sammlungen auf, heidnischerseits mit dem imponierenden, über 1600 Stücke umfassenden Corpus der Libanios-Briefe sowie mit der stattlichen Kollektion Kaiser Julians, christlicherseits mit einer ganzen Phalanx bischöflicher Briefpublikationen: von Basilios, Gregor von Nazianz, Gregor von Nyssa, Johannes Chrysostomos, Synesios von Kyrene, um nur die bekanntesten Namen zu nennen.

In der lateinischen Literatur der Spätantike fanden die Cicero- und die Plinius-Sammlung nicht wenige Nachfolger. Auf dem Felde des literarischen Privatbriefes verdichtete sich die Tradition zu einer kleinen Zahl vorbildlicher Autoren; es bildete sich eine Art Kanon heraus. Dies zeigt besonders deutlich der Brief, der die Sammlung des Apollinaris Sidonius eröffnet: der Autor nennt Symmachus und Plinius als seine Vorbilder, während er sich auf den unerreichbaren Cicero lieber nicht berufen möchte. Dieser Kanon läuft quer zum Gegensatz zwischen Heiden und Christen; Symmachus galt in der lateinischen Epistolographie als der Archeget schlechthin, und zwar wohl deshalb, weil sein Formalismus besonders rein repräsentierte, was alle Briefschreiber des Zeitalters erstrebten, so verschieden sonst die Intentionen eines jeden waren. Die Abhandlung in Briefform sowie das amtliche Schreiben haben es in den Corpora der Kirchenväter, die ja meist Bischöfe waren, zu reichem Flor gebracht; als herausragende Beispiele seien Cyprian, Ambrosius, Hieronymus, Augustin, Leo I. und Gregor der Große genannt. Was schließlich den echten Privatbrief angeht, so blieb es bei der einmaligen Fügung, welcher die Nachwelt die Erhaltung eines Teils der Cicero-Korrespondenz verdankt: im griechischen Bereich hat sich Vergleichbares nicht zugetragen, im lateinischen nicht wiederholt. Alles, was in die Überlieferung einging, war von den Autoren selbst dazu bestimmt; auch bei größter Sachbezogenheit hat literarischer Ehrgeiz die Abfassung begleitet. Das Zeitalter ließ gar nichts anderes zu; auch die simpelsten Mitteilungen mußten dem Standard der allesbeherrschenden rhetorischen Manier genügen. Die christlichen Autoren wußten zwar in ihren Predigten, die auch Ungebildete erreichen sollten, den schlichten Stil vorzüglich zu handhaben; in ihren Briefen jedoch unterschieden sie sich nicht von einem Symmachus: durch sie wollten sie sich vor Standesgenossen gleichen Bildungsniveaus als wortgewandte Stilkünstler ausweisen.

Der Brief als Ausdruck der Adelskultur: Symmachus und Ennodius

Die 900 Privatbriefe und 49 amtliche Schreiben umfassende, nach dem Vorbild des Plinius-Corpus in zehn Bücher eingeteilte epistolographische Hinterlassenschaft des Symmachus wurde bereits vorgestellt. Die Sammlung ist zuallererst deshalb von hohem Wert, weil sie einer Galerie gleich zahlreiche Zeitgenossen, berühmte und weniger berühmte, insbesondere aber die Protagonisten der heidnischen Opposition im Rom des ausgehenden 4. Jahrhunderts vereinigt. Unter den Adressaten befinden sich Praetextatus und die Nicomachi, die Dichter Ausonius und Naucellius sowie Sextus Petronius Probus, ein christlich gesinnter Würdenträger aus dem

Hause der Anicii, der Vater der beiden jungen Leute, mit deren Preis Claudian sein Debüt in lateinischer Sprache gab; selbst der Widersacher Ambrosius hat als Empfänger einiger Billetts Aufnahme gefunden. Die Stücke sind in den Büchern 1–7 nach Adressaten geordnet, vielleicht nach Anweisungen, die Symmachus erteilt hatte. Denn jedenfalls zu Beginn schimmert eine Art Rangfolge durch, für welche die Wertschätzung des Autors der Maßstab war: Briefe an den Vater eröffnen die Sammlung, und es folgen Ausonius, Praetextatus, Probus, der Bruder Celsinus Tatianus, des Ausonius Sohn Hesperius usw.

«Du verlangst ausführlichere Briefe von mir», schreibt Symmachus an Ausonius, «dies ist ein Beweis Deiner aufrichtigen Liebe zu mir. Doch ich bin mir der Armseligkeit meines Talents bewußt, und so will ich mich lieber um lakonische Kürze bemühen als auf vielspännigen Seiten die Magerkeit meiner dürftigen Sprachfähigkeit offenbaren.» Das Filigran dieser ausgeklügelten Wort- und Gedankenfolge widerlegt den Inhalt; der berühmte Redner und Stilist zollt einer festen Konvention, der übertreibenden Bescheidenheit, was die eigene schriftstellerische Begabung angeht, seinen Tribut. So war er denn sorgsam darauf bedacht, Abschriften seiner Produkte aufzuheben, und er wußte sehr gut, wie günstig seine Zeitgenossen darüber urteilten. Auch die Freunde sammelten seine Briefe und waren stolz darauf, zu seinen Adressaten zu zählen. Es kam sogar vor, daß man den Boten überfiel und Briefe abfing, die an andere gerichtet waren. Und ein Verwandter erhielt den Auftrag, an Hand von Abschriften und mit Hilfe des Siegels zu prüfen, ob die Stücke, die von gewissen Leuten auf dem Forum gezeigt wurden, echt seien: Symmachus fürchtete, daß Fälschungen seinem Ruf Eintrag tun könnten.

Moderne Leser, die sich mit der von der Mit- und Nachwelt hochgepriesenen Sammlung der Symmachus-Briefe befassen, finden ihre gespannten Erwartungen keineswegs bestätigt. Die Zeit, in der Symmachus lebte, erscheint ihnen mit Recht als Epochenschwelle par excellence, als Zeit schwerer äußerer Bedrohungen und nicht minder schwerer innerer Kämpfe, als die Periode, in der das Heidentum einen letzten Versuch unternahm, sich der übermächtigen christlichen Religion zu erwehren, und Symmachus selbst, der römischen Senatsaristokratie angehörig und wiederholt auf hohem Posten in der Reichsverwaltung tätig, war wie kaum ein anderer in den heidnisch-christlichen Konflikt verwickelt: die Vermutung liegt allzu nahe, daß die Korrespondenz dieses Mannes ungefähr so, wie mehr als vier Jahrhunderte zuvor die Ciceros, der ebenfalls in einer Epoche radikaler Veränderungen lebte, Spiegel alles dessen sei, was sich in der Zeit ihrer Entstehung zugetragen hat. Man hofft, Einblick in die Hintergründe des Streites um den Victoria-Altar zu erhalten und manches über die Verehrung zu erfahren, die Symmachus und seine Gesinnungsgenossen dem römischen Altertum entgegenbrachten, oder über die Anstrengungen, die sie unternahmen, dem aus dem Altertum Überkommenen wieder Geltung zu verschaffen. Man hofft weiterhin, daß sich ein so gebildeter und politisch engagierter Grandseigneur wie Symmachus gelegentlich Gedanken über Mißstände im Inneren, z.B. über die Korruption in der Zivilverwaltung oder den Steuerdruck, sowie über die andringenden Germanenhorden und die akute Gefährdung großer Teile des Reichsgebietes macht. Man möchte schließlich annehmen, daß eine so reich bestückte Sammlung vielerlei Aufschlüsse über die persönlichen Verhältnisse des Autors gibt, daß man aus ihr ein anschauliches Bild von dessen täglichen Sorgen und Obliegenheiten gewinnt.

Allen diesen Erwartungen spricht das Corpus der Symmachus-Briefe Hohn: es enthält nichts oder fast nichts von dem, was nach der Einschätzung heutiger Leser wert gewesen wäre, darin erörtert zu werden. Der Autor scheint die Gegenstände gar nicht wahrzunehmen, die seine Aufmerksamkeit hätten erregen müssen: er beklagt sich wiederholt, daß er nicht wisse, was er noch schreiben solle. Es hätte ihm an Erwähnenswertem gefehlt, meint er einmal, und es wäre ihm in Ermangelung von Stoff nicht eingefallen, seinen Worten freien Lauf zu lassen, wenn nicht ein durchreisender Rhetor namens Palladius eine vorzügliche Probe seines Könnens abgelegt hätte. «Über öffentliche Angelegenheiten gibt es nichts mitzuteilen», schreibt er krasser noch in einem anderen Falle, «abgesehen davon, daß der Einsturz eines Mietshauses am Trajansforum die Bewohner unter sich begraben hat.» Am deutlichsten bekundet er in der folgenden Passage seine Verlegenheit: «Wie lange sollen wir Worte des Grüßens und Erwiderns von Grüßen daherplappern, wenn unser Griffel sonst nichts mitzuteilen hat? Denn unsere Voreltern haben einst auch politische Angelegenheiten, die jetzt geringfügig oder nichtig sind, in ihre Privatbriefe einbezogen. Da wir diesen Stoff in unseren friedlichen Zeiten nicht mehr zur Verfügung haben, müssen wir oft unerprobten Themen nachjagen, um den Überdruß, den Allgemeinheiten hervorrufen, wegzuwischen.» Kein Wunder also, daß sich moderne Leser der Symmachus-Briefe immer wieder über deren Gedankenarmut und Inhaltsleere beschwert haben; man glaubte sogar, Schlüsse auf die Persönlichkeit des Autors daraus ziehen zu können: daß nur ein Mann von kleinlicher, schwächlicher und kurzsichtiger Wesensart imstande gewesen sei, mit derartigen Nichtigkeiten aufzuwarten.

Dieses Urteil geht fehl. Die Klagen über Mangel an Stoff, die Symmachus vorbringt, verdienen ebensowenig ernst genommen zu werden wie die Versicherungen stilistischen Unvermögens: sie sind Formeln, die bedeutsame Gegenstände abweisen. Symmachus hat sich in seinen Briefen nicht auf politische oder religiöse Fragen einlassen wollen, und es lag ihm durchaus fern, dort mit ausführlichen Berichten von Erlebnissen aufzuwarten oder seine Betrachtungen und Überzeugungen darin auszubreiten. Die Sammlung ist das genaue Gegenteil von dem, was man aus heutiger Sicht erwartet: sie ist nicht Ausdruck individuellen Fühlens und Denkens, sondern ganz und gar unpersönliche Form, Konvention, Etikette. In ihr und in den späteren Sammlungen, soweit sie ihnen als Vorbild diente, objektiviert sich zuallererst ein bestimmter Stand, die politisch und geistig führende Schicht, die Aristokratie der Spätantike. Der Briefautor Symmachus fungiert dank seiner Stilkunst als primus inter pares; er hat die Fähigkeit, aber auch die Pflicht, durch Einbeziehung möglichst vieler Adressaten möglichst vielen zu bestätigen, daß sie sich als den maßgeblichen Kreisen zugehörig betrachten dürfen, und man erwartet außerdem von ihm, daß er das Zeremoniell bekräftige und in immer neuen Anwendungsmöglichkeiten vorführe, das den wechselseitigen Umgang der Mitglieder dieses Kreises regelt.

Das auffälligste Merkmal der Symmachus-Briefe ist ihre Kürze;

die meisten von ihnen bestehen aus wenigen Zeilen, und Stücke von der Länge einer halben Druckseite gehören zu den seltenen Ausnahmen. Offenbar kam es im allgemeinen vornehmlich darauf an, daß überhaupt geschrieben wurde: es galt, Beziehungen freundschaftlicher oder gesellschaftlicher Art aufrechtzuerhalten und zu pflegen. «Da Du sehr wohl weißt, wie ich Dir gegenüber gesinnt bin, kannst Du nicht bezweifeln, daß mich bislang Krankheit daran gehindert hat, Dir Briefe zukommen zu lassen. Soweit gerechtfertigt, sende ich Dir ein Blatt des Grußes,das Dir bezeugt, daß ich genesen bin, nachdem die Gesundheit die Entschuldigung für mein Schweigen beseitigt hat.» Es genügte also, einem Bekannten ein Blatt des Grußes, eine *salutatrix pagina*, zu senden; demgemäß heißt es bei anderer Gelegenheit: «Die dichte Folge der vorangehenden Briefe hat verzehrt, was es zu schreiben gäbe; jetzt bleibt nichts als die allgemeine Pflicht des Grußes – *sola nunc superest salutationis religiosa generalitas.* Das Stichwort *salutatio* erinnert an eine althergebrachte römische Einrichtung, die ebenso benannt wurde: an die Aufwartung, welche allmorgendlich Klienten ihrem Patron, aber auch Freunde unter Ihresgleichen zu machen pflegten. Die Billetts, wie sie sowohl Symmachus als auch seine Standesgenossen, deren Produkte nicht der Erhaltung für wert befunden wurden, in Massen aufsetzten, hatten somit großenteils keine anderer Funktion als die konventionellen Besuche, welche zu Beginn des Tages das Atrium der Herren von Stande füllten. Das bürgerliche Zeitalter der Moderne hat eine ähnliche Gepflogenheit gekannt: die Abgabe der Visitenkarte beim Dienstmädchen all derer, bei denen man sich in Erinnerung bringen wollte.

«Dies ist mein zweiter Brief an Dich, und noch stets wird dem ersten die Antwort geschuldet. Du wirst sagen, die Mühe einer Reise habe lange das Geschäft des Schreibens verhindert, und vielleicht noch vieles andere vorbringen. Ich will Dir aus Liebe zu Dir meine Verzeihung nicht vorenthalten, doch um derselben Liebe willen bitte ich Dich, daß, sobald Muße dafür vorhanden ist, die Säumnis unvermeidlichen Schweigens durch freiwillige Dienste aufgeholt wird.» Dieses Beispiel (der Brief wurde vollständig wiedergegeben) zeigt für viele, daß dort, wo es als das Wichtigste gilt, einander durch regelmäßiges Schreiben respektvoller Ergebenheit zu versichern, auch der zu allen Zeiten gebräuchlichen Korrespondenz-Topik, der Rechtfertigung eigenen Säumens, der Klage, daß der Partner schweige, sowie der Aufzählung der beiderseitigen Leistungen eine enorme Bedeutung zukommt: kein Motiv findet sich im Briefcorpus des Symmachus so häufig wie dieses, und stets ist es wieder anders formuliert. Auch sonst herrscht dort weithin strenge Typizität: Empfehlungen, Einladungen, Glückwünsche, Trost oder Dank dafür und Ähnliches nehmen einen beträchtlichen Raum ein. All dies bekundet eine Gesellschaftsschicht, deren Mitglieder sorglos und in Muße dahinleben und sich nach festen Konventionen durch wechselseitige Anerkennung Genuß ihrer selbst verschaffen. Unter ihnen ist nichts so wichtig wie das Zelebrieren von Höflichkeit. Die Symmachus-Briefe können sich nicht genug darin tun; sie sind erfüllt von dem Bemühen, dem Empfänger in ausgesuchten Wendungen Achtung zu erweisen. Hierbei gilt als eiserne Regel, daß man sich selbst und alles Eigene verkleinere und für geringwertig ausgebe, die Empfängerseite jedoch in jeder Hinsicht steigere und preise; der Partner wiederum hat die Pflicht, in umgekehrter Optik die Komplimente, die er empfing, zurückzugeben.

Ganz selten nur deuten Hinweise an, in welchen Nöten sich das Reich befindet: daß man Sklaven aufkaufe, um sie als Soldaten zu verwenden, daß man mit brutalen Methoden dem erschöpften Fiskus aufzuhelfen suche usw. Doch nichts läßt darauf schließen, daß Symmachus durch derlei Symptome ernstlich beunruhigt worden wäre. Das Funktionieren des Staatsapparates erscheint ihm sogar in überaus rosigem Licht. So beglückwünscht er einen Beamten, der Aufnahme in das kaiserliche *consistorium* gefunden hat, mit den Worten: «Da hast Du unser der Tüchtigkeit freundlich gesinntes Jahrhundert, worin es Schuld der Menschen ist, nicht der Umstände, wenn sie es trotz ihrer Vortrefflichkeit nicht zu Ansehen bringen.» In anderen Äußerungen erscheint die Gegenwart als die gradlinige Fortsetzung der guten alten Zeit. Die Vorfahren taten klug daran, heißt es in einem Schreiben, das Ausonius zum Konsulat gratuliert, Honos und Virtus, Ehre und Tüchtigkeit, gemeinsam mit einem Tempel zu bedenken und in dessen Nähe ein Heiligtum der Musen einzurichten: oft wird der Weg zu den Ämtern durch literarische Verdienste gebahnt. Und ein Empfehlungsschreiben schlägt mit folgenden Worten die Brücke zwischen Einst und Jetzt: «Ein alter Wahlspruch besagt, daß Ehre gute Eigenschaften fördere. Den hat die Praxis unserer Zeit bestätigt. Denn niemand, der sich im Krieg auszeichnete oder in der Heimat berühmt wurde, hat spüren müssen, daß sein Eifer ohne Lohn blieb.»

Angesichts dieser Einstellung ist es nicht verwunderlich, daß in den Briefen, die sich nicht mit Formalien begnügen, die Sorge um die öffentlichen Spiele obenan steht. Symmachus benötigte anläßlich der Stadtprätur seines Sohnes kostbare spanische Pferde für die Wagenrennen; kein Geringerer als Kaiser Honorius steuerte zu demselben Anlaß einige Leoparden bei; Krokodile, die die Aufnahme von Nahrung verweigerten, mußten vorzeitig getötet werden, und 29 gefangene Sachsen, die als Gladiatoren Verwendung hätten finden sollen, waren gewissenlos genug, sich vorher gegenseitig umzubringen. Bei der zuletzt genannten Angelegenheit erzeigte sich Symmachus auch darin als erzkonservativer Römer, daß er für die Grausamkeit der Gladiatorenkämpfe kein Empfinden hatte: «Doch hiermit genug über eine Truppe», ließ er zu dem Vorfall verlauten, «die nichtsnutziger ist als Spartacus!» In ähnlicher Weise legen auch die wenigen Äußerungen über Privates, z. B. über Aufenthalte auf einem der Landsitze, den Schluß nahe, daß Symmachus den geordneten Gang seines Herrenlebens nicht im mindesten für bedroht hielt. Er selber und wohl auch viele seiner Standesgenossen kannten sich vorzüglich aus in den Wechselfällen der römischen Geschichte. Dieses Wissen hat sie nicht gehindert, die Zeichen ihrer eigenen Zeit aufs gründlichste zu verkennen; sie, die stolz waren auf eine große Vergangenheit und einigermaßen zufrieden mit der eigenen Gegenwart, vermochten sich nicht vorzustellen, daß ihr Staat und ihre Kultur in nächster Zukunft schwersten Erschütterungen ausgesetzt sein würden.

Beides ging wohl bei Symmachus und Seinesgleichen Hand in Hand: man wollte sich nicht mit den Geschicken des Reiches befassen, jedenfalls in den Briefen nicht, die der Kommunikation innerhalb des Standes dienten; man nahm überdies, was man geflissentlich ausgrenzte, so lange nicht deutlich wahr, als man nicht selber unmittelbar davon betroffen wurde. Daß schon im ausgehenden 4. Jahrhundert weite Kreise des Adels Ferne vom Staat bekundeten, haben auch kritische Zeitgenossen wie Aurelius Victor oder Ammianus Marcellinus vermerkt. Es ist indes wahrscheinlich, daß dieser Abstand auch Vorteile barg, und zwar nicht nur für die großen Herren selber, sondern auch für das, was sie als einzige repräsentierten, für die *Romanitas*, die römische Bildung. Das Desengagement im Verhältnis zur Zentralregierung setzte sie, als die Dämme brachen und die germanischen Eindringlinge die westliche Hälfte des Reichsterritoriums überfluteten, in den Stand, sich auf die veränderten Verhältnisse einzustellen. Sie nahmen einerseits die Chance wahr, in den Dienst der Institution zu treten, der eine größere Stabilität beschieden zu sein schien als dem Staat: sie bekleideten hohe kirchliche Ämter, und sie waren andererseits flexibel genug, sich mit den Germanen zu arrangieren und unter deren Gebot in der Zivilverwaltung tätig zu werden. Der Adel war in der langen Schwellenzeit zwischen Spätantike und Frühmittelalter eine verhältnismäßig selbständige Größe, und diese Selbständigkeit beruhte nicht nur auf dem Latifundienbesitz, sondern auch auf der Bildungstradition und dem gesellschaftlichen Zusammenhalt, auf zwei Gegebenheiten, die durch nichts so eindrucksvoll dokumentiert sind wie durch die aus jener Zeit erhaltenen Briefsammlungen.

Innere Kontinuität trotz gänzlich veränderter äußerer Verhältnisse zeigt besonders deutlich der epistolographische Nachlaß des Ennodius (473–521), eines Mannes, der als Geistlicher unter dem Regiment des Ostgotenkönigs Theoderich in Oberitalien gewirkt hat. Seine Briefe, knapp 300 an der Zahl, bekunden allenthalben, daß sie in der Nachfolge des Symmachus stehen: sowohl die manierierte Ausdrucksweise als auch die dürftigen Inhalte suchen zu erreichen oder gar zu überbieten, was mehr als ein Jahrhundert zuvor als Gipfel der Briefschreibekunst gegolten hatte. Mit der Korrespondenz des Symmachus hat die des Ennodius gemein, daß in ihr ein gut Teil der zeitgenössischen Haute volée vertreten ist, insgesamt etwa 90 Personen. Viele wurden nur mit einzelnen Billetts bedacht; an den Freund Faustus hingegen, einen hohen Würdenträger unter Theoderich, hat Ennodius 54 und an dessen Sohn

Avienus 23 Schreiben gerichtet. Unter den Berühmtheiten herrscht die Bürokratie des Ostgotenreichs gegenüber dem Klerus vor. Zu den Empfängern gehören der Stadtpräfekt Agapitus und der Prätorianerpräfekt Liberius, ferner Symmachus, der Urenkel des berühmten Trägers dieses Namens, sowie dessen Schwiegersohn Boethius; der hohe Klerus ist durch den Papst Symmachus und den Diakon Hormisda, der Symmachus auf dem Stuhle Petri nachfolgte, repräsentiert.

«Wenn die Gesinnung des Freundes von der Gewohnheit der Pflichterfüllung abläßt, dann hält er sein eigenes Zögern für ein unheilvolles Vorzeichen. Denn der ist selber seines Kummers Ursache, der da meint, daß nicht immer in der Nachbarschaft wohnt, was er liebt. Wird jemand den als in die Ferne entrückt betrachten, den er mit seinen Gedanken erreicht? Denn wenn der Geist ein göttliches Ding im Menschen ist, dann kann er den Schaden ausgedehnter Länder nicht spüren. Ich habe den Grund genannt, der mich veranlaßt, Schriftliches darzubieten. Ich statte den Dienst des Grußes ab» *(reddo salutationis obsequia),* «um dessentwillen Briefe zugesandt werden, wobei ich Gott bitte, daß Eurer Erhabenheit, die sich dank göttlicher Fügung bei guter Gesundheit befinden möge, die vorliegenden Worte zugestellt werden. Was der Bote gleichwohl entgegennimmt, der Gelegenheit zu einem Gespräch gegeben hat, wird von mir als Ersatz empfohlen.» *Reddo salutationis obsequia:* auch zur Zeit und im Kreise des Ennodius ist der Brief zuallererst Grußpflicht, Bestätigung einer Beziehung unter Standesgenossen. Hieraus folgt, daß Ereignisse, Gefühle oder Gedanken allenfalls knapp angedeutet werden, daß die meist recht kurzen Verlautbarungen größtenteils aus konventionellen Phrasen bestehen. Nichts ist so häufig wie die Versicherung der Notwendigkeit regelmäßigen Korrespondierens; der Autor bekennt sich in affektierter Bescheidenheit zu seinem stilistischen Unvermögen, und auch sonst wuchern die stereotyp wiederkehrenden Motive, die dem Kenner der Symmachus-Briefe nur allzu vertraut sind.

Die Reduktion des Inhalts auf die Universalien der Standesetikette hat zur Folge, daß der façon de parler desto mehr Gewicht beigemessen wird. Ennodius jedenfalls hat viel Mühe darauf verwendet, die Formeln seiner Briefe auf die mannigfachste Art zu variieren. Nichts wird in schlichten und eigentlichen Worten ausgedrückt; gestelzte Umschreibungen und blumige Metaphern täuschen eine Bedeutsamkeit und zugleich eine Vertracktheit vor, die durch die banalen Inhalte keineswegs gerechtfertigt ist. «Ohne Trost müßte man die Abwesenheit der Freunde ertragen, wenn nicht die Heilmittel der Briefe Hilfe brächten, welche die hungrigen Seelen der sich Sehnenden mit dem Köder des Gespräches nähren»: das Beispiel zeigt, zu welch barocker Bildvermischung der Autor sich verstehen konnte. Ein besonders häufig begegnendes Stilmittel ist die Sentenz, sind ganze Ketten von Sentenzen: der konkrete Sachverhalt, das besondere Anliegen wird in allgemeine Sätze gleichsam aufgelöst. «Als ob er der Sonne mit Fackeln helfen und das Meer durch spärliches Naß vergrößern wollte, so müht sich mit unnötigem Aufwand, wer zu empfehlen sucht, was von sich aus gefällt»: hier hat Ennodius den Topos, daß der Empfohlene einer Empfehlung eigentlich nicht bedürfe, in die Form einer abstrakten Maxime gekleidet und ihm zugleich durch bizarre Vergleiche zu gesteigerter Wirkung zu verhelfen gesucht.

Sentenzen statt konkreter Aussagen: wie die Epistolographie der Spätantike überhaupt dem persönlichen Erlebnis oder Gefühl ein Minimum an Spielraum beläßt, so ist diese aufdringliche Stilfigur besonders geeignet, dem Brief den Charakter des Einmaligen zu nehmen, ihn zu entindividualisieren. Die dort übliche Art der Präsentation erinnert nicht zufällig an die hieratische Starre der zeitgenössischen Mosaiken: alles Einzelne scheint in einer vorgegebenen strengen Ordnung aufzugehen. Andere, ebenso häufige Stilmittel weisen in dieselbe Richtung. «Die Gesinnung des Freundes» (*mens amantis*) «läßt von der Gewohnheit der Pflichterfüllung ab»; «die Heilmittel der Briefe nähren die hungrigen Seelen der sich Sehnenden» (*ieiunas desiderantum animas*): die Personen verschwinden hinter psychischen Potenzen, sie erscheinen als von ihnen beherrscht.

Eine besonders charakteristische Figur der spätantiken Epistolographie macht sich bei Ennodius stärker bemerkbar als bei Symmachus: ein Personalpronomen – ich, Du, Ihr usw. – wird durch ein herabsetzendes oder auszeichnendes Abstraktum samt dem entsprechenden Possessivpronomen umschrieben, durch ein herabsetzendes beim Schreiber, durch ein auszeichnendes beim Empfänger des Briefes. «Es hatte Eure Größe meine Niedrigkeit durch die Hoffnung auf eine Anerkennung, die meine Wünsche übertraf, zu erheben begonnen» – *Coeperat parvitatem meam magnitudo vestra spe, quae vota transiret, dignationis adtollere.* Durch derartige Periphrasen ordnet der Schreibende sich selbst und seinen Partner in ein abstraktes Gefüge ein, zumal in ein ständisches, den Rang eines jeden definierendes; hierbei ist es ein unverbrüchliches Gebot der Höflichkeit, daß man sich nicht an die realen Gegebenheiten halte, sondern die eigene Person verkleinere und die des Adressaten erhebe. Derlei Einstufungen können auch auf das Wertsystem der Moral verweisen; ein Beispiel hierfür enthält der Anfang eines Briefes von Salvianus: «Wenn ich meine Pflichtvergessenheit bei Deiner tugendhaften Gesinnung zu entschuldigen wünschte, dann müßte man mich desto mehr anklagen, der ich, daß mein Verhalten unentschuldbar ist, entweder aus Beschränktheit nicht anerkenne oder aus Hochmut nicht zugeben will» – *Si excusare inofficiositatem meam apud sanctimoniam tuam cupiam, magis accusandus sim, qui inexcusabilem me esse vel non agnoscam prae stoliditate vel nolim prae superbia confiteri.*

Der Brief als Spiegel der Zeitgeschichte: Apollinaris Sidonius

Die Sammlungen der christlichen Autoren enthalten Episteln belehrenden Inhalts, amtliche Schreiben sowie literarische Privatbriefe: über dogmatisch-exegetische oder moralisch-asketische Fragen, über das kirchliche Leben, über mancherlei persönliche Belange. Allerorten können die meist leidvollen Geschehnisse der Zeit sich bemerkbar machen, vornehmlich in den amtlichen Schreiben der Bischöfe und vornehmlich bei einem Kirchenpolitiker wie Ambrosius, der mit den Kaisern korrespondiert hat. Das Corpus Cyprians ist als Ganzes Zeugnis sowohl innerkirchlicher Streitigkeiten als auch zweier großer Verfolgungen durch den römischen Staat. Herausgehoben sei ein Trostschreiben des schon verbannten und seiner Verurteilung zum Tode gewärtigen Bischofs: es ist an Kleriker und Laien gerichtet, die um ihres Glaubens willen unter menschenunwürdigen Bedingungen in den afrikanischen Gold- und Silbergruben Zwangsarbeit leisten mußten.

Die beiden frühesten Kaiserbriefe des Ambrosius wurden bereits gewürdigt: sie entstammen dem Jahre 384; sie wandten sich an Valentinian II. und durchkreuzten die Absicht des Symmachus und seiner Anhänger, die Erlaubnis zur Wiederherstellung des Victoria-Altars in der römischen Kurie zu erwirken. Von der nächsten berühmten Affäre, dem Widerstand, den Ambrosius der von ihm geforderten Übergabe einer Mailänder Kirche an die Arianer entgegensetzte (385–386), legt vor allem ein ausführlicher Bericht an die Schwester Marcellina Zeugnis ab. Zwei Jahre später kam es abermals zu einem Konflikt mit der Reichsregierung. In Kallinikon am Euphrat hatten Christen auf Anstiftung des örtlichen Bischofs die Synagoge in Brand gesteckt; Kaiser Theodosius erlegte dem Bischof die Kosten der Wiederherstellung auf. Ambrosius vermochte den Kaiser zur Zurücknahme seines Befehls zu bestimmen; er ließ dem hierauf abzweckenden Schreiben bei nächster Gelegenheit eine Predigt folgen, deren Text ein Brief an die Schwester bewahrt hat. Das letzte Ereignis dieser Art, eine ebenso willkürliche wie grausame Strafaktion des Theodosius in Thessalonike, hat ein durchaus singuläres Dokument gezeitigt: den in besonderem Sinne privaten, eigenhändig von Ambrosius geschriebenen Brief, worin dem Kaiser auferlegt wird, für seine Missetaten öffentlich Buße zu tun und um Vergebung zu bitten.

Die Korrespondenz des Hieronymus reflektiert die Geschehnisse der Zeit vom fernen Bethlehem aus. Sie gibt mancherlei Einblicke in das Leben der Kirche, in die asketischen Bestrebungen zumal und in das blühende Pilgerwesen (hiervon handelt besonders eindrucksvoll ein angeblich von Paula und Eustochium, in Wahrheit gewiß von Hieronymus verfaßter Brief des Jahres 392/393); das beherrschende Thema jedoch sind – vom Jahre 396 an – die Barbareneinfälle, der Zusammenbruch der Zivilisation. Das 60. Stück ist ein Nekrolog, ein Preis des jung verstorbenen Priesters Nepotianus. Zu den Trostargumenten zählt, wie oft in der Consolatio, das Elend der Zeit, das dem Toten erspart geblieben sei: seit mehr als zwanzig Jahren, insbesondere seit der Katastrophe von Adrianopel (378), werde von den Julischen Alpen bis Konstantinopel römisches Blut vergossen; über ganz Griechenland gebiete der Barbar, und unlängst seien die Hunnen in den Orient eingefallen. «Überall Jammer, überall Ächzen, und Tod in vielerlei Gestalt», bemerkt der Autor zu diesem Gemälde, Vergil zitierend. Vom Jahre 407 an, nach dem Kollaps der Rheingrenze, dienen die Spuren der Germanenzüge, die Feuersbrünste, Verheerungen und Metzeleien, immer wieder als düsterer Hintergrund von Appellen: zu Gelassenheit, zu Hilfsbereitschaft, zu Weltentsagung. Ein reicher Mann aus Dalmatien namens Julian hatte schweren Schaden erlitten: seine Ländereien waren verwüstet, seine Herden davongetrieben, seine Sklaven getötet worden; Hieronymus empfahl ihm, sich Hiob zum Muster zu nehmen und sich von allem zu trennen, was er noch besaß. Der Gallier Rusticus wird aufgefordert, in Bethlehem Buße zu tun: bei all dem Blutvergießen und Ruin habe sein Vaterland aufgehört, ihm Vaterland zu sein; er solle der heiligen Stätte des Kreuzes und der Wiege des Heilands den Vorzug geben. Zwei Jahre darauf wird einer jungen Witwe namens Geruchia aufs dringlichste widerraten, eine neue Ehe einzugehen: Hieronymus zeichnet mit kräftigen Strichen ein Bild vom Untergang des Reiches, um sodann die Adressatin zu fragen: «Antworte mir, teuerste Tochter in Christo, da es so steht, willst Du noch heiraten?» Ein anderer Rusticus, der Mönch werden will, aus Toulouse, wird mit dem Hinweis auf das Elend der Zeit ermahnt: «Möchte unsere Weltentsagung auf freiem Willen, nicht auf Zwang» (durch die Barbaren) «beruhen!» Pacatula, ein kleines Mädchen, soll zur Nonne erzogen werden; Hieronymus verbindet die strengen Ratschläge, die er hierzu erteilt, mit einem Hinweis auf die Katastrophe des Jahres 410: «Wehe, der Erdkreis stürzt ein ... die herrliche Stadt, das Haupt des römischen Reiches wurde von einer einzigen Feuersbrunst dahingerafft!»

Augustins Briefe sind erfüllt vom Kampf gegen die Donatisten und Pelagianer und von mancherlei Kasuistik des kirchlichen Lebens. So sah er sich z. B. veranlaßt, über Schmausereien zu klagen, die allzu oft, angeblich zu Ehren der Märtyrer, stattfanden; ein bitteres Schreiben wendet sich an den Rat der Stadt Suffetula, wo die

Heiden, um die Zerstörung einer Herkules-Statue zu rächen, sechzig Christen umgebracht hatten. Das wichtigste zeitgeschichtliche Thema sind auch bei ihm die Barbareneinfälle, insbesondere die Eroberung Roms durch die Westgoten. Seiner Wesensart entsprechend geht er – anders als Hieronymus – ohne jedes Pathos hierauf ein, und es liegt ihm auch fern, die Verheerungen des Völkersturms seinen Adressaten gegenüber als eine Art Druckmittel zu radikaler Weltverneinung zu verwenden. Ein ausführliches Schreiben an den Bischof Hesychius, von Augustin selbst *De fine saeculi*, «Über das Ende der Zeitlichkeit», betitelt, legt unter Berufung auf einschlägige Stellen der Schrift dar, daß sich aus den Übeln, die über die Menschheit hereingebrochen seien, keineswegs das baldige Eintreten des Endgerichts ableiten lasse: man frage nicht, wann Christus komme, und sei doch seines Kommens stets gewärtig. Unsägliches Leid habe auch die Frommen getroffen, gesteht Augustin dem Priester Victorianus zu: man solle sich nicht wundern, hält er dem entgegen, wenn eintreffe, was immer schon angekündigt worden sei; man lese den Gesang der drei Männer im Feuerofen, und: «Dieser Zeit Leiden sind der Herrlichkeit nicht wert, die an uns soll offenbart werden.»

Daß sich Gaius Sollius Modestus Apollinaris Sidonius, wie er mit vollständigem, seine hochadlige Herkunft andeutendem Namen heißt (etwa 430–486), zu Beginn seiner Briefsammlung auf Plinius und Symmachus als seine Vorbilder berief, wurde bereits erwähnt; er hat auch die zunächst sieben, dann acht Bücher umfassende Ausgabe im Hinblick auf Plinius um ein neuntes Buch erweitert. Wie die sorgfältige Stilisierung erkennen läßt, waren die Briefe von Anfang an dazu bestimmt, einem breiteren Publikum zugänglich gemacht zu werden. Von Plinius übernahm Apollinaris Sidonius das Prinzip, in jedem Brief nur von *einem* Gegenstand zu handeln; Symmachus wiederum steuerte den überaus prätentiösen Stil bei, die gedrechselten Komplimente für die Adressaten, die nach wie vor den Umgangsformen der Adelsgesellschaft gemäß waren. Auch die Sammlung des Apollinaris Sidonius enthält kaum Bekundungen freundschaftlicher Gefühle; auch sie erscheint als ein rhetorisch aufpolierter Spiegel von Konventionen: sie führt die Lebensweise einer Gesellschaftsschicht vor, die offenbar nichts so sehr gescheut hat wie das Risiko der Vertraulichkeit und des persönlichen Engagements. Das Korrespondieren wird zelebriert; man giert danach, von dem berühmten Epistolographen bedacht zu werden. So erklärt sich wohl auch, daß Apollinaris Sidonius die meisten Empfänger nur *eines* Stückes gewürdigt hat: die 147 Briefe, die er der Veröffentlichung für wert erachtete, sind an insgesamt 108 Standesgenossen gerichtet.

Die Inhalte der Sammlung sind mannigfaltig; sie bezeugen ein wechselvolles Leben und eine vielseitige Existenz: Apollinaris Sidonius hat nicht, wie ein knappes Jahrhundert zuvor Symmachus, die eigenen Geschicke und die bewegten Ereignisse um ihn durch einen rigorosen Filter der Diskretion und Zurückhaltung von seinen Briefen ausgeschlossen. Seine Familie war um Lyon begütert; sein Großvater und sein Vater hatten ihre Laufbahn mit dem Amt des Prätorianerpräfekten von Gallien gekrönt. Er erhielt, wie in seinem Stande üblich, eine gründliche Bildung, die ihn stark geprägt hat: seine Schriften strotzen von dem Schulwissen, das er sich zu eigen gemacht hatte. Etwa zwanzigjährig heiratete er ein Mädchen aus dem Hause der Aviti, einer führenden gallischen Familie; sein Schwiegervater wurde im Jahre 455 auserkoren, den vakanten westlichen Kaiserthron einzunehmen. Es bestanden damals starke Spannungen zwischen dem gallischen und dem italischen Adel; mit der Wahl des Avitus zogen die Gallier die Initiative an sich. Avitus reiste nach Rom; als den wichtigsten Punkt seines Programms verkündete er die Wiedergewinnung Afrikas aus der Gewalt der Vandalen. Seine Herrschaft nahm ein rasches Ende: die italische Aristokratie mit dem Heermeister Ricimer an der Spitze erhob sich und beseitigte ihn. Kaiser wurde nunmehr Maiorian. Hiergegen revoltierte wiederum der gallische Adel, jedoch ohne Erfolg: im Herbst 458 nahmen die kaiserlichen Truppen Lyon ein. Apollinaris Sidonius hatte sich an dem Aufstand seiner Landsleute, den er verächtlich eine *coniuratio* («Verschwörung») nannte, nicht beteiligt, und so erschien er als der geeignete Mann, die Gegensätze auszugleichen und die Gallier mit dem Kaiser zu versöhnen.

Die nächste Wendung im Leben des Apollinaris Sidonius ließ nicht lange auf sich warten. Maiorian fiel im Sommer 461 den Dolchen Ricimers zum Opfer. Apollinaris Sidonius zog sich, da der Staat einstweilen keine Verwendung mehr für ihn hatte, auf seine Besitzungen zurück. Er lebte meist auf dem Gut, das seine Frau in die Ehe gebracht hatte, im Arvernerland: der Aufenthalt in der Nähe von Lyon war ihm durch die burgundische Einquartierung verleidet. Er widmete sich der Landwirtschaft und oblag der Jagd: er unternahm Reisen zu seinen Standesgenossen und Freunden und kümmerte sich um die Erziehung seiner Kinder. Außerdem hat er damals ein gut Teil seiner Gedichte und Briefe verfaßt, in denen er sich ausgiebig über sein Tun und Lassen äußert. Er suchte die überkommene Kultur gegen die Barbaren, wie er die germanischen Eindringlinge nannte, zu verteidigen: durch geistigen Widerstand, durch Beschäftigung mit der lateinischen Literatur, durch eigene Schriftstellerei. Diese ziemlich idyllische Zeit wurde durch einen neuerlichen Versuch der Reichszentrale, den Verfallsprozeß im Westen aufzuhalten, beendet. Byzanz beorderte einen Heermeister auf den vakanten Kaiserthron, Anthemius mit Namen (467). Der aber rief Apollinaris Sidonius zu sich nach Rom, als Ratgeber für die Verhältnisse in Gallien. Apollinaris Sidonius wurde *praefectus urbi;* er kehrte nach einjähriger Amtstätigkeit in seine Heimat zurück. Nunmehr begann der heroische Abschnitt seines Lebens.

Im Jahre 466 war der römerfreundliche Westgotenkönig Theoderich II. einer Verschwörung seines Bruders Eurich zum Opfer gefallen; Eurich plante die Errichtung eines von Rom gänzlich unabhängigen Regimes im südlichen Gallien. Die von den Germanen noch nicht besetzten Gebiete, der Südosten und die Auvergne, bekamen bald den Druck der Westgoten zu spüren. Die Truppen des Anthemius erlitten eine Niederlage; das Territorium der Westgoten erstreckte sich jetzt bis zur Rhone, und die noch freie Auvergne war von Italien abgeschnitten. In derselben Zeit wurde Apollinaris Sidonius zum Bischof von Augustonemetum (Clermont-Ferrand) gewählt, und von dieser Position aus leitete er den Verzweiflungskampf des zentralgallischen Adels gegen die Westgoten (471–475). Sein Bischofsamt erklärt sich aus den verworrenen Zeitläuften. Er war als Theologe nicht im geringsten qualifiziert; seine rhetorische Bildung hatte ein durchaus weltliches Gepräge.

Andererseits gehörte er einer der maßgeblichen Familien des Landes an, und er verfügte über administrative und diplomatische Erfahrungen. Inmitten des Zusammenbruchs der Staatsgewalt wurde die Kirche, wurde zumal der Episkopat zum einzigen Halt; Ordnung und Rechtsfrieden waren, wenn überhaupt, nur noch von dort zu erwarten. Neben eher weltlich gesinnten, die Lebensformen der Aristokratie bewahrenden Bischöfen wie Apollinaris Sidonius gab es Asketen und Streiter für die wahre Lehre in der Art eines Paulinus von Nola. Die beiden Typen von Klerikern kamen allem Anschein nach gut miteinander aus; die gemeinsame Standeszugehörigkeit erwies sich gegenüber unterschiedlichen Gesinnungen als das stärkere Band. Mit Bischöfen von der Art des Apollinaris Sidonius hielten auch deren Bibliotheken Einzug in die Kirche, und es mochte von manchem Kleriker gelten, was Apollinaris Sidonius von seinem Freunde Mamertus Claudianus, dem Priester und Philosophen – dem Verfasser einer Schrift *De statu animae*, «Vom Wesen der Seele», einer neuplatonisch beeinflußten Psychologie –, nach dessen Tode in einem Epitaph geschrieben hat:

Triplex bybliotheca quo magistro,
Romana, Attica, Christiana fulsit –
(«Bei diesem Meister hat dreierlei Bücherweisheit,
die römische, attische und christliche, geglänzt»).

Hierbei muß man allerdings bedenken, daß die griechische Literatur im 5. Jahrhundert nur noch wenigen zugänglich war.

Vor diesem zeitgeschichtlichen Hintergrund wird begreiflich, daß kein anderer als Apollinaris Sidonius das Bischofsamt in Augustonemetum erhielt. Er selbst hat seine Entscheidung, die Wahl anzunehmen, in einem Brief, mit dem er seinen Schwager Ecdicius zur Mitwirkung bei der Verteidigung der Heimat aufforderte, in folgende Worte gekleidet: *Si nullae a re publica vires, nulla praesidia, si nullae ... Anthemii principis opes, statuit te auctore nobilitas seu patriam dimittere seu capillos* – «Da der Staat keine Kräfte, keine Truppen mehr hat, da Kaiser Anthemius über keine Hilfsmittel verfügt, hat der Adel beschlossen, unter Deiner Führung entweder das Vaterland dranzugeben oder das Haupthaar.» Apollinaris Sidonius, der auf sein Haupthaar verzichtete, um die Heimat zu retten, nahm gleichwohl sein geistliches Amt sehr ernst. Er trennte sich von seiner Frau, verzichtete auf seinen Besitz und sagte der Dichtung Valet. Gemeinsam mit Ecdicius organisierte er den Widerstand; Defaitisten wurden entfernt und burgundische Hilfstruppen herbeigeholt. Die Auvergne blieb unbesiegt. Ein von südgallischen Bischöfen vermittelter Vertrag zwischen Eurich und dem weströmischen Kaiser Julius Nepos gab sie jedoch an die Eindringlinge preis: das Land wurde gegen Arles und Marseille ausgetauscht (475). Das Westgotenregiment erwies sich als unerwartet milde. Apollinaris Sidonius, die Seele des Verteidigungskampfes, wurde zwar einige Zeit in Kavaliershaft gehalten; dann aber durfte er auf seinen Bischofssitz zurückkehren. Das letzte Jahrzehnt seines Lebens war frei von dramatischen Ereignissen; er diente der Kirche und der Bildung.

Von allen diesen Begebenheiten vermitteln die Briefe des Apollinaris Sidonius ein anschauliches Bild. Der Leser verfolgt das Schwinden und den Zusammenbruch der römischen Verwaltung sowie den verzweifelten Kampf gegen Eurich, die Kriegsnot und die Verheerungen. Ein Schreiben spricht Constantius, einem Geistlichen aus Lyon, Dank dafür aus, daß er, wiewohl hochbetagt, in die verwüstete Auvergne und die halbzerstörte Stadt gekommen sei, die Entmutigten durch seine eindringlichen Worte aufzurichten. Einmal wird ein Tapferer mit folgenden Worten ausgezeichnet: *Neque si Romana res publica in haec miseriarum extrema defluxit, ut studiosos sui numquam remuneretur, non idcirco Brutos Torquatosque non pariunt saecula mea* – «Wenn auch der römische Staat zu diesem Äußersten an Jammer herabgesunken ist, daß er die, die ihm dienen, niemals mehr belohnen kann, so läßt es unsere Zeit deswegen durchaus nicht an Männern wie Brutus und Torquatus fehlen.»

Ein weiteres oft wiederkehrendes Thema sind die Angelegenheiten der Kirche. Apollinaris Sidonius meldet sich zur Einweihung eines Baptisteriums an, oder er teilt das Epigramm mit, das er für die neue Martinskirche in Tours gedichtet hat. Man erfährt manches über Umtriebe, die der Wahl eines Bischofs vorausgehen konnten, und ein ausführliches Schreiben befaßt sich mit der dem

Katholizismus feindlichen Politik Eurichs. In anderen Briefen ist von Prozessen die Rede: die Kirche übte damals in den Städten Gerichtsbarkeit aus – wer hätte es auch sonst tun sollen.

Vor allem gibt die Briefsammlung Auskunft über die Lebensführung und den Lebensstil des gallischen Adels: der Autor beschreibt die Güter, auf denen er und seine Freunde lebten; er gewährt Einblicke in den gesellschaftlichen Umgang. Der Dienst in der Zivilverwaltung galt noch als Pflicht, der man sich nicht durch Ausweichen auf die Güter gänzlich entziehen durfte: Apollinaris Sidonius hielt sich für berechtigt, einem Standesgenossen wegen seines sich selbst genügenden Daseins auf dem Lande kräftig die Leviten zu lesen. Von diesen Vorstellungen ließ er auch in der Zeit der letzten Kämpfe nicht ab: er gab der Hoffnung Ausdruck, daß seine und des Schwagers Kinder dereinst bis zum Konsulat aufsteigen würden, nachdem sie selbst es bis zum Range von *patricii* gebracht hätten. Die Verbundenheit mit dem Reich scheint indes von ziemlich äußerlicher Art gewesen zu sein; ein lebendiges Zusammengehörigkeitsgefühl existierte nicht mehr. Es gab kaum noch verwandtschaftliche Beziehungen zum italischen Adel, und auch in gesellschaftlicher Hinsicht hatte man sich auf Südgallien zurückgezogen. Die Ursachen des Zusammenbruchs beschäftigten Apollinaris Sidonius und Seinesgleichen wenig, und man unternahm keinerlei Versuch, das Zeitgeschehen im ganzen zu überblicken. Offenbar bestand in den Köpfen des damaligen gallischen Adels ein eigenartiges Nebeneinander von Resten der altüberkommenen Reichsgesinnung und von einem lebhaft empfundenen Partikularismus.

Das Bewußtsein der kulturellen Überlegenheit gegenüber den Eindringlingen war die tragende, alle Mitglieder der Kaste einigende Kraft: man kämpfte weniger für Rom als gegen die Barbaren, von denen man sich in seinen wirtschaftlichen Verhältnissen und mehr noch in seinem Lebensstil und seiner literarischen Kultur bedroht fühlte. Vor den Germanen und deren primitivem Gebaren fürchtete man sich. In einem Gedicht klagt Apollinaris Sidonius scherzhaft über die burgundische Einquartierung, die ein *foedus*, ein ‹Bündnisvertrag›, ihm auferlegte: wie solle seine Muse sechsfüßig dichten, wenn sie von siebenfüßigen ‹Beschützern› umgeben sei. «Du meidest die Barbaren, weil man sie für schlecht hält», schreibt er einmal, «ich meide sie auch, wenn sie gut sind.» Dieses Gefühl der kulturellen Überlegenheit erschwerte, ja verhinderte den Umgang mit den Germanen. Gewiß erhielt der römerfreundliche Westgotenkönig Theoderich II. eine anschauliche Charakteristik, und der Aufzug eines burgundischen Prinzen vermochte den Autor zu neugieriger Anteilnahme zu veranlassen. Es war indes Sache der Germanen, sich um Kontakte mit den Römern zu bemühen, und so stand im vorhinein fest, wer wessen Sprache zu erlernen habe. Daher wird ein Germane namens Arbogast wegen seiner Lateinkenntnisse mit Komplimenten bedacht, während ein Römer, der es über sich gebracht hatte, das Germanische zu erlernen, Ironie und Spott einstecken muß: «Es läßt sich nicht beschreiben, was ich und die anderen zu lachen haben, wenn wir hören, daß sich, wenn Du zugegen bist, der Barbar fürchtet, einen Barbarismus» (einen Sprachschnitzer) «zu begehen.»

Die Beschäftigung mit Literatur muß in den Kreisen des gallischen Adels ziemlich verbreitet gewesen sein. Bestandteil des Landsitzes war daher eine Bibliothek; dort las und schriftstellerte man, dort debattierte man mit Freunden und Gästen. Man entlieh sich Bücher, um sie kopieren zu lassen; man tauschte miteinander die eigenen Produkte aus. Die Philologen und Rhetoren erfreuten sich großer Achtung: bei ihnen fragte man nicht nach der Herkunft, während man sonst einem Neuling gern ein naserümpfendes *Qui genus, unde domo?* – «Von welchem Geschlecht, aus welchem Hause?» entgegenhielt. Es war nicht mehr und nicht weniger als literarische Betriebsamkeit, worauf das Überlegenheitsgefühl und Standesbewußtsein des gallischen Adels vornehmlich beruhte. Man dachte gewiß auch über ethische Fragen nach, doch im Verhältnis zur Literatur scheint dergleichen nur geringe Bedeutung gehabt zu haben. Apollinaris Sidonius jedenfalls ist ganz und gar dem rhetorischen Bildungsideal der heidnischen Antike verpflichtet. Das hierdurch vermittelte Kulturbewußtsein enthält noch einen Reflex der einstigen, im Rompreis sich kristallisierenden Reichsgesinnung; Apollinaris Sidonius bezeichnet Rom in herkömmlicher Weise als *domicilium legum, gymnasium litterarum* – «Wohnstatt der Gesetze, Schule der Bildung» usw. Es war indes ein spirituelles Rombild jenseits der politischen Wirklichkeit, dem er huldigte. Bei Prosper von Aquitanien, Sekretär im Dienste Papst Leos I., zeitigte die Erkenntnis des Untergangs der römischen Macht den Glauben, daß die geistige Herrschaft der Nachfolger Petri würdig an deren Stelle getreten sei. Für Apollinaris Sidonius, den gallischen Adligen, knüpfte sich an dieselbe Erkenntnis der Entschluß, das Römertum in der literarischen Bildung zu verteidigen. Ein Bekannter namens Hesperius wird zu intensiver Fortsetzung seiner literarischen Studien ermuntert: wenn nicht wenigstens ein paar Menschen die lateinische Sprache von Barbarismen freizuhalten suchten, dann sei es bald um sie geschehen. Angesichts der Lateinkenntnisse des schon erwähnten Arbogast meint Apollinaris Sidonius zwar mit forcierter Zuversicht: *Etsi apud limitem Latina iura ciciderunt, verba non titubant* – «Wenn auch in den Grenzgebieten die römischen Gesetze ausgelöscht sind: die römischen Worte wanken nicht»; im ganzen aber konnte er wohl nicht verkennen, daß die überkommene Bildung tödlich bedroht war: *Pauci studia nunc honorant* – «Nur wenige noch lassen sich die Pflege der Literatur angelegen sein.»

12

Die Literatur des 5. Jahrhunderts

Stimmen der Zeit: Rutilius Namatianus, Paulinus von Pella, Salvianus

Gegenstand der nunmehr beabsichtigten Überschau ist ein gut Teil dessen, was die Zeit etwa vom Zusammenbruch der Rheingrenze (406) bis zum Regierungsantritt Justinians (527) und zum Ende der Vandalenherrschaft in Afrika (534) der Nachwelt hinterlassen hat. In den vorangehenden Kapiteln wurde wiederholt sowohl auf die allgemeinen Entwicklungen als auch auf bedeutende Schriften dieser Periode vorgegriffen; um so mehr scheint es angezeigt, hier zunächst in einer zusammenhängenden Skizze an die wichtigsten geschichtlichen Daten des 5. Jahrhunderts zu erinnern.

Die Zeit hat durch den Untergang der westlichen Hälfte des Römerreiches ihre unverwechselbare Signatur erhalten: im Laufe des 5. Jahrhunderts schrumpfte das Territorium, das sich wenigstens de jure noch der Zentralregierung zugehörig wußte, auf Italien zusammen. Trotz aller Auflösung und Zerstörung existierte zunächst noch vieles fort: Teile der örtlichen Verwaltung, der Schulbetrieb, der die überkommene Bildung pflegende Adel. Man kann die westliche Reichshälfte mit einem Schiff vergleichen, das eine schwere, irreparable Havarie erhalten hat, aber noch nicht sinkt – dies geschah erst später, im Jahrhundert darauf.

Theodosius I. hatte nach seinem Sieg über den Usurpator Eugenius während der letzten Monate seines Lebens zufällig noch einmal alle Regierungsgewalt in seiner Hand vereinigt. Wenn er die Nachfolge seinen beiden Söhnen Arcadius und Honorius anvertraute und dem älteren die östliche, dem jüngeren die westliche Reichshälfte als Herrschaftsbereich zuwies, dann setzte er lediglich fort, was während des ganzen 4. Jahrhunderts Praxis gewesen war; er hatte hierbei ein übriges getan und seinen Söhnen den Vandalen Stilicho, seinen tüchtigsten General, als Reichsverweser zur Seite gestellt. Gleichwohl setzte unmittelbar nach seinem Tode ein Prozeß der Entfremdung zwischen dem Osten und dem Westen ein, und aus dem Regierungspluralismus der vorangehenden Zeit wurde allmählich eine reale Teilung. Eine gewichtige Ursache hierfür war gewiß die – wodurch immer bedingte – Unfähigkeit sämtlicher Repräsentanten der theodosianischen Dynastie, der Söhne ebenso wie der weiteren Nachfolger, die sich gleichwohl bis zur Mitte des 5. Jahrhunderts als Inhaber der Kaiserwürde behaupten konnten: sie brachten es zu keiner anderen Rolle als zu der von Objekten mannigfacher politischer Kräfte, unter denen im Osten die Höflinge, im Westen die Heermeister hervorragten.

Mit den Heermeistern hat der Westen noch einmal eine politische Potenz hervorgebracht; aus ihnen rekrutierten sich die letzten Bollwerke gegen die Flut der Invasoren. So suchte nach Stilicho zumal Aetius in rastlosem Einsatz für das Reich zu retten, was noch zu retten war; als seine berühmteste Tat ist sein Sieg über den Hunnen Attila (451, auf den Katalaunischen Feldern, bei Troyes) in die Geschichte eingegangen. Nach dem gewaltsamen Tode Valentinians III., des letzten Herrschers aus der Nachkommenschaft des Theodosius I. (455), vermochte sich im Westen keine Dynastie mehr durchzusetzen. Der Heermeister Ricimer, ein Swebe, betätigte sich jetzt nach Gutdünken als Herr über den Kaiserthron; außerdem unternahm Byzanz noch zwei vergebliche Versuche, in Rom ein stabiles Regiment einzurichten. Vom Jahre 476 an vollends war der Westen gänzlich ohne Kaiser; die Heermeister hatten nunmehr allein das Sagen. Auf Ricimer folgte Odoaker, wie jener mit dem Titel *patricius* geschmückt: er fungierte als Statthalter des Ostens. Im Jahre 488 willigte die Reichsregierung in seinen Untergang ein: sie gestattete dem Ostgoten Theoderich, sich an seine Stelle zu setzen. Theoderich konnte sich nach wechselvollen Kämpfen und dreijähriger Belagerung

Ravennas zum Herrn Italiens machen, das sich nunmehr in einer verhältnismäßig langen Friedenszeit geordneter Zustände und sogar einer gewissen Blüte zu erfreuen hatte. Über Gallien breiteten sich zunächst die Westgoten und Burgunder, über Spanien die Sweben und Vandalen aus; im Laufe des 5. Jahrhunderts gelang es den Franken, sich ganz Galliens, und den Westgoten, sich fast ganz Spaniens zu bemächtigen, während die Vandalen vom Jahre 429 an bis zur Reconquista durch Justinian über Afrika geboten.

Die östliche Hälfte des Reiches hatte während des 5. Jahrhunderts ähnliche Nöte zu bestehen wie die westliche: die Heermeister bedrängten die Kaiser, und die fremden Völker, Germanen und Hunnen, ergossen sich über die Donauländer und den Balkan. Die Auseinandersetzungen zeitigten indes für die Zentralregierung minder unglückliche Ergebnisse als im Westen: die Kaisermacht vermochte sich zu behaupten, und wenigstens *eines* lästigen Feindes, der Ostgoten, wußte man sich, wie schon erwähnt, dadurch zu entledigen, daß man den ingeniösen Einfall hatte, Theoderich gegen Odoaker nach Italien zu schicken. Eine zusätzliche Belastung schufen allerdings die unseligen Kirchenkämpfe, die als christologischer Streit in die Geschichte eingegangen sind. Ist Christus nur Gott, oder ist er auch Mensch, hat er nur *eine* Natur, die göttliche, oder hat er auch eine zweite, die menschliche: die ‹Monophysiten› (die Anhänger der Auffassung, daß Christus nur *eine* Physis, die göttliche, habe) und die ‹Dyophysiten› (die von der Doppelnatur Christi Überzeugten), d. h. die Ägypter und die Syrer auf der einen und der griechische Teil der Bevölkerung auf der anderen Seite standen einander in unversöhnlicher Feindschaft gegenüber. Es kam hinzu, daß der römische Bischof nicht die mindeste Neigung zeigte, von der im Konzil zu Chalkedon (451) beschlossenen Zwei-Naturen-Lehre abzulassen; der oströmische Kaiser hatte daher nur noch zu wählen zwischen dem Haß und den Aufständen der syrischen und ägyptischen Untertanen (wenn er sich für den Dyophysitismus entschied) und dem Bruch mit der römischen, der westlichen Kirche (wenn er dem Monophysitismus den Vorzug gab). Zenon (474–491) suchte zuallererst in seinem Reiche die Glaubenseinheit wiederherzustellen; sein Henotikon, die von ihm propagierte «Einheitsformel», vermochte indes die

Monophysiten im Orient nicht zu befriedigen und führte überdies zum Schisma, zur Trennung von der Westkirche (484).

Das 5. Jahrhundert, ein Zeitalter des Niedergangs und der Zerstörung ohnegleichen, hat reichlich für Dramatik, für eine Fülle von großen und kleinen Tragödien gesorgt. Zahlreiche Berichte von Zeugen und Opfern der Wirren und Drangsale sind an die Nachwelt gelangt; sie bekunden, was die Geschehnisse für einzelne mit sich brachten und wie man all das Leid und Elend ertrug, wie man es zu erklären suchte und welche Konsequenzen man daraus zog.

Als ein erstes Dokument dieser Art soll nunmehr das Gedicht *De reditu suo* («Über des Autors Rückkehr») von Rutilius Claudius Namatianus vorgestellt werden, ein in elegischen Distichen abgefaßtes, unvollständig erhaltenes, mit Recht vielgerühmtes Kleinod der spätantiken Literatur. Hierin sind wie durch einen Brennspiegel noch einmal sämtliche Themen zusammengefaßt, welche die heidnische Aristokratie der Symmachuszeit bewegt hatten: die Romidee, die Verehrung der großen Vergangenheit, die durch eine Beamtenkarriere bekundete Reichsgesinnung, der standesgemäße Lebensstil mit seinen Reverenzen vor den Angehörigen derselben Schicht, der Hang zu Manierismen und zu einer kunstvoll gedrechselten, rhetorisch pointierten Sprache. Nach dem Gesagten versteht sich, daß Rutilius Namatianus Heide, Aristokrat und Latifundienbesitzer war; sein Werk, sein einziges, ein poetischer Reisebericht nach Art des Horazischen *Iter Brundisinum* («Reise nach Brundisium»), schildert seine Rückkehr von Rom, wo er das Amt des Stadtpräfekten innegehabt hatte, in die gallische Heimat, zu seinen von den Westgoten schwer heimgesuchten Gütern, im Herbst des Jahres 417, wobei er sich, da zu Lande die Brücken zerstört sind, auf den Seeweg längs der Küste verwiesen sieht.

Idyllisches und Satirisches durchdringen sich, lose gereiht am Faden des zurückgelegten Weges. Die schlimmen Zeitläufte machen sich allenthalben bemerkbar: in den Städten herrscht Öde und Verfall; eine Insel, von den Eindringlingen nicht bemerkt, gewährt der einheimischen Bevölkerung Zuflucht. Als Epigone der Symmachuszeit erweist sich der Autor vor allem durch einen schneidend scharfen Ausbruch gegen die Mönche, die *lucifugi viri*, die «lichtscheuen Männer», wie er sie nennt: er vermag den Widersinn nicht zu fassen, der seiner Meinung nach darin liegt, daß man sich freiwillig ins Elend begibt. Ein Standesgenosse, der sich als Eremit «lebendig begrub», wird mit den Worten beklagt: «Der Unselige glaubt, daß der Himmel sich am Schmutz weide; er quält selber grausamer sich, als gekränkte Götter dies könnten. Ich frage: ist dieser Glaube nicht schlimmer als das Gift der Kirke? Damals wurden Leiber verwandelt; jetzt verkehrt sich der Geist.» Zu all der mißlichen Wirklichkeit steht der Rompreis in einem eigentümlichen Kontrast: er feiert die Bauten; er rühmt das Reich als Hort der Gesetze und der Freiheit; er verkündet unerschüttert die Überzeugung, daß Rom, zu ewiger Existenz auserkoren, stets fähig sei, selbst katastrophenartige Erschütterungen alsbald zu überwinden. Rutilius Namatianus scheint hiermit zu bezeugen, daß damals auch Heiden in zwei Welten leben und denken konnten: in einer wirklichen, in der es drunter und drüber gehen mochte, und in einer überwirklichen, unangreifbaren der Vorstellung und des Wunsches.

Etwa vier Jahrzehnte später, im Jahre 459, verfaßte ein Enkel des Dichters Ausonius namens Paulinus von Pella ein autobiographisches Gedicht in Hexametern, mit dem Titel *Eucharisticos (logos) Deo sub ephemeridis meae textu*, «Dank an Gott, verbunden mit einer Darstellung meines Lebens». Der christliche Autor verflicht, wie der Titel andeutet, die Schilderung der eigenen Geschicke mit dem Beweis von Gottes Weisheit und Güte, von seinem Erbarmen und seiner Hilfsbereitschaft: diese doppelte Zweckbestimmung erinnert an Augustins *Confessiones*.

Auch Paulinus entstammte dem Milieu des Latifundienadels. Geboren zu Pella in Makedonien (376), kam er als Kind nach Burdigala, und von nun an blieb Südgallien der Schauplatz seines langen Lebens – er zählte 83 Jahre, als er den *Eucharisticos* zu Papier brachte. Er sollte und wollte sich gründlich mit der überkommenen Bildung vertraut machen, doch ein chronisches Leiden erzwang den Abbruch der Studien. Der Knabe wurde verzärtelt; der Vater nahm ihn oft mit auf die Jagd, wozu bemerkt sei, daß die anmutige Schilderung, die der Autor davon gibt, zum ersten Male die Verwendung von Jagdfalken bezeugt. Er heiratete, von den Eltern gedrängt, als Zwanzigjähriger ein adliges Mädchen, das ein heruntergekommenes Gut in die Ehe einbrachte. Paulinus scheute keine Mühe, und die Landwirtschaft florierte; es waren glückliche Jahre. Da brachen die Feinde herein, *Romani in viscera regni*, «ins Eingeweide des Römerreichs»; zugleich verlor Paulinus seinen Vater, und es gab wegen des Testaments Zwist mit dem Bruder. Von jetzt an trafen ihn immer neue Schicksalsschläge, allerdings nicht ohne sein Verschulden: er hätte sich auf seine im Osten gelegenen Besitzungen zurückziehen sollen. Alanen und Goten zehrten an seinem Vermögen, und als er sich, nachdem in Burdigala alles verloren war, nach Aquitanien begab, wäre er dort beinahe einem Sklavenaufstand zum Opfer gefallen. Zugleich belagerten Feinde die Stadt, Alanen und Goten. Es gelang Paulin, sich zum Führer der Alanen, den er kannte, zu schleichen und ihn von seinem Bündnis mit den Goten abzubringen; der Übertritt der Alanen veranlaßte die Goten, die Belagerung abzubrechen, und die Stadt war gerettet. Paulin verfiel trüben Weltfluchtstimmungen; er ging mit dem Gedanken um, die Familie zu verlassen und Einsiedler zu werden. Er verlor in kurzer Zeit Schwiegermutter, Mutter, Frau und Söhne; vereinsamt zog er sich nach Massilia zurück, wo er ein winziges Gütchen sein eigen nannte. Einige Jahre konnte er seinen Unterhalt selbst bestreiten; dann – er war inzwischen ein alter Mann geworden – mußte er seinen Freunden auf der Tasche liegen, bis ihm eines Tages ein gewissenhafter Gote, der sein Gut bei Burdigala in Besitz genommen hatte, eine bescheidene Summe als Kaufpreis zukommen ließ.

Dieser Lebensbericht scheint viel Zeittypisches zu vereinigen; er führt vor Augen, wie sich der Zusammenbruch des Reiches, die Germanenzüge und die aus der allgemeinen Auflösung resultierenden sozialen Unruhen auf den einzelnen auswirken konnten. Anders als Rutilius Namatianus verschwendet Paulinus an das Reich kaum noch einen Gedanken: der Daseinskampf ist härter geworden, und der Zerfall der überlieferten Ordnungen hat seit dem Anfang des Jahrhunderts große Fortschritte gemacht. Die Familie und das Vermögen sind die vorherrschenden Themen; der Verfasser bemüht sich indes, auch die Verluste und Unglücksfälle als Fügungen Gottes zu begreifen, so daß bei ihm ein kompaktes heidnisches Glücksbedürfnis und christliches Streben nach Transzendenz ziemlich unverbunden nebeneinander stehen. Der *Eucharisticos,* ein doch wohl durchaus aufrichtiges Bekenntnis, macht deutlich, wie der christliche Glaube in den Wirrnissen der Zeit auch denen Halt und Trost zu geben vermochte, die mit ganzem Herzen an ihrem Hab und Gut, an tätiger Wirksamkeit, an irdischem Gedeihen hingen.

Etwa zwei Dezennien zuvor, um das Jahr 440, verfaßte ein aus Trier gebürtiger, in Massilia lebender Priester namens Salvianus ein Werk, das in der handschriftlichen Überlieferung den Titel *De gubernatione Dei,* «Über das Regiment Gottes», trägt, von Gennadius hingegen, einem Zeitgenossen, *De praesenti iudicio,* «Über das Gericht in der Gegenwart», genannt wird. Der Autor war Christ strengster Observanz; er hatte sich als junger Mann von der Welt zurückgezogen und eine Zeitlang auf den Lerinischen Inseln (vor Cannes) in einem Kloster gelebt, in einer Gründung des Honoratus, des nachmaligen Bischofs von Arles. Die genannte Schrift, eine der wenigen aus einem umfänglichen Œuvre, die erhalten blieben, befaßt sich mit einem der großen Themen der Epoche: wie konnte es dahin kommen, daß das römische Reich zusammenbrach? Sie sucht jene Zweifler an der Gerechtigkeit Gottes zu widerlegen, die der Meinung waren, daß die Barbaren, die Schlechten, im Glück, die Römer hingegen, die Guten, im Unglück lebten. Salvian weist also nicht, wie Augustin, den immanentistischen Theodizee-Gedanken, die Annahme, daß Gott sein Gericht bereits *in* der Welt, *in* der Geschichte ausübe, zurück; er sucht vielmehr darzutun, daß die Zweifler von verkehrten Voraussetzungen ausgingen: nicht die Römer seien die ungerecht behandelten Guten und nicht die Barbaren seien schlecht. Das genaue Gegenteil treffe zu: die Römer, die angeblich rechtgläubigen Christen, ließen es ganz und gar an der Befolgung der Gebote Gottes fehlen.

Salvian beginnt mit einer Art Grundlegung, die in strenger Methode vollzogen wird: er sucht zu beweisen, daß Gott in der Welt allgegenwärtig sei, daß er die Welt regiere und daß er in der Welt die Menschheit richte, und er erbringt diesen dreifachen Beweis mit Hilfe dreier Instanzen: durch Vernunftgründe, durch geschichtliche Beispiele und durch Schriftzeugnisse. Doch dann, im 3. Buch, wendet er sich seinem konkreten Problem zu: wie sich der Glaube an das Gericht Gottes in der Welt mit dem gegenwärtigen Zustand, dem Glück der Barbaren und dem Unglück der Römer, vereinbaren lasse. Hier aber setzt die Partie ein, auf der das besondere Verdienst der Schrift beruht: Salvian begnügt sich nicht, wie es sonst üblich war, mit vagem Moralisieren; er versteht sich vielmehr auch zu unerhört scharfen Anklagen, die ihn als vorzüglichen Kenner der öffentlichen Mißstände erweisen, und seine Hiebe treffen, weil sie sachlich gut fundiert sind. So unverblümt wie er hat sich sonst kaum jemand über die Ungerechtigkeiten im Steuerwesen geäußert, und selbst die Kirche muß sich manchen heftigen Vorwurf gefallen lassen. Die Hauptthese der Zweifler, die These vom Wert der Römer und Unwert der Barbaren, wird dialektisch zerpflückt: die Römer seien als Katholiken zwar besser hinsichtlich ihres Glaubens, jedoch schlechter durch ihre Lebensführung; die Barbaren wiederum müsse man verschieden beurteilen, je nachdem sie Heiden seien oder Häretiker – die Häresie der Goten und Vandalen z. B. gehe ja letztlich auf römische Irrlehren zurück.

Das 5. Buch bringt abermals schwere, geradezu erschütternde Anklagen gegen die Ungerechtigkeiten und Erpressungen, denen vor allem die Niedrigen und Schwachen ausgesetzt sind. «Heimgesucht werden die Armen, die Witwen seufzen, die Waisen trampelt man nieder, in dem Maße, daß viele von ihnen, und zwar aus gutem Hause Stammende und bürgerlich Erzogene, zu den Feinden fliehen, um nicht den Schlägen der öffentlichen Verfolgung zu erliegen: sie suchen bei den Barbaren römische Menschlichkeit, weil sie die barbarische Unmenschlichkeit bei den Römern nicht ertragen können. Und obwohl sie sich von denen, zu denen sie fliehen, durch die Bräuche, durch die Sprache, ja sozusagen durch den Geruch der Körper und Kleider, die bei jenen barbarisch sind, unterscheiden, ziehen sie es vor, unter Barbaren andere Lebensformen hinzunehmen, statt unter Römern dem Wüten der Ungerechtigkeit ausgesetzt zu sein. Daher ziehen sie allerorten zu den Goten oder den Bagauden oder anderen Barbaren, die überall das Heft in Händen halten, und es gereut sie nicht, dorthin gezogen zu sein: sie wollen lieber in scheinbarer Gefangenschaft frei leben als in scheinbarer Freiheit Gefangene sein.» Die erwähnten Bagauden, Aufrührer, die schon im 3. Jahrhundert von sich reden gemacht hatten, scheinen damals, im 5. Jahrhundert, in der Bretagne ein eigenes Gemeinwesen unterhalten zu haben: diese Leute, stellt Salvian fest, seien durch die korrupten, habgierigen und erbarmungslosen Steuereinnehmer zum Äußersten getrieben worden; man habe sie gezwungen, ihren Platz in der Rechtsgemeinschaft aufzugeben und wie Barbaren zu leben, da man ihnen nicht hatte gestatten wollen, Römer zu bleiben.

Salvian läßt es nicht an Einseitigkeiten fehlen, wenn er immer wieder die sittenreinen Barbaren den verkommenen Römern gegenüberstellt; seine Übertreibungen grenzen mitunter ans Phantastische. Andererseits glaubt man stets den Zeithintergrund, ja eigene Zeugenschaft wahrzunehmen, z. B. wenn geschildert wird, welche Verwilderung der Sitten die Invasionen der Germanen mit sich brachten. Die Abhandlung ist mit Temperament und durch die Sache legitimiertem Pathos geschrieben, ungemein flüssig und in lebendigem Predigtstil. Mag ihre Grundannahme, die Überzeugung, daß Gott auch im Hier und Jetzt der Geschichte Gericht halte, problematisch, ja unannehmbar sein: sie ist durch ihre Kritik an den Zuständen im sich auflösenden Römerreich ein ungemein wertvolles Zeitdokument. Salvian urteilte offenbar als Christ, wenn er, anders als in der Antike üblich, Verständnis für soziale Erhebungen zeigte; daß er auch als Römer urteilte, bekundet sich nirgends deutlicher als am Schluß des 6. Buches:

«Denn wo sind die Machtmittel und das Ansehen der Römer von einst geblieben? Vormals waren die Römer die Tapfersten, jetzt sind sie ohne Kraft; die alten Römer waren gefürchtet, wir fürchten uns; jenen zahlten die Barbarenvölker Tribute, wir sind den Barbaren tributpflichtig. Die Feinde verkaufen uns den Gebrauch des Lichts, unsre ganze Existenz ist Handelsobjekt. O über unser Unglück! Wie tief sind wir gesunken! Und dafür danken wir noch den Barbaren, von denen wir uns selbst für Geld loskaufen. Was kann es Verworfeneres und Elenderes geben als uns?»

Salvian, den sein Glaube, seine moralische Integrität und seine Intelligenz die inneren Schäden Roms deutlicher haben erkennen lassen als fast alle seine Zeitgenossen, verdient einen Ehrenplatz in der Geschichte des menschlichen Gewissens.

Geschichtsschreibung, Panegyrik, Hagiographie

Große Geschichtsschreibung hat es nach Ammianus Marcellinus im Westen nicht mehr gegeben, während des ganzen 5. und auch in der ersten Hälfte des 6. Jahrhunderts nicht; erst mit Gregor von Tours (um 540–594) und dann nach einem abermaligen Hiat mit Beda Venerabilis (673–735) meldeten sich wieder Historiker von Rang zu Wort. Hierfür gibt es eine plausible Erklärung. Geschichtsschreibung im vollen Sinne des Worts setzt eine Idee voraus, ein Sinngefüge, woran die Ereignisse sich messen und woraufhin sie sich ordnen lassen. Ammian hatte noch Reichsgeschichte geschrieben: Roms Friedens- und Rechtsgedanke waren wie in der Wirklichkeit, die er darstellte, so auch in seinem Werk die leitenden Prinzipien. Die Katastrophe von Adrianopel gewann erst lange nach dem Todesjahr des Kaisers Theodosius I., das wahrscheinlich auch das seine war, das Aussehen eines den Untergang einleitenden Wendepunktes; die Entwicklungen, die seit Beginn des folgenden Jahrhunderts ihren unaufhaltsamen Verlauf nahmen, konnten, als Ammians Werk entstand, von keinem noch so scharfsinnigen Geist vorausgesehen werden. Als dann nach ziemlich genau zwei Jahrhunderten der Stille Gregor von Tours zur Feder griff, war bereits ein neuer Akt der Geschichte in vollem Gang: der der Germanenreiche auf vormals römischem Boden. Der Autor der *Historia Francorum* hatte in seiner Jugend noch die guten Zeiten der Merowingerherrschaft erlebt, und als er starb, waren der Kampf zwischen Königtum und Adel und der Gegensatz zwischen Austrien und Neustrien noch nicht endgültig zugunsten der partikularistischen, das Frankenreich auflösenden Kräfte entschieden; andererseits gehörten die Spannungen zwischen der einstigen einheimischen Bevölkerung und den germanischen Invasoren damals der Vergangenheit an. So lag für ihn nichts näher, als die Franken, ihre Geschichte, ihre politische und religiöse Aufgabe im Weltplan zum Thema und Orientierungspunkt seiner

Darlegungen zu machen. Beda Venerabilis endlich sah sich zeitlich wie räumlich von einem für ihn überaus bedeutsamen Prozeß umgeben, dem der Christanisierung der Angelsachsen; hier boten ihm die Fakten einen inneren Zusammenhang dar, der geradezu nach einer Objektivierung in einer angemessenen Geschichtsdarstellung verlangte.

Im Chaos des 5. Jahrhunderts war eine nach vorgegebenen Maßstäben deutende, weiträumige Historiographie nicht denkbar. Man kämpfte ums Überleben; man hatte keine Zukunft mehr und war eben deshalb auch von aller Vergangenheit abgeschnitten. Die Romidee flackerte noch hier und da auf, als ein Überbleibsel aus einer anderen Welt; die Wirklichkeit war zu weit von ihr entfernt, als daß sie sich noch mit ihrer Hilfe hätte darstellen lassen. Für die historiographische Hauptgattung, die großangelegte Zeitgeschichte, fehlte es an der erforderlichen Stabilität und Kontinuität, und so sah man sich auf eher periphere Darstellungsformen beschränkt: auf die Weltchronik einerseits und auf Panegyrik und Biographien andererseits. Wer eine Weltchronik verfaßte, übernahm das Vorhandene oder knüpfte daran an und führte es durch Nachtragen von allerlei Fakten bis auf die je eigene Gegenwart. Die Panegyriker suchten Augenblickssituationen als glückhaft hinzustellen, die bald darauf vom Strudel der Ereignisse fortgerissen wurden. Wer sich der Biographie, insbesondere der Heiligenvita zuwandte, begnügte sich mit der Darstellung eines einzelnen Lebensschicksals; die Kategorien, die er hierfür benötigte, waren von moralischer oder religiöser Art und somit von den politischen Katastrophen unabhängig.

Am Anfang des 5. Jahrhunderts erschien allerdings noch einmal ein Werk universalhistorischen Zuschnitts, ein Werk sui generis, die bereits erwähnten *Historiae adversum paganos* («Weltgeschichte in antipaganer Sicht», in 7 Büchern), die der spanische Presbyter Orosius im Auftrage Augustins verfaßt hat. Die *Historiae* sollten vor dem Hintergrunde der Vergangenheit das Elend der Gegenwart relativieren; es galt, auf diese Weise die Räsonnements der Heiden zu widerlegen, die für das Unglück, das über Rom und das Reich hereingebrochen war, die Tatsache verantwortlich machten, daß sich das Gemeinwesen von seinen alten Göttern abgewandt habe und an ihrer Statt Christus verehre. Die *Historiae* dienten also demselben apologetischen Ziel wie Augustins *Civitas Dei;* sie ergänzten deren geschichtsphilosophische Darlegungen um die Dimension des tatsächlichen Geschichtsablaufs. Orosius hat, indem er alles Dunkle zusammentrug, das die Vergangenheit ihm darbot – Seuchen und Naturkatastrophen, Kriege, Mordtaten und andere Verbrechen –, eine negative Weltgeschichte von grandioser Einseitigkeit, ein wahres Martyrologium der Menschheit verfaßt, ein Werk, das den Zeitgenossen unermüdlich einhämmerte, wie verkehrt man urteile, wenn man die Belästigungen, denen man gegenwärtig ausgesetzt sei, für ein außergewöhnliches Unglück ansehe. Die *Historiae* enthalten eine synchronistisch angeordnete Darstellung der orientalischen, der griechisch-hellenistischen und der römischen Geschichte, wobei das Schema der vier Weltreiche – bei Orosius Assur-Babylon, Makedonien, Karthago, und Rom – auf die Verteilung des Stoffes eingewirkt hat. Das ungemein temperamentvoll geschriebene, von ehrlicher Überzeugung beseelte Werk gehörte bis in die Neuzeit hinein zu den meistgelesenen Geschichtsdarstellungen; es hat insbesondere als Schulbuch Verwendung gefunden.

Die erfolgreichste Chronik des 5. Jahrhunderts hat der bereits erwähnte Sekretär Leos I., Prosper von Aquitanien, verfaßt. Das Werk ist in zahlreichen Handschriften und mehreren Fassungen überliefert; es wurde wiederholt von Späteren benutzt und fortgesetzt. Es bringt bis zum Jahre 378 lediglich eine flüchtige Bearbeitung des Vorgängers Hieronymus; in die aus anderen Quellen und zumal aus eigener Kenntnis zusammengestellten Fakten der darauf folgenden Zeit, die bis zum Erlöschen der Theodosianischen Dynastie (455) reichen, fließen lebhafte Klagen über das von den Germanen bewirkte Elend ein. Wichtiger ist, daß sich der Verfasser gegen Ende mehr und mehr auf die Stadt Rom und die päpstliche Kurie konzentriert; auch in anderen Chroniken der Zeit engt sich der Horizont bei der Darstellung der je eigenen Gegenwart stark auf den jeweiligen Standort des Autors ein. Prosper hat aus dieser durch die Umstände verursachten Not (die allgemeine Unsicherheit erschwerte den Austausch von Nachrichten) eine Tugend zu machen versucht: er wurde durch seine Überzeugung, daß der päpstliche Stuhl die weltliche Macht abgelöst habe, zu einem Wegbereiter der kirchlichen Romidee. In seinem antihäretischen Lehrgedicht *De ingratis*, «Über die Undankbaren», hat er diese Überzeugung auf die Formel gebracht: «Rom wurde zum Haupt der Welt für das Hirtenamt; was es nicht mehr durch Waffen besitzt, hält es fest durch den Glauben.» Solch Trost stand dem im Nordwesten Spaniens lebenden Bischof Hydatius nicht zu Gebote; seine an Hieronymus anknüpfende, bis zum Jahre 468 geführte Chronik betrachtet die Zeitläufte aus der Perspektive einer abgelegenen Provinz und kann daher dem Wüten der Sweben und Vandalen keine positive Entwicklung gegenüberstellen. Der im Ostreich beheimatete Chronist Marcellinus Comes wiederum, ebenfalls ein Fortsetzer des Hieronymus, scheint an das Rückeroberungsprogramm Justinians, dem er nahestand, Hoffnungen geknüpft zu haben: sein Werk, eine von ihm selbst hinzugefügte Fortsetzung endete mit dem Sturz der Vandalenherrschaft in Afrika. Auch bei ihm hat der Standort Lücken verursacht: vom Beginn der Herrschaft des Ostgoten Theoderich an entrückt der Westen fast völlig seiner Aufmerksamkeit.

Auch die Panegyrik des 5. Jahrhunderts konnte nicht umhin, von den Bedrängnissen des Zeitalters Notiz zu nehmen; andererseits war sie ihrem Wesen nach eine optimistische Gattung, deren Aufgabe darin bestand, große Tugenden, Taten und Erfolge zu rühmen. Schon Claudian, der spätantike Archeget des poetischen Enkomions, hatte sich diese Spannung zunutze gemacht: wenn er eine an sich schon düstere Situation in noch düstereren Farben schilderte, dann konnte er das rettende Eingreifen seines Helden, etwa Stilichos, desto heller erstrahlen lassen. Nach demselben Muster wurde auch im 5. Jahrhundert Panegyrik produziert; die Nöte der Wirklichkeit allerdings brauchte man nunmehr kaum noch zu steigern, und die Rolle des jeweiligen Protagonisten war auf Augenblickserfolge oder auf die bloße Absicht, etwas Heilsames zu tun, beschränkt. Die Preislieder, die unter diesen Voraussetzungen entstanden, lassen überdeutlich erkennen, daß sie einerseits durch Claudian, andererseits durch die manierierte Prosa der Epoche geprägt sind: sie schwelgen in rhetorischen Pointen; sie halten am überkommenen Kanon der Herrscher- und

Feldherrntugenden fest; sie schalten mit dem Prunk der mythischen und allegorischen Figuren. Hiermit ist zugleich gesagt, daß die längst fällige Christianisierung der Gattung unterblieb; die in diese Richtung weisenden Ansätze des 4. Jahrhunderts (wie sie sich z. B. in den Trauerreden des Ambrosius finden) blieben ohne Resonanz. Die Panegyrik mit ihrer antiken Ethik und ihrer antiken Mythologie bezeugt, daß man sich im 5. Jahrhundert weithin damit abgefunden hatte, in einer heidnisch-christlichen Mischkultur zu leben. Hierauf scheint der Hauptwert der im übrigen ziemlich epigonenhaften Preisgedichte aus jener Zeit zu beruhen.

Auch Flavius Merobaudes gehörte zu den Dichtern der Spätantike, welche die hohe Ehre einer Statue auf dem Trajansforum zu Rom empfingen; auch in seinem Falle hat, wie in dem Claudians, die zugehörige Inschrift die Zeiten überdauert. Im übrigen aber wüßte die Nachwelt wenig von ihm, wären nicht von dem Historiker Niebuhr in einem wiederbeschriebenen Codex der Sankt Galler Bibliothek Reste seiner Werke entdeckt worden. Hierunter befinden sich Bruchstücke eines Prosa-Enkomions und eines poetischen Panegyrikus; in beiden Fällen ist Aetius, Heermeister und de facto Regent des Westreichs, der Gefeierte: die Rede preist sein zweites (437), das Gedicht sein drittes Konsulat (446). Die Nachahmung Claudians – zumal von dessen Invektive gegen Rufin – reicht weit: die Furien haben nach allgemeinem Frieden neuen Brand entfacht; Aetius wird als Feldherr verlangt, was dem Panegyriker das Stichwort für einen nach dem herkömmlichen Schema gegliederten Preis von dessen Person gibt; auf die Darstellung einer erfolgreichen Belagerung folgte wohl die Wiederherstellung des Friedens.

Im Gegensatz zu den mühsam ihren Weg sich bahnenden Versen des Merobaudes klingt die Poesie des Apollinaris Sidonius glatt und gefällig; bei ihm versteht man besser, daß er eine Statue auf dem Trajansforum erhielt. Er verfaßte Enkomien auf die drei Kaiser, deren Politik er zu unterstützen suchte: auf seinen Schwiegervater Avitus, auf Maiorian sowie auf Anthemius. Zu Beginn des Preises auf Avitus greift er zu dem probaten Mittel einer Götterversammlung, vor der Roma in 70 Hexametern, nicht ohne viel historisches Wissen auszubreiten, ihren tiefen Sturz beklagt: nur ein neuer Trajan vermöge sie noch zu retten. Jupiter weiß Trost, den er in einer über 475 Verse sich erstreckenden Rede spendet (womit auch das Gedicht selber sein Ziel erreicht hat). Hierin aber wird Avitus nach den Regeln der panegyrischen Kunst gepriesen: seine Heimat, das Arvernerland, seine Ahnen, seine Kindheit, seine diplomatischen und militärischen Erfolge. Dieser Mann werde, schließt Jupiter, Afrika zurückerobern und viele Völker besiegen. Die hochgestimmte Prophezeiung bewahrheitete sich nicht, und so konnte sich der Panegyrikus auf Maiorian desselben Problems annehmen: die personifizierte Afrika beklagt sich in einem von Roma geleiteten Konzil der Provinzen bitter über den Jammer, den die Vandalenherrschaft ihr bereite; sie verlangt, Maiorian zu entsenden, daß er sie von Geiserich befreie. Der Preis des Anthemius endlich enthält sich derartiger allzu bestimmter Wünsche; er begnügt sich damit, den aus dem Osten entsandten Kaiser im Westen einzuführen, wobei der übliche Apparat göttlicher Instanzen aufgeboten wird.

Während sich die Reichsbevölkerung und die germanischen Eindringlinge in Gallien und anderswo einigermaßen zu arrangieren vermochten, so daß dort – jedenfalls einstweilen noch – ein erheblicher Teil der altüberkommenen Stadtkultur bestehen blieb, bewirkte die Völkerwanderung in den römischen Randgebieten nördlich der Alpen innerhalb weniger Jahrzehnte den völligen Ruin. Hiervon zeugt ein singuläres Werk der Hagiographie, das *Commemoratorium vitae sancti Severini*, die «Schrift zur Erinnerung an das Leben des heiligen Severin», aufgezeichnet im Jahre 511 von Eugippius, einem Presbyter in einem neapolitanischen Kloster. Schauplatz der Geschehnisse ist das von den Germanen schwer heimgesuchte Noricum, das Gebiet östlich des Inns und südlich der Donau. Die ungeschminkte Darstellung macht den Leser zum ergriffenen Zuschauer einer untergehenden Kulturwelt; hier, im Alpenvorland zwischen Passau und Wien, wurde in den Dezennien vom Tode Valentinians III. bis zur Herrschaft Theoderichs alles vernichtet und ausgelöscht, was die vorangehenden Jahrhunderte geschaffen hatten. Askese, Heilungen und Exorzismen sind auch in der Severinsvita die wichtigsten Themen. Man erkennt indes, daß dort nicht einfach Wandermotive ein weiteres Mal Verwendung gefunden haben; alles ereignet sich in einem ausführlich geschilderten, charakteristischen, sehr turbulenten Milieu von Germanenstämmen, Räuberbanden, Gefangenen und Verschleppten, von Überfällen und ihrer Abwehr, von Hunger und anderen Nöten der verstört hin und her ziehenden Bewohner der Städte. Severin hilft allen, Römern wie Germanen, wenn sie die Gebote Gottes achten; er ist durch den ehrwürdigen Nebel der Legende hindurch als energische, unerschrockene Persönlichkeit erkennbar, als jemand, der allen unverhohlen seine Meinung sagt. Er steht jedem zu Gebote, der ihn um seinen Rat angeht, und die Germanen haben Respekt vor ihm. Er sucht auf verlorenem Posten (und er ist sich dessen bewußt) den Rechtsfrieden aufrechtzuerhalten; er befreit Gefangene und besorgt Lebensmittel und Kleidung für Notleidende (er veranlaßt z. B., daß eine Trägerkolonne mitten im Winter Sachen über die Alpen herbeischafft). Ein biographischer Rahmen ist kaum noch vorhanden; das *Commemoratorium* besteht aus einer losen Folge von einzelnen Geschichten. Immerhin hat Eugippius die ausführliche Schilderung des Todes seines Helden an den Schluß gestellt, und weiterhin die Überführung der Leiche nach Italien, als die letzten Reste der römischen Bevölkerung im Jahre 488 auf Befehl Odoakers das unhaltbar gewordene Gebiet, einen verlorenen Posten inmitten der von Barbaren überfluteten Donauländer, räumten, um in Italien eine neue Heimat zu finden.

Außer der Severinsvita sind im 5. Jahrhundert einige Bischofsbiographien entstanden. Sie scheinen in eine andere Welt zu führen, da sie Schilderungen von Lebensläufen geben, die von Wundern und Ähnlichem völlig frei sind; in ihnen setzt sich offensichtlich die Philosophenvita der Antike fort. Die Existenz dieses Typs von Biographien erlaubt den Schluß, daß sich das religiös engagierte Publikum jener Zeit von grundverschiedenen Bedürfnissen leiten ließ, daß nicht alle Leser an Heiligenlegenden und der dort obwaltenden Einstellung zum Übernatürlichen Genüge fanden. Als Beispiel für die Spezies Bischofsvita sei die des Fulgentius von Ruspe (467–532) genannt, die ein unbekannter Autor verfaßt hat. Die durchweg Vorgänge der normalen Lebenswirklichkeit schildernde Biographie beginnt in der üblichen Weise mit der

Herkunft des Fulgentius; sie befaßt sich mit der von der Mutter überwachten Erziehung und stellt sodann den weiteren Werdegang dar: wie der aus Afrika stammende, auch in der griechischen Literatur bewanderte junge Mann nach anfänglicher Tätigkeit in der städtischen Verwaltung zur Askese berufen wurde und wie er sich schließlich, nach längerem Aufenthalt in verschiedenen Klöstern, dazu bestimmen ließ, die Bischofswürde in Ruspe, einer auf halbem Weg zwischen Karthago und Tripolis gelegenen Stadt, anzunehmen. Das neue Amt brachte ihn sehr bald in Gegensatz zu den herrschenden Vandalen, die wie die meisten Germanenstämme auf römischem Boden der arianischen Lehre anhingen: er wurde durch das Machtwort König Thrasamunds, des Enkels von Geiserich, nach Sardinien verbannt. Die Biographie wendet sich, nachdem sie von einer Klostergründung auf Sardinien und anderem berichtet hat, den Schriften des Bischofs zu: Fulgentius, ein bedeutender Verfechter der Lehren Augustins, verfaßte eine stattliche Anzahl dogmatischer, vor allem gegen den Arianismus sich wendender Schriften und hinterließ außerdem Briefe und Predigten. Die mit dem Tod und dem Grabmal des Bischofs endende Vita, ein durchweg zuverlässiger Bericht, ist in schlichtem, nur gelegentlich leise stilisiertem Latein abgefaßt. Eine ähnlich präzise und nüchterne Biographie hatte ein Jahrhundert zuvor Possidius von Calama seinem Lehrer Augustin gewidmet; um das Jahr 480 verfaßte der Presbyter Constantius, ein Freund des Apollinaris Sidonius, eine Vita des Bischofs Germanus von Auxerre.

Die Bibelepik

Apollinaris Sidonius hat außer den drei Enkomien auf Kaiser eine Sammlung weiterer Gedichte hinterlassen. In dem an der Spitze stehenden Stück wird der Bewidmete, der Freund Magnus Felix, durch 346 Elfsilbler darüber belehrt, was er dort nicht vorfinden werde: keine historischen oder mythischen Stoffe und nichts, was an die großen griechischen und lateinischen Dichter gemahne. Ein anaphorisches *non* durchzieht eintönig das ganze Gedicht, das, an Phantasie arm, durch prunkendes Aufzählen von Schulwissen an Ausonius erinnert. Die Freude an petrifizierter Faktenkenntnis ist überhaupt ein hervorstechender Zug der Sammlung; ein Hochzeitsgedicht z. B., das dem Philosophen Polemius gilt, wartet geradezu mit einer Vorwegnahme der Schule von Athen in den Stanzen Raffaels auf: es wird ein Tempel geschildert, worin die großen griechischen Denker ihre Lehren vortragen.

Aus Afrika stammt die sogenannte Anthologia Latina, die einzige antike Sammlung lateinischer Gedichte, die, wenn auch unvollständig, erhalten blieb; sie ist dort während der letzten Jahre der Vandalenherrschaft angelegt worden. Sie besteht aus Epigrammatischem und anderen Kleinigkeiten von meist mittelmäßiger Qualität; der Inhalt ist fast durchweg profan und wenig bedeutsam. Formale Spielereien, Mythologisches, allerlei Pointen sowie ein Rätselbuch verweisen das Ganze in eine Tradition, die sich über Ausonius und Naucellius sowie über die sogenannten *poetae novelli* des 2. Jahrhunderts bis zu den Neoterikern um Catull zurückverfolgen läßt. Die Sammlung hat Dichter verschiedener Zeiten berücksichtigt, die allerdings oft ungenannt bleiben. Unter den genannten ragt Luxorius (oder Luxurius) hervor, ein afrikanischer Autor, der gegen Ende der Vandalenherrschaft gelebt hat; von ihm wurde ein ganzes, vor allem durch Martial inspiriertes Epigrammbuch aufgenommen.

Das 5. Jahrhundert hat auch sonst allerlei Poesie hervorgebracht, doch sein bei weitem wichtigster Beitrag, fast möchte man behaupten sein einziges literarisches Ruhmesblatt war die Bibelepik. Als Vorbilder dienten, wie bei anderen Gattungen, wie z. B. auf dem Felde der Panegyrik, die Werke der vorangehenden Zeit, wobei die meisten Autoren – ein Fall, der ohne Parallele ist – deutlich über ihre Muster hinausfanden. Der Einfluß Vergils blieb unangefochten; die besten Bibelepen erreichten auf diese Weise eine Synthese von Heidnischem und Christlichem, wie sie sonst in keiner Gattung gelang. Vier Dichter von einigem Atem haben sich im 5. und beginnenden 6. Jahrhundert an biblischen Stoffen versucht, und zwar auf sehr verschiedene Art: das Genre, wenig durch feste Konventionen eingeengt, ließ jedem, der sich seiner annahm, ein erhebliches Maß an Freiheit.

Claudius Marius Victor aus Massilia (erste Hälfte des 5. Jahrhunderts) verfaßte ein Bibelepos, dem er den Titel *Alethia*, «Wahrheit», gab. Das Werk bestand aus vier Büchern, welche die Genesis bis zum Tode Abrahams behandelten; erhalten sind lediglich die ersten drei Bücher, die bis zum Untergang von Sodom und Gomorrha reichen. Dem Autor kam es nicht auf eine genaue Wiedergabe der Vorlage an; er erlaubte sich Auslassungen, Zusätze und Umstellungen. Ein auffälliges Merkmal des Werkes sind die Exkurse: z. B. über die Willensfreiheit, über die Entstehung der falschen Gottesdienste oder über Zufall und Not als Triebkräfte des Kulturfortschritts. Mit dem zuletzt genannten Thema, das passend im Anschluß an die Vertreibung aus dem Paradies entfaltet wird, hat Marius Victor ein vieldiskutiertes Problem der antiken Popularphilosophie in einen christlichen Zusammenhang einbezogen. Er war Rhetor, kein Mann der Kirche, wie einst Laktanz, und so ist es nicht verwunderlich, daß sein Werk eher ein Nebeneinander von Christlichem und Heidnischem bekundet, keine wirkliche Verschmelzung. Das soeben für die Bibelepik der Zeit beanspruchte allgemeine Charakteristikum gilt somit in diesem Falle am wenigsten. Dem Werk war kein nennenswerter Erfolg beschieden; das Erhaltene geht auf eine einzige Handschrift zurück.

Um so mehr Anklang fand das *Carmen paschale*, das «Ostergedicht» des Sedulius (erste Hälfte des 5. Jahrhunderts), so genannt, weil, wie der Prolog zu verstehen gibt, der Autor das Werk als Osterlamm aufgefaßt wissen wollte, das der Leser verzehren möge. Von seiner Mitwelt wurde Sedulius wenig beachtet, und erst im 6. Jahrhundert begann sich sein Epos über die ganze lateinische Christenheit zu verbreiten; es erging ihm also ähnlich wie Prudenz. Mit ihm hat er auch sein weiteres Schicksal gemeinsam: sein Werk gehörte im Mittelalter zum unentbehrlichen Bestand jeder größeren Klosterbibliothek; es wurde eifrig gelesen, kommentiert und nachgeahmt.

Es besteht aus fünf Büchern. Das erste Buch enthält ausgewählte Wunderzeichen Gottes aus dem Alten Testament; es leitet den Hauptteil ein (Buch 2–5), worin der Bericht der Evangelien von Christi Geburt bis zur Himmelfahrt dargestellt wird. Dem Epos geht ein Widmungsbrief an den Presbyter Macedonius voraus. Sedulius rechtfertigt dort sein Unternehmen. Gottes Gnade habe ihn gewandelt, berichtet er. Einst habe er sich einem unfruchtbaren Spiel hingegeben, heidnischen Studien, die der *inanis vita*, dem bedeutungslosen irdischen Leben, nicht der Sorge um die Seele gewidmet waren. Wenn er zuvor geistige Mühe auf die *vanitas*, auf die heidnische Überlieferung, gewendet habe, dann bestehe kein Grund, sie jetzt der *veritas*, der christlichen Lehre, zu versagen – womit offenbar auf dichterische Versuche vor der inneren Wandlung angespielt wird. Außerdem habe ihn die Einsicht bestimmt, daß er sein Pfund nicht vergraben dürfe, zumal er sich überzeugt halte, daß die Ermahnung anderer den eigenen Glauben stärke. Was schließlich die von ihm gewählte Form angehe, den Vers, so stehe fest, daß der ästhetische Reiz eine große Wirkung auf die menschlichen Herzen ausübe, die man ihrer natürlichen Beschaffenheit gemäß behandeln müsse; auf welche Weise jemand seinen Glauben erwerbe, sei gleichgültig. Auch der Prolog und die Einleitung des ersten Buches sind – wie das Widmungsschreiben – von der Antithese Heidentum – Christentum durchdrungen, und am Schluß des ersten Buches polemisiert Sedulius heftig gegen den Glauben an die paganen Götter:

Heu miseri, qui vana colunt, qui corde sinistro
religiosa sibi sculpunt simulacra ...
(«Weh, die Unglücklichen, die Eitles verehren, die in verkehrter Gesinnung
religiöse Scheinbilder sich erschaffen ...»).

Eine derart scharfe Tonart, im 4. Jahrhundert verbreitet, zählte später eher zu den Ausnahmen: Sedulius, der den Götterkult, den Mythos, die Dichtung, die Philosophie, kurz, die gesamte antike Überlieferung radikal verwirft, tritt auf wie ein Nachzügler des Paulinus von Nola.

Sein Werk beweist, daß er in der heidnischen Literatur und den Künsten der Rhetorik wohl bewandert ist. Er hat indes hiervon maßvoll Gebrauch gemacht: die wohlklingenden Verse meiden dunkle und geschraubte Wendungen. Die dramatische, durch pathetische Ausmalungen gesteigerte Erzählung nimmt sich mit richtigem Takt möglichst wenig der Worte und um so mehr der Taten Jesu an. Daneben kommt der Exegese großes Gewicht zu, die der Allegorese huldigt und auch dem Glauben an Zahlensymbolik verpflichtet ist. Das Vorbild Vergils macht sich bei Sedulius stärker bemerkbar als bei jedem anderen Bibelepiker: bisweilen sind ganze Verse, ja Versgruppen wörtlich übernommen, als gelte es, einen Cento herzustellen. Das des Gegenstandes würdige Werk scheint in der Umgebung des Dichters Kritik hervorgerufen zu haben; vielleicht nahm asketischer Eifer an den schönen Versen Anstoß, oder man protestierte gegen die freie Behandlung der heiligen Geschichte. Jedenfalls bat Macedonius den Dichter, auf das Epos noch eine Prosafassung folgen zu lassen. Sedulius kam dem Wunsche nach und schrieb das *Opus paschale*, eine Paraphrase der eigenen Dichtung, die sich indes enger an den Bibeltext anschließt. Er wurde hiermit, ohne sich dessen versehen zu haben, zum Begründer einer im Frühmittelalter verbreiteten Konvention: daß derselbe Autor von demselben Stoff sowohl eine Vers- als auch eine Prosafassung herstellte. Der erste, der sich nach Sedulius hierzu verstand, war Aldhelm von Malmesbury († 709): sein Werk *De virginitate* erschien in zweierlei Form.

Auf ihren künstlerischen Höhepunkt wurde die spätantike Bibelepik von Alcimus Ecdicius Avitus (etwa 460–518) geführt, einem Mann aus gallischem Adel, der mit dem Kaiser Avitus und mit Apollinaris Sidonius verwandt war und der als Bischof von Vienne das arianisch gesinnte Königshaus von Burgund zum Katholizismus bekehrte. Seine Briefe, im Stil Apollinaris Sidonius verpflichtet, sind vor allem von kirchengeschichtlichem Belang; die Sammlung enthält u. a. Korrespondenz mit dem burgundischen Herrscherhaus. Das der Nonne Fuscina, einer Schwester des Autors, gewidmete Gedicht *De virginitate* preist die Jungfräulichkeit; es hebt die geistlichen Verdienste der Schwester hervor und schildert, welche Leiden sie als Gattin und Mutter hätte auf sich nehmen müssen, wenn sie nicht Braut Christi geworden wäre. Das fremdartige Werk schließt mit aufmunternden Beispielen der Standhaftigkeit und Hinweisen auf stärkende heilige Bücher.

Das Hauptwerk, die Bibeldichtung im Umfang von fünf Büchern, hat hingegen nichts Fremdartiges; es gehört vielmehr zu den wenigen poetischen Erzeugnissen der Spätantike, die, wenn sie in einer angemessenen Übersetzung vorlägen, auch den heutigen Leser unmittelbar ansprechen könnten. Wenn es dem Autor ernst ist mit der Behauptung des an den Bruder gerichteten Widmungsschreibens, er dürfe und wolle seiner Phantasie wegen des religiösen Stoffes nicht nach Art weltlicher Dichter die Zügel schießen lassen, dann kann man ihm den Vorwurf nicht ersparen, daß er in Wirklichkeit das genaue Gegenteil getan hat. Keiner der Vorgänger, auch Sedulius nicht, hatte es gewagt, die heilige Überlieferung in dem von ihm für gut befundenen Maße dichterisch zu gestalten. Er beschränkte sich allerdings auf das Alte Testament; mit dichterischem Takt und religiösem Feingefühl wählte er dort Partien aus, die für sein Unternehmen besonders geeignet waren. Das erste Buch behandelt die Erschaffung des Menschen und das Paradies (*De mundi initio*, «Vom Anfang der Welt»); Buch 2 enthält eine dramatische Darstellung des Sündenfalles (*De originali peccato*, «Von der Erbsünde»); Buch 3 ist dem Spruche Gottes und der Vertreibung aus dem Paradies gewidmet (*De sententia Dei*, «Vom Spruch Gottes»); Buch 4 hat die Sintflut zum Gegenstand (*De diluvio mundi*, «Von der Überflutung der Welt»), und Buch 5 schildert den Auszug aus Ägypten (*De transitu maris*, «Vom Durchzug durchs Meer»). Avitus ging in allen diesen Teilen seines Epos mit der biblischen Überlieferung um wie die antiken Dichter mit dem griechischen Mythos: er übernahm lediglich das Gerüst der Handlung; die Beschreibung der Szenerie, den dramatischen Aufbau mitsamt psychologisierender Motivation sowie die langen Reden der Beteiligten fügte er nach eigenem Ermessen hinzu. Für ihn hatte somit das Alte Testament auch die Funktion übernommen, die in der antiken Tradition dem Mythos zugekommen war: es diente als Folie für seine eigenen Vorstellungen vom Menschen und von dessen Verhältnis zu Gott. In diesem Sinne ist er der eigentliche Schöpfer der europäischen Bibeldichtung. Als wichtigstes formales Vorbild diente ihm, wie in der Gattung üblich, Vergil; außerdem macht sich auch im Epos der Einfluß des Apollinaris Sidonius geltend. Die Verse sind glatt, die Sprache ist schwungvoll und farbensatt; Avitus übertrifft alle seine Vorgänger durch Glanz und Virtuosität. Im einzelnen zeigen sich Qualitätsunterschiede: die Bücher nehmen an Länge zu, jedoch nicht an Schönheit; Exkurse und Allegoresen stören den Handlungsablauf.

Ein Höhepunkt ist der Sündenfall mit einem Dialog zwischen Luzifer, der sich in die Schlange verwandelt hat, und Eva; Luzifer tritt an dieser Stelle zum ersten Male in einer Dichtung als handelnde Person auf. Zu Beginn des Buches, in der hier nicht mitgeteilten Partie, wird dargestellt, wie sich Adam und Eva im Paradies ihres unschuldigen Daseins erfreuen und wie der gefallene Engel in Auflehnung gegen Gott den Untergang des ersten Menschenpaares beschließt und sich zu diesem Zweck in eine Schlange verwandelt. Daraufhin heißt es:

«Nachdem also Luzifer in übelratender Täuschung Viperngestalt angenommen hatte und trügerisch gänzlich zur Schlange geworden war, eilte er zum Hain; denn vergnügt pflückte dort das junge Menschenpaar von grünen Zweigen sich rötende Äpfel. Da fürchtete die Schlange, daß sie bei der festen Gesinnung des Mannes dessen Haltung nicht durch das von ihr eingeträufelte Gift umzukehren vermöge; sie strebte in kriechenden Windungen auf einen hochragenden Baum, wobei sie ihre Krümmung dem Wipfel anglich, und biß sich mit sanfter Stimme so in das ihr zugängliche Ohr: ‹Glückselige, Zierde der Welt, schönste Jungfrau, im Schmuck einer von rosiger Schamhaftigkeit strahlenden Gestalt, du bist die künftige Ahnin des Menschengeschlechts, dich erwartet das riesige Erdenrund als Stammutter; du bist die erste, die wahre Wonne und der Trost deines Mannes, ohne die er selbst nicht als der Stärkere lebte; so ist er mit Recht deiner Liebe untertan, der zärtliche Gatte, dem du aus eurem Bunde Nachkommen schenken wirst. Euch wird ein eurer würdiger Wohnsitz inmitten des Paradieses gewährt; das Weltall zittert, euch unterworfen, im Dienste vor euch: was der Himmel, was die Erde erzeugt, was das Meer in großer Tiefe hervorbringt, kommt zu eurem Nutzen zusammen. Nichts enthält die Natur euch vor; über alles wird euch Gewalt gegeben. Ich bin nicht neidisch; eher wundere ich mich. Doch daß sich wegen eines einzigen süßen Baumes der Zugriff zügeln muß, das wüßte ich gern: wer befiehlt so Abscheuliches, wer mißgönnt euch die Gabe und mischt Hunger in die Überfülle?› Solch übelschmeichelnde Worte ersann das Gezischel. Welche Stumpfheit, Frau, hüllte deinen Geist in Finsternis, daß du mit einer Schlange redetest, einem Tier dein Wort liehst? Widert es dich nicht an, daß

Ungeziefer sich eure Sprache anmaßt? Du duldest das Scheusal und gibst ihm obendrein noch eine Antwort?

Nachdem also Eva, der Verführung leicht erlegen, mit ihren Ohren das tödliche Gift empfangen und dem ungerechtfertigten Lob zugestimmt hatte, da sprach sie mit wahnwitzigem Munde so zur Schlange: ‹Liebliches Kriechtier, mächtig in süßer Rede, nicht hat uns Gott, wie du meinst, Hunger empfohlen noch hindert er uns, mit reichlichem Mahl den Leib zu pflegen. Da, sieh die Speisen, die das ganze Erdenrund darreicht: der Schöpfer gestattete willigst, sie alle erlaubtermaßen zu verzehren, und er lockerte ganz die Zügel des Lebensbedarfs. Allein dieser Baum in der Mitte des Haines, den du dort siehst, trägt verbotene Speise, einzig diese Früchte zu berühren ist nicht erlaubt; reichlicher Unterhalt hat Anspruch auf alles übrige. Doch wenn schuldhafte Eigenmacht das Verbot schänden sollte, dann müßten wir, sagte uns der Schöpfer im Schwur mit furchtbarer Stimme voraus, das Vergehen sofort mit dem sogenannten Tode büßen. Was er aber mit dem Tode meint, das, gelehrte Schlange, erkläre uns jetzt bereitwillig, da uns Unerfahrenen die Sache nicht bekannt ist.›

Da weist der listige Kriechwurm und nunmehr freudig Lehrmeister des Todes den Weg zum Verderben und spricht so zu den befangenen Ohren: ‹Du fürchtest, Frau, ein nichtiges Schreckenswort. Kein Spruch hinwegraffenden Todes wird über euch kommen; vielmehr hat euer Vater euch mißgünstig ein ungleiches Los zugeteilt, und er gab euch nicht zu wissen, was er sich selbst als Höchstes vorbehält. Was macht's für Freude, die schöne Welt zu erfassen und wahrzunehmen und zugleich die Vernunft in elender Kerkerhaft gefangen zu halten? Ebenso wie euch gewährt die Natur die äußeren Sinne und offenen Augen auch den Tieren; *ein* Sonnenlicht dient allen, und im Sehvermögen ist das Tier dem Menschen gleich. Nimm lieber meinen Rat an und widme deinen Geist göttlichen Dingen und laß den erhabenen Sinn zum Himmel vordringen. Denn diese Frucht, die du, da sie verboten ist, zu berühren dich fürchtest, wird dich wissen lassen, was der Vater als Geheimnis für sich bewahrt. Halte du nicht länger mehr an dich mit unsicherem Zugriff; nicht mehr werde die lange gefesselte Lust durch das Verbot gezügelt. Denn sobald du mit deinem Mund den göttlichen Geschmack gekostet hast, wird dein gereinigter Sinn bewirken, daß deine Erkenntniskraft den Göttern gleichkommt, daß du ebenso wie die Unschuld auch die Schuld erkennst und das Ungerechte vom Gerechten, das Falsche vom Wahren unterscheidest.›

Über die Schlange, die mit trügerischem Zischeln solche Gaben verhieß, staunte gesenkten Blickes die leichtgläubige Frau. Und schon begann sie, mehr und mehr zu schwanken und ihren Sinn zu ändern und ihren zweifelnden Entschluß dem Tode näher zu bringen. Die Schlange aber bemerkte, daß Eva durch die bevorstehende Entscheidung gleichsam schon besiegt sei; sie erinnerte nochmals an den Namen und die erhabene Höhe der Götter und pflückte aus dem todbringenden Baum einen einzigen Apfel und übergoß ihn herrlich mit lieblichem Duft. Sie machte sein Aussehen gefällig und reichte ihn dann der Nachgebenden dar, und die allzu leichtgläubige Frau verschmähte die unselige Gabe nicht; sie ergriff vielmehr mit ihren Händen die tödliche Frucht und betastete sie. Aus eigenem Antrieb führte sie sie öfters an die Nase und an die geöffneten Lippen und spielte ahnungslos mit dem bevorstehenden Tode.

Ach, wie oft zog die Rechte, von Reue getroffen, die Frucht vom Munde zurück und wich aus, schwankend unter der Last der dreisten Übeltat, und scheute sich zitternd, das Verbrechen auszuführen! Den Göttern möchte sie gleichwohl ähnlich sein, und das Gift schleicht weiter, das ihr Ehrgeiz gefährlich macht. In entgegengesetzte Richtungen reißen ihren Sinn hier die Begierde, dort die Furcht: Selbstüberschätzung schlägt das Verbot, und bisweilen kommt ihr noch das Verbot zu Hilfe. Es wallen ungewiß in harten Kämpfen die Wogen ihres geteilten Herzens. Doch die Anstifterin, die Schlange, läßt nicht ab, sie zu täuschen, sie zeigt der Zweifelnden die Speise, sie beklagt ihr Säumen, und Eva trägt hierzu bei, geneigt zum Sturz in das schwebende Verderben.

Wie sich endlich bei ihr, der Besiegten, als stärker der Entschluß festsetzte, ewiges Verlangen durch verbrecherische Nahrung zu suchen, stimmte sie zu, daß die Schlange ihr hinterhältig mit der Speise Genüge tat, auf daß sie selbst sie äße, und gierig biß sie in die Frucht. Süß dringt ein das Gift, und eingenommen wird der grause Tod mit der Nahrung. Hier zum ersten Male hält die listige Schlange ihre Freude zurück, und der grimmige Sieg verhehlt seinen wilden Triumph.»

Blossius Aemilius Dracontius, der letzte der Bibelepiker, die es hier zu würdigen gilt, führt die Betrachtung wieder zu den schweren Unglücksfällen zurück, die fast überall in der Literatur des 5. Jahrhunderts unübersehbare Spuren hinterlassen haben. Er war Advokat und Rhetor, er lebte in Afrika, das unter dem Joch der Vandalen litt. Er hatte es gewagt, statt der vandalischen Dynastie einen fremden Herrscher, wohl den oströmischen Kaiser, zu rühmen; König Gunthamund (484–496) warf ihn in den Kerker, wo er Hunger und leibliche Strafen erdulden mußte. Sein Œuvre besteht aus weltlichen und christlichen Dichtungen. Der weltliche Teil, mit dem programmatischen Titel *Romulea*, zeichnet sich dadurch aus, daß er sich – zum ersten Male seit Claudian – auch rein mythischer Stoffe annahm: die pagane Götterwelt mußte sich nicht, wie z. B. in der Panegyrik, damit begnügen, als poetischer Aufputz der Wirklichkeit zu dienen; sie durfte offenbar auch um ihrer selbst willen dargestellt werden.

Der christliche, der bessere Teil ist Gefängnispoesie; er besteht aus der *Satisfactio* («Reuegedicht») und den *Laudes Dei* («Gotteslob»). Anders als Boethius, der ebenfalls in der Haft sein Meisterwerk schuf, hatte Dracontius das Glück, die Freiheit zurückzuerlangen. Beide Gedichte zielen auf Begnadigung. Die *Satisfactio*, in elegischen Distichen, bekennt Schuld und sucht, an Thrasamund sich wendend, rastlos nach Gründen herrscherlicher Milde. Als die Bitten auf taube Ohren stießen, folgten die aus drei Büchern bestehenden *Laudes Dei*, das Werk, um dessentwillen Dracontius, wenn auch mit Einschränkungen, als Bibeldichter angesehen zu werden verdient. Hymnus, Gebet, Reflexion und biblische Erzählung sind in diesem irritierend unantiken Erzeugnis zu einem höchst subjektiven Gebilde miteinander verwoben. Im ersten Buch ragt ein dithyrambischer Schöpfungsbericht hervor sowie ein Preis der Natur von feierlicher Pracht. In den beiden folgenden Büchern sind die wunderbare Macht Gottes und seine Gnadengesinnung, die Sündhaftigkeit des Menschen sowie die Glaubensstärke einzelner die leitenden Themen. Der Dichter entfaltet jedoch nichts davon in logischer Folge, sondern wechselt in sprunghaftem Hin und Her, wobei immer wieder erzählende Partien aus dem Alten und Neuen Testament eingeflochten werden: Wunder Christi, Sintflut, Sodom und Gomorrha, Paulus, Abraham und anderes. Dracontius schaltet frei, oder richtiger: Unruhe treibt ihn von Gegenstand zu Gegenstand. Die Situation hat an diesem Werk mitgedichtet, und so ist ein eigentümliches Gedankengemälde entstanden, das am Ende des dritten Buches in eine ergreifende Schilderung der Leiden und Mißhandlungen im Kerker sowie in ein Gebet mit der Bitte um Befreiung mündet.

13

Das Corpus Iuris Justinians

Die Entstehung des Corpus Iuris

Justinian erscheint unvermittelt, als fertiger Staatsmann und im Vollbesitz seines umfassenden Wissens, auf der Bühne der Weltpolitik: seine Jugend, ja seine gesamte Entwicklung bis zum 35. Lebensjahr ist in tiefes Dunkel gehüllt. Denn eigenartigerweise hat er keinen Biographen gefunden, und Prokop, der bedeutendste Historiker seiner Zeit, der sich unter anderem durch eine Schmähschrift gegen ihn und seine Gattin Theodora einen Namen gemacht hat, rückt im großen, offiziellen Geschichtswerk über seine Kriege nicht ihn, sondern seinen Feldherrn Belisar in den Mittelpunkt.

Justinian hat offenbar in dem knappen halben Jahrhundert seines Wirkens – erst als Neffe und Ratgeber des Kaisers Justinus (518–527), dann als dessen Thronfolger (527–565) – nur *einem* Ziele nachgestrebt, und dies mit einer Hartnäckigkeit, die auf einen Willen und ein Engagement über alles rationale Kalkül hinaus schließen läßt: dem Ziel, das Reich in seiner einstigen Herrlichkeit wiederherzustellen. Er war einer der großen Restauratoren der römischen Geschichte. Anders als Julian nahm er indes die Christianisierung als gegeben hin, ja, er glaubte fest an sein eigenes Gottesgnadentum und tat sein Möglichstes, der orthodoxen Lehre überall Geltung zu verschaffen. So beseitigte er die Reste der heidnischen Tradition; er bereitete insbesondere der Platonischen Akademie, einer ehrwürdigen Einrichtung, die damals etwa 900 Jahre bestanden hatte, für immer ein Ende. Er bekämpfte ferner nach Kräften den Arianismus und suchte – allerdings vergebens – mit den Monophysiten zu einem Ausgleich zu gelangen. Seine Restaurationspolitik hatte sich demgegenüber zweierlei zur Aufgabe gemacht: die Rückgewinnung der von den Germanen beherrschten Gebiete und die Erneuerung des Rechts.

Der Versuch der Reconquista, der Kampf um Afrika, Italien, Spanien und Gallien, zeitigte lediglich Teilerfolge, die meist von kurzer Dauer waren, und mußte zudem mit schwerem Druck an der entblößten Ostgrenze und mit der Überflutung des Balkans durch die Slawen erkauft werden. Der Krieg gegen die Vandalen war nach zwei Schlachten binnen Jahresfrist gewonnen, und Afrika gehörte zum byzantinischen Reich, bis der Arabersturm darüber hinwegfegte. Justinians zweite militärische Unternehmung hingegen, der Krieg gegen die Ostgoten, konnte erst nach schweren, wechselvollen Kämpfen, die sich über nahezu zwei Jahrzehnte hinzogen, beendet werden. Diese Erwerbung ging bald darauf, vom Jahre 568 an, größtenteils an die Langobarden verloren; nur Ravenna und Rom und ein verbindender Streifen Landes blieben byzantinischer Besitz. Justinians dritter und letzter militärischer Schlag, die Expedition nach Spanien, führte lediglich zur Eroberung der Südostecke des Landes einschließlich Corduba. Auch dort war es mit der erneuerten Reichsherrlichkeit bald wieder vorbei; es gelang den Westgoten innerhalb weniger Jahrzehnte, das Gebiet, das sie eingebüßt hatten, zurückzugewinnen.

Mit Justinians zweiter Erneuerungstat, der Gesetzgebung, hatte es eine andere Bewandtnis. Sie sollte für das gesamte öffentliche und private Leben eine Rechtsgrundlage schaffen, die imstande wäre, sowohl den Glanz von einst wiederherzustellen als auch den veränderten Erfordernissen der Gegenwart Genüge zu tun. Zwar vermochte der Kaiser auch hier seine weitgesteckten Ziele nicht vollauf zu erreichen (davon wird noch die Rede sein); andererseits aber wurde er durch sein Corpus Iuris – was gänzlich außerhalb seines Vorstellungshorizontes lag – zu einem der großen Baumeister Europas.

Schon im Jahre 528, bald nachdem er seine Herrschaft angetreten hatte, setzte er eine Kommission von zehn hohen Beamten ein, unter denen sich auch Tribonian befand, der nachmalige Leiter des Unternehmens: die Arbeit an der Kodifikation begann. Der Nachwelt ist das allmähliche Zustandekommen der Justinianischen Rechtsbücher, die man seit dem 16. Jahrhundert unter der Bezeichnung Corpus Iuris zusammenzufassen pflegt, ziemlich genau bekannt: dank der einführenden Erlasse, mit denen der Kaiser die einzelnen Phasen seines Gesetzgebungswerks begleitet hat. Diese Kodifikation ist deshalb von ganz besonderer Art, weil die darin vereinigten Texte zum geringsten Teil neu formuliert wurden; sie besteht vielmehr im wesentlichen aus einer Auswahl, welche die Kommission aus bereits vorhandenen Rechtssätzen, aus einer umfangreichen vielschichtigen Rechtsüberlieferung getroffen hat. Was Eingang in das Corpus Iuris fand, blieb bindendes Recht; was nicht aufgenommen wurde, verlor seine Gültigkeit. Das Corpus Iuris hatte daher dieselbe Wirkung wie die vielen anderen Anthologien, Kompilationen und Sammelwerke der Spätantike, die auf verschiedenen Gebieten – dem der Dichtung, der Ethik, der Mathematik, der Landwirtschaft oder der Feldmeßkunst – Auslese unter dem Vorhandenen hielten: wie sie einerseits das Wichtigste bewahrten und an die Nachwelt weitergaben, so lieferten sie andererseits alles übrige dem Untergang aus. Auch das Corpus Iuris hat aus einer Fülle einstigen Materials nur einen kleinen, allerdings wohl repräsentativen Teil herausgefiltert.

Der Rechtsstoff, den Justinian und seine Gehilfen vorfanden, aus dem das Corpus Iuris in der Hauptsache gemacht ist, gliederte sich in zwei Massen: in das *Ius*, das Juristenrecht, man könnte sagen in die Lehrmeinung der Rechtswissenschaft, und in die *Leges*, die kaiserlichen Erlasse. Die Sammlung und Sichtung des Erhaltenswerten begann mit dem Kaiserrecht, den *Leges*. Hierbei konnte man auf bereits vorhandene ältere Kodifikationen zurückgreifen, insbesondere auf den *Codex Theodosianus*, ein – ausnahmsweise trotz des Corpus Iuris erhaltenes – Werk, das Kaiser Theodosius II. im Jahre 438 publiziert hatte. Justinians Kommission traf binnen Jahresfrist eine maßgebliche Auswahl; mit der Verkündung dieser Sammlung, die einige Jahre später in einer berichtigten und ergänzten Fassung ihre endgültige Gestalt erhielt, traten alle nicht darin aufgenommenen Kaisererlasse außer Kraft.

Nunmehr folgte der schwierigste Teil des Unternehmens, die

Auslese des Besten und Wichtigsten aus dem Juristenrecht, dem *Ius*. Diese Überlieferungsmasse entstammte der späten Republik und vor allem der frühen Kaiserzeit; sie war seit dem Zusammenbruch der freien Rechtswissenschaft zu Beginn der großen Krise des 3. Jahrhunderts kaum noch fortgesetzt und erweitert worden. Sie überlebte die Krise lediglich als Petrefakt einer vergangenen Epoche, da der unabhängige Juristenstand, der sie hervorgebracht hatte, nicht mehr existierte, unter den Bedingungen des spätantiken Zwangsstaates auch gar nicht existieren konnte. Als Diokletian und seine Mitregenten ihr Restaurationswerk begannen, befand sich die ungeheure Produktion der spätrepublikanischen und frühkaiserzeitlichen Juristen in einem verwahrlosten, durch Verderbnisse entstellten Zustande. Wenn irgendwo im Reiche eine Prozeßpartei die Meinung ins Feld führte, die irgendein Jurist in einer seiner Schriften zu einer für die Entscheidung erheblichen Rechtsfrage geäußert hatte, dann war das urteilende Gericht im allgemeinen nicht in der Lage, die Echtheit und Unversehrtheit des vorgelegten Textes nachzuprüfen. Diesem Übelstande suchte man im 4. und 5. Jahrhundert durch sogenannte Zitiergesetze abzuhelfen: kaiserliche Verordnungen schrieben den Parteien und Gerichten vor, auf welche Juristen sie sich berufen durften (es waren vor allem die Spätklassiker Papinian, Paulus, Ulpian und Modestin, von deren Schriften offenbar hinlänglich zuverlässige Exemplare zu Gebote standen) und welche Meinung bei einer umstrittenen Frage den Ausschlag geben sollte. Außerdem versuchte die Rechtspraxis, sich in der Weise wieder in die ihr großenteils fremd gewordene Überlieferung hineinzufinden, daß sie die Werke der großen Rechtsgelehrten von einst exzerpierte und den in seinen vielfältigen Verästelungen kaum noch übersehbaren Stoff auf handfeste Regeln brachte. Die moderne rechtsgeschichtliche Forschung pflegt diese Phase und Tendenz der spätantiken Beschäftigung mit dem Juristenrecht als Vulgarismus zu klassifizieren. Es folgte alsbald eine Phase des Klassizismus: der gelehrte Unterricht, wie ihn die Rechtsschulen zu Berytos (Beirut) und Konstantinopel betrieben, machte sich die Werke der einstigen, der ‹klassischen› Juristen nicht mehr vulgarisierend durch vereinfachende Reduktion, sondern durch sorgsam konservierendes Auslegen der Texte zu eigen. Justinians Beamte (es handelte sich um eine zweite Kommission, die gegen Ende des Jahres 530 berufen worden war) konnten die Vorarbeiten, die hieraus erwachsen waren, insbesondere die Hinweise auf Parallelstellen, für ihre Arbeit benutzen, und so gelang es ihnen, wie sie selbst nicht ohne Stolz berichten, innerhalb von drei Jahren aus nahezu 2 000 Büchern oder mehr als drei Millionen Zeilen etwa 150 000 Zeilen auszuwählen. Das Werk sollte, heißt es weiterhin, den Titel Digesten, «Geordnetes», oder Pandekten, «Allumfassendes», tragen, da alle anerkannten Rechtsbescheide der Juristen darin eingegangen seien.

Noch vor der Veröffentlichung der Digesten konnten zwei Rechtslehrer, Theophilus und Dorotheus, der eine aus Konstantinopel, der andere aus Berytos, ein Elementarwerk für angehende Juristen herausbringen, das wie die entsprechenden Lehrbücher der frühen Kaiserzeit den Titel *Institutiones*, «Erste Anweisungen, Anfangsgründe», erhielt. Es war Teil der Kodifikation; es erhielt daher wie die Kaisererlasse, der sogenannte *Codex Iustinianus*, und die Digesten Gesetzeskraft. Nach etwa sechs Jahren, mit dem Erscheinen der Zweitfassung der Kaisererlasse, des *Codex Iustinianus repetitae praelectionis* («Gesetzbuch Justinians, zweite Lesung»), im November 534, war das Unternehmen abgeschlossen. Justinian brachte allerdings danach mancherlei Gesetze heraus, die er selbst hatte verfassen lassen; sie bedienten sich zum größten Teil bereits des Griechischen. Sie wurden in privaten Sammlungen als *Novellae*, «Neue Gesetze», zusammengefaßt. Das Corpus Iuris besteht somit aus vier Teilen, von denen der vierte nur geringe Bedeutung erlangt hat, aus

den Institutionen,
den Digesten,
dem Codex
und den Novellen.

Das ‹Volk des Rechts› sei nicht ein Volk des Gesetzes gewesen, urteilt ein bekannter Rechtshistoriker: die Römer übten in der Gesetzgebung, zumal im Zivilrecht, große Zurückhaltung. Im Verlauf eines ganzen Jahrtausends haben lediglich zwei Kodifikationen stattgefunden: die eine, die archaischen Zwölftafeln, zu Beginn der Entwicklung (um 450 v. Chr.), die andere, das Corpus Iuris, an deren Ende. Da auch Einzelgesetze nur spärlich ergingen, war die Rechtsprechung weithin auf sich selbst gestellt; sie suchte, von den Rechtsgelehrten unterstützt, jeden Fall in Anlehnung an frühere, ähnliche Fälle zu entscheiden. Das römische Recht war also von Hause aus ein Fallrecht, es war kasuistisch orientiert.

Nun steckt jedoch in jeder Rechtspraxis, die Willkür meiden will und die Gleichheitsmaxime als wesentliches Prinzip der Gerechtigkeit so streng wie möglich zu befolgen sucht, aus zwingenden Gründen der Sachlogik von Anfang an ein latentes System. Die Fälle sind, wenn man eine hinlänglich große Zahl davon zusammenträgt, kein wirrer Haufen disparater Einzelheiten; sie lassen sich vielmehr nach bestimmten Kriterien, nach wiederkehrenden Merkmalen ordnen: nach Strukturen oder Tatbeständen wie Kauf, Eigentum, Sachbeschädigung usw., und diese Tatbestände wiederum kann man als Gattungen und Arten zueinander in Beziehung setzen: Kauf, Miete, Pacht und anderes sind zweiseitige Rechtsgeschäfte, Sachbeschädigung, Diebstahl, Raub und anderes sind Delikte usw. Die Römer haben denn auch das in ihrer Rechtspraxis und der zugehörigen kasuistischen Literatur latent vorhandene System im Laufe der Zeit explizit gemacht, und zwar in Werken, die dem Rechtsunterricht dienten, mit Titeln wie *Institutiones, Regulae, Sententiae* («Grundsätze») und Ähnlichem. Schon der Jurist Quintus Mucius Scaevola Pontifex (Konsul 95 v. Chr.) habe, heißt es, das Zivilrecht *generatim*, «nach Gattungen», dargestellt; hierbei kann es sich allerdings nur um Gruppierungen auf einer niedrigen Systemstufe (verschiedene Arten des Besitzes, des Diebstahls, der Vormundschaft usw. wurden zusammengefaßt) gehandelt haben, nicht um eine in sich geschlossene Begriffspyramide, die vom *ius* als der Spitze des Systems über mittlere Rangstufen zu den einzelnen Typen oder Tatbeständen gelangt wäre. Sonst hätte Cicero nicht behaupten können, daß eben diese Aufgabe, unter Anwendung der aus Griechenland importierten Methodologie ein System herzustellen, noch der Lösung harre. Hier hat wohl erst die Kaiserzeit Wandel geschaffen; für die Nachwelt ist jedenfalls Gaius derjenige, der in seinen aus vier Büchern bestehenden *Institutiones* zum ersten Male ein systematisch geordnetes Lehrgebäude des Zivilrechts vorführt. Die Hauptgliederung beruht dort auf den Kategorien *persona – res - actio*; das erste Buch ist dem ‹Personenrecht› (das Familienrecht eingeschlossen), das zweite und dritte dem ‹Sachenrecht› (wozu bei Gaius auch das Schuld- und das Erbrecht gehören) und das vierte dem Prozeßrecht gewidmet. Die Gajanischen Institutionen sind durch einen glücklichen Zufall großenteils erhalten: in einem wiederbeschriebenen Codex, einem Palimpsest, den Niebuhr im Jahre 1816 in Verona entdeckt hat.

Ein gut Teil dieses Werks – der wichtigsten Rechtsquelle außerhalb des Corpus Iuris, welche die Zeiten überdauert hat – ist allerdings, da die Institutionen Justinians hauptsächlich auf ihm beruhen, stets bekannt gewesen. Man hat indes vor der Entdeckung des Veroneser Palimpsests nicht wissen können, welche Partien aus den Justinianischen Institutionen Gaius zum Urheber haben: sie sind mosaikartig aus einer Reihe von Elementarwerken verschiedener Autoren zusammengesetzt, ohne daß der kontinuierlich fortlaufende Text irgend etwas über die jeweilige Quelle verlauten ließe. Die beiden Gehilfen Justinians haben offenbar bei dieser Prozedur ziemlich wenig geändert; die Anpassung an das zu ihrer Zeit geltende Recht wurde von ihnen anscheinend vornehmlich in der Weise vollzogen, daß sie fortließen, was veraltet war. Mitunter haben sie sich allerdings mit eigenen Beiträgen eingeschaltet; diese Partien pflegen sich von ihrer Umgebung deutlich abzuheben, da sie nicht in der schlichten Schreibart der klassischen Juristen, sondern in dem rhetorisch überhöhten Stil der spätantiken Kanzlei abgefaßt sind.

Die Digesten

Die Digesten sind der wichtigste Teil des Corpus Iuris, der Teil, der die Römer mehr als alles andere zu den Rechtslehrern Europas gemacht hat. Sie bestehen aus fünfzig Büchern. Innerhalb der Bücher sind die Materien nach Titeln geordnet; innerhalb eines jeden Titels findet man eine Vielzahl von Fragmenten oder richtiger von Exzerpten aus den ausgebeuteten Juristenschriften vereinigt, und innerhalb längerer Exzerpte pflegt man seit jeher etliche Abschnitte oder Paragraphen zu unterscheiden. Ein Zitat aus den Digesten ist daher meist aus vier Einheiten zusammengesetzt. Dig. 9, 2, 52, 4 bedeutet: Buch 9, Titel 2, Fragment 52, Paragraph 4. Die letzte Einheit weist die Besonderheit auf, daß die Spezifikation nicht mit der Ziffer 1, sondern mit *principium* (pr, «Anfang») beginnt. Die Bücher der Digesten werden lediglich gezählt: Liber nonus, «9. Buch». Die Titel hingegen geben, wie es der Bedeutung des Wortes entspricht, außer der Ordnungszahl den Inhalt an: 2 – *Ad legem Aquiliam*, «Zum Aquilischen Gesetz», Zum Gesetz über Sachbeschädigung. Den Fragmenten wiederum geht eine *inscriptio* («Überschrift») voraus: die Redaktoren Justinians haben in den Digesten nicht einfach – wie in den Institutionen – einen fortlaufenden Text hergestellt, sondern stets mit möglichst großer Genauigkeit die Quelle angegeben, den Autor, das Werk des Autors, aus dem das Exzerpt stammt, sowie die jeweilige Buchzahl innerhalb des exzerpierten Werkes: 52 – *Alfenus libro secundo digestorum*, «Alfenus im 2. Buch seiner Digesten». Der modernen rechtsgeschichtlichen Forschung hat diese Akribie der Gesetzgebungskommission unschätzbare Dienste geleistet: ohne die Hinweise der *inscriptiones*, welche die chronologische Einordnung eines jeden Exzerpts erlauben (die Lebensdaten der Juristen, deren Werke benutzt wurden, pflegen bekannt zu sein), wäre eine entwicklungsgeschichtliche Rekonstruktion des Zivilrechts kaum möglich gewesen. Nun waren indes die Beamten Justinians nicht an den originalen Wortlaut ihrer Quellen gebunden; sie hatten vielmehr den Auftrag, die von ihnen ausgewählten Texte durch Streichungen, Ergänzungen oder Änderungen an das geltende Recht ihrer Zeit anzupassen; ferner sollten Wiederholungen und

Widersprüche beseitigt werden, was nicht immer gelungen ist. Die Redaktoren – oder Kompilatoren, «Ausbeuter», wie sie auch wenig schmeichelhaft genannt werden – haben diese Eingriffe in den originalen Wortlaut nicht kenntlich gemacht, und dieses Faktum bringt wiederum eine erhebliche Erschwerung der Rekonstruktion des Entwicklungsganges mit sich.

In der wichtigsten Handschrift der Digesten, dem Codex Florentinus (6./7. Jahrhundert), geht dem Text ein Verzeichnis der von den Gehilfen Justinians exzerpierten Werke voraus. Hiernach (sowie nach den *inscriptiones*) vereinigen die Digesten Exzerpte aus Schriften von insgesamt vierzig Autoren; der älteste ist der schon erwähnte Quintus Mucius Scaevola Pontifex, der jüngste wohl ein ziemlich unbekannter Rechtsgelehrter namens Arcadius Charisius (vielleicht 3. Jahrhundert). Die Gesetzgebungskommission bevorzugte offensichtlich die großen Sammelwerke der spätklassischen Juristen Ulpian und Paulus (Zeit der Severer); ihre Beiträge füllen etwa die Hälfte der Digesten. Die moderne Forschung hat die Arbeitsweise der Redaktoren aus Indizien erschließen können. Die für die Exzerpte benutzten Schriften pflegen nämlich innerhalb der einzelnen Digestentitel in derselben Reihenfolge wiederzukehren, wobei jeweils herausragende Schriftengruppen zu erkennen geben, wie das Ganze aufgeteilt war. Die rechtswissenschaftlichen Texte waren offenbar drei (zum Teil vier) Unterkommissionen zugewiesen worden, und jede Unterkommission arbeitete ihr Pensum auf Partien hin durch, die für die Aufnahme in einen der vorgesehenen Titel in Betracht kamen. Denn das für die Gliederung der Materien maßgebliche Schema stand von Anfang an fest. Man hielt sich nicht an ein rationales, aus der Sache resultierendes System nach Art der Institutionenwerke; man übernahm vielmehr ein Arrangement, das in unvordenklicher Zeit auf nicht mehr erkennbare Weise zustande gekommen war: das Arrangement, das einst der Prätor, der Gerichtsmagistrat, für sein Edikt, eine der wichtigsten Manifestationen des römischen Zivilrechts, verwendet hatte und das daher auch den zahlreichen Ediktkommentaren der Rechtsgelehrten zugrunde lag.

Der Hinweis auf das prätorische Edikt macht einige Bemerkungen zum Rechtswesen der Römer erforderlich: das Corpus Iuris, zumal sein umfänglichster Teil, die Digesten, enthält zwiebelartig alle Schichten der Entwicklung des römischen Rechts und ist daher nur verständlich, wenn man sich seine Voraussetzungen wenigstens in gröbsten Umrissen vor Augen hält. Im modernen Staat pflegt alles und nicht selten mehr als genug durch Gesetze geregelt zu sein; die Gerichte wenden diese Gesetze an, indem sie ihnen eine sachgerechte Auslegung zuteil werden lassen, und die Rechtswissenschaft hat die Aufgabe, dies alles kritisch zu reflektieren. Das römische Rechtswesen hingegen war von anderer, komplizierterer Art. Es wurde schon darauf hingewiesen, daß sich die Römer nur zweimal, am Anfang und am Ende ihrer staatlichen Existenz, dazu verstanden haben, wesentliche Teile ihrer Rechtsordnung in Kodifikationen zusammenzufassen, und daß auch Einzelgesetze keine häufige Erscheinung waren. Da indes Roms stürmische Entwicklung von einer kleinen italischen Landstadt zur Weltmetropole grundlegende Neuerungen gebieterisch forderte, mußten andere Kräfte in die Bresche springen, und das waren die Prätoren sowie die Juristen, die Rechtsgelehrten (*iuris consulti,* «die nach dem Recht Befragten», auch *iuris prudentes,* «Rechtskundige», genannt).

Die Prätoren pflegten, wie auch andere Beamte des republikanischen Staatswesens, mancherlei durch Edikte kundzutun, und diejenigen unter ihnen, die für die Zivilrechtspflege zuständig waren, der *praetor urbanus* und der *praetor peregrinus* («Stadtprätor», für Prozesse unter römischen Bürgern, und «Fremdenprätor», für Prozesse mit mindestens einer nichtrömischen Partei), teilten in ihren Edikten vor allem zweierlei mit:

1. nach welchen Grundsätzen sie Recht zu sprechen gedachten,
2. welcher Formel, welches Formulars der Kläger sich jeweils bedienen sollte, um seinen Anspruch durchzufechten.

Die erste Kategorie ist die wichtigere: sie war das Instrument, mit dessen Hilfe der Prätor das Recht fortbildete; sie gab ihm die Handhabe, auch bei solchen Sachverhalten eine Klage zuzulassen, die zuvor keinerlei Rechtsfolgen nach sich gezogen hatten. Das Edikt hat auf diese Weise nicht nur die alten, gesetzlich (z. B. durch die Zwölftafeln) fundierten Tatbestände in die Praxis umgesetzt und fortentwickelt, sondern auch gänzlich neue, auf keinerlei Gesetz beruhende Tatbestände eingeführt. Es galt formell stets nur für die Amtszeit des jeweiligen Prätors, also für ein Jahr; doch pflegte der Nachfolger den Text seines Vorgängers wenn überhaupt, so nur in Einzelheiten zu ändern; auf diese Weise kam im Laufe der Zeit etwas zustande, was einem modernen Zivilgesetzbuch einigermaßen entsprach. Um das Jahr 130 n. Chr. fand die Endredaktion des Edikts statt; seither besaß Rom ein *edictum perpetuum*, ein «immerwährendes Edikt».

Mehr Gewicht noch als die Quasi-Gesetzgebung der Prätoren hatte die Gutachtertätigkeit der Rechtsgelehrten. Die römische Gesellschaft war seit jeher ständisch gegliedert, und wenn schon die Aristokratie im ganzen viel *auctoritas*, d. h. ein hohes Ansehen, eine große Autorität genoß, dann traf dies auf eine kleine Gruppe innerhalb der oberen Stände, auf die *iuris consulti*, für ihr Gebiet, das Zivilrecht, in besonderem Maße zu. Sie waren Fachleute, die ihre Kenntnisse bis zum Beginn der Kaiserzeit nicht durch systematischen Unterricht, sondern dadurch erworben hatten, daß sie einem der maßgeblichen Juristen jahrelang bei seiner Gutachtertätigkeit zuhörten. Diese ihre Fachkunde bewirkte, daß sie ein Zirkel, eine Gruppe für sich waren; moderne Schätzungen besagen, daß etwa ein bis zwei Prozent der Angehörigen der Senatsaristokratie und der Ritterschaft den Weg einschlugen, sich als *iuris consulti* zu betätigen, d. h. jedem, der sie darum anging, unentgeltlich (wie es sich für Standesherren geziemte) Rechtsauskünfte zu erteilen. Diese Gutachten, die *responsa*, waren keineswegs von Rechts wegen verbindlich; sehr oft gab es, wie auch heutzutage, gerade unter den angesehenen Juristen Kontroversen; es pflegten sich dann die Lösungen durchzusetzen, die in der Sache überzeugten. Auf diese Weise waren die Juristen im Bereich des Privatrechts die treibende Kraft der Entwicklung, nicht nur wegen der Bescheide, die sie den Parteien oder dem Richter zukommen ließen, sondern auch deshalb, weil sich aus ihnen das *consilium*, der Beirat des Prätors, später auch des Kaisers rekrutierte. Die Prätoren pflegten nämlich Politiker ohne besondere Rechtskenntnisse zu sein; sie betrachteten ihr Amt vor allem als Sprungbrett zum Konsulat. Sie waren daher auf die Hilfe von Fachleuten angewiesen, und zwar sowohl bei der Durchsicht des Ediktstextes vor Beginn ihres Amtsjahres als auch bei ihrer Tätigkeit als Gerichtsmagistrat, die darin bestand, die Prozesse in Gang zu bringen (die Verhandlung und das Urteil oblagen den *iudices*, den Geschworenen).

Aus der ursprünglich mündlichen Gutachtertätigkeit der *iuris consulti* ging vom Ende des. 2. Jahrhunderts v. Chr. an eine immer üppigere und weiter verzweigte Rechtsliteratur hervor: diese Erscheinung, die durch die damals in allen Bereichen sich vollziehende Rezeption der hellenistischen Kultur angeregt worden war, hatte größte Bedeutung für die Entwicklung und schließlich auch für die Wirkung des römischen Rechts. Die Juristen lehnten sich bei ihrer schriftstellerischen Tätigkeit an die Typen des hellenistischen Wissenschaftsbetriebes an; sie bedienten sich der Form des Kommentars (*ad edictum*, «zum prätorischen Edikt»; zu Gesetzen, soweit vorhanden, oder auch zu kurzen Schriften früherer Juristen) oder trugen schlechtweg ihre Probleme, ihre Fälle vor, insbesondere in Werken mit den Titeln *Responsa*, *Quaestiones*, *Digesta* («Bescheide, Probleme, Geordneter Stoff»). Sie übernahmen außer den Formen auch bestimmte Methoden der griechischen Wissenschaft: sie lernten, auf eine klare Terminologie zu achten; sie ordneten den Stoff nach *genera* und *species* («Gattungen» und «Arten») und legten großen Wert darauf, die Unterschiede zwischen verwandten Erscheinungen deutlich herauszuarbeiten. Gleichwohl blieb ihre Literatur wie ihre Tätigkeit des Erteilens von Bescheiden kasuistisch orientiert; komplette Systeme waren, wie dargetan, eine Besonderheit der für den Rechtsunterricht bestimmten Werke.

Wie das prätorische Edikt, so wahrte auch die Literatur der Juristen – in den Gattungen, in den Argumentationsformen, in der Darstellungsweise – ein erstaunliches Maß an Gleichförmigkeit und Kontinuität; der allem Recht mit Notwendigkeit inhärierende Traditionalismus war indes bei den Römern mit der nie erlahmenden Bereitschaft gepaart, in kleinen Schritten behutsam zu ändern. Die Rechtsliteratur gedieh wie das prätorische Edikt abseits von aller Politik, weshalb denn auch der Übergang von der Republik zum Prinzipat im Zivilrecht keine erheblichen Spuren hinterlassen hat. Die Juristen selber blieben allerdings unter dem kaiserlichen Regiment nicht ganz ohne Kontrolle. Augustus ersann die

Einrichtung des *ius publice respondendi* («Recht, von Staats wegen Bescheide zu erteilen»); wer dieses Privileg erhalten hatte, gab seine Gutachten im Namen des Kaisers ab und gewann hierdurch ein erhöhtes Prestige. Kaiser Hadrian machte die Meinungen der Rechtsgelehrten, wenn sie übereinstimmten, für den Richter verbindlich; sie hatten dann quasi Gesetzeskraft. Nur bei Kontroversen unter den *iuris consulti* durfte der Richter noch nach eigenem Ermessen urteilen. In ihrem Wesen wurde die Fortbildung des Zivilrechts hierdurch nicht verändert. Sie bewahrte, bis die Anarchie des 3. Jahrhunderts sie mit sich in den Abgrund riß, ihren freiheitlichen Geist, und zwar in doppeltem Sinne: die Juristen konnten sich bei ihren Bescheiden von der Logik ihrer Wissenschaft, von ihrer Ethik und ihrem Rechtsgefühl leiten lassen, ohne daß jemand hierbei auf sie einzuwirken suchte; die Konflikte, die ihnen zur Begutachtung vorgelegt wurden, hatten ihren Sitz nach wie vor in einem Wirtschaftsleben, das ganz auf der Privatautonomie freier Bürger beruhte.

Soeben wurde als Beispiel für ein Digesten-Zitat die Stelle 9, 2, 52, 4 genannt, aus dem zweiten Buch der Digesten des Alfenus (zweite Hälfte des 1. Jahrhunderts v. Chr.). Der Titel 9, 2 heißt deshalb *Ad legem Aquiliam*, weil es für die Sachbeschädigung ein Spezialgesetz gab, eingebracht von einem gewissen Aquilius (3. Jahrhundert v. Chr.); ausnahmsweise konnten sich die Juristen für diesen wichtigen Tatbestand des Deliktsrechts weitgehend auf ein regelrechtes Volksgesetz berufen. Man muß beachten, daß es sich hierbei nach römischen Begriffen um ein privatrechtliches Gesetz handelte. In Rom war nur die schwere Kriminalität – Hochverrat, Mord u. a. – Teil des öffentlichen Strafrechts; Vergehen wie Diebstahl oder Sachbeschädigung mußten von dem Geschädigten vor dem Zivilrichter verfolgt werden. Ein Schuldurteil pflegte dem Täter nicht nur den Ersatz des von ihm verursachten Schadens, sondern auch eine Buße zugunsten des Geschädigten aufzuerlegen. Der Text der Stelle 52, 4 im Titel 9, 2 hat folgenden Wortlaut:

Cum pila complures luderent, quidam ex his servulum, cum pilam concipere conaretur, impulit, servus cecidit et crus fregit: quaerebatur, an dominus servuli lege Aquilia cum eo, cuius impulsu ceci-

derat, agere posset. Respondi non posse, cum casu magis quam culpa videretur factum.

«Ein paar Leute spielten Ball, und einer von ihnen stieß, als er den Ball zu fangen versuchte, gegen einen jungen Sklaven. Der Sklave fiel hin und brach sich das Bein. Man fragte an, ob der Eigentümer des Sklaven auf Grund des Aquilischen Gesetzes gegen den, dessen Stoß ihn zu Fall gebracht hatte, klagen könne. Ich gab den Bescheid: nein, da der Unfall offensichtlich mehr durch Zufall als durch Verschulden herbeigeführt worden sei.»

Dieser Text ist ein typisches Beispiel für die römische Kasuistik, ein Beispiel auch dafür, wie eng sich die Rechtsliteratur an ihre soziale Voraussetzung, die Gutachtertätigkeit des *iuris consultus*, anlehnen konnte. Hier scheint der konkrete Vorgang noch deutlich durch: ein Geschädigter hatte angefragt (*quaerebatur*); Alfenus gab seinen Bescheid (*respondi*). Es zeigt sich weiterhin, daß die Aufzeichnung, der zunächst in den Akten des Alfenus bewahrte und sodann in dessen Digesten veröffentlichte Fall, aus zwei Teilen besteht: zunächst wird, auf das in juristischer Hinsicht Notwendige reduziert, der Sachverhalt vorgetragen; dann folgt die Entscheidung, das Gutachten, nebst kurzer Begründung. Der vorliegende Text setzt in dogmatischer Hinsicht voraus, daß der Sklave im römischen Recht als Sache und demzufolge die Verletzung eines Sklaven als Sachbeschädigung galt. Klageberechtigt war daher nicht der Sklave selbst, sondern sein Herr, der Eigentümer. Nun hatte in diesem Falle der junge Bursche selbst verschuldet, daß er hinstürzte und sich das Bein brach: er hatte sich leichtsinnig unter die Spieler gemischt. Alfenus bestritt daher, daß der Eigentümer Ersatz für seinen Schaden beanspruchen könne: der Verursacher des Schadens, der Ballspieler, habe den Sklaven ‹zufällig›, d.h. ohne daß man ihm Vorsatz oder Fahrlässigkeit vorwerfen könnte, umgestoßen.

Diesen Fall hat Alfenus aus eigenem Ermessen entschieden, ohne daß er sich auf einen ähnlichen Fall bei einem anderen Juristen berufen oder daß er gegen die Meinung eines anderen Juristen polemisiert hätte. Oft jedoch lassen die von den Gehilfen Justinians ausgewählten Texte erkennen, daß die Juristen intensiv aufeinander Bezug nahmen, um ihren eigenen Standpunkt möglichst klar und schlüssig herauszuarbeiten. So heißt es z. B. im folgenden Text:

Item cum eo, qui canem irritaverat et effecerat, ut aliquem morderet, quamvis eum non tenuit, Proculus respondit Aquiliae actionem esse; sed Iulianus eum demum Aquilia teneri ait, qui tenuit et effecit, ut aliquem morderet; ceterum si non tenuit, in factum agendum.

«Desgleichen könne gegen jemanden, beschied Proculus, der einen Hund aufgehetzt und so verursacht hatte, daß dieser jemanden biß, auf Grund des Aquilischen Gesetzes geklagt werden, auch wenn er den Hund nicht an der Leine geführt hatte; Julian hingegen meinte, nur der hafte nach dem Aquilischen Gesetz, der den Hund an der Leine führte und verursachte, daß dieser jemanden biß; im übrigen sei, wenn er ihn nicht an der Leine führte, mit Berufung auf den konkreten Sachverhalt zu klagen.»

Das Exzerpt, dem diese Partie angehört, führt die *inscriptio: Ulpianus libro octavo decimo ad edictum;* es ist also dem 18. Buch des Ediktskommentars von Ulpian entnommen. Ulpian trägt nur die Bescheide anderer vor, die des Proculus und die Julians; offensichtlich hält er Julians Meinung für richtig. Der ‹jemand›, der hier gebissen wurde, muß wieder ein Sklave sein; sonst käme eine Haftung des Verursachers nach dem Aquilischen Gesetz nicht in Betracht. Die römischen Juristen stellten bei der Schadenszufügung strenge Anforderungen an den Kausalzusammenhang; daher nimmt Julian die großzügige Regelung des Proculus wieder zurück. Die Meinungsverschiedenheit hat indes akademischen Charakter: auch Julian will den Geschädigten in keinem Fall leer ausgehen lassen; er möchte lediglich, wenn es an einem direkten, physisch bedingten Kausalzusammenhang fehlt, die Aquilische Klage herausgehalten wissen. Das römische Recht sah für derartige Fälle eine *actio in factum*, eine Klage, die sich auf den Sachverhalt stützte, vor.

Die Digesten Justinians sind das Endprodukt eines Prozesses, der sich in mehreren Stufen vollzogen hat. Zunächst bildete sich, da die von Amts wegen zur Fortbildung des Rechts berufenen Instanzen nicht ausreichten, der Stand der *iuris consulti.* Die nächste Phase, die große, schöpferische Zeit der römischen Rechtswissenschaft, war dadurch gekennzeichnet, daß die Juristen durch die

Veröffentlichung ihrer Bescheide und Rechtsmeinungen eine rasch anschwellende, über Jahrhunderte hinweg im wesentlichen homogene Rechtsliteratur hervorbrachten. Im 3. Jahrhundert riß diese Tradition für immer ab, und ein halbes Jahrhundert später begann eine vulgäre, die Probleme rigoros vereinfachende Literatur das Vakuum zu füllen. Dann aber griff der Rechtsunterricht in Konstantinopel und Berytos auf die halb verschollenen, halb vergessenen Rechtsbücher der frühen Kaiserzeit zurück, und schließlich stellten, hieran anknüpfend, die Beamten Justinians das noch vorhandene Digestenwerk zusammen. Ohne dieses kühne Unterfangen wäre wohl von der größten Leistung der Römer, von ihrer Kunst der Schlichtung rechtlicher Konflikte, ziemlich wenig auf die Nachwelt gekommen: Abrisse aus diokletianisch-konstantinischer Zeit, die sich fälschlich mit großen Namen von einst schmückten, die Paulus-Sentenzen und die Ulpian-Epitome; ferner das wenige, das in die Kodifikationen der Germanenreiche einging, in Rechtssammlungen für die römische Bevölkerung, in die sogenannte *lex Romana Visigothorum* u. a.

Der Codex

Zunächst, zur Zeit des Augustus und seiner Nachfolger, pflegten Gesetze, welche die Kaiser eingeführt wissen wollten, die Form eines Senatsbeschlusses zu haben; den Kaisern selbst kam eine förmliche Gesetzgebungsbefugnis nicht zu. Immerhin zogen sie mitunter schwebende Verfahren an sich, und spätestens seit dem 2. Jahrhundert wurden schriftliche Bitten um einen Rechtsbescheid, die Beamte, Gemeinden oder Privatpersonen an sie richteten, schriftlich von ihnen beantwortet; zu beidem waren sie kraft ihrer magistratischen Kompetenzen (ihres *imperium proconsulare*, einer ständigen, allen Provinzstatthaltern übergeordneten Amtsgewalt) befugt. Man begreift leicht, daß diese kaiserlichen Willensäußerungen – sie hießen *constitutiones*, «Anordnungen» – einen erheblichen Einfluß auf die Entwicklung des Rechts gewannen; im Staat der Spätantike waren die Kaiser auf Grund ihrer nunmehr uneingeschränkten Macht wirkliche Gesetzgeber, die durch *leges generales* («allgemeingültige Gesetze», im Unterschied zu Einzelentscheidungen) auf die Rechtsordnung einwirkten.

Der beträchtliche Rechtsstoff, der sich auf diese Weise anhäufte, wurde zunächst in der Literatur der *iuris consulti* verarbeitet und so der Allgemeinheit bekannt gegeben. Nach dem Zusammenbruch der Rechtswissenschaft machte sich ein starkes Bedürfnis nach Zugänglichkeit der Konstitutionen geltend; so schuf gegen Ende des 3. Jahrhunderts die Initiative von Privatpersonen die ersten Sammlungen, die erwähnten *Codices Gregorianus* und *Hermogenianus* (nicht erhalten), und bald folgte als ein offizielles Unternehmen der ebenfalls schon erwähnte *Codex Theodosianus* vom Jahre 438, die umfänglichste Gesetzessammlung außerhalb des Corpus Iuris, welche die Zeiten überdauert hat. Er enthält in sechzehn Büchern sowohl Dekrete, d. h. Urteile des kaiserlichen Gerichts, als auch Reskripte, Bescheide auf Anfragen. Dem Privatrecht gelten nur die Bücher 2–5; in den Büchern 6–8 folgen Verfassung und Verwaltung, in Buch 9 das Strafrecht, in den Büchern 10 und 11 die Finanzen und Steuern usw. Das Werk ist also nach Sachgebieten geordnet; jedes Buch besteht aus einer Anzahl von Titeln, und innerhalb der Titel sind die einzelnen Erlasse chronologisch geordnet, was sich leicht bewerkstelligen ließ, da jedes Stück am Schluß mit einem Datum versehen ist. Dem *Codex* geht das Protokoll der Sitzung des römischen Senats voraus, in der der Prätorianerpräfekt des Okzidents dem Hause die neue Gesetzessammlung vorlegte – das einzige im Wortlaut (mitsamt Zwischenrufen) erhaltene Protokoll einer Senatssitzung. Das Werk ist mit seinen circa 3400 Erlassen von fundamentaler Bedeutung nicht nur für die Geschichte und Kulturgeschichte der Zeit, sondern auch für den Stil der spätantiken kaiserlichen Kanzlei, der sich durch seine schwerfällige und schwülstige Rhetorik von der klaren, knappen und unprätentiösen Schreibweise der klassischen Juristen in oft wenig erfreulicher Weise unterscheidet.

Der *Codex Iustinianus* trat, wie erwähnt, schon in seiner ersten Fassung an die Stelle der älteren Sammlungen, einschließlich der von Theodosius II. geschaffenen; in ihm waren somit alle früheren Kaisererlasse vereinigt, die in Geltung bleiben sollten. Die zweite, erheblich veränderte Fassung, der dritte Teil des Corpus Iuris, besteht aus zwölf Büchern, die insgesamt 765 Titel enthalten; innerhalb eines jeden Titels sind die zugehörigen Konstitutionen wie im *Codex Theodosianus* chronologisch angeordnet. Die Erlasse reichen ihrer Entstehungszeit nach von Hadrian bis auf Justinian; besonders zahlreich sind Konstitutionen, die Diokletian und Maximian zu Urhebern haben. Die Beamten Justinians ließen sich auch bei den Kaisererlassen von dem Bestreben leiten, alles, was sie der Berücksichtigung für wert hielten, in Übereinstimmung mit dem geltenden Recht zu bringen; darüber hinaus wurden die Konstitutionen auch stilistisch überarbeitet und von einem erheblichen Teil des Schwulstes befreit, an dem man sich seit dem ausgehenden 3. Jahrhundert kaum hatte genug tun können. Gleichwohl kann man nicht behaupten, daß mit dem *Codex* als Ganzem eine vollauf befriedigende Kodifikation des Kaiserrechts gelungen wäre. Die Auswahl scheint oft willkürlich und disparat, und es fehlt trotz mehrfacher Versicherung des Gegenteils nicht an Überschneidungen und lästigen Wiederholungen. Die Sammlung verfolgte wohl auch ein propagandistisches Ziel: die imponierende, über vier Jahrhunderte sich erstreckende Reihe der kaiserlichen Gesetzgeber sollte die Größe und Festigkeit der Monarchie vor Augen führen.

Hiermit aber wurde ein erhebliches Maß an Uneinheitlichkeit des im Justinianischen *Codex* vereinigten Rechtsstoffes erkauft. Die Digesten enthalten lediglich Exzerpte aus Schriften der Rechtsgelehrten bis zur Mitte des 3. Jahrhunderts, Texte also, die eine im wesentlichen homogene, im Privatleben und in der Wirtschaftsordnung freiheitliche Epoche spiegeln. Der *Codex Theodosianus* wiederum, der dickleibige Vorgänger der Sammlung Justinians, beschränkt sich auf das Jahrhundert, das seit Konstantin verflossen war, und somit ebenfalls auf eine ziemlich homogene Zeit: auf die Zeit des uneingeschränkten, dirigistisch alle öffentlichen und privaten Bereiche durchdringenden Kaisertums. Der *Codex Iustinianus* hingegen reiht Titel für Titel Erlasse aus beiden Perioden auf, und eben dieser Umstand bewirkt, daß immer wieder schwer zu Vereinbarendes nebeneinander steht: liberale Bestimmungen aus den Tagen, da Ulpian und Paulus im *consilium* des Kaisers saßen, und herrische Befehle, die unübersehbar den Stempel des absoluten Kaisertums der Spätzeit tragen.

«Daß frei von Zwang die Ehen seien, ist von alters her die allgemeine Meinung. Daher seien auch Vereinbarungen, die eine Scheidung zu verbieten suchen, ungültig.» So läßt sich eine Konstitution des Jahres 223, aus der Zeit des Alexander Severus, vernehmen: sie ist nach Inhalt und Form ein Erzeugnis der Prinzipatszeit, der Epoche vornehm-zurückhaltender Rechtsweisung. Der Hinweis auf das «von alters her» (*antiquitus*) Übliche deutet an, daß sich die kaiserliche Kanzlei nicht anders als die Rechtsgelehrten der bewährten Tradition anzuschließen wünscht. Das Prinzip der freien Scheidung war indes, als Justinians Gehilfen diesen Erlaß in ihren *Codex* aufnahmen, längst nicht mehr unumstritten. Die Kirche verlangte Einschränkungen, und so heißt es in einer Verlautbarung Konstantins, vom Jahre 331: «Wir ordnen an, daß es der Ehefrau nicht gestattet ist, um ihrer törichten Begierden willen dem Manne den Scheidebrief zu schicken, indem sie als Grund anführt, er sei ein Trunkenbold oder ein Spieler oder ein Schürzenjäger, und auch den Ehemännern nicht, aus beliebigen Anlässen ihre Frauen fortzuschicken.» «Um ihrer törichten Begierden willen» (*propter suas pravas cupiditates*): solch aufdringliches Moralisieren ist charakteristisch für die kaiserliche Gesetzgebung seit diokletianisch-konstantinischer Zeit. Es wird nicht mehr gelassen geregelt, sondern mit autoritärer Ungeduld angeordnet, und zwar besonders nachdrücklich auf dem Felde des Ehe- und Familienrechts. Ein Erlaß Konstantins bedient sich bei einem Versuch, gegen liederliche Sitten vorzugehen, eines barschen, drohenden Tones: *Nemini licentia concedatur constante matrimonio concubinam penes se habere* – «Daß niemandem die Zügellosigkeit zugestanden werde, bei bestehender Ehe eine Konkubine bei sich zu haben.»

Der ihrer Prinzipien gewissen Strenge kann Milde die Waage halten, wenn es der selbstherrlichen Kaisergesetzgebung so gefällt. Ein Gesetz des Claudius (41–54) hatte angeordnet, daß eine freigeborene Römerin, die sich mit einem Sklaven einlasse und das Verhältnis trotz Abmahnung fortsetze, ihrerseits Sklavin von dessen Eigentümer werde. Justinian hielt diese Bestimmung für zu hart, und so hob er sie in einem wortreichen Erlaß auf, nicht ohne sich seines sanften Regiments zu rühmen.

Ein Hauptthema der spätantiken Kaisergesetzgebung war die Korruption, die Habgier und Bestechlichkeit der Richter und Beamten. Gegen dieses Krebsübel im Gefüge des bürokratischen Zwangssystems vermochten offensichtlich auch schärfste Strafen nur wenig auszurichten, und so haben die in den Konstitutionensammlungen angedrohten Maßnahmen mitunter das Aussehen ohnmächtiger Gebärden, wie z. B. der folgende Erlaß Konstantins: «Aufhören sollen jetzt endlich die raffgierigen Hände der Beamten, aufhören sollen sie, sage ich. Denn wenn sie nach dieser Warnung nicht aufhören, dann wird man sie ihnen mit dem Schwert abschlagen. Nicht käuflich darf die Tür des Richters sein, nicht der Zutritt für Geld erwirkt, nicht der Gerichtssaal durch Feilschen verrufen, nicht schon der Anblick des Vorsitzenden von einem Preis abhängig» usw.

Auch für die anderen Wesensmerkmale des spätantiken Zwangsstaates haben die Sammlungen von Kaisererlassen, der *Codex Theodosianus* und der *Codex Iustinianus*, reichhaltiges Material bewahrt: für das Steuerwesen und die Pressionen, denen die Kurialen ausgesetzt waren, für die Zunftpflicht zahlreicher Gewerbetreibender und für die Schollenbindung des Landarbeiterproletariats, der Kolonen.

Die Bedeutung des Corpus Iuris

Das Corpus Iuris hat die Erwartungen seines Schöpfers nicht erfüllt, und zwar offensichtlich deshalb nicht, weil es an einem inneren Widerspruch litt. Es sollte einerseits als geltendes Recht den praktischen Bedürfnissen der Gegenwart dienen; Justinian erklärt selbst, daß nach diesem Kriterium die Auswahl aus dem vorhandenen Rechtsstoff getroffen und der Wortlaut der aufgenommenen Texte verändert worden sei. Es war andererseits, zumal durch seinen umfänglichsten und wichtigsten Teil, die Digesten, der Versuch eines Klassizisten, um nicht zu sagen Romantikers, die Rechtskultur einer seit langem vergangenen Epoche ins Leben zurückzurufen, und mit dieser Tendenz überschätzte es die Möglichkeiten seiner Entstehungszeit. Justinian bekundet anderthalb

Jahrhunderte nach dem Wirken des Symmachuskreises noch einmal die tiefeingewurzelte Neigung der Römer, bei jedem Versuch nationaler Selbstvergewisserung auf die eigenen Anfänge bis hin zu den Ursprüngen zurückzugreifen. Auf dem Felde der Religion allerdings waren die Änderungen, welche die Konstantinische Wende in Gang gesetzt hatte, so radikal, daß eine Wiederherstellung des Einstigen nicht mehr in Betracht kam; desto entschiedener glaubte Justinian, den alten Römerstaat in den übrigen Bereichen erneuern zu können, gemäß der Devise, mit der der Einführungserlaß der Institutionen beginnt: «Die kaiserliche Majestät muß nicht allein mit Waffen geschmückt, sondern auch mit Gesetzen bestückt sein.»

Die Digesten wissen so gut wie nichts von den Besonderheiten des spätantiken Staates. Das Kirchenrecht, wichtig genug, im Justinianischen *Codex* den Reigen zu eröffnen, fehlt gänzlich, und von all den dirigistischen Einschränkungen der Privatautonomie, von den Vorschriften der Zwangswirtschaft findet sich kaum eine Spur. Die Praxis konnte nur mit dem *Codex* arbeiten, und auch mit ihm nur unter Nichtbeachtung der überholten Erlasse aus dem 2. und 3. Jahrhundert. Die Digesten aber, die eine mehr als drei Jahrhunderte zurückliegende Wirklichkeit voraussetzten, waren, wie die Institutionen, fast nur noch für die Ausbildung angehender Juristen brauchbar. Sie blieben im wesentlichen die Vision eines besseren Staates, eine Vision, die erst in erheblicher räumlicher und zeitlicher Distanz Früchte zu tragen beginnen sollte. Dieser Vorgang, die Rezeption des römischen Rechts, die im hohen Mittelalter einsetzte, hat bewirkt, daß das Corpus Iuris nach der Bibel zur wichtigsten der vielen Klammern geworden ist, welche Europa mit der Antike verbinden.

Das römische Recht ist im Westen nie gänzlich untergegangen: es überlebte durch Teile der kaiserlichen Gesetzgebung sowie durch vulgarisierte Reste des Juristenrechts. Die Digesten indes waren dort unbekannt, bis in der zweiten Hälfte des 11. Jahrhunderts von einer irgendwo in Italien befindlichen Handschrift zahlreiche Kopien angefertigt wurden und sich auf dieser Grundlage in Bologna eine Rechtsschule etablierte. Nunmehr nahm die Entwicklung einen überraschenden Verlauf: schon um die Mitte des

12. Jahrhunderts sollen sich in Bologna etwa zehntausend Studenten befunden haben, die das Gelernte, das nach scholastischen Methoden erklärte römische Privatrecht, in alle europäischen Länder trugen. Die Digesten fungierten von jetzt an und bis zum 19. Jahrhundert als Sauerteig der europäischen Rechtswissenschaft, wodurch sie zu einer der wichtigsten gemeinsamen Voraussetzungen aller Staaten Europas geworden sind. Das lange Dunkel um die Digesten und das plötzliche Aufflammen im 12. Jahrhundert haben etwas Rätselhaftes; doch dafür, daß dieses Werk schließlich zur hohen Schule des Rechts avancierte, lassen sich gute Gründe nennen. Die römischen Juristen der Republik und der frühen Kaiserzeit hatten durch ihre Entscheidungskunst einer freiheitlichen Staatsordnung gedient; sie hatten primär durch Handeln Konflikte innerhalb der Rechtsgemeinschaft beigelegt und nur sekundär, um der wechselseitigen Verständigung willen, Aufzeichnungen angefertigt. Justinian aber hatte dieses Handeln, die vielfach zerstreuten Zeugnisse davon in ein Buch, in ein abgelöstes, transportables Textcorpus gebannt, so daß die Juristen des Mittelalters und der Neuzeit den umgekehrten Weg gehen konnten: vom Buch, das sie vorgefunden hatten, von der Schule, die daraus erwachsen war, zurück zum Leben, zur Anwendung, zu jurisdiktionellem und administrativem Handeln.

14

Die Literatur im Ostgoten-, im Merowinger- und im Westgotenreich

Felicitas Italiae

Zum geistigen Leben im untergehenden Westreich hatte Afrika wenig, Spanien sehr wenig, Gallien jedoch bei weitem das meiste beigesteuert. Italien aber war unterdessen, ohne daß sich plausible Gründe dafür nennen ließen, in tiefes Schweigen gesunken: als hätte Rutilius Namatianus im Jahre 417 bei seiner Rückkehr nach Gallien alles mitgenommen, was noch an literarischen Bestrebungen im einstigen *caput mundi* übriggeblieben war. Dies änderte sich geradezu schlagartig mit dem Regiment des Ostgotenkönigs Theoderich: für vier Jahrzehnte, bis zum Beginn des von Justinian geführten Vernichtungskrieges, zogen Ruhe und Wohlstand in Italien ein, und in deren Gefolge erlebte man dort eine beachtliche kulturelle und literarische Blüte. Von alledem war gewiß ein gut Teil das Verdienst des Königs selbst. Man hat ihn wohl nicht ganz zu Unrecht mit dem Beinamen ‹der Große› geschmückt, wenn auch dem von ihm eingerichteten Staatswesen Dauer und weltgeschichtliche Bedeutung versagt blieben. Unter den Germanenkönigen der Völkerwanderungszeit war er gewiß die reifste und fähigste Herrscherpersönlichkeit. Er hatte sich wie kein anderer den römischen Staatsgedanken zu eigen gemacht; offenbar ist er durch die lange Zeit, die er als Geisel am Hof von Konstantinopel verbrachte – vom 8. bis zum 18. Lebensjahr – nachhaltig geprägt worden. Wie schon erwähnt, beauftragte ihn Kaiser Zenon im Jahre 488, Italien zu erobern und dort an Stelle von Odoaker das Regiment zu führen. Nach vierjährigen Kämpfen war er Herr des Landes, und er erzeigte sich von nun an als ein Staatsoberhaupt, über das sich eine zeitgenössische anonyme Chronik wie folgt äußert:

«Er war ein vorzüglicher Mann und bei allen Dingen guten Willens. Während seiner dreiunddreißigjährigen Herrschaft ist Italien vom Glück begleitet gewesen» (*felicitas est secuta Italiam*); «man konnte dort ohne Gefahr auf Reisen gehen. Nichts fing er verkehrt an. *Ein* Regiment lenkte zwei Völker, die Römer und die Goten. Während er selbst zur arianischen Sekte gehörte, unternahm er nichts gegen die katholische Religion. Die Römer nannten ihn einen Trajan und Valentinian (deren Zeiten sein Vorbild waren), und die Goten priesen ihn ... in allem als tapferen König. Die Staatsverwaltung überließ er den Römern, wie sie unter den Kaisern gewesen war. Er teilte Spenden und Lebensmittel aus; er gab Spiele im Zirkus und im Amphitheater. Den Staatsschatz hatte er gänzlich leer vorgefunden; er brachte ihn durch seine Anstrengungen wieder in Ordnung und füllte ihn.»

Die *felicitas Italiae* beruhte auf der Herrscherkunst Theoderichs, die ein friedliches Zusammenleben der Römer und Goten zustande brachte. Der Staat hatte ein dualistisches Gepräge; Römer und Goten waren streng voneinander getrennt. Den Goten oblag der Waffendienst; den Römern unterstand die gesamte innere Verwaltung. Allein die Person Theoderichs verband das Geschiedene; über die Römer gebot er im Namen des oströmischen Kaisers als *patricius*, und die Goten gehorchten ihm als ihrem erwählten König, der mit dem Kaiser einen sie alle verpflichtenden ‹Bündnisvertrag› (*foedus*) abgeschlossen hatte. Die von ihm proklamierte Staatsidee hieß *civilitas*, «Wahrung des Rechts»; seine Maßnahmen gegen Korruption und Amtsmißbrauch ließen das überkommene Steuersystem als erträglich erscheinen. Er war stets bestrebt, mit dem Hof in Byzanz in gutem Einvernehmen zu stehen; die Münzprägung war reichsrömisch, und die kaiserlichen Gesetze hatten auch in seinem Gebiet Geltung. Der Senatsaristokratie gewährte er im neugeordneten Staatswesen die gewohnten Ämter und Funktionen; der italische Adel erlebte eine letzte Blüte der Tätigkeit in der Zivilverwaltung, des Wohlstands und der Bildungsbeflissenheit. Theoderichs gutes Einvernehmen mit ihm beruhte nicht zuletzt auf dem Schisma des Jahres 484: die seither bestehende Kluft zwischen dem römischen Bischof und dem Kaiserhof gab dem Arianertum der Goten das Aussehen einer quantité négligeable. Dies änderte sich, als Kaiser Justin im Jahre 519 das Schisma mit der römischen Kirche beendete: jetzt begann die römische Aristokratie, von Theoderich abzurücken und mit Byzanz zusammenzuarbeiten.

Die Literatur der Ostgotenzeit hat das überkommene antike Bildungswesen zum Mittelpunkt; demgegenüber tritt anderes, wie die Dichtung oder die Historiographie, stark zurück. Die italische Aristokratie (denn ihr gehörten die literarisch Tätigen allesamt an) bemühte sich also um die Rhetorik, die *artes liberales* und die Philosophie; auf diesen Gebieten vor allem suchte man die Tradition aufrechtzuerhalten und fortzusetzen. Eigenartigerweise hat es sich gefügt, daß die drei Männer, die sich hierum verdient gemacht haben, die drei Haupttypen des antiken Bildungswesens ziemlich rein repräsentierten: als solle der Nachwelt noch einmal an eindrucksvollen Gestalten vor Augen geführt werden, welche Vielfalt und Breite des Wissens und der Weisheit auf dem Spiele stand. Ennodius war der Rhetor und Sophist des Zeitalters; er wirkte durch jenen formalen Wortkult, der schier alles zu vermitteln imstande war. Boethius wiederum hat sich gleichermaßen als Denker wie als Philosoph im prägnanten, unbedingte Prinzipientreue fordernden Sinne hervorgetan und eine Leistung vollbracht, die ihn als einzigartig in der gesamten lateinischen Literatur der Spätantike erscheinen läßt. Cassiodor endlich kann als der Gelehrte, der Polyhistor, der Enzyklopädist der Epoche gelten; er war zugleich Büchersammler und Bibliothekar und hat wie wenige andere der im Mittelalter herrschenden Form der Wissensvermittlung, der Klosterschule, den Weg bereitet. Diese drei Männer also verkörperten in ostgotischer Zeit noch einmal die drei Hauptformen der antiken Bildung, die im Falle der Sophistik und Rhetorik auf das fünfte, im Falle der Philosophie vornehmlich auf das vierte und im Falle der enzyklopädischen Gelehrsamkeit wenn nicht ebenfalls auf das vierte Jahrhundert v. Chr., auf Aristoteles und seine Schule, so spätestens auf den hellenistischen Wissenschaftsbetrieb zurückgingen und deren leuchtende Spuren sich durch die griechisch-römische Welt über den ganzen Zeitraum hinweg verfolgen lassen, der das einstige Athen und das einstige Alexandrien vom Reiche Theoderichs trennte. Die drei Genannten verkörperten jene Formen nicht mehr in ihrer ursprünglichen heidnischen, sondern in einer mehr oder minder tiefgreifenden christlichen Ausprägung: was sich zur Zeit Augustins nicht hatte bewerkstelligen lassen, die Aussöhnung von heidnischer Kultur und christlichem Glauben, und was dann, im 5. Jahrhundert, meist nur auf äußerliche Weise, als Gemenge und buntscheckiges Nebeneinander, zustande gekommen war, hierfür wurden im Zeitalter Theoderichs zwar nicht von Ennodius, wohl aber von Boethius und Cassiodor je verschiedene, jedoch gleichermaßen überzeugende Lösungen im Sinne einer engen Verbindung gefunden.

Magnus Felix Ennodius (etwa 473–521), das Formtalent im ostgotischen Italien, von den Zeitgenossen gerühmt und hochgeschätzt, hat sich in den Augen der Nachwelt vor allem die weniger erfreulichen Seiten der Tradition, an die er anknüpfte, zu eigen gemacht: er stellt sich dem heutigen Betrachter als ein ebenso seichter wie eitler Literat dar, der den Dünkel seines Berufsstandes mit dem Dünkel seiner Schicht verband. Er war Modeschriftsteller, Autor eines bunten Vielerlei; seine Werke bekunden zum Teil nichts als inhaltslose Aufgedunsenheit und zum Teil eine dünne Mischung von Gedanken, die auf Bekenntnisse zu einem klischeehaften Bildungsideal hinauslaufen sowie auf ein Christentum, das zu einigen wenigen Phrasen verkümmert ist.

In den äußeren Umrissen des Lebens wie des Werks erinnert manches an Apollinaris Sidonius. Geboren wohl in Arelate (Arles), jedenfalls in Südgallien, verlor Ennodius früh seine Eltern; er wuchs bei einer Tante in Pavia auf. Nach deren Tode nahm sich eine begüterte Familie derselben Stadt seiner an; er verlobte sich mit einer Tochter des Hauses. Die Kämpfe zwischen Odoaker und Theoderich, die sich vor allem im Raum von Mailand abspielten, nahmen jener Familie das Vermögen, und die geplante Heirat unterblieb. Ennodius wurde Geistlicher, ein Ereignis, dem, soviel ersichtlich, ein Wandel des Denkens weder vorausging noch folgte. Er wirkte als Diakon in Mailand und hatte vom Jahre 513 an den Bischofsstuhl von Pavia inne. Sein Epitaph im dortigen Baptisterium von San Michele ist erhalten; es beginnt mit den Worten:

Ennodius vates lucis rediturus in ortum
hoc posuit tumulo corporis exuvias...
(«Ennodius der Sänger, der zurückkehren wird beim Aufgang des Lichts,
bettete in diesem Grab seine leibliche Hülle...»)

Ennodius wurde mehrfach mit diplomatischen Sendungen betraut. Er reiste als Begleiter des Bischofs Epiphanius von Pavia an den Königshof von Burgund, nahm in Rom an einer Synode teil, die ein westliches Schisma zu beseitigen suchte, und weilte in den Jahren 515 und 517 in Konstantinopel, wo es darum ging, das große Ost–West-Schisma beizulegen, das kurz darauf, im Jahre 519, auch wirklich beigelegt wurde.

Das Gesamtwerk des Ennodius besteht aus Briefen, vermischten Schriften in Prosa, Reden und Gedichten. Es reicht nicht über das Jahr 513 hinaus: vermutlich wurde Ennodius durch das Bischofsamt an weiterer literarischer Produktion gehindert. Daß ein innerer Wandel, eine Bekehrung zu radikal christlichem Denken ihn davon abgehalten hätte, ist wenig wahrscheinlich. Er behauptet in seiner *Confessio*, eine schwere Krankheit habe ihn aufgerüttelt und seinen Geist von nichtigem irdischem Tun und eitler Selbstgefälligkeit zu Gott gelenkt. Denn vorher sei er auf den unnützen Tand der Rhetorik und der Poesie erpicht gewesen. In seiner Not habe er gelobt, nunmehr fromm Gottes Gebote zu befolgen und niemals mehr seinen Griffel mit profanen Gegenständen zu ermüden. Dieses «Bekenntnis» entstammt allerdings dem Jahre 511; Ennodius hat aber nichtsdestoweniger seine Schriftstellerei noch zwei Jahre lang fortgesetzt. Das innere Ereignis, das einst eine fundamentale Lebenswende herbeigeführt hatte, war bei ihm zu einer rhetorischen Übung verkommen.

Die Briefsammlung des Ennodius, ein Dokument par excellence der spätrömischen Adelskultur, ist bereits hinlänglich gewürdigt worden; sie zeichnet sich dadurch aus, daß in ihr die beiden Prinzipien der von Symmachus begründeten epistolographischen Kunst, die Inhaltsarmut und der manierierte Ausdruck, auf die Spitze getrieben sind. Unter den Prosaschriften verschiedenen Inhalts ragt ein Panegyrikus auf Theoderich hervor; von dieser Herrscher- und Kämpfernatur ist offenbar etwas ausgegangen, was selbst einen

Ennodius zu mitreißenden Worten beflügelte. Der nach Sachgebieten geordnete Überblick über Theoderichs Lebensleistung ist ganz im Sinne der althergebrachten heidnischen Ethik abgefaßt, während sich das Christentum mit ein paar Schnörkeln begnügen muß: ein Befund, der nach den Enkomien des Merobaudes und des Apollinaris Sidonius kaum noch Verwunderung hervorruft. Die Reden (*dictiones*), phrasenreich und geringen Umfanges, befassen sich zum Teil mit geistlichen Themen wie Einweihungen von Kirchen oder Amtsjubiläen (eine von ihnen, die *Dictio incipientis episcopi*, «Rede eines sein Amt antretenden Bischofs», ist ein Muster, ein Formular); teils dokumentieren sie mit ihren Platitüden über den Wert der literarischen Bildung und ihren zu Übungszwecken ausgearbeiteten fiktiven oder mythischen Themen die letzte, ganz in Traditionalismus erstarrte Phase des spätantiken Rhetorikunterrichts. Die vermischten Gedichte gemahnen an Ausonius; allerdings fehlt ihnen die Leichtigkeit und Eleganz, deren der Vorgänger fähig war. Das reizvollste und frivolste Stück ist ein Epithalamium, polymetrisch in der Technik Claudians: mit der Liebe und der Ehe gehe es zurück, läßt der nachmalige Bischof Amor vor Venus Klage führen, da eine üble Lehre die Wünsche des Fleisches zurückdränge. Ennodius hat ein buntes und doch meist langweiliges Œuvre hinterlassen, passend zu seiner *Paraenesis didascalica* («Anleitung zum Erwerb von Bildung»), einem Prosimetrum nach Art einer menippeischen Satire; diese seichte Programmschrift versteht sich dazu, die Macht der Rhetorik in einer sittlicher Schranken weithin überhobenen Weise zu preisen, in einer Weise, die radikalen Sophisten vom Schlage des Platonischen Thrasymachos alle Ehre gemacht hätte.

Anicius Manlius Severinus Boethius (480–524) war ein Abkömmling des hochadligen Hauses der Anicier, dessen Stammbaum bis in die Mitte des 3. Jahrhunderts zurückreichte und dessen Geschicke mit den Wechselfällen des römischen Reiches im 4. und 5. Jahrhundert eng verflochten waren. Der Vater, Konsul des Jahres 487, hat wie Dutzende seiner Vorfahren hohe Zivilämter bekleidet; er starb, ehe der Sohn seine Laufbahn begann. Dieser, von fürsorglichen Standesgenossen erzogen, lenkte früh durch seine rednerische und philosophische Begabung die allgemeine

Aufmerksamkeit auf sich. Er erhielt Ämter; er wurde von Theoderich beauftragt, Germanenfürsten um diplomatischer Zwecke willen mit Luxusgütern zu bedenken, z. B. den Burgunderkönig Gundobad mit einer Sonnen- und einer Wasseruhr. Der äußere Höhepunkt seines Lebens war das Konsulat der Söhne im Jahre 522; ihm folgte unmittelbar danach der tiefe Sturz. Das Hofamt, das er damals innehatte (er war *magister officiorum*, Personalchef), zog ihn in eine Hochverratsaffäre; er wurde zum Tode verurteilt und nach längerer Haft, während der er die *Consolatio Philosophiae* verfaßte, im Herbst 524 hingerichtet. Cassiodor trat an seine Stelle.

Die Angelegenheit, welche die Namen der Größten ihrer Zeit auf so tragische Weise miteinander verknüpfte, war mittelbar durch die Beseitigung des Schismas zwischen Ost und West im Jahre 519 bedingt. Seither bildeten sich innerhalb der italischen Aristokratie politische Gegensätze von erheblicher Schärfe aus; der Senat in Rom unterhielt gute Beziehungen zu Byzanz, während die Hofbeamten in der Residenz Ravenna ganz auf seiten Theoderichs standen. Die Hofpartei legte dem König eines Tages Briefe des ehemaligen Prätorianerpräfekten Albinus vor, aus denen sich ergeben sollte, daß Albinus durch sein Einverständnis mit Byzanz Hochverrat übe. Boethius suchte ihn zu retten: die Briefe seien gefälscht; wenn Albinus sich vergangen habe, dann seien auch er selbst und der ganze Senat nicht frei von Schuld. Dies wurde Boethius als Geständnis ausgelegt; man erhob auch gegen ihn Anklage, und das Verhängnis nahm seinen Lauf. Über die rechtlichen und tatsächlichen Grundlagen des Urteils zu befinden ist unmöglich. Wenn die Annahme eines Justizmordes wenig für sich hat, so darf immerhin als ausgemacht gelten, daß der durch mancherlei Unglücksfälle angegriffene alte König politisch unklug gehandelt hat; die Gegensätze zwischen Hof und Senat spitzten sich nunmehr erheblich zu.

Während das Werk des Ennodius allenthalben auf die Wirklichkeit, aus der es hervorgegangen ist, verweist, scheint Boethius mehr der Nach- als der Mitwelt Genüge getan zu haben. Zwar fehlt es nicht an Komplimenten für seine großen Geistesgaben, etwa von seiten des Ennodius, dessen Korrespondenz mit ihm durch eine Anzahl erhaltener Stücke bezeugt ist, und kein geringerer als Theoderich hat ihn einmal durch den Mund Cassiodors seiner Übersetzungen wegen mit hohem Lobe bedacht. Gleichwohl scheint sein erstaunliches Œuvre ganz und gar die Leistung eines einsamen einzelnen zu sein, geschaffen in der eigenen Bibliothek: man weiß nichts von einem Kreis Gleichgesinnter, mit denen er sich verbunden gefühlt hätte, oder von einem wie immer gearteten scholastischen Milieu, das ihn umgab. Über jedwedes Tagesbedürfnis weit erhaben, schrieb er offenbar für ein Publikum jenseits der räumlichen und zeitlichen Grenzen seiner Existenz; die *cives* oder die *civitas*, auf die er sich als die Adressaten seiner Bemühungen, griechische Weisheit in lateinischer Sprache zugänglich zu machen, beruft, scheinen im Unbestimmten zu schweben.

Wenn Boethius die antike Logik und die christliche Dogmatik fest miteinander verschmolzen hat, indem er die eine zur methodischen Voraussetzung der anderen machte, war es das Verdienst Cassiodors, die *artes liberales* in den Dienst der Theologie zu stellen: als unabdingbaren Horizont jeglicher Bibelexegese. Doch von dieser seiner epochalen Tat war bereits die Rede; die folgenden Bemerkungen können sich damit begnügen, ihn in das Tableau seiner Zeit einzufügen.

Flavius Magnus Aurelius Cassiodorus Senator, wie sein die Gepflogenheiten der Spätantike voll ausschöpfender Prunkname lautet (490–583), hat zunächst eine glänzende Karriere im Dienste des Staats absolviert und sich sodann in der Stille des von ihm gegründeten Klosters ganz der Gelehrsamkeit ergeben. Sein Leben gliedert sich also, wie das nicht weniger Repräsentanten der spätantiken Literatur, in zwei scharf geschiedene Hälften, in eine weltliche und eine geistliche. Von ihm sind jedoch, im Unterschied zu Ambrosius und anderen, aus beiden Lebenshälften Werke überliefert. Die weltlichen Schriften zeigen ihn als ausführendes Organ Theoderichs, als Propagandisten von dessen Staatsidee; hierzu gehören eine trockene Chronik sowie die nur durch einen Auszug, den der Gote Jordanes verfertigt hat, erhaltene Gotengeschichte, ferner die dickleibige Sammlung *Variae* («Vermischte Briefe») in zwölf Büchern. In die *Variae* ist eine Auswahl der von Cassiodor aufgesetzten Erlasse Theoderichs und seiner Nachfolger eingegangen; sie enthalten außerdem Formulare für Bestallungsdekrete von Beamten. Sie stehen in der Mitte zwischen Konstitutionen und Briefen; vergleichbar ist das zehnte Buch der Sammlung des Symmachus, mit den offiziellen Eingaben an den kaiserlichen Hof. Mit dieser Kollektion, die in der üblichen Weise, wenn auch nicht so kraß wie Ennodius, durch ihren schwülstigen und gespreizten Stil die Aufmerksamkeit der Leser zu gewinnen sucht, hat Cassiodor seinen Zeitgenossen Ehre erwiesen: die Namen der gesamten Haute volée der Ostgotenzeit finden sich dort vereinigt.

Unter den geistlichen Schriften verdient vor allem der Psalmenkommentar Erwähnung; er läßt bereits, als das erste nach der Abkehr von der Welt verfaßte Werk, die Bildungskonzeption erkennen, von der sich Cassiodor bei der Einrichtung seines Klosters hat leiten lassen. Im Unterschied zur Exegese Augustins dient dieser Kommentar einem besonderen Demonstrationsziel. *De scripturis divinis emanasse, quod doctores saecularium litterarum ad sua studia postea transtulerunt,* schrieb Cassiodor hierzu in den Institutionen: aus den heiligen Schriften sei alles hervorgegangen, was die Lehrer der weltlichen Weisheit hernach für ihre Bestrebungen nutzbar gemacht hätten. Für ihn existierte somit kein Nebeneinander von christlicher und heidnisch-weltlicher Bildung; die weltliche Bildung sei vielmehr, behauptet er, ein Derivat der Bibel, Entfaltung dessen, was sich bereits in den biblischen Schriften keimhaft angelegt finde. Am Beispiel des Psalters glaubte er insbesondere dartun zu können, daß die *lex divina,* das «göttliche Gesetz», die Rhetorik und die Dialektik enthalte, und dieser seiner Auffassung gemäß wies er in seinem Kommentar immer wieder auf das Vorhandensein von rhetorischen Tropen und Figuren sowie von logischen Operationen hin; er hielt es für wesentlich, daß die Heilige Schrift sich mit diesen Dingen in der praktischen Anwendung vertraut zeigt, und so verwarf er das Gegenargument als unerheblich, daß sich dort keinerlei Terminologie der Rhetorik oder der Dialektik findet. Hiermit erlag, wie leicht ersichtlich, seine monistische Theorie vom Ursprung der Bildung einem Irrtum: daß die praktische Handhabung der Sprache mit ihrer theoretischen Durchdringung, d. h. mit der Erkenntnis und Darstellung ihrer grammatischen, rhetorischen und logischen Gesetzmäßigkeiten identisch sei. Diesen Irrtum hatten sich bereits die Sophisten des 5. Jahrhunderts v. Chr. zuschulden kommen lassen, wenn sie Homer als den ‹Erfinder› der Rhetorik und überhaupt als Quelle allen Wissens, der Geographie, Astronomie, Medizin usw., priesen. Das die Bibel an den Anfang stellende Derivationsschema ging vor allem auf Philon von Alexandrien zurück, der es für das Verhältnis der Gesetzgebung Mose zur griechischen Philosophie nutzbar gemacht hatte; von ihm übernahmen die christlichen Apologeten, Justinus Martyr, Klemens von Alexandrien u. a., das Motiv, und es fand von dort aus in der ganzen Patristik Widerhall. Cassiodor beruft sich auf Augustin, der sich in der *Doctrina christiana* ebenfalls zu dieser Theorie bekannt hatte. Er hat seinerseits das nicht geringe Verdienst, aus ihr die praktischen Konsequenzen für den Inhalt und die Organisation der christlichen Bildung gezogen zu haben: durch ihn hat sie als Legitimation der *artes liberales* erheblichen Einfluß auf das Lehrprogramm der mittelalterlichen Klosterschule ausgeübt.

Als Dichter der Ostgotenzeit ragt Arator hervor. Er war, früh verwaist, von Ennodius gefördert worden; er brachte es als Rhetor und Advokat zu Ansehen und erhielt kurz nach dem Tode Theoderichs ein hohes Hofamt. Später, wohl unter dem Eindruck der zusammenbrechenden Ostgotenherrschaft, kehrte er dem Staatsdienst den Rücken und wurde Kleriker an der päpstlichen Kurie. Aus dieser Zeit stammt sein einziges Werk, ein Bibelepos, eine poetische Bearbeitung der Apostelgeschichte (*De actibus apostolorum*), in zwei Büchern. Die Darstellungsweise läßt sich am ehesten mit der des Sedulius vergleichen, geht aber im Ausmaß der Exegese über das dort Praktizierte hinaus, wobei Typologien und Zahlenmystik zu den bevorzugten Demonstrationszielen gehören. Das flüssig geschriebene Werk ist im Mittelalter viel gelesen worden.

Um dieselbe Zeit, da Arator in der römischen Kirche San Pietro in Vincoli unter dem Beifall eines zahlreichen Publikums sein Epos vortrug, schloß auf dem Monte Cassino in Kampanien Benedikt von Nursia auf immer die Augen, eine Gestalt, deren Einfluß, zunächst kaum bemerkbar, mit den Jahrhunderten mächtig gewachsen ist: die Regel Benedikts wurde im Laufe der Zeit zur alleinigen Richtschnur des westlichen Klosterlebens; die Mission in England und im Reich der Karolinger hatte einzig Angehörige des auf sie verpflichteten Ordens zu Trägern. In Nursia (Norcia bei Perugia) geboren, in Rom zur Zeit der *felicitas Italiae* erzogen, fühlte sich Benedikt früh zur Askese berufen; er verbrachte etliche Jahre im Sabinergebirge und in einer Schlucht des Anio (östlich von Rom) und gründete sodann – wie es heißt im Jahre 529, im selben Jahr, in dem die Akademie Platons auf Befehl Justinians ihre Pforten schloß – das später so berühmte Kloster auf dem Mons Casinus. Dieser seiner Schöpfung gab er, mit den älteren einschlägigen Schriften wohlvertraut (insbesondere denen des Cassianus, eines der Väter des südgallischen Mönchstums von Massilia und Lerinum), seine maßvolle Regel auf den Weg, und die Regel wiederum verbreitete sich nach der Zerstörung des Bergklosters durch die Langobarden (581) vom Rom Papst Gregors des Großen aus über die ganze lateinische Welt.

Mit dem Untergang der Ostgoten erlosch auch der spätantike Staat; nach ihrer Vernichtung fehlte es in ganz Italien an einer geordneten Verwaltung. Das in den schrecklichen Kriegen geschundene Rom verödete und verfiel; die Spuren des Senats verlieren sich im Dunkel der Anarchie, und nicht einmal von Stadtpräfekten ist nach dem Jahr 600 noch irgendwo die Rede. Hungersnöte und Seuchen dezimierten die Bevölkerung, und die Langobarden, weit weniger assimiliert als alle die Stämme, die bisher in den alten mediterranen Kulturraum eingedrungen waren, zertrümmerten mit berserkerhafter Wut, was sie noch vorfanden. Die Region um Rom unterstand nominell der Herrschaft von Byzanz, das von Ravenna aus durch einen Statthalter, den sogenannten Exarchen, die nicht von den Langobarden okkupierten Gebiete zu verwalten suchte; Rom hatte wenig Nutzen von dem schwächlichen und korrupten Regiment und war daher ganz auf sich selbst gestellt. Dort aber gab es außer den hilflosen Überresten der Bewohnerschaft nur noch die Kirche: sie nistete sich mit ihren Gebäuden überall in den Trümmern der einstigen Weltstadt ein; sie erwies sich als der einzige Hort, als die letzte Zuflucht und wurde so, ob sie wollte oder nicht, in die Rolle gedrängt, den Staat zu ersetzen. Gregor I., genannt der Große (etwa 540–604), aus altem römischem Adel, war noch Stadtpräfekt gewesen, ehe er seinen Landbesitz für Klöster hingab und selbst Mönch wurde: er gehorchte, im Jahre 590 zum Papst gewählt, dem Gebot der Stunde; seine Reorganisation des umfänglichen geistlichen Guts, um karitativer Zwecke willen unternommen, legte den Grund zum nachmaligen Kirchenstaat.

Justinians «pragmatische Konstitution» vom Jahre 554 hatte noch die Fortzahlung der Gehälter an die öffentlich angestellten römischen Grammatiker und Rhetoren befohlen: wahrscheinlich blieb der guten Absicht die Ausführung versagt. Jedenfalls verlautet nichts mehr von irgendwelchen Schulen, und die Literatur, unter Theoderich und seinen Nachfolgern noch durch klangvolle Namen vertreten, war nach dem Fortgang von Cassiodor gänzlich erstorben: es gab niemanden mehr, der sich noch mit Poesie oder weltlicher Wissenschaft befaßt hätte. Einzig das umfängliche, ganz im Dienst der Kirche stehende Œuvre Papst Gregors zeugt noch von geistiger Tätigkeit im Rom des ausgehenden 6. Jahrhunderts. Die Pastoralregel (*Liber regulae pastoralis*), ein Leitfaden wahren Priestertums, brachte es zu ebenso hohem Ansehen wie das analoge, für Mönche bestimmte Werk Benedikts; die «Dialoge vom Leben und von den Wundern der italischen Väter», eine hagiographische Schrift, haben großen Einfluß auf die Mentalität des Mittelalters ausgeübt. Die Briefe sind ein historisches Dokument hohen Ranges, und die Predigten, zu Hesekiel und zu Texten aus den Evangelien, enthalten erschütternde Schilderungen des Zeitgeschehens. Gegenüber der antiken Bildung zeigte sich Gregor schroff ablehnend; was Boethius und Cassiodor erprobt und gefordert hatten – daß man die *artes liberales* und die Philosophie in den Dienst der christlichen Verkündigung stelle –, war ihm ein durchaus fremder Gedanke. Er rügte einen Bischof, weil er sich als Philologe betätige (wobei er mit Recht voraussetzte, daß es um die Interpretation eines antiken Textes, etwa der Vergilischen *Aeneis*, ging): das Lob Jupiters vertrage sich nicht mit dem Lobe Christi. Für sich selber wies er es weit von sich, die Heilige Schrift den Regeln Donats zu unterwerfen; hiermit wollte er indes gewiß nicht für völlige Willkür plädieren, sondern lediglich die Sprache der lateinischen Bibel als Muster anerkannt wissen. Hierzu stimmt, daß seine Werke keine Zitate aus antiken Autoren enthalten; allerdings hat er auch die älteren Kirchenschriftsteller nur selten benutzt. So unverkennbar er mit alledem in die Reihe der asketisch verneinenden, kulturfeindlichen Christen gehört, so wenig darf man die Zeitläufte, denen er sich stellen mußte, aus den Augen verlieren; man könnte auch sagen: er hatte dringendere Sorgen als die Pflege der überkommenen Bildung.

Gregor von Tours und Venantius Fortunatus, die letzten Schriftsteller im merowingischen Gallien

Das Reich der Merowinger erreichte unter der Herrschaft der Söhne Chlodwigs, des Gründers, seine größte Ausdehnung; um die Mitte des 6. Jahrhunderts bildeten Elbe und Saale, der Böhmerwald und die Alpen die Ostgrenze. Als Chlodwigs Enkel regierten, im letzten Drittel des 6. Jahrhunderts, begann die lange und qualvolle Agonie des merowingischen Königtums. Die Auflösung vollzog sich auf dreierlei Weise: die Randgebiete machten sich unabhängig; in den Kernlanden erwuchs aus einer Erbteilung der Gegensatz zwischen Austrien oder Austrasien, dem «Ostland» an Rhein und Maas, und Neustrien, dem «Westland» um Paris, und drittens gelang es dem nach Herrschaft strebenden Adel, die Königsmacht zu paralysieren. Der Weg in die Anarchie wurde in Etappen zurückgelegt; die Regierung Dagoberts I., des letzten fähigen Merowingers (629–639), verursachte noch einmal ein retardierendes Moment. In der zweiten Hälfte des 7. Jahrhunderts machten das Frankenreich und mit ihm Europa und die christliche Kirche eine schwere, fast tödliche Krise durch.

Im 5. Jahrhundert hatte sich Gallien an den geistigen Bestrebungen der lateinischen Welt lebhafter beteiligt als jede andere Region, nicht zuletzt dank seines blühenden Schulwesens. Doch schon die letzten Dezennien lassen einen deutlichen Rückgang erkennen, und im Laufe des 6. Jahrhunderts nimmt die schwindende Zahl derer, die sich noch literarisch betätigen, das Aussehen einer spitz zulaufenden Pyramide an, bis in der zweiten Hälfte nur noch ein Freundespaar das Terrain behauptet: der Historiker Gregor von Tours und der im ostgotischen Italien geborene und erzogene Venantius Fortunatus. Mit diesen beiden erlosch in Gallien jedwede kulturelle Regung von einigem Gewicht, und seither wahrte nur noch das westgotische Spanien als die letzte Region des weströmischen Reiches eine gewisse Kontinuität der Bildungsbeflissenheit.

Gregor von Tours, von Hause aus Georgius Florentius geheißen, Abkömmling eines weitverzweigten gallischen Adelsgeschlechts (etwa 540–594), stammte aus Augustonemetum (Clermont-Ferrand), der Stadt, in der Apollinaris Sidonius als Bischof gewirkt hatte. Er verlor früh den Vater. Um seine Erziehung bemühte sich vor allem Avitus; dessen Unterricht habe sich jedoch, behauptet Gregor, nur auf die Bibel, nicht auch auf die Grammatik und die heidnischen Autoren erstreckt. Gregor wurde Kleriker; König Sigibert I. von Austrasien, ein Enkel Chlodwigs, verhalf ihm im Jahre 573 zum Bistum von Tours, der Stadt des heiligen Martin. Er avancierte rasch zum einflußreichsten Kirchenmann Galliens und stand daher mitten im Getriebe der innerfränkischen, zwischen Krieg und faulem Frieden hin und her treibenden Politik. Nach Sigiberts Ermordung fiel Tours an dessen feindlichen Bruder Chilperich I. von Neustrien, mit dem sich Gregor schlecht vertrug; Gregor zahlte ihm die Schwierigkeiten, die er ihm bereitete, heim, indem er ihn in seinem Geschichtswerk als blutrünstigen Tyrannen, als Nero und Herodes seiner Zeit, schilderte. Als auch Chilperich ermordet worden war, kehrte Tours nach vorübergehender Zugehörigkeit zu Burgund in austrasischen Besitz zurück; Gregor erfreute sich am Hofe Childeberts II. hohen Ansehens und betätigte sich des öfteren in diplomatischer Mission.

Die mannigfachen Aufgaben, die das Bischofsamt ihm stellte, hinderten ihn nicht an umfänglicher literarischer Tätigkeit. Sein Hauptwerk, die *Historia Francorum* in zehn Büchern, enthält vor allem Zeitgeschichte (bis zum Jahre 591), die Materie, zu deren Darstellung er durch seine Sachkenntnis wie kein anderer berufen war. Das erste Buch dient als universalhistorische Einleitung; es behandelt nach Art einer Chronik die Geschichte von Adam und Eva bis zum Tode Martins von Tours, des großen Amtsvorgängers und gallischen Apostels. Das folgende Buch gilt dem 5. Jahrhundert bis zum Tode Chlodwigs im Jahre 511, und die Bücher 3 und 4 nehmen sich der Zeit bis zur Ermordung Sigiberts (575) an. Dann nimmt die Breite der Darstellung erheblich zu: der Rest des Werkes handelt von den Ereignissen, an denen der Autor selbst mannigfach beteiligt war. Am Schluß bringt Gregor kurze Biographien sämtlicher Bischöfe von Tours, an letzter Stelle auch die eigene, wo er auch die von ihm verfaßten Werke aufzählt. Er hat außer der Frankengeschichte vor allem Hagiographisches hinterlassen. Seine *Miracula* betitelten Erbauungsbücher sind ein Pendant zu den *Dialogi* seines gleichnamigen Zeitgenossen in Rom, und wenn dort dem Mönch Benedikt von Nursia ein wichtiger Part zukommt, so spielt hier der Ortsheilige Martin die überragende Rolle. Der Bedarf an Martinsliteratur war damals offenbar groß: Fortunat hatte kurz zuvor ein demselben Thema gewidmetes Epos verfaßt.

Das Werk Gregors ist eine wichtige Quelle für den damaligen Zustand der Bildung. Der Verfasser wird nicht müde, seine eigene Unwissenheit, den Mangel solider grammatischer Kenntnisse zu bedauern, und außerdem beklagt er sich bitter über den allgemeinen Rückgang der literarischen Kultur. *O rustice et idiota* – «Du bäurischer, ungebildeter Mensch», läßt er sich einmal von Sachkundigen anreden, und auch sonst gesteht er freimütig seine *rusticitas,* seine Ignoranz ein. Nach seiner Auffassung handelt es sich hierbei um eine verbreitete Erscheinung; jedenfalls konstatiert er zu Beginn der *Historia Francorum* den Untergang der *cultura liberalium litterarum,* der höheren Bildung in den Städten; es gebe dort niemanden, der, in Grammatik und Dialektik wohlbewandert, die fränkische Zeitgeschichte darzustellen vermöge, und gar mancher rufe aus: *Vae diebus nostris, quia periit studium litterarum a nobis* – «Wehe über unsere Zeiten, da uns die Geisteskultur abhanden gekommen ist!» Da habe er, Gregor, beschlossen, sich dieses Gegenstandes anzunehmen: einen *rhetor philosophans* verstünden nur wenige, einen *rusticus* jedoch viele. Alle diese Klagen scheinen nicht frei von Übertreibung zu sein. Bei den Selbstbezichtigungen drängt sich der Verdacht auf, daß sie die übliche Bescheidenheitstopik variieren, ein Gemisch von rhetorischer captatio benevolentiae und christlicher Demutshaltung. Und daß die Zeitgenossen allesamt gänzlich ungebildet waren, erscheint angesichts der Komplimente fragwürdig, mit denen Gregor etliche von ihnen bedacht hat. Andererseits sind seine düsteren Äußerungen schwerlich einfach aus der Luft gegriffen. Man stand damals am Rande des Abgrunds, der – wie man sich nur vom Ergebnis her ausdrücken darf – zum Verfall des Lateinischen und zur Entstehung der romanischen Sprachen führte. Gregor schreibt denn auch ein besonderes, ein ziemlich schlichtes, ein «realistisches, zwischen Volks- und Schulsprache schwankendes Latein». Dieser Stil muß zwar mit den *rusticitas*-Beteuerungen in Zusammenhang gebracht werden, aber nicht, wie jene Topik weismachen möchte, als Folge von Unfähigkeit, sondern als die eines bestimmten Wollens: Gregor scheint das Experiment einer neuen, an der damaligen Volkssprache orientierten Prosa unternommen zu haben, eine Aufgabe, die sich ihm als Prediger geradezu aufgedrängt haben mag. Die Bescheidenheitstopik hat somit bei ihm eine neue Funktion erhalten: sie dient dazu, dem zeitgenössischen gebildeten Publikum den neuen Stil halbwegs schmackhaft zu machen. Er setzte diese Maske auf, weil er bezweifelte, daß man seine wahre Absicht verstehen würde: das Ziel, mit der *rusticitas* auch Leser zu erreichen, die nicht so gebildet waren wie er selber und seine bischöflichen Kollegen. Hierzu stimmt, daß er sich am Schluß der Frankengeschichte jedwede Bearbeitung seiner Werke nach den Regeln der Schulgrammatik auf das entschiedenste verbittet, unter Anrufung Gottes und des Jüngsten Gerichts, und daß er demgegenüber deren Versifizierung gestattet. Das Experiment, das sehr früh zu einer gehobenen volkssprachlichen Prosa hätte führen können, blieb ohne Nachfolge; es wurde durch die Entwicklung, die im 7. Jahrhundert einsetzte, überholt.

Venantius Honorius Clementianus Fortunatus, aus Tarvisium (Treviso) in Venetien gebürtig (etwa 530–600), erhielt seine grammatische, rhetorische und juristische Bildung in Ravenna. Dort verhalf ihm der heilige Martin auf wunderbare Weise zur Genesung von einem Augenleiden. Er behauptete, er habe sich später eben deshalb nach Tours, zum Grabe Martins, begeben. Die Route dieser Reise (einer endgültigen, denn er kehrte nie mehr in die Heimat zurück) ist genau bekannt: er ließ sie den vollendeten *libellus* über Martin in umgekehrter Reihenfolge zurücklegen. Er hatte es nicht eilig; er machte gern von der Gastfreundschaft der Bischöfe und fränkischen Adligen Gebrauch; er revanchierte sich für sie mit artigen Lobgedichten. Über Mainz, Metz und Verdun ging's nach Paris, wo er König Charibert pries und auch die schönen Äpfel im Garten von dessen Tante Ultrogotho nicht zu rühmen vergaß. Die Reise endete jedoch nicht in Tours, sondern führte weiter nach Poitiers; dort residierte die Königinmutter, eine thüringische Prinzessin namens Radegunde. Nunmehr hatte das Schweifen ein festes Ziel erreicht: Radegunde fand Gefallen an dem Sänger, und so diente er ihr bis zu ihrem Tode, zwei Jahrzehnte lang, als ihr Sekretär. Kürzere Reisen in die Umgebung brachten ihm neue Bekanntschaften ein, insbesondere die mit Gregor von Tours, aus der eine Lebensfreundschaft wurde. Nach Radegundes Tod zog er wieder ziemlich viel umher; dann, in vorgerücktem Alter, ereilte ihn, den fahrenden Kleriker, das Amt des Bischofs von Poitiers. Als der Geschichtsschreiber Paulus Diaconus im Jahre 785 nach Poitiers kam, machte ihn ein dortiger Abt darauf aufmerksam, daß eine würdige Grabschrift fehle; Paulus holte das Versäumte nach.

Von Fortunat sind eine umfängliche Sammlung vermischter Gedichte, das erwähnte Martinsepos sowie Heiligenviten in Prosa erhalten. Die vermischten Gedichte, der wertvollste Teil dieses Œuvres, spiegeln das Leben des Autors wider, das manchen Zug vom fahrenden Sänger und Troubadour des Mittelalters vorwegnimmt, wie denn auch die Empfindungen, die der Autor Radegunde und deren Tochter Agnes gegenüber äußert, etwas von Minne an sich haben. Die Carmina sind Gelegenheitsdichtung in überkommenen Formen und mit überkommenen Motiven: Lob und Preis, Dank und Empfehlung, Trauer und Trost, Hochzeit und Tod kehren häufig darin wieder. Die Vielzahl der Gepriesenen macht die Sammlung zu einem Adelsspiegel ihrer Zeit, in ähnlicher Weise, wie bei den Briefcorpora eines Symmachus, eines Apollinaris Sidonius und anderer. Der hohe Klerus überwiegt; wenn ein kirchliches Bauwerk verherrlicht wird, dann findet meist auch der zuständige Bischof rühmende Erwähnung.

Fortunat zeichnet sich dadurch aus, daß er trotz aller Topoi und Klischees dem zeitüblichen Manierismus ausgewichen ist; seine Gedichte bekunden Unmittelbarkeit und Frische. Seine Schreibart ist ungewöhnlich wenig prätentiös, und so leicht wie er, ein an Ovid gemahnendes Formtalent, seine Verse gefunden zu haben scheint, so leicht vermag sie auch der Leser sich anzueignen. Und bei aller Einfachheit wartet Fortunat immer wieder mit Überraschungen auf, mit Kostbarkeiten des Ausdrucks oder des Gedankens. Die meisten Gedichte sind von persönlichem Empfinden durchwirkt; Esprit und Charme fehlen nicht, und oft glaubt man den heiteren Glanz mittelalterlicher höfischer Poesie zu verspüren. Kaum ein anderer Dichter der Spätantike hat mit solcher Unbefangenheit seine Gefühle gezeigt; am ehesten könnte man ihn neben Dracontius stellen, mit dem er die ungesuchte Schreibweise, die rasche, Wiederholungen nicht scheuende Art und die Bereitschaft, seiner Subjektivität Ausdruck zu verleihen, gemeinsam hat.

Fortunat war gründlich mit Vergil vertraut, und weiterhin mit Ovid und Claudian, die ihm beide nahestanden. Unter den christlichen Dichtern, die er noch besser kannte, hat ihn keiner so stark geprägt wie Sedulius. Gelehrten Putz aus der Truhe der antiken Bildung mied er nicht immer; eine Versepistel an einen gewissen Iovinus kann sich nicht genug tun im Aufzählen mythischer Figuren sowie griechischer Philosophen und Dichter. Alles in allem lebte und webte Fortunat in einer eminent christlichen Welt – sie war weit christlicher als die seiner italischen und gallischen Vorgänger im 5. und beginnenden 6. Jahrhundert. Die Namen aus der heidnischen Antike machen nur einen geringen Teil aus im Verhältnis zur Fülle der biblischen Gestalten, Märtyrer und Heiligen, Kirchenväter und Bischöfe, die allerorten erwähnt werden. Noch weiter entrückt als die profane Bildung sind dem Dichter das römische Reich und seine glanzvolle Geschichte. Ein gallischer Großer wird einmal mit Scipio, Cato und Pompeius verglichen; selbst solche aus der Rhetorenschule stammende Versatzstücke, die auf wenig differenzierte Geschichtskenntnisse schließen lassen, blieben vereinzelt. Ein langes Gedicht wendet sich an Kaiser Justin II. und seine Gemahlin Sophia, zum Dank für die Übersendung eines Splitters vom heiligen Kreuz; der Inhalt läuft darauf hinaus, daß Justin ein Muster rechten Glaubens sei; von einer politischen Vorrangstellung findet sich – trotz eines refrainartig wiederkehrenden Verses mit der Formel *in orbe caput*, «Haupt im Erdkreis» – keine Spur. Fortunat scheint zwischen den Zeiten zu stehen; er ist Exponent der spätantiken Adelskultur, und zugleich kündigt sich Neues bei ihm an. Seine Wirkung bei den Angelsachsen und Karolingern war beträchtlich; sie scheint indes im 12. Jahrhundert verblaßt zu sein.

Gregor von Tours und Venantius Fortunatus gingen ganz in den gallischen, den merowingischen Verhältnissen auf; die römische Vergangenheit war für sie ohne Bedeutung. Man geht kaum fehl in der Annahme, daß sie hiermit die zu ihrer Zeit gängige Einstellung spiegelten: mit dem Reichsgedanken und der Romideologie wußte man allgemein nichts mehr anzufangen. Daß Ausnahmen möglich waren, zeigt die im übrigen dürftige Chronik des Marius, Bischofs von Aventicum (Avenches), die, an Prosper von Aquitanien anknüpfend, bis zum Jahre 581 reicht: sie datiert nach Konsuln und versteht sich zu beifälligen Hinweisen auf die Rückeroberungskriege Justinians.

Zu Beginn des 7. Jahrhunderts senkte sich ein tiefes, langanhaltendes Dunkel über den gallischen Raum. Das geistige Leben erlosch, wie es in Italien schon einige Dezennien zuvor erloschen war. Kein einziger mit seinem wahren Namen bekannter, exakt datierbarer Autor zeugt von literarischen Bemühungen irgendwelcher Art; die Theologie lag nicht minder brach als die Dichtung und die weltliche Bildung. Die wenigen anonymen oder pseudonymen Schriften, die auf jene trübe Übergangsepoche zurückzugehen scheinen, bekunden ein nach Sprache und Inhalt gleichermaßen klägliches Niveau; als Beispiel sei die sogenannte Fredegar-Chronik erwähnt, eine bis zur Mitte des 7. Jahrhunderts reichende, von mehreren unbekannten Händen verfertigte Kompilation.

Als literarhistorisches Kuriosum ersten Ranges haben unter dem fingierten Namen ‹Virgilius Maro› fünfzehn *Epitomae* und acht Briefe die Zeiten überdauert, ein Sammelsurium philologischer Absurditäten, an dem die moderne Forschung bislang einigermaßen vergebens gerätselt hat. Der Verfasser scheint in Tolosa gelebt zu haben; die Benutzung Isidors von Sevilla verweist ihn in die Zeit nach dem Jahre 630; andererseits haben Aldhelm von Malmesbury (etwa 640–709) und Beda ihn gekannt. ‹Virgilius› will neben anderen den Unterricht eines Aeneas genossen und überdies die Grammatik eines gewissen Cicero benutzt haben, und einer seiner Schüler, behauptet er, heiße Donat. Er berichtet, daß er einmal an einem Philologenkongreß teilgenommen habe; dort seien Grundfragen der Interpretation erörtert worden. Die Philologen Galbungus und Terrentius, verlautet hierzu, hätten vierzehn Tage lang über die Frage diskutiert, ob es von dem Pronomen *ego* einen Vokativ gebe. Des weiteren erklärt ‹Virgilius›, daß bestimmte Verben, wie *vocitare* («zu nennen pflegen»), keinen Singular kennten; von einem Kompositum *re-esse* («zurücksein», ein dem lateinischen Lexikon unbekanntes Wort) sollen die Formen *re-es*, *re-est* («du bist zurück, er ist zurück») zulässig sein, *re-sum* («ich bin zurück») hingegen nicht. Man könne Wörter erweitern, z. B. *lego* («ich lese») zu *legero* und *legerebam*, sowie Bedeutungen vertauschen, z. B. *ergo* («also») im Sinne von *saepe* («oft») verwenden. Auch die Laute, meint ‹Virgilius›, lassen sich auswechseln: man dürfe *nodo* statt *dono* («ich schenke») sagen, und *nesi* statt *sine* («ohne»). Den Gipfel erreichen diese abstrusen Theorien mit der Behauptung, es gebe zwölf Arten Latein, und für das Feuer stünden in diesen Idiomen die folgenden Bezeichnungen zu Gebote: *ignis* («Feuer», das einzige existente Wort der Reihe), *quoquihabin*, *ardon*, *calax*, *spiridon*, *rusin*, *fragon*, *fumaton*, *ustrax*, *vitius*, *siluseus*, *aeneon*.

Man hat sich gefragt, ob ‹Virgilius› den Schulbetrieb hat parodieren wollen oder ob seine Lehren ernst gemeint waren; ein Anhänger der zweiten Auffassung glaubte auf die ‹Hofakademie› Karls des Großen verweisen zu können, deren Mitglieder Beinamen wie Homer oder Naso (= Ovid) trugen. Ein anderer Erklärungsversuch sieht in dem Ganzen kurzerhand ein psychopathologisches Phänomen; hiergegen spricht die Überlegung, daß das Produkt eines einzelnen Paranoikers kaum der Erhaltung für wert befunden worden wäre. Vielleicht sind die Schriften des ‹Virgilius› eine Ausgeburt kindischen Glaubens an Wortmagie: wissenschaftliche Sprachbeobachtung schlug in ein Denken um, das willkürlich mit dem Laut- und Wortmaterial schalten zu können vermeinte. Es gab in jener Zeit nähere oder entferntere Analogien zu den Spekulationen des ‹Virgilius›. In der Anthologia Latina findet sich eine Praefatio, eine Prosa-Partie, die aus allerlei seltsamen, irgendwelchen Glossaren entnommenen Wörtern besteht. Auf Elemente einer magischen, geheimnisträchtigen Sprache trifft man weiterhin in einigen irischen und angelsächsischen Erzeugnissen: im *Hymnus Lorica*, «Schutzpanzer» (*ad daemones expellendos*, «zur Vertreibung von Dämonen», wie die Vorrede besagt), und in den *Hisperica famina* («Abendländische Aussprüche»); dort sind zahlreiche fremdartige Wörter griechischer, hebräischer oder undefinierbarer Provenienz in die Texte eingesprenkelt.

Spanien, das letzte Reservat der spätantiken Bildung

In Spanien nahm das Auf und Ab der politischen Geschichte einen anderen Verlauf als in Gallien: um die Zeit, in der dort der Abstieg begann, unter den Chlodwig-Enkeln im letzten Drittel des 6. Jahrhunderts, hatten die Westgoten, deren angestammtes Königshaus, die Balthen, im Jahre 531 ausgestorben war, eine durch häufige Thronwechsel und Usurpationen gekennzeichnete Periode der Krisen schon hinter sich. Das Regiment König Leowigilds schuf Wandel (567–586): der Adel wurde gezügelt; die Byzantiner, die sich im Südosten des Landes festgesetzt hatten, erlitten Gebietsverluste, und die Sweben, die im Nordwesten saßen, büßten ihre Unabhängigkeit ein. Überdies beseitigte Leowigild das Verbot von Ehen zwischen Romanen und Westgoten, und während der Herrschaft seines Sohnes Rekkared, der sich im Jahr 587 von der Arianischen Lehre lossagte und zum Katholizismus übertrat, verschwand auch der religiöse Gegensatz. Die gotische Sprache erlosch; die germanischen Eindringlinge, die von Anfang an nur etwa ein Fünfzigstel der gesamten Bevölkerung ausgemacht hatten, gingen in der romanischen Einwohnerschaft auf, und es bildete sich eine einheitliche Schicht römisch-gotischen Adels. Westgotisch war an dem ganzen Staatswesen nur noch die Bestimmung, daß der König nicht einem römischen Geschlecht entstammen durfte. Eine Dynastie vermochte sich nicht mehr durchzusetzen; man verständigte sich auf eine Wahlmonarchie. An den

Wahlen nahmen sowohl die Bischöfe als auch die weltlichen Großen teil. Ein König, der sein Amt angetreten hatte, konnte von Rechts wegen nicht abgesetzt werden. Man wußte sich seiner gleichwohl zu entledigen, wenn er sich als unbequem erwies, und man dachte hierbei keineswegs nur an Mord. Einmal wurde ein König durch ein Betäubungsmittel eingeschläfert; als er wieder aufwachte, fand er sich mit geschorenem Haar in einer Mönchskutte vor, und ein Konzil beschloß, daß, wer einmal die ewigen Gelübde getan habe, zur Bekleidung öffentlicher Ämter unfähig sein solle. Der Regisseur dieses Unternehmens war Julian von Toledo, der mächtigste Bischof des Landes (680). Während die römische Verwaltung bis zuletzt erhalten blieb, scheint das Heerwesen in dem von keinem äußeren Feinde bedrohten Lande völlig verfallen zu sein; als die Araber im Jahre 711 von Afrika aus einen kleinen Beutezug unternahmen, stürzte das Staatswesen wie ein Kartenhaus zusammen.

Die spanische Literatur des 6. und 7. Jahrhunderts hat keinen Autor hervorgebracht, der es an Kraft mit Gregor von Tours oder an Glanz mit Fortunat aufnehmen könnte; sie war im ganzen dürr, akademisch und von geringer Originalität. Immerhin eignete ihr Stetigkeit: nach einem etwa einhundertjährigen Intervall fast völliger Stille, das vorausgegangen war, ist die Kette der literarisch Tätigen von der zweiten Hälfte des 6. bis zum Ende des 7. Jahrhunderts nie abgerissen. Die herausragende Persönlichkeit der spanischen Spätblüte war Isidor von Sevilla, ein ungemein belesener Universalgelehrter, ein Genie des Sammelns und Ordnens von Überlieferung. Neben seinem Œuvre entstanden im damaligen Spanien historische Schriften, moralische Abhandlungen und sogar ein wenig Dichtung. Die lateinische Sprache blieb intakt; der Schulbetrieb ging weiter, und die Urkunden sind zwar in einem gespreizten Stil, jedoch grammatisch korrekt abgefaßt. In Spanien hat die spätantike Bildungstradition ein Jahrhundert länger gelebt als anderswo.

Martin, Bischof von Bracara (Braga, nördlich von Porto; etwa 520–580), im Lande der Sweben wirkend wie ein Jahrhundert zuvor Hydatius, hinterließ, wie im Vorbeigehen bemerkt sei, außer einer berühmten Predigt gegen den Götzendienst einige unselbständige Moraltraktate, darunter die *Formula honestae vitae*, die

«Richtschnur ehrenhafter Lebensführung», die auf Senecas verlorener Schrift *De officiis* beruht. Seneca erfreute sich bei den Christen allgemein großer Beliebtheit; Laktanz, Hieronymus und Augustin haben ihn benutzt, und da der Briefwechsel zwischen ihm und dem Apostel Paulus, ein Produkt des 4. Jahrhunderts, worin er sich insgeheim zum Christentum bekennt, für echt galt, nahm Hieronymus ihn gar in seine Galerie christlicher Schriftsteller auf, in die Biographiensammlung *De viris illustribus.*

Das Hauptwerk Isidors von Sevilla (etwa 570–636), das Reallexikon *Etymologiae*, wurde bereits gewürdigt. Darüber hinaus hat der berühmte Bischof, der ein Jahrtausend lang als Inbegriff umfassenden Wissens gegolten hat, eine Fülle weiterer Schriften verfaßt, teils theologischen, teils profanen Inhalts. Seine theologischen Werke sind stark durch praktische Bedürfnisse geprägt: er hat in Überblicken, Leitfäden und Handbüchern zusammengestellt, was ihm für eine jede Thematik dienlich und wichtig schien. Er benutzte hierzu nach Kräften die ältere patristische Literatur; mit einem Werk wie den *Sententiae*, einem Kompendium der Theologie, der Ethik, des Kirchen- und des Staatsrechts, worin er wörtliche Exzerpte aneinanderreihte, nahm er die Florilegien der Karolingerzeit vorweg. Sein wichtigster Beitrag zur Exegese, die *Quaestiones in Vetus Testamentum*, «Untersuchungen zum Alten Testament», führt Textpartien vor, die sich in besonderem Maße als für die typologische Auslegung geeignet erwiesen hatten; die Bücher *De ecclesiasticis officiis*, «Von den kirchlichen Amtshandlungen», sind ein bemerkenswerter Versuch, die Liturgie zu deuten und aus ihren biblischen Prämissen abzuleiten.

Eine Gruppe der weltlichen Schriften ist historiographischen Inhalts. Die Chronik gliedert den Gang der Geschichte in sechs Zeitalter, macht sich also ein universalhistorisches Schema zu eigen, das Hilarianus zum ersten Male verwendet hatte. Die *Historia Gothorum*, erweitert durch abrißartige *Historiae Wandalorum* und *Sueborum*, bringt eine nach den Regierungszeiten der Könige geordnete Geschichte der Westgoten bis Sisebut (612–620); die Schrift *De viris illustribus* ergänzt, was (wie soeben erwähnt) Hieronymus begonnen und Gennadius von Massilia (5. Jahrhundert) fortgesetzt hatte: sie besteht aus 46 Biographien von Kirchenmännern des 4. bis 6. Jahrhunderts. Zwei Kompendien deuten auf die *Etymologiae* voraus: *De natura rerum*, eine kurzgefaßte Kosmographie, und die im Mittelalter vielbenutzten *Differentiae* («Unterschiede») in zwei Büchern, ein Leitfaden der Synonymik. Das erste Buch geht von den Wörtern aus, die paarweise einander gegenübergestellt werden; hierbei sind die Paare nach Maßgabe des ersten Wortes alphabetisch angeordnet: *inter aptum et utile, inter amicum et socium* usw. («Zwischen passend und nützlich, zwischen Freund und Gefährte»). Das zweite Buch hingegen geht von den Sachen aus; dort sind die Materien einem System zugewiesen, das von Gott und den Grundbegriffen der christlichen Glaubenslehre ausgehend zum Menschen als biologischem und sittlichem Wesen führt.

Der schon genannte Kirchenfürst Julian von Toledo (642–690) verfaßte eine *Historia Wambae regis*, einen enthusiastischen Preis jenes Königs, dessen Sturz er wenige Jahre später inszenierte. Das Werk, temperamentvoll, parteiisch, lebendig geschrieben, hat manches von Sallust und den klassischen Dichtern entlehnt. Julians Grammatik zeichnet sich dadurch aus, daß sie oft aus christlichen Dichtern zitiert; die Tendenz, sich der heidnischen Belegstellen zu entledigen, hat sich bei den Iren und Angelsachsen verstärkt. Der energische Bischof war die letzte in literarischer Hinsicht bemerkenswerte Persönlichkeit, welche das westgotische Spanien hervorgebracht hat; als die Araber kamen, herrschte dort tiefe Stille.

Mit dem ostgotischen Italien, dem Gallien der Merowinger und dem von den Westgoten beherrschten Spanien sind die drei Gebiete genannt, in denen sich noch eine gewisse Blüte der wissenschaftlichen Studien, zum Teil auch der Dichtung hatte entfalten können: bis zur Mitte des 6. Jahrhunderts in Italien, noch einige Dezennien länger in Gallien und bis tief ins 7. Jahrhundert hinein in Spanien. So bleibt nur noch nachzutragen, daß Justinians Eroberungskriege für Afrika und für die östliche Reichshälfte dasselbe paradoxe Resultat zeitigten wie für Italien: die lateinische Literatur erlosch. In Afrika hatte um die Mitte des 6. Jahrhunderts der Grammatiklehrer Flavius Cresconius Corippus seine Stimme erhoben: mit dem zeitgeschichtlichen Epos *Iohannis*, das in acht

Büchern die Niederwerfung der Mauren durch Johannes, den Feldherrn Justinians (546–548), behandelt und sich bei dieser Gelegenheit auf exakte Schilderungen von Brauchtum und Lebensweise der damaligen Berber einläßt. Das zweite, schwächere Werk, ein Enkomion auf Kaiser Justin II. (565–578), führt bereits in die Residenz, wo Corippus offenbar ein Hofamt erhalten hatte; das Epos, *In laudem Iustini* betitelt, teilt sich sehr detailliert über byzantinische Zeremonien mit. In Konstantinopel selbst endlich nahmen die Lateinkenntnisse während der Regierung Justinians rapide ab. Die Gesetzesnovellen dieses Kaisers wurden bereits großenteils in griechischer Sprache abgefaßt; von lateinischen Schriften, die im Osten entstanden, verlautet nichts mehr nach dem Wirken des Grammatikers Priscian und nach dem Erscheinen der *Instituta regularia divinae legis* (um 542), einer von dem Beamten Iunilius nach einer syrischen Quelle hergestellten Einführung in das Bibelverständnis.

15

Das irische und angelsächsische Klosterwesen

Die Christianisierung der Britischen Inseln

Mit der Betrachtung des iroschottischen und angelsächsischen Klosterwesens und der Bildungsbestrebungen, die dort eine Heimstatt fanden, entfernt man sich aus dem Bereich gesicherter Kulturkontinuität, d. h. es ist sehr ungewiß, ob es auf den Britischen Inseln überhaupt eine Brücke gegeben hat, welche die Römerzeit mit den darauffolgenden Jahrhunderten verbunden hätte. Was sich in der Zeit vom 5. bis 7. Jahrhundert in Irland, Schottland und Britannien ereignet hat, kommt wohl eher einer Kulturübernahme, einer Kulturrezeption durch fremde Völker gleich. Die christliche Mission ergriff dort – vom südlichen Britannien abgesehen – zum ersten Male Gebiete außerhalb des einstigen römischen Territoriums. Mit der Mission kam das Lateinische, aber nicht so, wie es zuvor, bis zum 3. Jahrhundert, gekommen war, als Sprache der Eroberer, die die einheimischen Idiome verdrängt und dem Untergang anheimgegeben hätte, sondern als Sprache der Religion und der Bildung, als Sprache einer Elite, des Klerus, die neben den einheimischen Idiomen Eingang fand und als übernationales Verständigungsmittel verwendet wurde. Die Britischen Inseln waren also das erste Paradigma für das Nebeneinander von Volkssprachen und Latein, für den gesamteuropäischen Bilinguismus des Mittelalters und der frühen Neuzeit.

Die Christianisierung der Britischen Inseln ist ein komplizierter Vorgang, und der Mangel an zuverlässigen Quellen hat zur Folge, daß manches undurchsichtig bleibt; die «Dark Ages» Britanniens gehören zu den schwierigsten Kapiteln der Entstehung Europas. Jedenfalls aber muß man drei Vorgänge unterscheiden:

die Christianisierung des römischen Britannien;

die Christianisierung Irlands, d. h das irische Klosterwesen und sein Ausgreifen nach Schottland;

die Christianisierung des von den Angeln und Sachsen eroberten und besiedelten Britannien.

Der an erster Stelle genannte Vorgang hatte im wesentlichen während des 4. Jahrhunderts stattgefunden; er beschränkte sich auf das Gebiet der Britannia inferior, auf England außer Northumbrien, Wales und Cornwall, und zwar auf die dortigen Städte. Kurz nach der Wende zum 5. Jahrhundert wurden die letzten römischen Truppen aus Britannien abgezogen, und die Insel blieb ihrem Schicksal überlassen, den Raubzügen der Pikten und Schotten und bald auch der Angeln und Sachsen, die über die Nordsee kommend in das Land eindrangen. Britannien entschwand nunmehr für nahezu zwei Jahrhunderte gänzlich aus dem Gesichtskreis des christlichen Europa, bis zu der Zeit, da Papst Gregor der Große die Bekehrung der Angelsachsen in Angriff nahm (596). Seit der Mitte des 5. Jahrhunderts hatten sich die Angelsachsen nicht mehr mit Raubzügen begnügt; sie begannen das Land von der Ostküste aus zu besiedeln, und gegen Ende des 6. Jahrhunderts war das Gebiet der einstigen Britannia inferior nach harten Kämpfen der nur schwach romanisierten Bevölkerung, den keltischen Briten, entrissen. Es gab nunmehr innerhalb dieses Gebiets eine Anzahl kleiner Königreiche, die sich untereinander heftig zu befehden pflegten; nur in Cornwall, Wales und Northumbrien hatten die Briten sich zu behaupten vermocht. Die angelsächsische Eroberung beseitigte die gesamte städtische Zivilisation der Römerzeit, so daß sich irgendwelche Kontinuität der römisch-christlichen Kultur, wenn überhaupt, dann allenfalls für den äußersten Südosten, für Kent, vermuten läßt. Die Christianisierung Britanniens in römischer Zeit blieb somit aufs Ganze gesehen folgenlos.

Auch der zweite Vorgang, die Christianisierung Irlands, hat wohl schon gegen Ende des 4. Jahrhunderts eingesetzt; damals scheinen Mönche im Süden der Insel Fuß gefaßt zu haben; sie erhielten in den ersten Dezennien des 5. Jahrhunderts Zuzug von Kirchenmännern aus dem südlichen Gallien, die vor den das Land durchstreifenden Germanenhorden geflüchtet waren, und sie brachten offenbar nicht nur ihr Wissen und ihre Bildung, sondern auch Bücher mit. Im zweiten Drittel des 5. Jahrhunderts entfaltete sodann Patrick als vom Papst entsandter ‹Apostel der Iren› im Norden der Insel eine überaus erfolgreiche Tätigkeit. Alsbald hatte sich über ganz Irland ein blühendes Klosterwesen von eigenartiger Prägung ausgebreitet: die Klöster waren in dem städtelosen Land die Zentren der kirchlichen Verwaltung, wobei die Äbte zugleich das Amt des Bischofs ausübten, und sie standen den Clans nahe, der vorstaatlichen Gesellschaftsform auf Irland. Hier hat somit der Klostertyp seinen Ursprung, durch den vom 8. Jahrhundert an die ebenfalls außerhalb der städtischen Zivilisation liegenden ostfränkischen Gebiete christianisiert wurden.

Die Iren bildeten eigene Formen des religiösen Lebens aus; sie wichen insbesondere in der Bestimmung des Osterfestes von der römischen Kirche ab. Sie verbanden strenge Askese mit intensiven Studien vornehmlich rezeptiver Art; vom 6. Jahrhundert an existierten überall Schulen, zu deren Lehrprogramm auch die *artes liberales* gehörten. Von Irland aus wurden damals die in römischer Zeit noch nicht bekehrten Briten, die keltische Urbevölkerung, die sich in Wales und Cornwall gegen die Angelsachsen hatte behaupten können, für den christlichen Glauben gewonnen; Zentrum war das Kloster Bangor (in Wales an der Irischen See, gegenüber Mona/Anglesey). Wenig später begannen die Iren, sich in Schottland festzusetzen; vor allem der ältere Columban (521–597) gründete zahlreiche Klöster. Deren wichtigstes, mit Namen Hy, lag auf der kleinen Insel Iona vor der Westküste, westlich der Mündung des Firth of Lorne. Dort fand um das Jahr 630 ein aus seinem Lande geflüchteter Königssohn, Oswald von Northumbrien, Schutz; als er bald darauf seine britischen Feinde besiegt und die Herrschaft im väterlichen Reich angetreten hatte, rief er, der dem Christentum gewonnen worden war, seine Retter zu sich; Mönche von Iona gründeten auf der Insel Lindisfarne (vor der Ostküste des nördlichen Northumbrien) ein Kloster. Von hier aus drang das irische Christentum nach Süden, in das angelsächsische Gebiet vor und stieß dort um die Mitte des 7. Jahrhunderts auf das römische, das sich von Kent her in nördlicher Richtung ausbreitete.

Wie schon erwähnt (womit sich diese sehr geraffte Betrachtung dem dritten Vorgang zuwendet), hatte man sich gegen Ende des 6. Jahrhunderts in Rom wieder an Britannien erinnert. König Aedilbert von Kent war mit einer fränkischen Prinzessin verheiratet, einer Christin. Papst Gregor der Große nutzte diesen pied à terre; er entsandte den Abt Augustinus mit einer Anzahl von Mönchen nach Kent, und bald gelang in Canterbury die Gründung des ersten angelsächsischen Bischofssitzes; wenige Jahrzehnte später entstand in York ein weiteres römisch-christliches Zentrum. Als nun die römischen und die irischen Mönche einander in Northumbrien begegneten, stellte sich das Problem eines einheitlichen Ritus, insbesondere einer einheitlichen Berechnung des Osterfestes. Die Synode von Whitby (an der Küste, im heutigen North Yorkshire), einberufen von König Oswiu im Jahre 664, brachte die Entscheidung. Der Verfechter der Sache Roms berief sich auf den Apostelfürsten Petrus: ihm seien die Schlüssel des Himmels anvertraut. Dieses Argument überzeugte den König; er erklärte, daß der nicht ungnädig gestimmt sein dürfe, der die Schlüssel des Himmelstores besitze. Ein Teil der Iren widerstrebte zunächst; doch allmählich setzte der römische Brauch sich durch, zumal seit Theodor von Tarsos, ein kilikischer Abt, von Canterbury aus die Kirchenorganisation leitete. Bedeutende Neugründungen gingen mit der Vereinheitlichung Hand in Hand; hierunter befand sich das Doppelkloster Wearmouth-Jarrow (auf der Höhe des Roman Wall, beim heutigen Newcastle upon Tyne), das es bald durch seinen gelehrtesten Insassen, durch Beda, zu hohem Ansehen brachte.

Die iroschottischen und angelsächsischen Klöster sind gleichsam der schmale Steg, der die Antike mit dem Mittelalter, genauer: die Spätantike mit der Karolingerzeit verbindet, und ihre Bedeutung beruht vor allem darauf, daß es sonst auf dem europäischen Kontinent kaum Verbindungen gegeben hat, auch nicht in dem sich auflösenden Reich der Merowinger. Daß die für das Mittelalter grundlegende Literatur, die während der Spätantike in der westlichen Hälfte des Imperium Romanum entstanden war, seit karolingischer Zeit im germanisch-romanischen Europa wirken und so ein hohes kulturelles Niveau fördern und bewahren helfen konnte, wird daher vor allem dem Bildungseifer und dem Fleiß der irischen und angelsächsischen Mönche verdankt. Die Iren und Angelsachsen selbst haben kaum bedeutende Literaturwerke hervorgebracht, ausgenommen der Größte unter ihnen, Beda Venerabilis. Sie verhielten sich, wie schon erwähnt, im wesentlichen rezeptiv: sie lernten; sie eigneten sich die lateinische Sprache und den christlichen Glauben an, und einige wenige sogar das Griechische.

Außerdem kopierten sie Handschriften, mit Eifer, Sachkunde und großem Kunstsinn, wovon heute noch mancher Codex zeugt. Vom Buch muß für sie eine geradezu charismatische Kraft ausgegangen sein; Patrick und der ältere Columban erscheinen in der Legende als unermüdliche Schreiber, deren Erzeugnissen man die Wunderkraft von Reliquien zutraute. Die Vorlagen für ihre Kopiertätigkeit haben sich die Iren durch Pilgerreisen verschafft; die Wallfahrt nach Rom, zu den Gräbern der Apostel und an andere heilige Stätten, ist vor allem von ihnen eingeführt worden; seit dem 6. Jahrhundert gehört der Pilgrim, der *peregrinus*, der «Fremde», zu den typischen Figuren des Mittelalters. Als man von Rom aus mit der Missionstätigkeit der irischen Mönche zu wetteifern begann, wollte man auch bei den Buchbeständen nicht im Hintertreffen bleiben. Das von Augustinus gegründete Kloster in Canterbury wird sich noch auf die Heilige Schrift, auf exegetische Werke und Erbauungsliteratur beschränkt haben, wie es den Zielsetzungen des asketischen Papstes Gregor entsprach. Doch bald änderte sich das Bild. Die Bibliothek der Kathedralschule zu Canterbury enthielt auch zahlreiche Werke der profanen Literatur. Biscop Benedict, der Gründer des Klosters Wearmouth-Jarrow, hatte zahlreiche Bücher aus Rom mitgebracht, und außerdem gelangten Abschriften aus Canterbury dorthin; Beda konnte daher, wie seine Werke beweisen, mit beachtlichen Beständen schalten. Ähnlich stand es in Malmesbury, einem ursprünglich irischen Kloster (im britischen Westen, ungefähr auf halbem Wege zwischen Bristol und Oxford gelegen), das von Aldhelm römisch reorganisiert wurde.

Die irisch-angelsächsische Achtung vor dem Buch und das Streben nach weltlicher und christlicher Bildung blieb nicht auf die Britischen Inseln beschränkt. Eine erste Phase bedeutender Klostergründungen auf dem Festland fiel in die Jahrzehnte vor und nach 600. Sie ging von Bangor aus; der jüngere Columban, ein Zögling dieses Klosters, errichtete zu Luxeuil in Burgund und vor allem zu Bobbio, in dem von den Langobarden verwüsteten Italien, Konvente, und dessen Begleiter, der Mönch Gallus, hat in der Nähe des späteren Klosters, das von ihm den Namen erhielt, den Rest seines Lebens verbracht. Die zweite, wichtigere Phase von Klostergründungen fand während der ersten Hälfte des 8. Jahrhunderts statt und ist vor allem mit dem Namen Winfrids, genannt Bonifatius, verknüpft, der im gesamten ostfränkischen Raum unermüdlich Klöster ins Leben rief und Bistümer einrichtete, wobei ihn zahlreiche Helfer aus Britannien unterstützten. Eine seiner letzten Schöpfungen, das seit dem Jahre 744 bestehende Kloster Fulda, war bereits nach wenigen Jahrzehnten Mittelpunkt der Pflege der Wissenschaften im ostfränkisch-thüringischen Raum.

Schriften aus den irischen und angelsächsischen Klöstern

Aus der Zeit vom Beginn der Christianisierung Irlands bis zur Synode von Whitby, einer Spanne von mehr als zwei Jahrhunderten, sind nur vereinzelte Stimmen an die Nachwelt gelangt: die Stimmen des Irenapostels Patrick, des Sittenpredigers Gildas und des jüngeren Columban, des Klostergründers. Die bedeutenderen Werke entstanden später, in der Zeit bis zum Tode des Bonifaz, dank der Produktivität Aldhelms und Bedas.

Patricius oder Patrick (um 390–461), angeblich als Sohn christlicher Eltern in Britannien geboren, soll als junger Mann von Seeräubern nach Irland verschleppt worden sein; die Flucht verhalf ihm zu einem Aufenthalt unter Mönchen in Südgallien. Ein päpstlicher Auftrag führte ihn im Jahre 432 wieder nach Irland, zu jahrzehntelangem missionarischem Wirken. Von den unter seinem Namen erhaltenen Schriften gelten zwei als echt: die *Epistula ad Coroticum* und die *Confessio*. Die *Epistula* wendet sich an einen christlichen Britenfürsten, dessen Leute sich in Irland Gewalttaten hatten zuschulden kommen lassen: ein ‹offener Brief›, worin der Autor mit seiner Entrüstung nicht hinter dem Berge hält. Die *Confessio*, eher ein Rechenschaftsbericht als ein Schuldbekenntnis, zeugt von ausgeprägtem Selbstbewußtsein.

Gildas (etwa 500–570), ein christianisierter Brite, der einen Teil seines Lebens in der Bretagne, in einem dortselbst von ihm gegründeten Kloster, verbracht zu haben scheint, schrieb um die Mitte des 6. Jahrhunderts eine zeitkritische Abhandlung: *De excidio et conquestu Britanniae* – «Untergang und Klage Britanniens». Das Werk, das einzige zeitgenössische Zeugnis von Britanniens dunkelster Epoche, erhebt heftige Anklage wider die Könige, die dort herrschten: alles Unglück, das dem Lande zustieß, gleichviel ob die Römer, die Pikten und Schotten oder die Sachsen die Urheber waren, sei durch die Sünden der Briten verschuldet. Die Sittenpredigt erinnert an Salvian, ohne jedoch dessen Niveau zu erreichen. Der erste Teil enthält Fakten von zweifelhafter Zuverlässigkeit; die übrigen drei Viertel bestehen aus Vermahnungen der lasterhaften Könige und Priester, die großenteils mit Bibelzitaten bestritten werden.

Der dritte unter den frühen Autoren, die hier genannt werden sollen, Columban der Jüngere, der Gründer von Bobbio (um 543–615), hinterließ außer einer Mönchsregel und Briefen ebenfalls ein Werk, das sich mit den dunklen Seiten des Menschen befaßt: ein Pönitentiale, ein Bußbuch. Dieser Typus geistlicher Strafgesetzbücher war in Irland ziemlich verbreitet, da es noch keine staatlichen Instanzen zur Verbrechensbekämpfung gab. Die Bußkataloge drohten dem Kleriker strengere Sanktionen an als dem Laien; als Strafmittel dienten Haft bei Wasser und Brot, bei leichteren Vergehen Rutenstreiche.

Die öffentliche Anklage eines Fürsten, der elementare Gebote der christlichen Religion ignoriert hatte, eine vernichtende Sittenpredigt wider die Könige Britanniens allgemein sowie ein Bußbuch: dieser düstere Ertrag läßt auf starke Spannungen zwischen dem Klerus und den Inhabern der weltlichen Gewalt schließen; er läßt auch darauf schließen, daß die Gottesmänner dem rohen und unbändigen Treiben gegenüber, das sie umgab, den Mut nicht verloren. Im Jahrhundert nach dem Wirken des jüngeren Columban scheinen die Verhältnisse sich allmählich gebessert zu haben; die Literatur jedenfalls kennt wieder andere Themen als Vorwürfe, Mahnungen und Strafenkataloge.

So verfaßte Adamnan, Abt von Hy auf Iona (etwa 624–704), eine Schrift *De locis sanctis*, «Über die heiligen Stätten», d. h. über Jerusalem und das übrige Palästina. Er selbst war nie dorthin gelangt; er stützte sich auf die mündlichen Berichte eines gallischen Bischofs namens Arculf sowie auf literarische Quellen. Reisebeschreibungen ins Heilige Land waren seit langem beliebt; das bekannteste Paradigma steuerte die südfranzösische Nonne Egeria (oder Aetheria) bei: *Peregrinatio ad loca sancta*, «Pilgerfahrt zu den heiligen Stätten» (Ende des 4. Jahrhunderts). Adamnan hinterließ außerdem eine Biographie des Gründers von Hy, des älteren Columban, eine wichtige Quelle für das irische Klosterwesen.

Während Adamnans Schriften dem Pilgerwesen und der Tradition des eigenen Klosters galten, nahm sich sein jüngerer Zeitgenosse, der Angelsachse Aldhelm von Malmesbury (etwa 640–709), vor allem der klösterlichen Schule an. Er schrieb eine Abhandlung über Metrik, die eine Sammlung von hundert Rätseln in Hexametern umrahmt: *De metris et enigmatibus ac pedum regulis*, «Über Metrik, Rätsel und Versfüße». Die Schrift leistete nützliche Dienste: nicht nur die Regeln, die man für das Anfertigen von Versen, eine obligatorische Übung des Sprach- und Literaturunterrichts, benötigte, sondern auch die Rätsel, die offensichtlich den lateinischen Wortschatz erweitern helfen sollten. Das Muster für derlei Umschreibungen von Begriffen war die Sammlung eines gewissen Symphosius aus dem 4. oder 5. Jahrhundert (das erwähnte Rätselbuch, das durch die Anthologia Latina erhalten ist): man möchte den sonderbaren Namen für eine Art Titel – etwa: «Gelagefreund» – halten; jedenfalls war die Kollektion für Symposien gedacht, nicht für den Schulunterricht. Aldhelm, der der Gattung eine neue, belehrende Funktion zuweist, umschreibt nur Konkretes – Tiere, Pflanzen, Himmelserscheinungen, menschliche Gebrauchsgegenstände –, in schlichter Sprache, aber nicht ohne Anmut, wobei die scharfe Beobachtungsgabe auffällt. Sein zweites Werk, *De virginitate*, handelt allgemein von der Keuschheit als der wichtigsten Tugend von Mönch und Nonne, wobei herausragende Beispiele vorgeführt werden. Aldhelm hat, hierin, wie schon erwähnt, dem Vorbild des Sedulius folgend, von dieser Schrift zwei Fassungen hergestellt, in Prosa und in Versen. Die Verhältnisse auf den Britischen Inseln waren einander wohl überall ziemlich ähnlich, und so wurde denn auch – gerade von den weniger bedeutenden Geistern – einiges dem Werk Aldhelms Verwandte produziert: auch Tatwine von Canterbury und Eusebius, ja sogar Bonifaz verfertigten Rätsel. Der zuletzt Genannte hat die Lösungen durch Akrostichen beigegeben, wohl weniger, weil er dem Können der Leser mißtraute, als um sein eigenes Können zu zeigen. Tatwine hat außerdem eine Grammatik verfaßt, in Anlehnung an Donat.

Das Œuvre Bedas des Ehrwürdigen (um 672–735) ragt über die zeitgenössischen Erzeugnisse eines für die Kulturkontinuität wichtigen, zugleich aber etwas engen und stereotypen Schulbetriebes weit hinaus. Von ihm hat das ganze Mittelalter gelernt; es erlangte etwa dieselbe Bedeutung wie die Schriften des Boethius, des Cassiodor und des Isidor. Beda, in der Nähe des Klosters Wearmouth-Jarrow geboren, das ihm so sehr zur Heimat wurde, daß er es zeit seines Lebens nie verlassen hat, führte in tiefer Abgeschiedenheit ein stilles Gelehrtendasein; selbst höhere kirchliche Ämter hielt er von sich fern. Er hat den durch keinerlei äußeren Wechsel beeinflußten Gang seines Lebens am Schluß des Werkes skizziert, das wohl schon ihm als sein bedeutendstes galt und das noch heute dafür gilt: am Schluß der *Historia ecclesiastica gentis Anglorum* («Geschichte der englischen Kirche»), die er wenige Jahre vor seinem Tode geschrieben hat; wie Gregor von Tours am Ende seiner Frankengeschichte, so zählte auch Beda in dieser Sphragis, dem nach alter Autorengewohnheit angehängten beglaubigenden ‹Siegel›, sämtliche bis dahin von ihm verfaßte Werke auf. Die Nachwelt besitzt so einen – allerdings nicht ganz zuverlässigen – Prüfstein für die Echtheit all dessen, was unter seinem Namen überliefert ist. Mit dem Schriftenverzeichnis hat er sich allerdings nur zu der einen Seite seines Wesens geäußert, zu der des Forschers und Autors. Die andere, kaum weniger wichtige läßt sich nur noch aus einigen Hinweisen von ihm selber sowie aus Zeugnissen von Zeitgenossen erschließen: er ist mit unermüdlichem Eifer Lehrer gewesen, und die vielen, die aus seiner Schule hervorgingen, haben es in der angelsächsischen Kirche zu hohen Stellungen gebracht. Kurz vor seinem Tode soll er nach einem von Unterricht erfüllten Tage gesagt haben: *Discite cum festinatione, quia nescio, quamdiu subsistam et si post modicum me tollat factor meus* – «Lernt geschwind, weil ich nicht weiß, wie lange ich noch lebe und ob mich nicht mein Schöpfer in Kürze fortnimmt.»

Beda ist überaus vielseitig gewesen; doch bezog sich alles, was er zu Papier brachte, auf seine Lebenssphäre, die klösterliche Welt mit ihrem Gottesdienst und ihrer Schule. Die Schriften zur Erklärung der Bibel (der Katalog am Ende der Kirchengeschichte zählt deren 25 auf) machen die Hauptmasse seines Werkes aus; er hat zudem Dichtungen, Abhandlungen zur Sprach- und Verslehre, einen naturwissenschaftlichen Traktat sowie historiographische Arbeiten hinterlassen. Seine Bibelkommentare erfreuten sich in karolingischer Zeit großen Ansehens; aus heutiger Perspektive erscheinen sie weithin als Kompilationen und somit als ein eher schwacher Teil seines Werkes. In seinen Dichtungen übertrifft Beda seinen Vorgänger Aldhelm, weil er die Sprache und die Prosodie besser beherrscht. Erhalten ist eine Vita des Cuthbert, Bischofs von Lindisfarne, und zwar sowohl in einer prosaischen als auch in einer hexametrischen Version (Beda knüpft hiermit an die von Sedulius begründete, von Aldhelm fortgesetzte Technik der Doppelfassung an), ferner ein Gedicht über die Schrecken des Jüngsten Gerichts, *De die iudicii.* Für die Bedürfnisse des Schulunterrichts hat Beda Schriften über Metrik und über rhetorische Figuren angefertigt; hier wie dort bemühte er sich tunlichst um christliche Beispiele: aus christlichen Dichtern für die Verslehre, aus der Bibel für die Tropen und Figuren. Auch das Werk *De natura rerum,* eine Kosmologie, ist ein Schulbuch, nach Isidor und mit Ergänzungen aus der *Naturalis historia* des Plinius. Dasselbe gilt für den *Liber de temporibus* («Über die Zeitrechnung»), eine weithin von antiken Mustern abhängige Schrift, während der Zwilling hierzu, das im Mittelalter massenhaft verbreitete Werk *De ratione temporum* («Über die Prinzipien der Zeitrechnung»), offenbar höheren Ansprüchen genügen sollte. Die beiden Abhandlungen, die auch eine Weltchronik – mit der Einteilung in sechs Zeitalter – enthalten, zeichnen sich dadurch aus, daß sie zum ersten Male die Datierung nach Christi Geburt praktisch anwenden.

Die *Historia sanctorum abbatum monasterii in Wiremutha et Gyrvum* («Geschichte der heiligen Äbte des Klosters Wearmouth-Jarrow») ist eine dem großen kirchengeschichtlichen Werk vorausgehende Monographie über die noch junge Geschichte des Klosters, in dem Beda lebte, eine an farbigem Detail reiche, kulturhistorisch bedeutsame Abhandlung, ganz aus Primärquellen und eigener Kenntnis zusammengefügt. Dieses für einen Geschichtsschreiber jener Zeit ungewöhnliche Verfahren hat Beda auch in seiner *Historia ecclesiastica* befolgt. Alles ist systematisch und mit großem Müheaufwand nichtliterarischen Quellen abgewonnen: Urkunden aller Art, mündlicher Tradition und Berichten von Zeugen. Ein Brief an Albinus, Abt von Canterbury, und vor allem die Dedikationsepistel an den König von Northumbrien geben Auskunft über die Entstehung des Werkes. Albinus übermittelte Beda, was immer sich an Dokumenten und mündlicher Überlieferung im Sprengel von Canterbury auftreiben ließ; ein Londoner Priester besorgte aus den päpstlichen Archiven zu Rom Briefe Gregors und seiner Nachfolger, und ringsum wurden die Äbte, Bischöfe und Mönche aufgefordert, Material zu schicken. Beda zählt in der Dedikationsepistel alle Männer auf, die ihm geholfen hatten. Ein moderner Historiker könnte kaum besser verfahren; er würde lediglich in anderer Weise Sachkritik üben: Bedas Werk strotzt von Mirakeln. Im übrigen hat sich der Autor nach Kräften um die Wahrheit und um ein gerechtes Urteil bemüht; zumal die Handhabung politischer Macht wird kritisch und ohne Beschönigungen von ihm vorgeführt. Zunächst, zu Beginn des ersten Buches, gibt er einen Überblick über die Geschichte Britanniens von den Feldzügen Caesars bis zur Ankunft des Augustinus im Jahre 596; dieser Teil ist in der üblichen Weise nach literarischen Quellen zusammengestellt. Mit der Christianisierung der Angelsachsen, mit deren Beginn in Canterbury setzt die eigentliche Darstellung ein; sie behandelt die kirchliche und die eng hiermit zusammenhängende politische Geschichte bis zum Jahre 731. Das Faktische dominiert; die innere Verknüpfung der Ereignisse läßt demgegenüber zu wünschen übrig. Der Stil ist der Sache angemessen und klar; Beda hat in reichem Maße Urkunden eingefügt. Das Werk wurde schon im 9. Jahrhundert ins Angelsächsische übersetzt, wohl von keinem Geringeren als von König Alfred (871–899).

Ausblick auf die karolingische Bildungsreform

Im 5. und 6. Jahrhundert hatten sich die christliche Kirche und mit ihr ein gut Teil des antiken Kulturerbes auf den Britischen Inseln eine Fluchtburg geschaffen, die dann, in der Zeit der Öde und Wirrnis auf dem europäischen Kontinent, aus eigener Kraft fortexistierte und mehr und mehr an innerer Festigkeit gewann. Gegen Ende des 7. Jahrhunderts waren die irischen und angelsächsischen Klöster offenbar zu solchem Flor und solcher Stärke gediehen, daß sie zurückgeben konnten, was sie einst empfangen und rein und unversehrt bewahrt hatten: sie begannen Missionare auf das Festland auszusenden. Dieser Vorgang wurde deshalb für die weiteren Geschicke Europas überaus bedeutsam, weil sich die Iren und Angelsachsen alsbald mit den aufsteigenden Karolingern zusammentaten, so daß die Regeneration des Staates mit der Reform der fränkischen Kirche und die territoriale Expansion mit der Heidenbekehrung Hand in Hand gingen.

Zuvor sei daran erinnert, in welchem kulturellen und politischen Zustand sich Europa befand, ehe die Karolinger im Bunde mit dem irisch-angelsächsischen Klerus ihr Werk begannen. In Italien hatte der Langobardensturm die Zivilisation vernichtet und jedwede kulturelle Betätigung zum Erliegen gebracht; nur in Rom erhob noch Papst Gregor seine herbe, asketische, aller weltlichen Bildung wenig geneigte Stimme. Spanien hingegen, das stark seinen eigenen Weg ging, brachte noch während des ganzen 7. Jahrhunderts achtbare Werke hervor, mit Isidor von Sevilla als dem bedeutendsten Bewahrer der geistlichen und weltlichen Überlieferung. Doch das Westgotenreich wurde im Jahre 711 bis auf die nördlichen Randgebiete zur Beute der Araber und schied daher für lange Zeit als wirkende Kraft der europäischen Entwicklung aus. In Gallien endlich verfiel das kulturelle Leben nach dem

Tode Gregors von Tours und Fortunats, und was aus der darauf folgenden Zeit erhalten ist, läßt einen geradezu erschreckenden Niedergang sowohl des sprachlichen Ausdrucksvermögens als auch der Geistesverfassung erkennen. Das krasseste Beispiel für die an zweiter Stelle genannte Erscheinung, die Produkte des ‹Virgilius Maro›, wurde bereits erörtert; hier seien noch zwei weitere Schriften dieser Art vorgeführt. Der *Aethicus cosmographus* gibt vor, eine von dem Kirchenvater Hieronymus angefertigte Übersetzung eines griechischen Originals zu sein; er enthält phantastische Geographie. Das Titelwort *aethicus* ist die in merowingischer Zeit übliche Schreibung von *ethicus*, und *ethicus* bedeutet so viel wie *philosophus*. Als Beispiel für das groteske Zerrbild einstiger Wissenschaft, das der *Aethicus* darbietet, sei die Erkenntnis genannt, daß die Türken in Germanien wohnen, woselbst sich auch das Asowsche Meer befinden soll. Und von den nicht identifizierbaren Inseln Viarce und Bridinno weiß der Autor zu berichten, daß es dort ellengroße Menschen gebe, die mit Erfolg am Meeresstrand den Anbau von Hirse betrieben. Der *Liber monstrorum* wiederum, ebenfalls eine anonyme Schrift, befaßt sich, wie der Titel verheißt, mit allerlei Wesen von abnormer Beschaffenheit: sonderbare Menschengestalten, schaurige Ungeheuer und Schlangen passieren Revue. Vieles davon stammt aus antiken Quellen, zumal von Isidor; als charakteristisch für den Zeitgeist wird man indes die Intensität ansehen dürfen, mit der sich die Schrift derartiger Abstrusitäten annimmt.

Die politische Wirklichkeit war im fränkischen Raum nicht weniger verworren als die genannten literarischen Überbleibsel jener Zeit. In den Jahrzehnten nach dem Regiment Dagoberts I. beherrschte, nachdem der Adel den Kampf gegen das Königtum zu seinen Gunsten entschieden hatte, der Antagonismus von Neustrien und Austrien die Szene. Pippin der Mittlere, der an der Spitze des austrischen Adels stand, führte durch seinen Sieg bei Tertry (westlich von Saint-Quentin) im Jahre 687 die Entscheidung herbei: nunmehr begann mit der Vorherrschaft Austriens der Aufstieg der Karolinger, zunächst langsam und nicht ohne Rückschläge, von der Herrschaft Pippins des Jüngeren an stetig und zügig. Für die Kirche und hiermit für die gesamte Kultur des wiedererstarkenden fränkischen Reiches war das Jahr 719 von epochaler Bedeutung: damals wurde Bonifatius von Papst Gregor II. mit der Heidenbekehrung betraut.

Die irischen und angelsächsischen Klöster pflegten zwei Typen von Mönchen heranzuziehen: den Gelehrten und den Missionar. Zunächst sah es so aus, als gedenke Winfrid, wie Bonifatius von Haus aus hieß (etwa 674–754), den stillen Weg des Gelehrten zu gehen, eine Klosterschule zu leiten und Schriften zu den *artes liberales* sowie theologische Traktate zu verfassen. Da entdeckte der etwa Vierzigjährige, der sich bereits in seinem Heimatkloster als Schulmann und als Autor einer Grammatik betätigt hatte, seinen wahren Beruf. Der erste Versuch, die unter ungünstigen Umständen begonnene Friesenbekehrung, war ein Mißerfolg (717). Bonifatius kehrte in die Heimat zurück, begab sich jedoch bald darauf nach Rom, wo ihm die genannte Aufgabe zugewiesen wurde. Nach einem abermaligen Aufenthalt in Friesland, wo er als Gehilfe seines angelsächsischen Landsmannes Willibrord wirkte, entfaltete er in Hessen und Thüringen aus eigener Initiative eine ungemein erfolgreiche Missionstätigkeit. Er wurde zum Missionsbischof, dann zum Missionserzbischof bestellt; für die von ihm gegründeten Klöster kam ständig Zuzug von den Britischen Inseln.

Diese Mönche waren eine lebende Anklage des einheimischen fränkischen Klerus. Sie führten jedermann ihre Überlegenheit drastisch vor Augen: die Reinheit ihres Lebenswandels entsprach den kanonischen Vorschriften; sie waren fähig, in Wort und Schrift korrekt mit der lateinischen Sprache umzugehen, und sie geboten über ein gründliches theologisches Wissen. Der Kontrast brachte an den Tag, in welchem Maße die Kirche in den seit langem christianisierten Gebieten der Reform bedurfte, und so wurde Bonifaz, der bereits mit Unterstützung des Herzogs Odilo die bayerische Kirche reorganisiert hatte, im Jahre 742 von Pippin dem Jüngeren und dessen Bruder und Mitregenten Karlmann dazu berufen, in der heruntergekommenen Reichskirche Zucht und Ordnung wiederherzustellen.

Ein Brief, den Bonifaz damals an Papst Zacharias sandte, entwirft ein düsteres, vielleicht etwas zu düsteres Bild von den damaligen Zuständen. Es fehle an einer straffen Metropolitanverfassung, und Synoden hätten seit Menschengedenken nicht mehr stattgefunden. Die Angehörigen des Klerus wüßten nichts vom kanonischen Recht und seien habgierig, unsittlich, gänzlich verweltlicht; sie zögen in den Krieg und gingen auf die Jagd und verbrächten ihre Tage mit Trinken und Prassen, *concubinas quattuor vel quinque vel plures noctu in lecto habentes* – «des nachts mit vier oder fünf oder noch mehr Konkubinen im Bett». Die erste von Bonifaz geleitete Synode beschloß ein Gesetz, welches zeigt, wo man den Hebel zur Beseitigung der Mißstände anzusetzen suchte. Zweck des Gesetzes sei, heißt es dort, *quomodo lex Dei et aecclesiastica religio recuperetur, quae in diebus praeteritorum principum dissipata corruit, et qualiter populus christianus ad salutem animae pervenire possit* – «daß das Gebot Gottes und der kirchliche Dienst wiederhergestellt wird, das beides in den Tagen der vorigen Herrscher zuschanden gemacht wurde und zugrunde ging, und daß das Christenvolk imstande ist, das Seelenheil zu erlangen.» Man habe, verlautet weiterhin, Bischöfe eingesetzt und sittenlose Kleriker entfernt; alljährlich solle nunmehr eine Synode einberufen werden. Die Teilnahme an Feldzügen und Jagden sei allen Geistlichen strikt untersagt. Die Pfarrer schuldeten ihren Bischöfen Rechenschaft; diese wiederum seien verpflichtet, sich durch regelmäßige Visitationen vom Stande der Dinge zu unterrichten und gemeinsam mit den Grafen gegen heidnische Begehungen einzuschreiten.

Das Gesetz läßt die Übel, die sich in der fränkischen Kirche eingenistet hatten, deutlich erkennen – nur eines nicht, gegen das allerdings ein bloßer Befehl wenig hätte ausrichten können: die krasse Unwissenheit des Klerus. Bonifaz hatte sich in müßigen Stunden einer Lieblingsbeschäftigung britischer Gelehrter hingegeben, er hatte Rätsel verfaßt. Dort aber stellt sich *Ignorantia*, die «Nährerin der Irrtümer», unter anderem mit den Worten vor:

Ob quod semper amavit me Germania tellus,
rustica gens hominum Sclavorum et Scythia dura

(«Deshalb hat mich schon immer das germanische Land geliebt,
das ungebildete Slawenvolk und das harte Skythenland»).

Demgemäß glaubte sich Bonifaz «in die finsteren Winkel der germanischen Stämme verbannt», wie er sich in einem Briefe vernehmen ließ; er arbeite «unter rohen und unwissenden Germanenvölkern», bemerkte er in einem anderen. Diese Kritik, Zeichen eines erheblichen kulturellen Gefälles, zielte schwerlich auf andere als auf die fränkischen Standesgenossen, die einheimischen Kleriker, auf Priester z. B., denen weder das Glaubensbekenntnis noch das Vaterunser geläufig war, die mit verballhornten, sinnlosen Texten hantierten. Die Korrespondenz des Bonifaz hat den Fall eines Priesters bewahrt, der sich bei der Taufe der folgenden Formel bedient hatte: *Baptizo te in nomine patria et filia et spiritus sancti* – «Ich taufe dich im Namen Vaterland und Tochter und des heiligen Geistes». Immerhin hat Bonifaz, wenn er auch auf gesetzliche Schritte verzichtete, praktische Maßnahmen getroffen, den Bildungsstand des Klerus zu heben: er pflegte bei seinen Neugründungen Schulen einzurichten; die hierfür erforderlichen Lehrer kamen aus England.

Bonifaz war von der Mission im Osten des fränkischen Reiches zur Kirchenreform in den Stammlanden fortgeschritten; Karl der Große, der hieran anknüpfte, sobald er den Thron bestiegen hatte, erweiterte die Kirchenreform durch eine Schul- und Bildungsreform. Er hat auch eine neue Institution geschaffen, die seine gesetzgeberischen Maßnahmen ergänzte und ihnen erst zur vollen Wirkung verhalf: die Hofschule, die er selbst beaufsichtigte und an die er die besten Köpfe nicht allein des Frankenlandes, sondern ganz Europas berief (Alkuin z. B., sein ‹Kultusminister›, stammte aus York, und der Theologe und Dichter Theodulf war westgotischer Herkunft). An ihr aber wurden nicht nur künftige Kleriker, sondern auch künftige Würdenträger des Reiches für ihre dereinstigen Aufgaben herangezogen.

Das früheste Gesetz, das auch Bildungsangelegenheiten zu regeln suchte, entstammt den Anfängen von Karls Regierung, wahrscheinlich dem Jahre 771: das sogenannte *Capitulare primum.* Es schärft die auf Einhaltung der Kirchenzucht zielenden Vorschriften ein, die im Jahre 742 auf Betreiben des Bonifaz ergangen waren: das Verbot des Waffentragens und Blutvergießens für alle Kleriker, die Bekämpfung heidnischer Riten, die Kontrolle von seiten der Bischöfe u. a. Es geht jedoch durch zwei Bestimmungen über das ältere Gesetz hinaus: die Bischöfe werden angewiesen, die Visitationen der Pfarrkirchen ihres Sprengels zu religiöser Unterweisung des Volkes zu benutzen; Priester, die aus mangelnder Kenntnis der Liturgie und des kanonischen Rechts nicht imstande sind, ihren gottesdienstlichen und sonstigen Pflichten in gehöriger Weise nachzukommen, müssen vom Amt suspendiert werden, bis sie sich die nötigen Kenntnisse angeeignet haben; wenn diese Maßnahme nichts fruchtet, soll der Bischof sie gänzlich von ihrem Amt entfernen. Hier zeigt sich, wie die Bildungsreform aus der allgemeinen Kirchenreform hervorgegangen ist: Karl hatte offenbar von Anfang an erkannt, daß für die Inhaber kirchlicher Ämter nicht nur ein bestimmter sittlicher Habitus, sondern auch Kenntnisse und intellektuelle Fähigkeiten erforderlich seien.

Im Jahre 789 erging die *Admonitio generalis*, ein großes Gesetz, das sich mit der gesamten religiösen und kirchlichen Ordnung des fränkischen Reiches befaßt. Dort verlautet Genaueres über den Wissensstand, der vom Klerus verlangt werden müsse; außerdem wird die Einrichtung von Schulen befohlen. Das 70. Kapitel legte den Bischöfen nahe, sich von der Korrektheit des Ritus (der Messe, des Gesangs, der Taufe) in den Pfarrkirchen zu überzeugen. *Ut (presbyteri) dominicam orationem ipsi intellegant*, «daß die Priester das Gebet des Herrn selbst zu begreifen vermögen», heißt es in diesem Zusammenhang; es war also denkbar, daß Priester von dem Inhalt des lateinischen Vaterunser keine genaue Kunde hatten. Das 72. Kapitel der *Admonitio generalis* enthält sodann die Vorschrift, *ut scolae legentium puerorum fiant*, «man richte Schulen ein, an denen die Knaben lesen lernen», und weiterhin wird angeordnet: *Psalmos, notas, cantus, compotum, grammaticam per singula monasteria vel episcopia (colite) et libros catholicos bene emendate* – «Lernt die Psalmen, Noten, Gesang, Rechnen, Grammatik in jedem Kloster oder Bischofssitz und sorgt für korrigierte Exemplare der religiösen Schriften.» Karl gebietet hier also, daß alle Klöster und Kathedralen Schulen einrichten und unterhalten sollen, und er zählt die Lehrgegenstände auf, die in erheblichem Maße – aber nicht gänzlich – nach den Erfordernissen des Gottesdienstes bemessen sind. Die Vorschrift *libros catholicos bene emendate* ist eine Folge leidvoller Erfahrungen. Da Bücher nur einzeln durch Abschreiben hergestellt werden konnten, hatten sich überall in die

Überlieferung mehr oder minder zahlreiche, mitunter sinnentstellende Fehler eingeschlichen. Man konnte versuchen, diese Verderbnisse dadurch wieder zu entfernen, daß man andere Handschriften zum Vergleich heranzog. Bei den für den Kult benötigten Büchern mußten verwahrloste Texte als besonders störend empfunden werden; deswegen verlangt die *Admonitio*, daß man sich zuallererst der *libri catholici* annehme. Karl und seine Helfer waren selbst darum bemüht, allenthalben einer möglichst unverderbten Überlieferung zur Geltung zu verhelfen; so hat z. B. Alkuin für einen gereinigten Text der lateinischen Bibel gesorgt. Die zitierte Anweisung der *Admonitio* scheint übrigens ihrerseits zu bekunden, wie leicht sich in Handschriften Fehler einnisten konnten: auf *episcopia* folgt in den Codices unmittelbar *et libros* etc. Es fehlt somit ein zu *psalmos, notas* etc. passendes Prädikat; hier wurde als mögliche Ergänzung *colite* vorgeschlagen.

Zu unbekannter Zeit, wohl um das Jahr 790, ist die *Epistola de litteris colendis*, der «Brief zur Pflege der Wissenschaften», entstanden, ein besonders wichtiges kulturpolitisches Dokument. Karl gibt in diesem Rundschreiben kund, daß den Bischofssitzen und Klöstern nicht nur eine den kanonischen Regeln entsprechende Ordnung des Lebens und ein mit den Grundsätzen der Religion übereinstimmender Wandel aufgegeben sei, daß ihnen vielmehr auch die Pflege der Wissenschaften obliege und daß man den zum Lernen Befähigten einen ihrer Begabung angemessenen Unterricht zuteil werden lassen müsse. Man suche Gott, heißt es weiterhin, nicht nur durch richtige Lebensführung, sondern auch durch richtiges Sprechen zu gefallen. Es sei gewiß besser, das Rechte zu tun, als es nur zu kennen; die Kenntnis sei indes Voraussetzung des Tuns, und es bestehe wiederum ein Zusammenhang zwischen makelloser Sprachbeherrschung und der Erkenntnis richtigen Handelns. Sprachliche Irrtümer könnten zu gefährlichen Erkenntnisirrtümern führen. Daher seien die *litterarum studia*, die Bemühungen um eine wissenschaftlich fundierte literarische Bildung, ein dringendes Gebot; sie ermöglichten ein leichteres und der Sache angemesseneres Eindringen in die Geheimnisse der heiligen Schriften. Hierzu gehöre die Kenntnis der Tropen, Figuren und sonstigen stilistischen Phänomene als Voraussetzung wahren Textverständnisses. Man solle für die Aufgaben des Unterrichts befähigte, vom Lehrberuf erfüllte Männer auswählen. Den Streitern der Kirche stehe es gut an, Frömmigkeit und Gelehrsamkeit, keuschen Lebenswandel und korrekte Sprache miteinander zu verbinden. Die *Epistola de litteris colendis* geht nicht nur bei der Bestimmung der Lehrgegenstände über das Bisherige hinaus (es werden jetzt auch Rhetorikkenntnisse verlangt), sie behauptet vielmehr auch einen Zusammenhang zwischen intellektuellen Fähigkeiten und richtiger Lebensführung. Diese Maxime, verkündet im frühen Mittelalter, ist geeignet, Erstaunen hervorzurufen: der Parallelismus *ut, qui Deo placere appetunt recte vivendo, ei etiam placere non negligant recte loquendo* – «auf daß diejenigen, die Gott durch richtiges Leben zu gefallen suchen, sich nicht darüber hinwegsetzen, ihm auch durch richtiges Sprechen zu gefallen», klingt wie der ins Christliche übertragene Leitsatz des Isokrates (436–338 v. Chr.), daß die richtige Handhabung des Logos auch zu richtiger Gestaltung des Bios befähige. Die *Epistola generalis* endlich läßt sich ähnlich vernehmen wie die *Epistola de litteris colendis.* Karl erklärt dort, ihm liege daran, *ut nostrarum ecclesiarum ad meliora semper proficiat status,* «daß sich der Zustand unserer Kirchen immer mehr verbessere»; er sei daher bestrebt, die durch die Trägheit der Vorfahren fast vergessene Bemühung um die *litterae* mit wachsamem Eifer wiederherzustellen; er fordere durch sein eigenes Beispiel dazu auf, daß man sich der *artes liberales* annehme.

Karls Kirchen- und Bildungsreform läßt, als Ganzes betrachtet, eine Hierarchie der Zwecke erkennen. Zunächst sind Bücher vonnöten, und zwar Bücher mit möglichst fehlerfreien Texten, und im Zusammenhang hiermit eine einheitliche, von allen Schreibstuben des Reiches in gleicher Weise verwendete Schrift. Auf der nächst höheren Stufe steht die Fähigkeit, die Reichssprache, das Lateinische, gewandt und allgemeinverständlich zu handhaben; diesem Zweck dienen die *artes,* insbesondere die Grammatik. Hierauf folgt die Theologie, die Kenntnis des von den Kirchenvätern bereitgestellten Erklärungsmaterials zur Heiligen Schrift, das Verständnis der Glaubenslehre, die Beherrschung der Liturgie. Letztes und eigentliches Ziel jedoch ist das ewige Leben: *ut…*

populum Dei ad pascua vitae aeternae ducere studeatis, «daß ... ihr das Volk Gottes zu den Weidegründen des ewigen Lebens zu führen sucht», verlautet, an die Adresse des Klerus gerichtet, in der *Admonitio generalis; qualiter populus christianus ad salutem animae pervenire possit*, «daß das Christenvolk imstande ist, das Seelenheil zu erlangen», hatte es ja bereits im *Capitulare* des Jahres 742 geheißen.

In dem von Karl dem Großen errichteten Bau haben die folgenden Jahrhunderte gelebt. Karl hatte überall für Grundlagen gesorgt: zunächst für eine einheitliche Schrift, die mit Recht viel gerühmte karolingische Minuskel, ferner für verläßliche Texte der Bibel, des Meßbuchs, des kanonischen Rechts, weiterhin für Bibliotheken und vor allem für funktionierende Schulen. Mit der die Verständlichkeit gefährdenden, ein zuverlässiges Urkundenwesen ausschließenden Sprachverwilderung war es am Ende seines Regiments vorbei: man beherrschte das Lateinische, man pflegte die *artes liberales* und verstand wieder die Theologie der großen Kirchenväter. Auf diesem Fundament konnte auch wieder Literatur entstehen: Bildungsschriften, Bibelkommentare, Historiographie und Dichtung.

Die Epoche aber, auf die Karls Reformen zurückgriffen, war einzig und allein die Spätantike, die Zeit der Kirchenväter. Sie hatte die Theologie hervorgebracht, deren gründliches Studium man sich jetzt wieder angelegen sein ließ. Sie hatte außerdem die christliche Dichtung geschaffen, an deren Formen und Stoffe die Autoren der karolingischen Zeit anzuknüpfen suchten. Sie hatte drittens die Kirche, ihre Organisation und ihre Einrichtungen hinterlassen, deren Wiederherstellung das sichtbarste Ziel der Bemühungen Karls gewesen ist. Die Spätantike hatte schließlich einen aus heidnischen und christlichen Elementen gemischten Kanon der Bildung, mit den *artes liberales* als Grundlage, konstituiert und alle die Lehrbücher und enzyklopädischen Werke verfaßt, deren man für die Weitergabe dieses Kanons von einer Generation zur anderen bedurfte.

Zu dieser Bildung aber und zur Literatur, zur Pflege der weltlichen Wissenschaften ebenso wie zur Verbreitung und Förderung der Theologie gehörte als Voraussetzung die lateinische Sprache in einer hinlänglich normierten Form. Das Lateinische überlebte den Untergang der westlichen Hälfte des römischen Reiches, des Gebietes also, in dem es über Jahrhunderte als einziges Verständigungsmittel gedient hatte. Es überlebte, weil es sich vom römischen Staat und von dessen Bevölkerung zu lösen vermochte, weil es von der Kirche übernommen wurde, und zwar nunmehr als von einem bestimmten Staat und von bestimmten Völkern unabhängiges, kurz als übernationales Verständigungsmittel. Die Kirche ermöglichte und trug den Bilinguismus des Mittelalters, das Nebeneinander des gewissermaßen künstlich am Leben erhaltenen Lateinischen und der jeweiligen Volkssprachen. Der Klerus der Britischen Inseln hatte dieses Nebeneinander zum ersten Male praktiziert, wobei das Lateinische, von den dort einheimischen keltischen und germanischen Idiomen weit entfernt, rein und unvermischt erhalten blieb. Auf dem Festland aber, wo mit dem Schul- und Bildungswesen auch Schrift und Sprache verwildert waren, ging mit den von den Iren und Angelsachsen getragenen Reformen die Regeneration des Lateinischen nach den Normen der Kirchenväterzeit, der Spätantike Hand in Hand. Hiermit ist zugleich gesagt, daß nunmehr der Bruch zwischen dem Lateinischen und den in Entstehung begriffenen romanischen Sprachen besiegelt wurde: erst die Rückbindung des Lateinischen an die Regeln, die während der in allen Bereichen des Geisteslebens für mustergültig erachteten, längst abgeschlossenen und weit zurückliegenden Epoche gegolten hatten, machte die große Kluft offenkundig und endgültig, die in den fast schriftlosen Zeiten des 7. und frühen 8. Jahrhunderts entstanden war.

Anhang

Nachweis der Zitate

10 Ein Historiker hat unlängst: A. Demandt, Die Spätantike, München 1989, S. 491.

13 Alois Riegl, in: Die spätrömische Kunstindustrie nach den Funden in Österreich-Ungarn, Bd. 1, Wien 1901, S. 26, nach dem Vorgang von Jacob Burckhardt, der den Ausdruck «spätantike Zeit» verwendet hatte (Die Zeit Constantins des Großen, Basel 1853, S. 275).

14 Alfred von Gutschmid, in: Die Grenzboten 22, 1863, S. 330 ff. = Kleine Schriften, Bd. 5, Leipzig 1894, S. 393 ff.

15 Mahomet et Charlemagne, Brüssel 1937, in deutscher Übersetzung unter dem Titel «Geburt des Abendlandes», Leipzig 1942^{2}.

16 Alfred Heuss, Römische Geschichte, Braunschweig 1976^{4}, S. 601.

18 Übergangszeit: s. z. B. Demandt, a. a. O., S. 475.

24 Man hat errechnet: s. Demandt, a. a. O., S. 37.

27 Eusebios von Caesarea, Τριακονταετηρικός (Tricennalienrede), ediert in den Ausgaben der Vita Constantini.

28 Laktanz, De mortibus persecutorum 7, 2–4.

32 Kritik (an der Bezeichnung ‹Zwangsstaat›): s. hierzu die Kontroverse zwischen R. Rilinger, Die Interpretation des späten Imperium Romanum als «Zwangsstaat», Geschichte in Wissenschaft und Unterricht 36, 1985, S. 321–340, und A. Heuss, Das spätantike römische Reich kein «Zwangsstaat»?, ebndt., 37, 1986, S. 603–618.

38 J. Thurber, Gesammelte Erzählungen, Reinbek 1971, S. 148 ff.: Das Geheimnis um den Macbeth-Mord.

39 U. von Wilamowitz-Moellendorff, Die griechische Literatur des Altertums, in: Die Kultur der Gegenwart, hrsg. von P. Hinneberg, I 8, Die griechische und lateinische Literatur und Sprache, Leipzig–Berlin 1912^{3}, S. 6.

40 A. Kappelmacher – M. Schuster, Die Literatur der Römer bis zur Karolingerzeit (Handbuch der Literaturwissenschaft), Potsdam 1934.

42 Eduard Norden, Die römische Literatur, Leipzig 1961^{6}.

– M. Schanz – C. Hosius – G. Krüger, Geschichte der römischen Literatur bis zum Gesetzgebungswerk des Kaisers Justinian, 3. Teil: Die Zeit von Hadrian 117 bis auf Constantin 324, München 1922^{3}.

44 des Modestinus: Codex Iustinianus 3, 42, 5, vom Jahre 239, wo Modestin als *non contemnendae auctoritatis iuris consultus*, «Rechtsgelehrter von nicht zu verachtendem Ansehen», erwähnt wird; es handelt sich streng genommen um einen terminus ante quem.

– mit der ersten Aufführung eines lateinischen Dramas: von Livius Andronicus.

46 die ältesten Stücke der Sammlung Panegyrici Latini: Nr. 10 und Nr. 11.

50 hinzu kamen vor allem die Anfänge der christlichen Dichtung: s. u. S. 213 ff.

51 vermerkte er in dieser Chronik: S. 239 in der Ausgabe der Werke des Eusebius 7, 1, hrsg. von R. Helm, Leipzig 1913 (zum Jahre 354).

54 nach dem Vorgang des griechischen Ostens: s. hierzu u. S. 108 ff. und S. 223 ff.

57 zunächst, im Jahre 391: s. Codex Theodosianus 16, 10, 10; 10, 12; 10, 21.

59 wie es hieß: Ammianus Marcellinus 22, 16, 12.

63 Erlaß des Jahres 341: Codex Theodosianus 16, 10, 2.

– Erlasse der Jahre 391 und 392: ebndt. 16, 10, 10–12.

64 Paulus: Apostelgeschichte 17, 29.

– Augustin: Sermones post Maurinos reperti, Denis 2, 4, in: Miscellanea Agostiana 1, hrsg. von G. Morin, Rom 1930.

– Erlasse des Theodosius: Codex Theodosianus 16, 10, 10 und 12.

– Libanios: Oratio 30.

– Theodosius II. und Valentinian III.: Codex Theodosianus 16, 10, 25.

67 Die Inschrift zu einer vergoldeten Statue: Corpus Inscriptionum Latinarum (CIL) VI 1698 = Inscriptiones Latinae selectae, hrsg. von H. Dessau, Berlin 1892–1916 (Dessau), Nr. 1297.

68 einen kaiserlichen Erlaß: s. Symmachus, Relationes 21.

– das 17. und 18. Stück seiner Briefe: Nr. 72 und 73 in der Edition von M. Zelzer – G. Banterle, Ambrosius, Epistulae, Mailand–Rom 1988.

70 Das Epistel-Corpus: s. hierzu auch u. S. 261 ff.

72 selbst Ambrosius betont: Epistulae 17, 7.

76 Es gibt nur einen einzigen: Maximus von Madaura, bei Augustin, Epistulae 16, 1.

– wie eine erhaltene Inschrift bezeugt: CIL VI 1778 f. = Dessau 1258 f.

– So hatte z. B. Florus: Epitomae de Livio, Praefatio; vgl. 1, 2; 1, 17 f.; 1, 34.

– Der christliche Schriftsteller Laktanz: Institutiones divinae 7, 15, 14 ff.

77 Der christliche Dichter Prudenz: Contra Symmachum 2, 655 ff.

79 Orosius z. B.: s. hierzu u. S. 292 f.

– der Theologe Origenes: Contra Celsum 2, 30; vgl. 8, 68 ff.

80 in dem erwähnten Lehrgedicht: Contra Symmachum, bes. 1, 278 ff.; 2, 67 ff.; 2, 578 ff.
– Daher stellte er sich in seiner Civitas Dei: s. u. S. 205 f.
82 Viergespann: als *quadriga* bezeichnet Cassiodor, Institutiones 1, 15, 7, die vier Autoren, die Arusianus Messius (4. Jahrhundert) seiner alphabetisch geordneten Sammlung grammatischer Konstruktionen zugrunde gelegt hatte.
83 Kaiser Julians Gesetz: Codex Theodosianus 13, 3, 5 = Codex Iustinianus 10, 53, 7 (ohne den letzten Satz).
84 mit Hilfe eines erläuternden Briefes: Epistulae 61 C.
– Eine im Corpus der Panegyrici Latini bewahrte Rede: Nr. 9.
85 Es wurde schon darauf hingewiesen: s. o. S. 68.
87 wie schon angedeutet wurde: s. o. S. 52.
– in dem von Keil edierten Corpus: Grammatici Latini, hrsg. von H. Keil, 7 Bde. und ein Suppl.bd., Leipzig 1855–1880.
88 wegen eines Abschnitts De poematibus: Bd. 1, S. 482 ff. in der Ausgabe von Keil.
– Institutio oratoria: 10, 1.
89 wie schon dargetan: s. o. S. 51 f.
92 die Lehrer aus Augustodunum zu Verfassern haben: Nr. 5, 6 und 9.
– zwei hierfür einschlägige Spezialschriften: von Aquila Romanus und Iulius Rufinianus.
– einige Leitfäden: z. B. die Ars rhetorica des Iulius Victor und die Institutiones oratoriae des schon erwähnten Sulpicius Victor.
95 in seinen Retractationes: 1, 6.
97 Latinos scriptores: 1, Praefatio 4.
99 Eine neuere Untersuchung: A. Cameron, The Date of Identity of Macrobius, Journal of Roman Studies 56, 1966, S. 25 ff.
– Salve, Grammatice: Epigrammata Bobiensia 46.
100 aus einigen Briefen: Symmachus, Epistulae 3, 10–16.
103 Saepe in coniugiis: Technopaegnion 7: De inconexis 1.
– Transieram: Mosella 1.
– mit dem Gruß: Salve, amnis, v. 23 ff.
– squamiger grex: v. 83.
104 wenn die Mosel einen Homer: v. 374 ff.
– Symmachus: Epistulae 1, 14.
– Morgengebet: Oratio, das 3. Stück der Ephemeris.
105 Der Freund Axius Paulus: Epistulae 4 ff., S. 225 ff. in der Ausgabe von R. Peiper, Leipzig 1886.
– Ἑλλαδικῆς μέτοχον: Epistulae 8, 1 f.
– Mit derartigen Spielereien: Epistulae 23 ff., S. 266 ff. bei Peiper.
– Fünf lange Episteln: Nr. 27–31, S. 276 ff. bei Peiper. In Nr. 31 beantwor-

tet Paulinus drei Briefe des Ausonius, darunter Nr. 28 und 29; die Nr. 27 und 30 sind das letzte Briefpaar, das die Freunde ausgetauscht haben.

105 Vertisti, Pauline: Epistulae 29, 50.

106 Erhalten sind: Aratus, Descriptio orbis terrae und De ora maritima.

– im Vergilkommentar des Servius: zu Aeneis 10, 272 und Georgica 1, 488 (Mythen Vergils); Aeneis 10, 388 (versifizierter Livius, ein neuerdings angezweifeltes Zeugnis).

108 seinen ursprünglichen Plan: Agricola 3, 3; Historiae 1, 1, 4.

112 ein Aemilius Sura: bei Velleius Paterculus 1, 1, 6.

– das Psalmwort: 90 (89), 4.

113 Brevem fieri: Breviarium 1.

114 zwei Exzerptensammlungen: Iulius Obsequens stellte aus Livius Prodigien (Wunderzeichen) zusammen; ein unbekannter Autor verfaßte auf Grund von Exzerpten die Origo gentis Romanae; s. hierzu u. S. 115.

– schon er erklärt: Breviarium ab urbe condita, Praefatio.

118 Historiae adversum paganos: s. o. S. 79 und u. S. 292 f.

– ein Stück, das ihn zum Adressaten hat: Nr. 983.

119 Ammians Vorgesetzter: das folgende nach Ammianus Marcellinus 18, 6–19, 8.

121 in einem Exkurs: 19, 4.

– ut insuetus ingenuus: 19, 8, 6.

123 die Kapitel, die Ammian der stadtrömischen Bevölkerung: 14, 6; 28, 4, 6–35.

124 so bei Konstantius II.: 21, 16; 25, 4; 30, 7–9; 31, 14.

– den bekannten historiographischen Topos: Tacitus, Annales 1, 1, 3.

– finis … iusti imperii: 30, 8, 14.

125 urbs venerabilis: 14, 6, 5.

– sein emphatischer Rompreis: 14, 6, 3–6.

– Unvorteilhafte Friedensschlüsse: 25, 7; 25, 9, 8 (indignum imperio facinus amictu periurii fugiendi).

– dentatae bestiae: 19, 6, 3.

– Rom sei schon oft: 31, 5, 10 ff.

– Sein Ideal: s. z. B. 16, 5.

126 Inter religionum diversitates: 30, 9, 5.

– Christiana religio: 21, 16, 18.

127 deren Inschrift erhalten ist: CIL VI 1710 = Dessau 2949.

128 ganze sechs Verse: v. 149–154.

129 der Ruf des Vaters Probus: v. 34–38.

– in der Ambrosius-Vita: Paulinus, Vita Ambrosii 25.

130 der Göttin Roma usw.: v. 75–98; 176–190; 213–224.

– Der Dialog usw.: v. 125–172; 235–261.

130 ein Scharnier von ganzen fünf Hexametern: v. 99–103.
– in seiner Ausgabe der Symmachus-Briefe: Q. Aurelius Symmachus, Quae supersunt, hrsg. von O. Seeck (Monumenta Germaniae Historica, Auctores antiquissimi = MGH AA 6, 1), Berlin 1883, S. CV, Anm. 479.
131 Dann setzt die epische Erzählung ein: v. 205.
132 zu einer überaus phantasievollen Schilderung: v. 319–375.
134 unter den Carmina minora: Nr. 32.
– a Christi nomine alienus: Civitas Dei 5, 26.
136 das Beispiel des Vettius Agorius Praetextatus: s. o. S. 76.
137 die Biographie seines Schülers: Kap. 7.
– wie schon erwähnt wurde: s. o. S. 61.
– über seine Stellung zu Platon: Enneaden 5, 1, 8.
138 der Plan des Boethius: s. u. S. 150.
139 wurde schon erwähnt: s. o. S. 136.
– vom Ἕν, dem Ur-Einen: vgl. o. S. 74f.
140 den Erlaß des Jahres 448: Codex Iustinianus 1, 1, 3.
141 die Homerische Beschreibung der Höhle: Odyssee 13, 102–112.
142 wie schon angedeutet wurde: s. o. S. 136.
– weil Claudian: In Flavii Mallii Theodori consulatum 61–112.
144 enden mit der Bemerkung: Commentarii in somnium Scipionis 2, 4, 10–12.
145 conviciis impenetrabilis: Saturnalia 1, 24, 5.
– verborum parcus: Commentarii 2, 5, 4.
– eine Klassifikation der Träume: ebndt. 1, 3.
– er läßt seinen Enkel: Cicero, De re publica 6, 12.
– Einführung in die Zahlenmystik: Commentarii 1, 5–7.
146 prima perfectio corporalitatis: ebndt. 1, 5, 4.
– Platon hatte der Weltseele: Timaios 35B–36B.
147 die sogenannte Dingallegorese: s. u. S. 238.
– Tugendsystem: Commentarii 1, 8.
– virtutes purgatoriae: ebndt. 1, 8, 5.
– Der nächste Abschnitt: ebndt. 1, 9–14.
148 hier verlautet: ebndt. 1, 14, 15.
– die Goldene Kette des Homer: Ilias 8, 19f.
– den Rest des ersten Buches: Commentarii 1, 15–22.
– die berühmte Pythagoreische Theorie: ebndt. 2, 1–4.
149 eine überaus aufschlußreiche Antwort: ebndt. 2, 3, 13f.
150 in seinem zweiten Kommentar: In librum Aristotelis περὶ ἑρμηνείας commentarii editio II, Praefatio des 2. Buches, Patrologia Latina (= PL) 64, 433 C/D.
– Die Schriften zum Quadrivium: s. o. S. 97.

150 zu Anfang der Institutio arithmetica: 1, 1.
151 mit der bereits erwähnten Einführungsschrift: s. o. S. 140 und S. 142.
152 fides quaerens intellectum: s. M. Grabmann, Die Geschichte der scholastischen Methode, Bd. 1, Freiburg Br. 1909, S. 272 ff.
– man müsse sich fragen: De trinitate, Praefatio.
153 Fidem si poterit: Utrum pater etc., letzter Satz.
– die Form einer menippeischen Satire: s. o. S. 96.
155 Der Stufenfolge der Lebewesen: 5, pr. 5 – pr. 6.
157 An der Chronographie: vgl. o. S. 110 f.
– wie schon erwähnt wurde: s. o. S. 45.
158 hierauf wurde bereits bei früherer Gelegenheit: s. o. S. 56.
163 wie schon erwähnt: s. o. S. 157 f.
166 seit Paulus: s. bes. Galater 6, 6; im genauen Sinne des Katechumenenunterrichts zum ersten Male im 2. Clemensbrief 17, 1.
167 wie schon erwähnt wurde: s. o. S. 154 f.
168 der sogenannten Buntschriftstellerei: vgl. o. S. 98 f.
– Weder auf die Reihenfolge: Stromateis 7, 18, 111, 3.
169 wie noch zu zeigen sein wird: s. u. S. 193 f.
– die berühmte Theorie: s. hierzu u. S. 185.
171 nie das Signum einer ganzen Epoche: vgl. o. S. 47.
172 dessen Kommen Jesus: Johannes 14, 26; 16, 7.
173 Wir leben mit euch zusammen: Apologeticum 42, 1–3.
174 Freue dich, Mantel: De pallio 6.
175 schreibt Eduard Norden: Die antike Kunstprosa, Leipzig 1923[4], Bd. 2, S. 606 f.
179 mit dem polemischen Gedicht: vgl. o. S. 80.
181 wie schon angedeutet wurde: s. o. S. 178 f.
183 einmal hat Ambrosius ihn genötigt: s. u. S. 272.
185 Jesus selbst verglich sich: Matthäus 12, 39 ff.
– der Galaterbrief: 4, 21 ff.
– Origenes unterschied: De principiis 4, 1–3.
187 Allerdings hatte Paulus: 1. Korinther 7, 1 ff.
– darunter der berühmten Legende: De virginibus 2, 22 ff.
188 wie z. B. auch Paulinus von Nola: vgl. o. S. 104 ff.
190 In einem berühmten Brief: Epistulae 57, 5.
191 die lange Epistel an Eustochium: ebndt. 22.
– Das ausgewogenere Seitenstück: ebndt. 52.
– Ein Brief an Laeta: ebndt. 107.
– die Stücke dieses Inhalts: ebndt. 39; 60; 66; 75; 77; 79; 108.
192 mit Helvidius, dem Herostrat: Adversus Helvidium 16, PL 23, 210 A.
– als «Epikur»: Adversus Iovinianum 2, 36, PL 23, 349 A–C.
– Dormitantius: Contra Vigilantium 1, PL 23, 355 A.

192 Hüte dich: Epistulae 52, 14.
193 Non est crudelitas: ebndt. 109, 3.
194 mit dem Argument gerechtfertigt: Tractatus super Psalmos 13, 1; vgl. De trinitate 1, 38.
– der Traum in der syrischen Wüste: Epistulae 22, 30.
195 Rufin konnte ihm später vorwerfen: s. Apologia adversus libros Rufini 1, 30 ff., PL 23, 440 ff.
– daß der Gebrauch entscheide: Epistulae 70.
196 des Ciceronischen Hortensius: vgl. o. S. 155.
– die Heilige Schrift erschien ihm unwürdig: Confessiones 3, 5.
197 wie er schreibt: ebndt. 5, 13 f.
198 das Kind ruft: ebndt. 8, 12.
202 dieser dankte höflich: Epistulae 134 (im Corpus der Augustin-Briefe Nr. 172), 1.
– wie einst Origenes: vgl. o. S. 164.
203 zum Problem des Verhältnisses von *ratio* und *auctoritas*: vgl. o. S. 151 ff.
204 Man müsse doch die Menschen: Epistulae 93, 5.
– im Gleichnis vom Abendmahl: Lukas 14, 23.
205 wie er selbst es nennt: in der Praefatio.
– in einigen Predigten: Sermones 296; 81; 105.
– nicht der Vergil habe recht: Sermo 105, 10.
206 imperium sine fine: Aeneis 1, 279.
– peritura regna: Georgica 2, 498.
– das folgende Resümee: Civitas Dei 14, 28.
207 wie die christlichen Weltchroniken: s. o. S. 111 f.
– Es sei dem wahren Glauben ferne: Civitas Dei 12, 14.
209 die Apostelgeschichte: 22 und 26.
– Cyprian: Ad Donatum 3 f.
210 Confessionum mearum: Retractationes 2, 6.
– Mutans animam meam: Confessiones 10, 3.
214 Es war bereits davon die Rede: s. o. S. 180 und S. 194 f.
216 Hiervon legt vor allem das Werk des Prudenz: s. u. S. 235 ff.
218 Vergil – Vater des Abendlandes: so der Titel eines Buches von Th. Haekker, Leipzig 1931.
– vor allem Vergil-Exegese: s. o. S. 90 f. und S. 99.
– Imperium sine fine dedi: Aeneis 1, 279.
– Progeniem sine fine dedi: Poemata 1, 175.
– Seid fruchtbar: 1. Mose 1, 28.
219 Imperium sine fine docet: Contra Symmachum 2, 542.
– versibus ut nostris: 4, 804 f.
– jener Brüder Olybrius und Probinus: s. o. S. 127 ff.
220 Maro mutatus in melius: v. 3 f.

220 Hieronymus erklärte Probas Cento: Epistulae 53, 7.
222 Wie schon dargetan: s. o. S. 187f.
– man wird euch vor Fürsten und Könige: Matthäus 10, 18.
– wie die Apostelgeschichte: 6f.
222 des «Predigers in der Wüste»: nach Matthäus 3, 1.
– wie schon dargetan: s. o. S. 187f.
223 Macht Kranke gesund: Matthäus 10, 8.
224 den Schwachen zur Verehrung: Dialogorum libri IV, S. 20 in der Edition von U. Moricca, Rom 1924.
– ecclesia fidelis aedificatur: Miracula 7 (Liber vitae patrum), 20, Praefatio, S. 741, 7 in der Edition von B. Krusch, Miraculorum libri VIII, MGH Scriptores rerum Merovingicarum 1, 2, Hannover 1885 (= S. 291, 7 im Nachdruck 1969).
225 André Jolles: Einfache Formen, Tübingen 1930, S. 23ff.
227 Ante coronati: Peristephanon 8, 9f.
230 historia castitatis: Vita Malchi 10.
233 die bereits erörterten Märtyrergedichte: s. o. S. 226f.
234 monarchianische Vorstellungen: s. o. S. 182.
– den Doketismus: s. o. S. 166.
– Markion: s. o. S. 173f.
235 ein uneigentlicher modus dicendi: vgl. u. S. 236.
– Ambrosius in seinem 18. Brief: s. o. S. 77ff.
236 mit Quintilian: Institutio oratoria 8, 6, 44.
237 Unsre Väter sind alle: 1. Korinther 10, 1–2 und 6.
– Daß jenes Meer: Epistulae 59, 15.
– Von der allegorischen Auslegung: s. o. S. 184f.
238 Vom Pelikan verlautet: Kap. 4 in der Ausgabe von Fr. Sbordone.
– Vom Fischotter wiederum: Kap. 25.
239 Hilarius und vor allem Ambrosius: vgl. o. S. 213.
– Aeterne rerum conditor (Ambrosius): s. A. Walpole, Early Latin Hymns, Cambridge 1922, S. 30f.
240 Aeterne rerum conditor (Hrabanus Maurus): s. MGH, Poetae latini Carolini aevi, hrsg. von E. Dümmler, Bd. 2, Berlin 1884, S. 197.
250 auf ein Gleichnis Vergils: Aeneis 8, 408ff.; s. insbesondere v. 411: noctem addens operi.
254 eine Analogie zu den Confessiones: vgl. o. S. 211.
255 mit dem Schwerte: v. 63.
– von Hiob: v. 163ff.
– die siegreiche Armee der Märtyrer: v. 36f.
– an den Priestern des Herrn: v. 497ff.
256 in den Wogen des Jordans: v. 98ff.
– aus westlichen Gegenden: v. 310.

256 in den beiden Gebeten: v. 5 ff.; 888 ff.
257 am Schluß des Werkes: v. 804 ff.
– in der Offenbarung des Johannes: 21, 10 ff.
258 Polykrates grüßt: Flinders Petrie Papyri II 11, 2 = Epistulae privatae Graecae, hrsg. von St. Witkowski, Leipzig 1911, S. 5 ff.
259 die bereits erwähnte Korrespondenz: s. o. S. 70.
260 in den kaiserlichen Gesetzessammlungen: s. u. S. 325 f.
– der Brief, der die Sammlung: Epistulae 1, 1, 1 f.
261 wurde bereits vorgestellt: s. o. S. 70.
262 mit deren Preis Claudian: s. o. S. 127 ff.
– Du verlangst ausführlichere Briefe: Epistulae 1, 14, 1.
– daß man den Boten überfiel: ebndt. 2, 48, 1.
– Und ein Verwandter: ebndt. 2, 12.
263 Es hätte ihm an Erwähnenswertem: ebndt. 1, 15.
– Über öffentliche Angelegenheiten: ebndt. 6, 37.
– Wie lange sollen wir Worte: ebndt. 2, 35, 2.
265 Da Du sehr wohl weißt: ebndt. 8, 55.
– Die dichte Folge: ebndt. 6, 13.
– Dies ist mein zweiter Brief: ebndt. 1, 80.
266 daß man Sklaven aufkaufe: ebndt. 6, 64, 2.
– daß man mit brutalen Methoden: ebndt. 5, 63.
– Da hast Du: ebndt. 3, 43, 2.
– Die Vorfahren taten klug daran: ebndt. 1, 20.
267 Ein alter Wahlspruch: ebndt. 1, 43, 1.
– Doch hiermit genug: ebndt. 2, 46.
268 Aurelius Victor: De Caesaribus, 37, 5 ff.
– Ammianus Marcellinus: 14, 6 und 28, 4.
– für die Romanitas: vgl. o. S. 34.
269 Wenn die Gesinnung: Opera 22 (Epistulae 1, 17).
270 Ohne Trost: ebndt. 419 (Epistulae 8, 41).
– Als ob er der Sonne: ebndt. 425 (Epistulae 9, 3).
271 Es hatte Eure Größe: ebndt. 29 (Epistulae 1, 22).
– Wenn ich meine Pflichtvergessenheit: Epistulae 3.
– ein Trostschreiben: Epistulae 76.
272 Die beiden frühesten Kaiserbriefe: s. o. bes. S. 77 ff.
– Übergabe einer Mailänder Kirche: vgl. o. S. 183.
– Bericht an die Schwester Marcellina: Epistulae 20 = 76 Zelzer – Banterle.
– dem hierauf abzweckenden Schreiben: ebndt. 40 und 41 = 74 und ex. coll. 1 Zelzer – Banterle.
– den in besonderem Sinne privaten: ebndt. 51 = ex. coll. 11 Zelzer – Banterle.

272 Zu den Trostargumenten: Epistulae 60, 16f.
273 Vergil zitierend: Aeneis 2, 368f.
– Hieronymus empfahl: Epistulae 118 (vom Jahre 407).
– Der Gallier Rusticus: ebndt. 122 (vom Jahre 407).
– Hieronymus zeichnet: ebndt. 123, 15ff. (vom Jahre 409).
– Möchte unsere Weltentsagung: ebndt. 125, 20 (vom Jahre 412).
– Wehe, der Erdkreis: ebndt. 128, 5 (vom Jahre 413).
– über Schmausereien: Epistulae 22.
– ein bitteres Schreiben: ebndt. 50.
274 Ein ausführliches Schreiben: ebndt. 199 (vom Jahre 420); der Titel De fine saeculi: Civitas Dei 20, 5, 4.
– gesteht Augustin: Epistulae 111 (vom Jahre 409).
– Dieser Zeit Leiden: Römer 8, 18.
– im Hinblick auf Plinius: Epistulae 9, 1, 1.
277 Triplex bybliotheca: ebndt. 4, 11, 6, v. 4f.
– Si nullae a re publica: ebndt. 2, 1, 4.
278 Ein Schreiben spricht Constantius: ebndt. 3, 2.
– Neque si Romana res publica: ebndt. 3, 8.
– Apollinaris Sidonius meldet sich: ebndt. 4, 15.
– oder er teilt das Epigramm mit: ebndt. 4, 18, 4f.
– manches über Umtriebe: ebndt. 4, 25 und 7, 9.
– ein ausführliches Schreiben: ebndt. 7, 6.
279 der Autor beschreibt die Güter: ebndt., z. B. 2, 2.
– er gewährt Einblicke: ebndt. 2, 9.
– Apollinaris Sidonius hielt sich für berechtigt: ebndt. 1, 6.
– er gab der Hoffnung Ausdruck: ebndt. 5, 16.
– In einem Gedicht: Carmina 12, 8ff.
280 Du meidest die Barbaren: Epistulae 7, 14, 10.
– eine anschauliche Charakteristik: ebndt. 1, 2.
– der Aufzug eines burgundischen Prinzen: ebndt. 4, 20.
– ein Germane namens Arbogast: ebndt. 4, 17.
– während ein Römer: ebndt. 5, 5.
– Qui genus, unde domo: ebndt. 1, 11, 5, nach Vergil, Aeneis 8, 114.
– domicilium legum: Epistulae 1, 6, 2.
281 Ein Bekannter namens Hesperius: ebndt. 2, 10, 1.
– Etsi apud limitem: ebndt. 4, 17, 2.
– Pauci studia: ebndt. 5, 10, 4.
282 an die wichtigsten geschichtlichen Daten: vgl. o. S. 35ff.
285 Iter Brudisinum: Satirae 1, 5.
– durch einen schneidend scharfen Ausbruch: De reditu suo 1, 439ff.
286 lebendig begrub: ebndt. 1, 518.
– Der Unselige glaubt: ebndt. 1, 523ff.

286 der Rompreis: ebndt. 1, 47 ff.
– Verwendung von Jagdfalken: Eucharisticos 145.
287 Romani in viscera regni: ebndt. v. 235.
289 Hier aber setzt die Partie ein: De gubernatione dei 3, 9 ff.
– Das 5. Buch: ebndt. 5, 4 ff.
– Heimgesucht werden: ebndt. 5, 5, 21 f.
290 diese Leute, stellt Salvian fest: ebndt. 5, 6.
– Denn wo sind die Machtmittel: ebndt. 6, 18, 98 f.
292 die bereits erwähnten Historiae: s. o. S. 79.
293 Prosper von Aquitanien: vgl. o. S. 111 und S. 281.
294 Rom wurde zum Haupt: De ingratis 39 ff.
295 die hohe Ehre einer Statue: vgl. o. S. 127.
– die zugehörige Inschrift: CIL VI 1724 = Dessau 2950.
– auf die drei Kaiser: vgl. o. S. 275 f.
297 daß eine Trägerkolonne: Commemoratorium 29.
– ein unbekannter Autor: vielleicht der karthagische Diakon Ferrandus, ein Schüler des Fulgentius.
299 ein Hochzeitsgedicht z. B.: Carmina minora 15, 36 ff.
301 Heu miseri: Carmen paschale 1, 242 f.
304 Nachdem also Luzifer: De originali peccato 136–234.
307 ein dithyrambischer Schöpfungsbericht: Laudes dei 1, 118 ff.
– ein Preis der Natur: ebndt. 1, 573 ff.
308 am Ende des dritten Buches: v. 592 ff.
309 durch eine Schmähschrift: durch die Ἀνέκδοτα («Geheimgeschichte»), die wohl erst nach seinem und Justinians Tod veröffentlicht worden sind.
310 den Arianismus, mit den Monophysiten: vgl. o. S. 182 und S. 284 f.
– davon wird noch die Rede sein: s. u. S. 328 f.
311 ältere Kodifikationen: vgl. o. S. 46 und S. 260; s. u. S. 324 f.
313 nicht ohne Stolz berichten: Constitutio Tanta 1.
314 urteilt ein bekannter Rechtshistoriker: s. F. Schulz, Prinzipien des römischen Rechts, München–Leipzig 1934, S. 4.
– von Hause aus ein Fallrecht: vgl. o. S. 43.
– generatim: Pomponius, Digesten 1, 2, 2, 41.
315 Sonst hätte Cicero nicht behaupten können: in der nicht erhaltenen Schrift *De iure civili in artem redigendo* («Über die Aufgabe, das Zivilrecht zu einer Wissenschaft zu machen»); vgl. De oratore 1, 185 ff.; Brutus 152 f.
316 sie hatten vielmehr den Auftrag: Constitutio Deo auctore 4; vgl. Constitutio Tanta 10.
318 Es wurde schon darauf hingewiesen: vgl. o. S. 314.
323 im folgenden Text: Digesten 9, 2, 11, 5 (Ulpianus, Ad edictum 18).

325 die erwähnten Codices Gregorianus und Hermogenianus: vgl. o. S. 46.
327 Daß frei von Zwang: Codex Iustinianus 8, 38, 2.
– Wir ordnen an: Codex Theodosianus 3, 16, 1.
– Nemini licentia: Codex Iustinianus 5, 26, 1 (vom Jahre 326).
– Justinian hielt diese Bestimmung für zu hart: ebndt. 7, 24, 1 (531–534).
328 Aufhören sollen jetzt: Codex Theodosianus 1, 16, 7 (vom Jahre 331).
– Justinian erklärt selbst: s. Constitutio Deo auctore 10.
329 Die kaiserliche Majestät: Constitutio Imperatoriam pr.
331 Wie schon erwähnt: s. o. S. 283 f.
332 eine zeitgenössische anonyme Chronik: Excerpta Valesiana 59 f.
335 Ennodius vates: CIL V/2 6464 = Dessau 2952.
– in seiner Confessio: Ennodius, Opera, hrsg. von F. Vogel (MGH AA 7), Berlin 1885, Nr. 438, S. 300 ff.
– ist bereits hinlänglich gewürdigt worden: s. o. S. 268 ff.
– Panegyricus auf Theoderich: Opera 263.
336 Dictio incipientis episcopi: ebndt. 336.
– Epithalamium: ebndt. 388.
– Paraenesis didascalica: ebndt. 452.
337 von seiten des Ennodius: ebndt. 318 (Epistulae 7, 13).
338 durch den Mund Cassiodors: Variae 1, 45, 3.
– auf die er sich als die Adressaten: In categorias Aristotelis 2, Praefatio, PL 64, 201 B.
– war bereits die Rede: s. o. S. 97 f.
– Gotengeschichte: s. o. S. 117.
339 De scripturis emanasse: Institutiones 1, 4, 2.
342 Justinians «pragmatische Konstitution»: Corpus Iuris Civilis, Bd. 3, Novellae, hrsg. von R. Schoell – W. Kroll, Berlin 1895, App. 7, 22, S. 802.
– das Lob Jupiters vertrage sich nicht: Epistulae 11, 34.
– die Heilige Schrift den Regeln Donats: ebndt. 5, 53 A, 5.
344 behauptet Gregor: Miracula 7 (Liber vitae patrum), 2, Praefatio, S. 668, 27 ff. in der Edition von Krusch (= S. 218, 27 ff. im Nachdruck 1969).
345 O rustice et idiota: Miracula 8 (Liber in gloria confessorum), Praefatio, S. 747, 25 ff. (= S. 297, 25 ff. 1969).
– Vae diebus nostris: Historia Francorum, Praefatio.
346 ein «realistisches … Latein»: E. Löfstedt, Syntactica, Bd. 2, Lund 1933, S. 362.
– am Schluß der Frankengeschichte: Historia Francorum 10, 31.
347 Paulus holte das Versäumte nach: Historia Langobardorum 2, 13.
348 an einen gewissen Iovinus: Carmina 7, 12.
– Ein gallischer Großer: ebndt. 7, 7, 3 f.
– an Kaiser Justin II.: ebndt. Appendix 2.
350 ein Anhänger der zweiten Auffassung: M. Manitius, Geschichte

der lateinischen Literatur des Mittelalters, Bd. 1, München 1911, S. 124f.

350 Ein anderer Erklärungsversuch: F. J. E. Raby, A History of Secular Latin Poetry in the Middle Ages, Oxford 1957^2, S. 153, Anm. 4.

351 In der Anthologia Latina: Nr. 19.

– Hymnus Lorica: Lateinische Hymnen des Mittelalters, hrsg. von F. J. Mone, Freiburg Br. 1853–1855, Bd. 1, S. 367.

– Hisperica famina: The Hesperic famina, hrsg. von F. J. H. Jenkinson, Cambridge 1908; The Hisperica famina, hrsg. von M. W. Herren, 2 Bde., Toronto 1974–1987.

352 Hydatius: vgl. o. S. 111.

353 wurde bereits gewürdigt: s. o. S. 98.

– Die Chronik: vgl. o. S. 112.

– Die Historia Gothorum: vgl. o. S. 117.

355 des Grammatikers Priscian: vgl. o. S. 83 und 87f.

356 das erste Paradigma für das Nebeneinander: vgl. u. S. 375f.

359 Die Synode von Whitby: Beda, Historia ecclesiastica gentis Anglorum 3, 25.

363 das erwähnte Rätselbuch: s. o. S. 299.

364 wie schon erwähnt: s. o. S. 302.

365 Discite cum festinatione: Cuthbertus, De obitu Baedae, in: Venerabilis Baeda, Historia ecclesiastica gentis Anglorum, hrsg. von C. Plummer, Oxford 1896, Bd. 1, S. CLXII.

366 Ein Brief an Albinus; die Dedikationsepistel: ebndt., Bd. 1, S. 3ff.

367 Zuvor sei daran erinnert: vgl. o. S. 341 ff.; 349ff.

368 wurde bereits erörtert: s. o. S. 349ff.

369 Ein Brief, den Bonifaz: Epistolae 50.

370 concubinas quattuor: ebndt.

– quomodo lex Dei: Capitularia regum Francorum, hrsg. von A. Boretius (MGH), Hannover 1883, Bd. 1, Nr. 10.

– Ob quod semper amavit: MGH, Poetae latini Carolini aevi, hrsg. von E. Dümmler, Bd. 1, Berlin 1884, Bonifatius, Carmina 323f., S. 13.

– in die finsteren Winkel: Epistola 30.

371 unter rohen und unwissenden: ebndt. 76.

– weder das Glaubensbekenntnis: vgl. Capitularia, Nr. 28, Kap. 33; Nr. 35, Kap. 30 u. ö.

– Baptizo te: Epistolae 68.

– Capitulare primum: Capitularia, Nr. 19.

372 Admonitio generalis: Capitularia, Nr. 22.

373 Epistola de litteris colendis: Capitularia, Nr. 29.

374 Epistola generalis: Capitularia, Nr. 30.

– ut ... populum Dei: Admonitio generalis, Praefatio.

Die lateinische Literatur der Spätantike: Übersicht

Römische (heidnische, profane Literatur)		Christliche Literatur	
240–100 v. Chr.	Vorklassik (Plautus, Terenz)		
100 v. Chr. –14 n. Chr.	Klassik 1. Zeit Ciceros (Lukrez, Catull, Caesar, Sallust) 2. Zeit des Augustus (Vergil, Horaz, Livius, Ovid)		
14–238	Nachklassik	ca. 60–150	Urchristliche Literatur: Evangelien, Apostelgeschichten, Apokalypsen, Briefe (nur griechisch)
14–68	1. ‹Moderne› (Lukan, Seneca)		
68–120	2. Klassizismus (Quintilian, Plinius d. J., Tacitus)	ab 150	Patristische Literatur (apologetische, antihäretische, dogmatische Schriften, Bibelexegese)
120–238	3. Archaismus (Gellius)		
	← Klassik der Jurisprudenz →	ca. 200	Beginn der christlichen Literatur in lateinischer Sprache (Tertullian)
238–283	*Keine Literatur*		

‹ Nebeneinander ›

283–350	*1. Anfänge, Restauration* (Gebrauchs-, Fach-, Unterhaltungsliteratur)	200–350	*1. Anfänge und Aufstieg* (Cyprian, Laktanz, Hilarius)

‹ Gegeneinander ›

350–430	*2. Blütezeit* (Symmachus) (Grammatik, Ammianus Marcellinus, Ausonius, Claudian)	350–430	*2. Blütezeit* (Augustin) (Ambrosius, Hieronymus, Dichtung: Prudenz, Paulinus von Nola)

‹ Miteinander ›

430–650	*3. Beharren und Untergang*
430–530	Gallien, Italien, Afrika: Apollinaris Sidonius, Salvianus, Martianus Capella, Sedulius, Avitus Ostgotisches Italien: Ennodius, Boethius, Cassiodor, Benedikt Byzanz: Priscian, Corpus Iuris
530–650	Gallien, Italien: Gregor von Tours, Venantius Fortunatus, Gregor der Große Westgotisches Spanien: Isidor von Sevilla
650–750	*Keine literarische Produktion* *Ausnahmen:* Reste gelehrter Studien im westgotischen Spanien Phantastik («Vergilius Maro») und etwas Historiographie («Fredegar-Chronik») in Gallien Gelehrsamkeit und Bildung der iro-schottischen Klöster (Aldhelm, Beda Venerabilis, Bonifaz)

Chronologische Übersicht über die in diesem Buch erwähnten Kaiser (von Diokletian bis Justinian)

Diokletian	284–305
Maximian	286–305
Constantius Chlorus	305–306
Konstantin I.	306–337
Maxentius	306–312
Licinius	308–324
Konstantius II.	337–361
Julian	360–363
Jovian	363–364
Valentinian I.	364–375
Valens	364–378
Gratian	375–383
Valentinian II.	375–392
Theodosius I.	379–395
Magnus Maximus	383–388
Eugenius	392–394

West		*Ost*	
Honorius	395–423	Arcadius	395–408
Valentinian III.	425–455	Theodosius II.	408–450
Avitus	455–456		
Maiorianus	457–461		
Anthemius	467–472		
Julius Nepos	474–475	Zenon	474–491
Romulus Augustulus	475–476	Justinus I.	518–527
		Justinian	527–565

Literaturhinweise

1. Das spätrömische Reich: Staat, Gesellschaft, Wirtschaft

D. van Berchem, L'armée de Dioclétien et la réforme Constantinienne, Paris 1952.

G. Boissier, La fin du paganisme, 2 Bde., Paris 1903^{4}.

P. Brown, The World of Late Antiquity – From Marcus Aurelius to Muhammed, London 1980.

J. Burckhardt, Die Zeit Constantins des Großen (1853).

A. Chastagnol, Le bas-empire, Paris 1969.

K. Christ (Hg.), Der Untergang des römischen Reiches, Darmstadt 1986^{2}.

H. Dannenbauer, Die Entstehung Europas, 2 Bde., Stuttgart 1959/1962.

A. Demandt, Die Spätantike (Handbuch der Altertumswissenschaft 3, 6), München 1989.

W. Ensslin, Theoderich der Große, München 1959^{2}.

J. Gagé, Les classes sociales dans l'Empire romain, Paris 1965.

A. Heuss, Römische Geschichte, Braunschweig 1976^{4}.

A. H. M. Jones, The Later Roman Empire 284–602, 3 Bde., Oxford 1964.

P. de Labriolle, La réaction païenne, Paris 1950^{2}.

H. Lietzmann, Geschichte der Alten Kirche, 4 Bde., Berlin 1961^{3}.

F. Lot, La fin du monde antique et le début du moyen âge, Paris 1951^{2}.

M. Mączyńska, Die Völkerwanderung, Zürich 1993.

F.-G. Maier, Die Verwandlung der Mittelmeerwelt, Frankfurt/M. 1968.

J. Martin, Spätantike und Völkerwanderung, München 1987.

A. Piganiol, L'Empire chrétien, Paris 1972^{2}.

M. R. Rostovtzeff, Gesellschaft und Wirtschaft im römischen Kaiserreich, 2 Bde., Leipzig 1929.

O. Seeck, Geschichte des Untergangs der antiken Welt, 6 Bde. (1920/21$^{2-3}$), Darmstadt 1966.

J. Straub, Vom Herrscherideal in der Spätantike, Darmstadt 1964^{2}.

K. F. Stroheker, Der senatorische Adel im spätantiken Gallien, Tübingen 1948.

J. Vogt, Constantin der Große und sein Jahrhundert, München 1960².
Ders., Der Niedergang Roms, Zürich 1965.
F. Wieacker, Recht und Gesellschaft in der Spätantike, Stuttgart 1964.

2. *Die literarische Hinterlassenschaft der spätrömischen Zeit: Ein Überblick*

B. Altaner–A. Stuiber, Patrologie – Leben, Schriften und Lehre der Kirchenväter, Freiburg Br. 1980⁹.
M. Banniard, Europa – Von der Spätantike zum frühen Mittelalter, München 1993.
O. Bardenhewer, Geschichte der altkirchlichen Literatur, 5 Bde., Freiburg Br. 1913–1932¹⁻².
H. Bardon, La littérature latine inconnue, 2: L'époque impériale, Paris 1956.
Clavis patrum Latinorum, hrsg. von E. Dekkers–A. Gaar, Steenbrugge 1961².
E. R. Curtius, Europäische Literatur und lateinisches Mittelalter, Bern 1954².
A. Dihle, Die griechische und lateinische Literatur der Kaiserzeit, München 1989.
S. Döpp, Die Blütezeit lateinischer Literatur in der Spätantike, Philologus 132, 1988, S. 19–52.
M. Fuhrmann, Die lateinische Literatur der Spätantike – Ein Beitrag zum Kontinuitätsproblem, Antike und Abendland 13, 1967, S. 56–79 = Brechungen, Stuttgart 1982, S. 47–79 und 206–214.
Ders., Die Epochen der griechischen und römischen Literatur, in: Der Diskurs der Literatur- und Sprachhistorie, hrsg. von B. Cerquiglini–H. U. Gumbrecht, Frankfurt/M. 1983, S. 537–555.
P. de Labriolle, Histoire de la littérature latine chrétienne, 2 Bde., Paris 1947³.
M. Manitius, Geschichte der lateinischen Literatur des Mittelalters (Handbuch der Altertumswissenschaft 9, 2, 1), Bd. 1: Von Justinian bis zur Mitte des 10. Jahrhunderts, München 1911.
Restauration und Erneuerung – 284–374 n. Chr. (Handbuch der lateinischen Literatur der Antike, Bd. 5), hrsg. von R. Herzog, München 1989.
M. Schanz–C. Hosius–G. Krüger, Geschichte der römischen Literatur bis zum Gesetzgebungswerk des Kaisers Justinian, Bd. 3; 4, 1; 4, 2 (Handbuch der Altertumswissenschaft 8, 3–4, 2), München 1922³/1914²/1920.

3. Der Streit um den Victoria-Altar

H. Bloch, A New Document of the Last Pagan Revival in the West, Harvard Theological Review 38, 1945, S. 199–244.

H. von Campenhausen, Ambrosius von Mailand als Kirchenpolitiker, Berlin–Leipzig 1929.

M. Fuhrmann, Die Romidee der Spätantike, Historische Zeitschrift 207, 1968, S. 529–561 = Brechungen, S. 75–95 und 215–231.

A. von Harnack, Mission und Ausbreitung des Christentums in den ersten drei Jahrhunderten, 2 Bde., Leipzig 1924[4].

R. Klein (Hg.), Das frühe Christentum im römischen Staat, Darmstadt 1971.

Fr. Klingner, Vom Geistesleben im Rom des ausgehenden Altertums, in: Römische Geisteswelt, München 1961[4], S. 514–564.

A. Lippold, Theodosius der Große, Stuttgart 1968.

A. Momigliano (Hg.), The Conflict between Paganism and Christianity in the Fourth Century, Oxford 1963.

F. Paschoud (Hg.), Colloque genevois sur Symmaque à l'occasion du mille six centième anniversaire du conflit de l'autel de la Victoire, Paris 1986.

4. Schule und Bildung

K. Büchner, Überlieferungsgeschichte der lateinischen Literatur des Altertums, in: Textüberlieferung der antiken Literatur und der Bibel, München 1975, S. 309–422.

P. Fabre, Saint Paulin de Nole et l'amitié chrétienne, Paris 1949.

J. Fontaine, Isidore de Sevilla et la culture classique dans l'Espagne wisigothique, 3 Bde., Paris 1983[2].

H. Fuchs, Bildung, in: Reallexikon für Antike und Christentum 2, 1954, Sp. 346–362.

Ders., Enkyklios Paideia, ebndt. 5, 1962, Sp. 365–398.

L. Holtz, Donat et la tradition de l'enseignement grammatical, Paris 1981.

H. Isbell, D. Magnus Ausonius: the Poet and his World, in: Latin Literature of the Fourth Century, hrsg. von J. W. Binns, London–Boston 1974, S. 22–57.

M. Lechner, Erziehung und Bildung in der griechisch-römischen Antike, München 1933.

M. C. Leff, The Material of the Art in the Latin Handbooks of the Fourth Century A. D., in: Rhetoric Revalued, hrsg. von B. Vickers, Binghamton (N. Y.) 1982, S. 71–78.

F. Le Moine, Martianus Capella – A Literary Re-evaluation, München 1972.

H. I. Marrou, Geschichte der Erziehung im klassischen Altertum, Freiburg–München 1957.

Ders., Augustinus und das Ende der antiken Bildung, Paderborn 1981.
J. J. Murphy, Rhetoric in the Middle Ages – A History of Rhetorical Theory from Saint Augustine to the Renaissance, Berkeley 1974.
E. Türk, Macrobius und die Quellen seiner Saturnalien, Freiburg Br. 1962.
P. Wolf, Vom Schulwesen der Spätantike – Libanius-Interpretationen, Diss. Basel 1946, Offenburg 1951.

5. Geschichtsschreibung und Panegyrik

H. W. Bird, Sextus Aurelius Victor, Liverpool 1984.
W. den Boer, Some Minor Roman Historians, Leiden 1972.
A.-D. von den Brincken, Studien zur lateinischen Weltchronik bis in das Zeitalter Ottos von Freising, Düsseldorf 1957.
A. Cameron, Claudian – Poetry and Propaganda at the Court of Honorius, Oxford 1970.
S. Döpp, Zeitgeschichte in Dichtungen Claudians, Hermes-Einzelschriften 43, Wiesbaden 1980.
W. Ensslin, Zur Geschichtsschreibung und Weltanschauung des Ammianus Marcellinus, Klio, Beiheft 16, 1923.
M. Galdi, L'epitome nella letteratura latina, Neapel 1922.
H. W. Goetz, Die Geschichtstheologie des Orosius, Darmstadt 1980.
H. Grundmann, Geschichtsschreibung im Mittelalter, Göttingen 1965.
R. Häussler, Vom Ursprung und Wandel des Lebensaltervergleichs, Hermes 92, 1964, S. 313–341.
E. Hohl, Über das Problem der Historia Augusta, Wiener Studien 71, 1958, 132–152.
K.-P. Johne, Kaiserbiographie und Senatsaristokratie – Untersuchungen zur Datierung und sozialen Herkunft der Historia Augusta, Berlin 1976.
A. Momigliano, Pagan and Christian Historiography in the Fourth Century A. D., in: ders. (Hg.), The Conflict between Paganism and Christianity in the Fourth Century, Oxford 1963, S. 79–99.
Peter L. Schmidt, Politik und Dichtung in der Panegyrik Claudians, Konstanz 1976.
R. Syme, Ammianus and the Historia Augusta, Oxford 1968.
Ders., The Historia Augusta – A Call for Clarity, Bonn 1971.
E. A. Thompson, The Historical Work of Ammianus Marcellinus, Cambridge 1947.

6. Philosophie in Rom

P. Courcelle, Les lettres grecques en occident, Paris 1948².
A. Drews, Plotin und der Untergang der antiken Weltanschauung, Jena 1907.
J. Flamant, Macrobe et le Néo-Platonisme à la fin du 4e siècle, Leiden 1977.
M. Fuhrmann–J. Gruber (Hg.), Boethius, Darmstadt 1984.
F. Heinemann, Plotin, Leipzig 1921.
K. Kremer, Die neuplatonische Seinsphilosophie und ihre Wirkung auf Thomas von Aquin, Leiden 1966.
H.-I. Marrou, Augustinus und das Ende der antiken Bildung, Paderborn 1981.
Th. Whitaker, The Neo-Platonists, Cambridge 1928⁴.
C. Zintzen (Hg.), Die Philosophie des Neuplatonismus, Darmstadt 1977.

7. Die urchristliche Literatur und die Anfänge der patristischen Literatur

A. d'Alès, La théologie de Tertullien, Paris 1905.
H. von Campenhausen, Griechische Kirchenväter, Stuttgart 1955³.
Ders., Lateinische Kirchenväter, Stuttgart 1978⁴.
H. Cancik, Die Gattung Evangelium, Wissenschaftliche Untersuchungen zum Neuen Testament 33, 1984, S. 85–113.
J. Daniélou, Origène, Paris 1948.
A. Dempf, Geistesgeschichte der altchristlichen Literatur, Stuttgart 1964.
Fr. Overbeck, Über die Anfänge der patristischen Literatur (1882), Darmstadt 1954.
G. Strecker, Literaturgeschichte des Neuen Testaments, Göttingen 1992.

8. Die großen Kirchenväter des 4. Jahrhunderts

K. Adam, Die geistige Entwicklung des heiligen Augustinus, Darmstadt 1957.
P. Brown, Augustinus von Hippo, Frankfurt/M. 1973.
Ders., Religion and Society in the Age of Augustine, London 1972.
P. Courcelle, Recherches sur les Confessions de St. Augustin, Paris 1950.
F. H. Dudden, The Life and Times of St. Ambrose, 2 Bde., Oxford 1935.
K. S. Frank, Grundzüge der Geschichte des christlichen Mönchstums, Darmstadt 1975.
R. Guardini, Die Bekehrung des heiligen Aurelius Augustinus, München 1959³.
I. N. D. Kelly, Jerome – His Life, Writings and Controversies, London 1975.

H. I. Marrou, Augustinus und das Ende der antiken Bildung, Paderborn 1981.
F. van der Meer, Augustinus der Seelsorger, Köln 1958³.
P. G. van der Nat, Divinus vere poeta – Enige beschouwingen over ontstaan en karakter der christelijke latijnse poezie, Leiden 1963.
E. Stakemeier, Civitas Dei, Paderborn 1955.

9. Bibelepik und Hagiographie

C. Braun-Irgang, Untersuchungen zum Verhältnis von spätantiker und mittelalterlicher Bibelepik, in: Festschrift für Paul Klopsch, hrsg. von U. Kindermann u. a., Göppingen 1988, S. 1–45.
J. Fontaine, Naissance de la poésie dans l'occident chrétien, Paris 1981.
M. Fuhrmann, Die Mönchsgeschichten des Hieronymus – Formexperimente in erzählender Literatur, in: Christianisme et formes littéraires de l'antiquité tardive en occident (Entretiens sur l'antiquité classique 23), Vandœuvres–Genève 1977, S. 41–89.
R. Herzog, Die Bibelepik der lateinischen Spätantike, Bd. 1, München 1975.
D. Kartschoke, Bibeldichtung – Studien zur Geschichte der epischen Bibelparaphrase von Juvencus bis Otfried von Weißenburg, München 1975.
H. Musurillo (Hg.), The Acts of the Christian Martyrs, Texts and Translations, Oxford 1972.
R. Reitzenstein, Des Athanasius Werk über das Leben des Antonius, SB Heidelberger Akademie der Wissenschaften, Phil.-hist. Klasse 1914, 8.
H. Rosenfeld, Legende, Stuttgart 1972³.
G. Strunk, Kunst und Glaube in der lateinischen Heiligenlegende, München 1970.
M. Wehrli, Sacra Poesis: Bibelepik als europäische Tradition, in: Die Wissenschaft von deutscher Sprache und Dichtung – Festschrift Friedrich Maurer, Stuttgart 1963, S. 262–283 = Formen mittelalterlicher Erzählung, Zürich–Freiburg Br. 1960, S. 51–71.

10. Die allegorische Dichtung des Prudentius

J. Daniélou, Sacramentum futuri, Paris 1950.
M. Fuhrmann, Ad Galli Cantum – Ein Hymnus des Prudenz als Paradigma christlicher Dichtung, Der altsprachliche Unterricht 3/1971, S. 82–106.
R. Herzog, Die allegorische Dichtkunst des Prudentius (Zetemata 42), München 1966.

J. C. Joosen – J. H. Waszink, Allegorese, in: Reallexikon für Antike und Christentum, Bd. 1, Stuttgart 1950, Sp. 283–293.
H. de Lubac, Typologie et allégorisme, Recherches de Science religieuse 34, 1947, S. 180–226.
F. Ohly, Vom geistigen Sinn des Wortes im Mittelalter, Zeitschrift für deutsches Altertum und deutsche Literatur 89, 1958/59, S. 1–23 = Sonderausgabe Darmstadt 1966.
J. Pepin, Mythe et allégorie, Paris 1958.

11. Die Epistolographie

R. H. Barrow, Prefect and Emperor: The Relations of Symmachus, A. D. 384, Oxford 1973.
D. de Bruyne, La correspondence échangée entre Augustin et Jérôme, Zeitschrift für neutestamentliche Wissenschaft 31, 1932, S. 233–248.
F. Hooper – M. Schwartz, Roman Letters, Detroit 1991.
M. Pellegrino, Introduzione, in: Sant'Agostino, Le lettere, Bd. 1, Rom 1969, S. VII–CXVIII.
H. Peter, Der Brief in der römischen Literatur, Sächsische Gesellschaft der Wissenschaften, Phil.-hist. Klasse 20, 3, Leipzig 1901.
M. Zelzer, Die Briefbücher des hl. Ambrosius und die Briefe extra collectionem, Anzeiger der phil.-hist. Klasse der Österreichischen Akademie der Wissenschaften 112, 1975, Bd. 1, S. 7–23.

12. Die Literatur des 5. Jahrhunderts

J. Badewien, Geschichtstheologie und Sozialkritik im Werk Salvians von Marseille, Göttingen 1980.
P. Courcelle, Histoire littéraire des grandes invasions germaniques, Paris 1964³.
S. Dill, Roman Society in the Last Century of the Western Empire (1899), Cleveland 1962.
J. Fischer, Die Völkerwanderung im Urteil der zeitgenössischen kirchlichen Schriftsteller Galliens, Diss. Würzburg, Heidelberg 1948.
I. Lana, Rutilio Namaziano, Turin 1961.
R. Latouche, Les grandes invasions et la crise de l'occident au Vᵉ siècle, Paris 1946.
F. Lotter, Severinus von Noricum – Legende und historische Wirklichkeit, Stuttgart 1976.

A. Loyen, Sidoine Apollinaire et l'esprit précieux en Gaule aux derniers jours de l'Empire, Paris 1943.
E. C. Stevens, Sidonius Apollinaris and his Age, Oxford 1933.

13. Das Corpus Iuris Justinians

J. W. Barker, Justinian and the Later Roman Empire, Madison (Wis.) 1966.
M. Kaser, Römisches Privatrecht – Ein Studienbuch, München 1981^{12}.
P. Koschaker, Europa und das römische Recht, München–Berlin 1953.
P. Krüger, Geschichte der Quellen und Literatur des römischen Rechts, München 1912^{2}.
W. Kunkel, Römische Rechtsgeschichte – Eine Einführung, Köln–Graz 1980^{9}.
D. Liebs, Römisches Recht – Ein Studienbuch, Göttingen 1982^{2}.
B. Rubin, Das Zeitalter Justinians I., Bd. 1, Berlin 1960.
F. Schulz, Geschichte der römischen Rechtswissenschaft, Weimar 1961.
F. Wieacker, Vulgarismus und Klassizismus im Recht der Spätantike, SB Heidelberger Akademie der Wissenschaften, Phil.-hist. Klasse 1955, 3.

14. Die Literatur im Ostgoten-, im Merowinger- und im Westgotenreich

F. Brunhölzl, Geschichte der lateinischen Literatur des Mittelalters, Bd. 1: Von Cassiodor bis zum Ausklang der karolingischen Erneuerung, München 1975.
J. Bury, A History of the Later Roman Empire: From the Death of Theodosius I. to the Death of Justinian, Bd. 1–2, New York 1923–1958.
H.-J. Diesner, Isidor von Sevilla und das westgotische Spanien, Berlin 1977.
J. Fontaine, Isidore de Séville et la culture classique dans l'Espagne wisigothique, 3 Bde., Paris 1983^{2}.
J. W. George, Venantius Fortunatus – A Latin Poet in Merovingian Gaul, Oxford 1992.
S. Hellmann, Gregor von Tours (1911), in: Ausgewählte Abhandlungen zur Historiographie und Geistesgeschichte des Mittelalters, hrsg. von H. Beumann, Weimar 1961, S. 57–99.
R. Köbner, Venantius Fortunatus, seine Persönlichkeit und seine Stellung in der geistigen Kultur des Merowingerreiches, Leipzig 1915.
G. Ludwig, Cassiodor – Über den Ursprung der abendländischen Schule, Frankfurt/M. 1967.

A. Momigliano, Cassiodorus and the Italian Culture of his Time, in: Secondo contributo alla storia degli studi classici, Rom 1960, S. 191–230.
J. J. O'Donnell, Cassiodorus, Berkeley 1979.

15. Das irische und angelsächsische Klosterwesen

P. H. Blair, The World of Bede, London 1970.
C. Dawson, Gestaltung des Abendlandes, Köln 1950².
H.-J. Diesner, Fragen der Macht- und Herrschaftsstruktur bei Beda, Mainz 1981.
E. Ewig, Spätantikes und fränkisches Gallien, Gesammelte Schriften, 2 Bde., München 1976–1979.
Ders., Die Merowinger und das Frankenreich, Stuttgart 1988.
J. Fleckenstein, Karl der Große, Göttingen 1962.
Ders., Die Bildungsreform Karls des Großen als Verwirklichung der norma rectitudinis, Bigge (Ruhr) 1953.
L. Gougaud, Christianity in Celtic Lands, London 1932.
A. Kalckhoff, Karl der Große, München 1987.
M. L. W. Laistner, Thought and Letters in Western Europe A. D. 500 to 900, London 1957².
W. Levison, England and the Continent in the Eighth Century, Oxford 1946.
H. Löwe (Hg.), Die Iren und Europa im frühen Mittelalter, 2 Bde., Stuttgart 1982.
P. Nî Chatáin u. a. (Hg.), Irland und Europa – Die Kirche im Frühmittelalter, Stuttgart 1984.
M. Richter, Irland im Mittelalter, Stuttgart 1983.
Th. Schieffer, Winfried – Bonifatius und die christliche Grundlegung Europas, Darmstadt 1972.
R. Schneider, Das Frankenreich, München–Wien 1982.

Register: Personen, Sachen

Die kursiv gesetzten Zahlen verweisen auf die Partie, in der die betreffende Person ausführlich gewürdigt wird